ヨーロッパ文化の再生と革新

ヨーロッパ文化の再生と革新

甚野尚志・益田朋幸 編

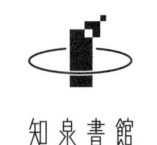

知泉書館

序

　本論文集は，早稲田大学総合研究機構のプロジェクト研究所「ヨーロッパ中世・ルネサンス研究所」が，2011年秋から2年にわたり行った共同研究の成果であり，同じ編者による『ヨーロッパ中世の時間意識』(知泉書館，2012年)の続編ともいえる著作になっている。前回，共同研究のテーマを選択するにあたって時間意識というキーワードを選択し，互いの知見を深めていく中でしばしば議論されたことは，ヨーロッパ中・近世の人々が過去に向けていたまなざし，そして現代にまで受け継がれている文化の基層とでも呼ぶべき部分には，ある種の反復，回帰，再生というモチーフが，我々が従来考えていたよりもはるかに頻繁にあらわれているのではないかという点であった。

　中世ヨーロッパの時間意識について考えるとき，そこには一方で歴史記述に代表されるような発展的な意識があり，他方には暦に代表されるような周期的な意識がある。両者は複雑に絡みあいながら近代社会に向かって変容を遂げていった。けれども，より大きな視点から見た場合，発展的としばしば形容されるキリスト教的救済史も，決して単なるできごとの集積によって成立しているわけではなく，旧約と新約の世界のように，過去は常に重層的であって，しばしば現代，ときには未来を示す鏡でもある。これとは逆に，周期的で反復される典礼暦もまた単なる繰り返しに終始しているわけではなく，一回性で不可逆的な過去の記念・想起としての側面も有している。

　ヨーロッパが中世から近代へと移行していく際に，時間意識もまた変化した結果，近代のそれが直線的で単線的な傾向を強めたことは否定できない事実であろう。計測可能な均質化された時間は，近代世界で生きる者にとって逃れることのできない現実そのものになっていると言っ

ても過言ではない。しかしながらそれでもなお，あるいはだからこそなおさら，人々は通常の時間の流れから飛躍する非日常的な「とき」を宗教や芸術において望むのだとも言える。例えばキリスト教における千年王国運動は，制度的時間への抗議・反抗であるとともに，それらを無効化，あるいは超越する大いなる「とき」の到来を待望する運動でもある。しかも人々が待望する「とき」は未知のものというよりはむしろ，過去を参照することによって開示されるという性質を持っている。

　黄金時代とその再生というモチーフは，古代ギリシア，ローマ世界にも，ヘブライ的な伝統においてもともに存在していたが，イタリア・ルネサンスを最後に，近代ヨーロッパ世界で失われてしまったわけでは決してない。社会が動揺し，大きな変化を迎えるたびに，過去は参照され，解釈され，再構成されて，そこから新たなものを汲み取り，「とき」の到来を告げる源泉としての力を常に秘めていた。あるいは現在においても，近代の代名詞ともいうべき進歩の観念が揺らぎつつある今まさに，過去は良きにつけ悪しきにつけ，その潜在力を再び解放しつつあるとさえ言えるかもしれない。

　ヨーロッパ文化における「リヴァイヴァル（再生）」の事象をテーマとした今回の論文集が，「時間意識」を扱った前回の論文集と密接なかかわりを持ち，いわば姉妹編的なものであることは，以上の説明から理解いただけたものと思う。その上で考えたいのは，「リヴァイヴァル」という言葉が持っている独自の性質についてである。この言葉は歴史上，建築，文芸，宗教などさまざまな分野で異なったかたちで使用されてきたが，当研究所がその名を冠している「ルネサンス」という言葉と深い関連があると同時に，それとは一線を画する意味合いを含んでもいる。関連性，共通性については紙面の都合もあってここでは省きたいが，相違点についてはごく簡潔にではあるが指摘しておく。

　先に述べたように「リヴァイヴァル」が過去の反復や回帰をライトモチーフとするものである以上，それには「ルネサンス」よりもより強いかたちで伝統や歴史的正統性を強調する意味合いが含まれてくる。建築史における「中世」や「ゴシック様式」の復興運動が「ルネサンス」よりもむしろ「リヴァイヴァル」の名で呼ばれるのは偶然ではなく，生命力を削がれながらもなお確固として根付いているものに再び力を吹き込

むというニュアンスがそこに見られるからであろう。その意味で保存や保守という概念とこの用語は強い親和性を持つ一面がある。

しかし宗教史における復興運動からもわかるように,「リヴァイヴァル」は単なる保守主義,懐古主義につながるものではなく,原点への回帰という側面も同時に保持している。「原理主義」という概念と共鳴する部分があると言ってもよい。この点において「リヴァイヴァル」という言葉には「ルネサンス」よりもよりラディカルで革命的な指向性が潜んでいる。あるいは保守と革新という一見相反する傾向が一つのムーブメントの中に押し込められて,競合している状態こそが,「リヴァイヴァル」に特有の姿だとみなすこともできよう。

本論文集がこのような「リヴァイヴァル」の複雑性を十分に伝えることに成功しているか否かは,読者自身の判断に任せるほかはないが,ともあれ,この概念について考えることは,過去を振り返ることであると同時に,現在起きつつあること,起きようとしていることについて深く内省することでもある。本書が当研究所の共同研究の成果であって,あくまでアカデミックな分野での知的貢献を目指すものであるとはいえ,執筆陣もまた読者と同様に現在を生きる人間として,「リヴァイヴァル」の問題を考えながら,より良い未来を目指すための知的営為に読者とともに参加していくことを切に望んでいる。

編　者

目　次

序（編者）………………………………………………………………………ⅴ

第Ⅰ部　文化の復興

1　カロリング・ルネサンス……………………………多田　哲　5
　はじめに……………………………………………………………………5
　1　「カロリング・ルネサンス」の概念………………………………5
　2　革新と再生 —— 現代的見地から…………………………………10
　3　renovatio と correctio —— 同時代人の意識……………………14
　4　カロリング・ルネサンスの目的……………………………………17
　おわりに……………………………………………………………………20

2　古代の理論と中世の実践のはざまで——Γ—F式アルファベット記
　　　譜法をめぐって……………………………西間木真　23
　1　Γ-F式アルファベット記譜法………………………………………23
　2　略字 s-r と譜線…………………………………………………………32
　3　A-G式アルファベット記譜法への吸収と展開……………………36
　4　結　語……………………………………………………………………39

3　「12世紀ルネサンス」とギリシア教父の影響——ポワティエのジル
　　　ベールの神学とフゴー・エテリアヌス……………甚野尚志　41
　はじめに……………………………………………………………………41
　1　ポワティエのジルベールの弟子たちとフゴー・エテリアヌス……43
　2　書簡にみる翻訳依頼の経緯……………………………………………47
　3　フゴー・エテリアヌスの『本性と位格の相違点』…………………49

4　フゴー・エテリアヌスのコンスタンティノープルでの活動………51
　　　5　1166年のコンスタンティノープル教会会議………………………56
　　　おわりに……………………………………………………………………58

4　再生と充溢としてのルネサンス観とその今日的課題──東西を結ぶ
　　ルネサンス概念……………………………………根占献一　61
　　1　ルネサンス像の再検討……………………………………………61
　　2　学校以前のルネサンス像と教育上のルネサンス………………66
　　3　研究概念としてのルネサンス──ブルクハルト以後…………69
　　4　和辻哲郎の見たルネサンスと日本………………………………75
　　5　内田銀蔵の近世観と時代の充溢…………………………………81

5　1500年前後のドイツ語書籍出版──アウクスブルク市の例
　　　　　　　　　　　　　　　　　　　　　　　…藤井明彦　87
　　1．はじめに……………………………………………………………87
　　2．1496年から1505年にアウクスブルクで刊行されたドイツ語書籍
　　　一覧………………………………………………………………88
　　3．まとめ……………………………………………………………104

6．ランケと中世研究………………………………………佐藤真一　107
　　1　はじめに──中世暗黒観とランケ……………………………107
　　2　ランケの学生時代と中世………………………………………109
　　3　フランクフルト時代と歴史家ランケ…………………………111
　　4　ベルリン時代の講義，演習，著作……………………………114
　　5　『世界史』（1881-88）における中世の輝き……………………120
　　6　ランケと学問的中世「再生」…………………………………130

　　　　　　　　　第Ⅱ部　宗教の復興

1　『単純な魂の鏡』における三つの死と三つの生………村上寛　133
　　1　はじめに…………………………………………………………133
　　2　ポレート及び『鏡』について…………………………………134

3　三つの死 ……………………………………………… 136
　　4　罪の死 ………………………………………………… 137
　　5　自然本性の死 ………………………………………… 139
　　6　精神の死 ……………………………………………… 143
　　7　自由な生 ……………………………………………… 147
　　8　終わりに ……………………………………………… 152

2　14世紀カルメル会士の預言的伝統と修道制——ヒルデスハイムのヨハネス『擁護者と誹謗者との対話』より ………… 鈴木喜晴　155
　はじめに ……………………………………………………… 155
　　1　ヒルデスハイムのヨハネスの生涯 ………………… 157
　　2　『対話』本編の構成 ………………………………… 158
　　3　旧約聖書・預言・会の永続 ………………………… 160
　　4　「しるし」としての修道服 ………………………… 164
　　5　共鳴する過去と現在 ………………………………… 166
　　6　最古のレグラと完全なレグラ ……………………… 168
　　8　おわりに ……………………………………………… 171

3　イギリス中世末の教会改革とハッケボーンのメヒティルドの霊性
　　 ………………………………………………… 久木田直江　173
　はじめに ……………………………………………………… 173
　　1　ヘルフタ修道院と『特別な恩寵の書』の成立 …… 174
　　2　アランデル教令と宗教書の翻訳 …………………… 177
　　3　ヘルフタの霊性と聖心崇拝 ………………………… 180
　　4　霊的治癒の言説 ……………………………………… 183
　　5　聖心と空間のアレゴリー …………………………… 188
　　6　結　　び ……………………………………………… 195

4　宗教改革百周年記念ビラにおけるルターの復活——宗教改革の図像学的トポスの継承と変容 …………………… 高津秀之　197
　はじめに ……………………………………………………… 197
　　1　1617年のビラにおけるルターのイメージ ………… 198

xii　目次

　　2　薔薇十字運動と「全般的改革者」ルターの肖像…………… 206
　　3　宗教改革百年祭と三十年戦争…………………………… 213
　おわりに……………………………………………………… 215

5　ロシア正教会の刷新とその挫折──ロシア古儀式派の源流
　　　………………………………………………… 三浦清美　217
　1　17世紀ロシア正教会の分裂…………………………… 217
　2　ノヴゴロド人キリクの『質問状』── 12世紀………… 219
　3　決疑論の担い手としての『舵の書 Кормчая книга』221
　4　プスコフのエフロシンの場合①──コンスタンティノープル巡礼 ‥ 224
　5　エフロシンの場合②──論争………………………… 227
　6　都市異端──ストリゴーリニキとユダヤ異端………… 230
　7　モスクワ大公国勃興期の決疑論の流行……………… 234
　8　イワン雷帝のストグラフ会議（百章会議）…………… 238
　9　底流にある西欧キリスト教会への怖れ……………… 240

第Ⅲ部　美術における復興

1　ボッカッチョ・リヴァイヴァル──『デカメロン』仏語写本に描かれた「クライマックス・シーン」………………… 伊藤亜紀　247
　1　『デカメロン』発見……………………………………… 247
　2　イタリアの『デカメロン』……………………………… 250
　3　翻訳者ローラン・ド・プルミエフェ…………………… 253
　4　「女の都の画家」の選択……………………………… 256
　5　貞女の表象……………………………………………… 260
　6　華麗にして慎ましく…………………………………… 265

2　神聖ローマ皇帝フェデリーコ2世のカプア門彫刻──ルネサンスの曙光………………………………………… 児嶋由枝　267
　はじめに…………………………………………………… 267
　1　カプア門と，古代・近代……………………………… 271
　2　カプア門の彫刻………………………………………… 277

3　カプア門と中世キリスト教美術……………………………280
　　おわりに──カプア門におけるルネサンス………………………283

3　ジョルジョーネと古代美術………………………高橋朋子　285
　　1　ジョルジョーネが育った土壌………………………………285
　　2　トレヴィーゾと「古代」……………………………………289
　　3　パドヴァとジョルジョーネ…………………………………295
　　4　ジョルジョーネと古代彫刻…………………………………303
　　5　おわりに………………………………………………………307

4　ヴェネツィア神話画の再生とフェラーラ宮廷文化……塚本博　309
　　序……………………………………………………………………309
　　1　エステ家の宮廷文化…………………………………………310
　　2　ヴェネツィア絵画の主題変遷………………………………313
　　3　ヴェネツィア神話画とフェラーラ宮廷……………………315
　　4　神話画の再生…………………………………………………323
　　5　詩想画の成熟…………………………………………………330

5　「トラディティオ・レギス」図と Cod. Vat. gr. 342 のヘッドピース
　　──「法の授与」の予型論的解釈とリヴァイヴァル
　　　　　　　　　　　　　　　　　　　　……辻絵理子　335
　　はじめに……………………………………………………………335
　　1　Cod. Vat. gr. 342 の全挿絵…………………………………337
　　2　パウロから巻物を受け取る「モーセ」？…………………342
　　3　f.134 の特殊なヘッドピース………………………………343
　　4　「トラディティオ・レギス」図とラヴェンナ石棺………344
　　5　ff.133v-134 の見開き………………………………………347
　　結びに………………………………………………………………350

6　ティモテスバニ修道院（グルジア／ジョージア）と聖堂装飾にお
　　ける復古の問題………………………………………益田朋幸　353
　　1　壁画のプログラム……………………………………………355

2　アフタラ修道院の装飾………………………………………363
　　3　キリストと十二使徒………………………………………367
　　4　ドームにおけるデイシス…………………………………371
　　5　ドームの十字架……………………………………………375
　　結　論……………………………………………………………378

あとがき……………………………………………………………381
執筆者紹介…………………………………………………………387

ヨーロッパ文化の再生と革新

第Ⅰ部

文化の復興

1
カロリング・ルネサンス

多 田　　哲

はじめに

　本章の目的は，カロリング・ルネサンスとは何かという問題に焦点を当てるものである。個々の文化的所産は，さしあたり横に置くが，それでさえも無謀な試みかも知れない。そこで議論を次の4点に絞りたい。第1に，現代の研究者が「カロリング・ルネサンス」という語に与えた，概念を整理する。第2に，カロリング・ルネサンスを現代的見地から整理し，第3に，当時の人びとの見地から評価する。そして第4に，カロリング・ルネサンスの本来の目的を明らかにしたい。

1　「カロリング・ルネサンス」の概念

　カロリング時代の文化的活動にルネサンスの語が与えられたのは，J＝J・アンペール『12世紀以前のフランス文学史』（1839-40年）においてであった。彼はシャルルマーニュが主導した学校の創設，文学・芸術・神学の興隆を，「いわゆる1つのルネサンス」と見なし，11世紀のルネサンス，15-16世紀の「大ルネサンス」に対置した。3つのルネサンスは人間精神の再生，古代の復興，古代文明への回帰などの点で，共通するというのである。また「第1のルネサンスは，ほかの2つのル

ネサンスの母である」とも述べた[1]。彼以降,「カロリング・ルネサンス」という語は一般化し,現在に至っている。しかし,その定義には多くの修正が加えられ,また「ルネサンス」という呼称への疑義も呈されてきた[2]。

　批判の第1の潮流は,カロリング・ルネサンスが,イタリアに発するいわゆるルネサンスと本質において異なる,というものである。P・レーマンによれば,カロリング期の著作家は,必ずしも古代の復興を意識していなかった。たとえば,エインハルドゥスの『シャルルマーニュ伝』がスエトニウスの『ローマ皇帝伝』を範としたことはよく知られているが,それは形式的借用に過ぎないとレーマンは主張する[3]。また,ルネサンスに見られる「ドグマの呪縛からの個の解放」,「個人の発見」,創造性という要素が,カロリング・ルネサンスに欠如していることが指摘された（E・パツェルト,J・ル・ゴフ,鈴木成高）[4]。そしてP・E・シュラムは,カロリング文化が依拠したローマは,異教的古代ではなく教父時代であることを主張した[5]。こうした1950-60年代までの批判を

---

1) Jean-Jacques Ampère, *Histoire littéraire de la France avant le douzième siècle*, 3 vols (Paris: Hachette, 1839–40), iii (1840), pp. 33–34.「11世紀のルネサンス」は後の章で,トゥールのベレンガリウス,カンタベリのランフランクス,アンセルムス,ロドゥルフス・グラベルなどによる活動であることが明示される。ハスキンズが1927年に唱えた「12世紀ルネサンス」の前提条件となる活動である（チャールズ・H・ハスキンズ『12世紀ルネサンス』新装,別宮貞徳,朝倉文市訳（みすず書房,1997年),18–21頁)。

2) カロリング・ルネサンス研究史については,David Ganz, 'Conclusion: Visions of Carolingian Education, Past, Present, and Future', in *The Gentle Voices of Teachers: Aspects of Learning in the Carolingian Age*, ed. by Richard E. Sullivan (Columbus: Ohio State University Press, 1995), pp. 261–83 を参照せよ。

3) Paul Lehmann, 'Das Problem der karolingischen Renaissance', in *I problemi della civiltà carolongia, 26 marzo–1 aprile 1953*, Settimane di studio del Centro italiano di studi sull'alto medioevo, 1 (Spoleto: Presso la sede del Centro, 1954), pp. 309–58 (p. 315). そのほかに,フィリップ・ヴォルフ『ヨーロッパの知的覚醒――中世知識人群像』渡邊昌美訳（白水社,2000年)37頁を参照せよ。

4) Erna Patzelt, *Die karolingische Renaissance: Beiträge zur Geschichte der Kultur des frühen Mittelalters*, 2nd edn (Graz: Akademische Druck- u. Verlagsanstalt, 1965), pp. 164–65; ジャック・ルゴフ『中世の知識人――アベラールからエラスムスへ』柏木英彦,三上朝造訳（岩波新書),（岩波書店,1977年）13頁;鈴木成高「カロリング・ルネサンス」(『史観』61冊,1961年)1-23頁（とくに3頁)。

5) Percy Ernst Schramm, *Kaiser, Könige und Päpste: Gesammelte Aufsätze zur Geschichte des Mittelalters; Beiträge zur allgemeinen Geschichte*, 4 vols (Stuttgart: Hiersemann, 1968–71), i: *Von der Spätantike bis zum Tode Karls des Großen (814)* (1968), p. 337.

踏まえ，カロリング・ルネサンスにおける「ルネサンス」の語は，「再生」や「復興」を意味する，単なる普通名詞となった。レーマンがカロリング・ルネサンスを学芸の復興に限定・再定義したのも，この意味においてである[6]。またより慎重な研究者は，イタリア・ルネサンス概念の刷り込みを嫌って，カロリング期の文化的活動に「ルネサンス」の語を冠することをやめた[7]。

　批判の第2の潮流は，先行する時代の文化的退廃を認めず，したがってシャルルマーニュ時代に復興や再生に値する活動は生じていない，という主張である。パツェルトは教育制度，芸術，政治経済のような実利的文化を検討し，メロヴィング時代は没落ではなく，シャルルマーニュはすでに存在していたものを発展させただけであると評価した[8]。またP・リシェは1962年の著書で，5世紀からカロリング・ルネサンス直前までの教育の状況を，ガリア，イタリア，アフリカ，スペイン，イングランドと幅広く精査した。そして，古代の教育・教養はところによっては8世紀初頭まで継続する一方で，キリスト教的教育はすでに6世紀初頭から開始されていたと主張した。またカロリング・ルネサンスの中心地とされる修道院は，シャルルマーニュ以前より活動的であったことを明らかにした。その結果リシェは，カロリング・ルネサンスに独創性はなく，シャルルマーニュは継承者に過ぎないと位置づけた。こうした考えは最近のY・ヘンの研究にも受け継がれている。彼は東ゴート，西ゴート，ヴァンダル，メロヴィングの宮廷文化を検証し，古代ローマ世界の変質にともなって学芸と文化は発展をやめたわけではなく，ゲルマン諸王による文化保護は8世紀に至っても継承されていた。シャルルマーニュは，そうした8世紀の王の1人に過ぎないと結論づけたのである[9]。こうした過度の文化連続説は，学界全体に受容されていると

---

6) Lehmann, pp. 317–18.

7) Josef Fleckenstein, 'Bildungsreform Karls des Großen', in *Lexikon des Mittelalters*, ed. by Redaktion Lexikon des Mittelalters, paperback edn (Munich: Deutscher Taschenbuch, 2002; repr. 2003), ii, cols 187–89 (col. 187) および本章第3節。

8) Patzelt, p. 159.

9) ピエール・リシェ『中世における教育・文化』岩村清太訳（東洋館出版社，1988年）503–07頁；Yitzhak Hen, *Roman Barbarians: The Royal Court and Culture in the Early Medieval West*, Medieval Culture and Society (Basingstoke: Palgrave Macmillan, 2007; repr. 2011), pp. 153–76.

は言いがたいだろう。しかし，シャルルマーニュ期における文化的興隆が，先行する時代の遺産を基盤としていることは，研究者の間で共通理解となっている[10]。なおシャルルマーニュ期の文化的活動を相対的に低く評価しているリシェは，9世紀こそが「真のカロリング・ルネサンス」と述べた。現在カロリング・ルネサンスは，シャルルマーニュ期のみならず，シャルル禿頭王期さらには9世紀末までを指すことが多い[11]。

第3の批判は，カロリング・ルネサンスは文化の興隆を第1目的とするものではなく，その底流にはキリスト教社会の建設という理想があったという主張である。「この文学的ルネサンスは，さらに深淵で根本的なルネサンスの随伴現象，副産物であったと思われる。文学的文化的ルネサンスは，本質的特徴・相貌・様相［中略］・血液を宗教的分野から得ていた別のルネサンスに，条件づけられていた。本来シャルルマーニュが関心を持ったこのルネサンスは，フランク人全体の再生，復興を目的としていた」。カロリング・ルネサンスとはまさに，「社会のルネサンス」であった[12]。こうしたW・ウルマンのカロリング・ルネサン

---

10) Michel Rouche, 'La "Rénovation" carolingienne', in *Le Moyen Age*, ed. by Robert Fossier, 3 vols (Paris: Colin, 1982–83), i: *Les mondes nouveaux, 350–950* (1982), pp. 403–52; John J. Contreni, 'The Carolingian Renaissance', in *Renaissances before the Renaissance: Cultural Revivals of Late Antiquity and the Middle Ages*, ed. by Warren Treadgold (Stanford, CA: Stanford University Press, 1984), pp. 59–74, 184–91, 213–16; Giles Brown, 'Introduction: The Carolingian Renaissance', in *Carolingian Culture: Emulation and Innovation*, ed. by Rosamond McKitterick (Cambridge: Cambridge University Press, 1994), pp. 1–51; Philippe Depreux, 'Ambitions et limites des réformes culturelles à l'époque carolingienne', *Revue historique*, 623 (2002), 721–53 (p. 721).

11) リシェ，前掲『中世における教育・文化』507頁；Friedrich Heer, 'Die "Renaissance"-Ideologie im frühen Mittelalter', *Mitteilungen des Instituts für österreichische Geschichtsforschung*, 57 (1949), 23–81 (pp. 40–63); Norman F. Cantor, *Civilization of the Middle Ages*, a completely revised and expanded edition of *Medieval History: The Life and Death of a Civilization* (New York: HarperPerennial, 1993; repr. 1994), p. 190; Brown, pp. 16–44; John J. Contreni, 'The Carolingian Renaissance: Education and Literary Culture', in *The New Cambridge Medieval History*, ed. by David Abulafia and others, 7 vols (Cambridge: Cambridge University Press, 1995–2005), ii: *c. 700-c. 900*, ed. by Rosamond McKitterick (1995)［以下 *NCMH*, ii と略す］, pp. 709–57; Christian Bonnet and Christine Descatoire, *Les Carolingiens (741–987)*, Collection U: Histoire (Paris: Colin, 2001), pp. 192–208; Bruce S. Eastwood, *Ordering the Heavens: Roman Astronomy and Cosmology in the Carolingian Renaissance*, History of Science and Medicine Library, 4: Medieval and Early Modern Science, 8 (Leiden: Brill, 2007).

12) Walter Ullmann, *The Carolingian Renaissance and the Idea of Kingship: The Birkbeck Lectures 1968–9* (London: Methuen, 1969), pp. 6, 9–15.

ス論は，1969年に提示されて以来，一時は学界を席巻した[13]。しかし概念をあまりに拡大してしまったようにも思われ，ルネサンスを文化に限定して理解しようとする，揺り戻しも起きた[14]。またJ・L・ネルソンは，ウルマンの主張に限界があることを主張した。すなわち，ウルマンは立法を社会のルネサンスの道具と見なしたが，法の領域において，再生や刷新に値するような動きは認められない，というものである[15]。キリスト教社会の再生こそがカロリング・ルネサンスである，というウルマンの議論は，確かにそのままの形では受け入れられていない。しかし現在，キリスト教社会の再生は，カロリング・ルネサンスの目的として理解されており，彼の主張は形を変えて命脈を保っている[16]。なおカロリング・ルネサンス研究におけるウルマンのもう1つの功績は，「ルネサンス」をrenovatio（再生）の現代語訳に置き換えたことである[17]。イタリア・ルネサンスとの関連性を失い，極論すれば惰性で「ルネサンス」と呼ばれていたカロリング期の文化的活動は，その呼称の根拠を再獲得したのである。なお，カロリング時代におけるrenovatioの概念については，後述する。

---

13) Rosamond McKitterick, *The Frankish Church and the Carolingian Reforms, 789–895*, Royal Historical Society: Studies in History (London: Royal Historical Society, 1977), pp. xvi–xvii; Carl I. Hammer, Jr., 'Country Churches, Clerical Inventories and the Carolingian Renaissance in Bavaria', *Church History*, 49.1 (1980), 5–17; Contreni, 'The Carolingian Renaissance' in *Renaissances before the Renaissance*, pp. 59–63; 五十嵐修「カロリング朝の民衆教化――その理念と現実」（『西洋史学』第147号，1987年）34–49頁（とくに34頁）．

14) G. W. Trompf, 'The Concept of the Carolingian Renaissance', *Journal of the History of Ideas*, 34 (1973), 3–26; Anita Guerreau-Jalabert, 'La "Renaissance carolingienne": Modèles culturels, usages linguistiques et structures sociales', *Bibliothèque de l'École des chartes*, 139 (1981), 5–35.

15) Janet L. Nelson, 'On the Limits of the Carolingian Renaissance', in *Renaissance and Renewal in Christian History: Papers Read at the Fifteenth Summer Meeting and the Sixteenth Winter Meeting of the Ecclesiastical History Society*, ed. by Derek Baker, Studies in Church History, 14 (Oxford: Blackwell, 1977), pp. 51–69.

16) Rosamond McKitterick, 'The Carolingian Renaissance of Culture and Learning', in *Charlemagne: Empire and Society*, ed. by Joanna Story (Manchester: Manchester University Press, 2005), pp. 151–66 (pp. 151–52, 165); Eastwood, pp. 1–2; Amy K. Bosworth, 'Learning from the Saints: Ninth-Century Hagiography and the Carolingian Renaissance', *History Compass*, 8 (2010) <http://onlinelibrary.wiley.com/journal/10.1111/(ISSN)1478-0542> [accessed 11 December 2015], pp. 1055-66.

17) Ullmann, pp. 6–7.

2　革新と再生 ——現代的見地から

　本節では，カロリング・ルネサンスによる所産を，現代人の目から見た重要性という観点から整理してみたい。カロリング文化における創造性の欠如は，しばしば指摘されてきた。しかし革新的とも呼びうるような達成も，看取されるのである。その1つは音楽の分野で見られ，記譜法としてヨーロッパ最古と言われるネウマ譜の使用である。現存する写本は9世紀のものだが，8世紀末より使われていたらしい[18]。またカロリーナ（カロリング）小文字体の考案も，特筆すべき功績である。この書体は連綴が少なく，単語ごとに区別して記される傾向にあるので，判読しやすいという特徴を持つ。また疑問符も出現した。カロリーナ小文字体は，大陸で以後4世紀にわたって広い地域で使用されたほか，大陸外にも波及して10世紀以降にイングリッシュ・カロリーナ小文字として発展した。また15世紀のルネサンス時代には，古代の著作を筆写するために，カロリーナ小文字を範としたユマニスト小文字体が発展した。この書体は，現在のローマ字活字体のもとになっている[19]。

　カロリング・ルネサンスは，世俗的あるいは教会的であるかにかかわらず，ラテン文化の興隆であると言われてきた[20]。しかし俗語の分野において，むしろ革新的な変化が起きた。ラテン語圏における書きことば

---

18) Susan Rankin, 'Carolingian Music', in *Carolingian Culture*, ed. by McKitterick, pp. 274–316 (pp. 292–303); Bernhold Schmid, 'Neumen', in *Lexikon des Mittelalters*, vi, cols 1102–03; James Grier, 'Adémar de Chabannes, Carolingian Musical Practices, and *Nota Romana*', *Journal of the American Musicological Society*, 56 (2003), 43–98; 那須輝彦「ヨーロッパ音楽の黎明」堀越宏一，甚野尚志編著『15のテーマで学ぶ中世ヨーロッパ史』（ミネルヴァ書房，2013年）所収，320–50頁（とくに326–30頁）。

19) Bernhard Bischoff, *Latin Palaeography: Antiquity and the Middle Ages*, trans. by Dáibhí O Cróinín and David Ganz (Cambridge: Cambridge University Press, 1990; repr. 1995), pp. 112–27, 145–49; Rouche, pp. 446–47; Rosamond McKitterick, 'Script and Book Production', in *Carolingian Culture*, ed. by McKitterick, pp. 221–47 (pp. 232–34); スタン・ナイト『西洋書体の歴史——古典時代からルネサンスへ』高宮利行訳（慶応義塾大学出版会，2001年）52–57，90–95頁。

20) Andrew Louth, *Greek East and Latin West: The Church AD 681–1071*, The Church in History, 3 (Crestwood, NY: St Vladimir's Seminary Press, 2007), p. 140.

と話しことばの乖離は，650年ころから顕著になり，カロリング期までに，民衆の操る話しことばはラテン語の言語体系を失いつつあった。カロリング時代には，民衆の話しことばと後期ラテン語の文法構造との接点はほぼ失われ，エリートにも同様の現象がはじまっていた。カロリング期の，とくに民衆のあいだで話されていた言語すなわち俗語が，すでにロマンス語と呼びうるものであったのか。この点については議論があるが，従来のラテン語と俗語との間には，「翻訳」を要するほどの乖離が生じていたことは，疑いがなかろう。この乖離を促進したのが，カロリング・ルネサンスであった。アルクイヌスが主導したラテン語の改革は，フランクで使用されていたラテン語を文法・発音・綴字などにわたって矯正し，彼が古典と見なしていたラテン語に戻すことであった。この改革によって登場したラテン語は，教育によってのみ体得される言語となった[21]。この中世ラテン語史における1つの試みが，結果的にロマンス語の出現を用意したことは，注目に価する。すなわちアルクイヌスの改革が，書きことばと話しことばの離反に寄与したからである。

またカロリング時代には，ゲルマン語圏の文化にも革新的な動きが生じた。すなわち，俗語による文芸の登場である。その最初の形は，ラテン語文芸の翻訳ないし翻案である。古高ドイツ語によるラテン語テクストへの注釈を含む写本は，8世紀末以降，1000点以上が知られている。テクストの余白，行間，前後に，単語ごとに語釈がなされるほか，文全体が訳されている場合もある。文の翻訳であっても，通常はラテン語に対応する古高ドイツ語が語順に従って記されるが，まれにラテン語の文法構造から脱皮している例も見られる。単体の語彙集は写本伝承のうえではより早く，8世紀中期に出現する。ラテン語＝ラテン語やギリシア語＝ラテン語の語彙集をモデルとし，単語ごとの注釈がなされる。9世紀になると，文の解釈を付したものや，文の解釈のみの書も登場する。

---

21) Michel Banniard, 'Language and Communication in Carolingian Europe', in *NCMH*, ii, 695–708; Depreux, pp. 745–46；梅津教孝「9世紀初頭のフランク王国における言語状況――最近の研究成果から」『キリスト教文化研究所年報』17, ノートルダム清心女子大学，1995年）31-54頁；佐藤彰一「識字文化・言語・コミュニケーション」佐藤彰一，早川良弥編著『西欧中世史』(上),「継承と創造」(MINERVA西洋史ライブラリー), (ミネルヴァ書房，1995年) 所収，215-37頁；國原吉之助編著『新版 中世ラテン語入門』(大学書林，2007年) 23-27頁。

文芸作品としては，古ザクセン語の詩『ヘーリアント』がある。聖書のメッセージを非識字層に伝えるために，ルイ敬虔帝ないしルートヴィヒ・ドイツ人王の時代に書かれた。名前を特定できるゲルマン最古の詩人は，ヴァイセンブルクのオトフリドゥスである。彼はフルダ修道院でラバヌス・マウルスのもと学んだ修道士で，863-871 年に『福音書』を完成させた。この古高ドイツ語の詩は，まさに福音書の翻案であった。こうしたラテン語をもとにしたゲルマンの文芸に比べると，ゲルマン語独自の文芸活動の証拠は乏しい。『シャルルマーニュ伝』（エインハルドゥス）にて，大帝が俗語詩の書き留めを命じたエピソードが知られている。そうした試みの所産であるかは断言できないが，5 世紀に起源をもつ英雄詩『ヒルデブラントの歌』が，9 世紀初頭の写本に古高ドイツ語で記されている。そのほか，古高ドイツ語や古ザクセン語で書かれた呪文が残されている。こうした呪文について，異教的と見なされるにもかかわらず修道院で書写された理由や，民衆の口誦文化との関連など，不明な点も多い[22]。

　ラテン語文芸としては，伝記，司教や修道院長の事績録，キリスト紀年法に基づいた年代記，君主鏡などが，法文化の所産としてはカピトゥラリアや偽文書などが，新たに生まれたジャンルとして評価されている[23]。しかし既存の文化や，イングランドやイタリアなど他国から導入された文化から発展したものが多く，真に革新的とは言えないだろう。

　カロリング・ルネサンスにおける再生活動の最たるものは，写本の作成である。B・ビショフによれば，現存する 9 世紀の写本は約 7200 点にのぼる[24]。それは，1 世紀から 8 世紀の写本・写本断片が，2000 に満

---

22) エインハルドゥス，ノトケルス『カロルス大帝伝』國原吉之助訳註（筑摩書房，1988 年）39 頁 ; Guerreau-Jalabert, pp. 25–27; John Michael Wallace-Hadrill, *The Frankish Church*, Oxford History of the Christian Church (Oxford: Clarendon Press, 1983; repr. 2001), pp. 377–89; Cyril Edwards, 'German Vernacular Literature: A Survey', in *Carolingian Culture*, ed. by McKitterick, pp. 141–70; Depreux, pp. 746–49.

23) Ullmann, p. 14; Contreni, 'The Carolingian Renaissance' in *NCMH*, ii, 749–53; Depreux, p. 742; McKitterick, 'The Carolingian Renaissance', pp. 162-63.

24) David Ganz, 'Carolignian Manuscript Culture and the Making of the Literary Culture of the Middle Ages', in *Literary Cultures and the Material Book*, ed. by Simon Eliot, Andrew Nash, and Ian Willison (London: British Library, 2007), pp. 147–58 (p. 147). 約 7200 点のうち 3884 点がカタログ化されている（Bernhard Bischoff, *Katalog der festländischen Handschriften des neunten Jahrhunderts (mit Ausnahme der wisigotischen)*, Bayerische Akademie der Wissenschaften,

たない点数しか残されていないことと比較すると,驚異的な数字である[25]。無論,カロリング期とそれ以前との時代の間で,残存率が大きく異なるという可能性もある。カロリング写本は,文字の可判読性やラテン語の洗練度ゆえに,後世の人びとが保存したとの指摘も無視はできない[26]。しかしそれを考慮しても,カロリング期の書物生産の隆盛を否定することはできないだろう[27]。カロリング写本に記された作品は多岐にわたるが,聖書,典礼書が多く,聖書注解,聖人伝,教会法がそれらに続いた。聖書写本のうち,すべての書を1あるいは2巻に収めたものは33点,福音書のみが260点知られている[28]。写本製作において文明史の観点から見ても特筆すべきことは,古代の著作家を忘却から救ったことである。ウェルギリウス,キケロ,テレンティウス,リウィウスなどを例外として,古典古代の作家の作品は9世紀の筆写がなければ,後世に伝わらなかった。その例として,カエサルの『ガリア戦記』やタキトゥスを挙げることができる[29]。また書物作成の隆盛は,蔵書目録からもうかがえる。ザンクト・ガレン,ライヒェナウ,サン＝ドニ,ロルシュ,コルビー,フルダ,フルーリ修道院,ラン,ケルン司教座聖堂のほか,宮廷の蔵書目録が知られている。他方でこうした図書館が精力的に古写本を収集したことも,古典古代の作品を救った。ロルシュ修道

Veröffentlichungen der Kommission für die Herausgabe der mittelalterlichen Bibliothekskataloge Deutschlands und der Schweiz, 3 vols (Wiesbaden: Harrassowitz, 1998–), i: Aachen–Lambach (1998); ii: Laon–Paderborn (2004))。なお実際に作成された写本数は,約50000点と見積られている(Rosamond McKitterick, *The Carolingians and the Written Word* (Cambridge: Cambridge University Press, 1989; repr. 2003), p. 163)。

25)　Ganz, 'Carolignian Manuscript Culture', p. 147.
26)　Brown, p. 34.
27)　Depreux, p. 750; McKitterick, 'The Carolingian Renaissance', p. 155. ただしガンツは,蔵書目録と写本で残されている作品との不一致を指摘し,残存写本からカロリング期の写本製作全体を類推する危険性を指摘している(Ganz, 'Carolignian Manuscript Culture', pp. 150–51)。
28)　Brown, p. 34; McKitterick, 'The Carolingian Renaissance', p. 156; David Ganz, 'Carolignian Bibles', in *The New Cambridge History of the Bible*, 4 vols (Cambridge: Cambridge University Press, 2012–), ii: *From 600 to 1450*, ed. by Richard Marsden and E. Ann Matter (2012), pp. 325–37.
29)　Depreux, pp. 727–28; McKitterick, 'The Carolingian Renaissance', pp. 160–61; Ganz, 'Carolignian Manuscript Culture', p. 154; カエサル『ガリア戦記』改版,近山金次訳(岩波文庫),(岩波書店,1964年)5–7頁;ヴォルフ,前掲,79–80頁。

院はリウィウスの『ローマ建国史』（一部）の唯一の写本を，ザンクト・ガレンおよびサン＝ドニ修道院はウェルギリウスの最古の写本を保存し，後世に残した[30]。

　古代や初期中世の作品は，引用ないし参照という形でも，再生された。カロリング期の著作家には独創性が乏しく，ほぼ引用によって成り立っている作品さえある[31]。引用行為の例として，プサルモディ修道院長テウトミルス，トリノ司教クラウディウス，ドゥンガルス，オルレアン司教ヨナスらがおこなった，聖画像崇敬，聖十字架崇敬，ローマ巡礼，使徒・聖人による執りなし，教皇の権威をめぐる論争を取り上げたい。この論争は，テウトミルスとクラウディウスの間ですでに反感が芽生えているなか，前者が後者に送った書簡に端を発する。それに対してクラウディウスは反駁論文を執筆するが，その内容が宮廷にも知られ，ドゥンガルスとヨナスの検討にゆだねられた。彼らは福音書をはじめとする聖書や，アウグスティヌス，ヒエロニムスなど教父の作品を論拠として引用し，議論を展開している。また，みずからの見解を添えずに，引用だけで済ましているケースも多い。ところでクラウディウスの反駁論文は，それ自体としては伝来しておらず，全文ではないがドゥンガルスとヨナスによる引用によって知られている。そしてクラウディウスの論文執筆のきっかけとなったテウトミルスの書簡も同様で，3者の引用・参照によって伝わっている。テウトミルス書簡やクラウディウス論文を忘却から救ったのは，敵対者の貢献によるのである[32]。

3　renovatio と correctio ──同時代人の意識

　カロリング時代の文化的興隆は，当時の人びとによってどのように意識されていたのか。ウルマンは，個人は洗礼を受けると，神の恩寵によ

---

30)　Brown, pp. 34–36; Ganz, 'Carolignian Manuscript Culture', pp. 151–53；ヴォルフ，前掲，79 頁．
31)　ヴォルフ，前掲，80, 104–05 頁；岩村清太『ヨーロッパ中世の自由学芸と教育』（知泉書館，2007 年）161–70 頁．
32)　多田哲「カロリング時代における巡礼批判」（『メトロポリタン史学』第 10 号，2014 年）57–78 頁．

り「新しく創造された者」となり再生される，というキリスト教の教義を持ち出す。そしてシャルルマーニュ期には，個人の再生が集団の再生，すなわちフランク人の再生に転化したと主張する。その際，教父やカロリング期の神学者が，この「再生」を動詞 renascor, renovo，名詞 regeneratio, resurrectio, renovatio と表現していたことを紹介する。その一方で世俗の領域でも，動詞 renovo, revoco, reformo, renascor，名詞 renovatio, regeneratio などの語が，カロリング時代に頻繁に使われていたことを指摘した。このことからウルマンは，シャルルマーニュが目指したルネサンスは，キリスト教の教義に従った社会の変革であると，結論したのである。これらの術語のうち，彼が代表格として取り上げたのが renovatio であった[33]。ウルマンのカロリング・ルネサンス論は，現在そのままの形では受容されていない。しかし，「ルネサンス」の語が同時代語の renovatio という新しい根拠を得て，その寿命を延ばしたことは，すでに述べた。一方で「ルネサンス」と呼ぶことに躊躇する研究者は，「カロリング・レノウァティオ」という表現を考案した。最近では，特段の断りなく renovatio の語を用いる研究も多く，カロリング文化の性格は renovatio であったという見解が，定着している感さえある[34]。

確かにシャルルマーニュ期に，renovatio ないしその類語が文化の領域で使用されてはいる[35]。しかしカロリング時代の人びとが，当時の文化的雰囲気を renovatio としてとらえていたかは，はなはだ疑問である。神学の領域を除けば，renovatio の使用はむしろ，法的・政治的

---

33) Ullmann, pp. 6–7, 191. ウルマンは個人の「再生」の用例は挙げているが，集団の「再生」の用例は挙げていないようである。

34) Brown, p. 1; Ganz, 'Visions of Carolingian Education', p. 262; Rosamond McKitterick, 'Die karolingische Renovatio: Eine Einführung', in *799 – Kunst und Kultur der Karolingerzeit: Karl der Große und Papst Leo III. in Paderborn: Katalog der Ausstellung Paderborn 1999*, ed. by Christoph Stiegemann and Matthias Wemhoff, 2 vols (Mainz: Zabern, 1999), pp. 668–85; McKitterick, 'The Carolingian Renaissance', pp. 154, 165; Bonnet and Descatoire, p. 192; Louth, pp. 139–52; Pierre Riché, *Les Carolingiens: Une famille qui fit l'Europe*, Pluriel, 851, [4th edn] (Paris: Hachette Littératures, 1997), pp. 354–55; ピエール・リシェ『ヨーロッパ成立期の学校教育と教養』岩村清太訳（知泉書館，2002 年）113 頁。

35) Percy Ernst Schramm, *Kaiser, Rom und Renovatio: Studien zur Geschichte des römischen Erneuerungsgedankens vom Ende des karolingischen Reiches bis zum Investiturstreit*, 2nd edn (Darmstadt: Wissenschaftliche Buchgesellschaft, 1957), pp. 42–43.

局面で優勢である[36]。なかでも強い印象をもつのは，シャルルマーニュ像が刻印された803年ころのコインの裏面に見える，'RENOVATIO・ROMAN[I]・IMP[ERII]'（ローマ帝国の再生）の文字である[37]。ここでのrenovatioはローマ帝国の文化的再生ではない。シャルル戴冠にともなう帝国の政治的再生なのである[38]。

　さてウルマンに先立ちシュラムは，renovatioなど再生を意味する語が，カロリング時代にしばしば使用されていたことを，指摘していた[39]。にもかかわらず彼は，この時代の文化的活動は「再生」（Wiedergeburt）に値しないと主張した。ウルマンの神学的アプローチとは異なり，シュラムは生物学的アプローチをおこなった。すなわち，シャルルマーニュは「すでに空中に飛んでしまっていた多くのことを，［中略］連れ戻した」。具体的にはフランク人，ランゴバルド人，西ゴート人，アングロ＝サクソン人，アイルランド人の詩人・神学者・学者・作家・画家たちを集結させた。こうした活動は，生物学的現象としての「誕生」（Geburt）にたとえることはできない，と言うのである。その一方で，彼はカロリング期の術語をいくつか検討し，correctio（矯正）こそがシャルルマーニュの文化的努力を示す代表的な同時代語であるとした。そして「カロリング・コレクティオ」という呼称を提唱したのである。シュラムによれば，シャルルマーニュによる文化保護は，「真実」と「正確性」を追求していた。具体的には，聖書，典礼書，法典における真正なテクストの確定，教育を通じたことばの理解の深化，正書法の復興と書体の統一，聖書の教えに反するような芸術の駆逐を図った。このような「真実」と「正確性」の計画的回復を示す同時代的概念が，correctioなのであった。そしてcorrectioは，シャルル禿頭王の時代に至っても，継続されていたというのである[40]。

　シャルルマーニュ期におけるcorrectioの用例の1つとして，『一般書簡』（787年）における，次の一文が知られている。すなわち「すでに以

---

36) Heer, pp. 48–49; Schramm, *Kaiser, Könige und Päpste*, i, 336; Nelson, p. 55, note 21.
37) Schramm, *Kaiser, Könige und Päpste*, i, 370-71.
38) Donald A. Bullough, *Carolingian Renewal: Sources and Heritage* (Manchester: Manchester University Press, 1991), p. 1; Schramm, *Kaiser, Rom und Renovatio*, p. 42.
39) 本章註35および37。
40) Schramm, *Kaiser, Könige und Päpste*, i, 336–39.

前に筆写生の無学のために歪められていた新約，旧約のすべての書は，万事においてわれらの神の助けによって，正確に矯正した」というものである[41]。シャルルマーニュによる文芸振興の直接的証拠のなかに見られるという点で，correctio はカロリング文化の性格を示す同時代語として適切であろう。この点については，その後の研究者の間でも容認されている[42]。ただしシュラムがカロリング・ルネサンスに代えて提唱した「カロリング・コレクティオ」は，結局は定着しなかった。「ルネサンス」の語が放つ誘惑が，まさったのであろう。

4　カロリング・ルネサンスの目的

　カロリング・ルネサンスは，研究者の属する時代や立場の違いからさまざまに定義づけられ，性格づけられてきた。しかし，そもそもの目的は何であったのか。まずは，カロリング・ルネサンスの誕生を証言する，いくつかの文書に立ち返るべきであろう。『一般書簡』でシャルルマーニュは，神への奉仕に献身するため，怠惰によって忘れ去られた仕事場を，「学問のたえまない研鑽によって修復」し，人びとに「自由学芸研究への精通を勧めている」と述べる。そしてこうした努力の１つとして，前述のような聖書の「矯正」を挙げる。シャルはそれに加えて，典礼に使用する改良された朗読聖書の完成と頒布を宣言している[43]。この書簡では，学芸が神への奉仕のためと明示されていたのである。また『一般訓令』（789 年）第 70 条では，まず司祭に対して，子どもたちのために学校を創設することを命じる。そして神に正しく祈ることを望みながら，不出来な書物のために誤った方法で祈ることがないよ

　41）　上智大学中世思想研究所編訳『中世思想原典集成』6,「カロリング・ルネサンス」（平凡社，1992 年）150 頁，一部改訳。作成年代は，Michael Glatthaar, 'Zur Datierung der Epistola generalis Karls des Großen', *Deutsches Archiv für Erforschung des Mittelalters*, 66 (2010), 455–77 に従った。

　42）　Brown, pp. 1, 45; Contreni, 'The Carolingian Renaissance' in *NCMH*, ii, 712; Depreux, pp. 732–37; Rosamond McKitterick, *Charlemagne: The Formation of a European Identity* (Cambridge: Cambridge University Press, 2008), pp. 315–20.

　43）　上智大学中世思想研究所編訳，前掲，150–51 頁。

うに，詩編書，文字記号，暦法，歌唱，文法書などの書を，各修道院・司教区で正しく校訂するように命じた。さらにシャルルは，福音書，詩編書，ミサ典礼書を書写する際には，年長者が最大の注意を払っておこなうよう促した[44]。このカピトゥラリアでは，神への正しい祈りのため，矯正されたテクストを使用することに，留意がなされている。そして『学問振興書簡』（794–800 年）によれば，シャルルマーニュは修道士たちの信心深さを認めつつも，彼らが教養に欠けたことばを用いて文書をしたためていることを憂慮した。そしてさらに，こうした修道士が聖書を理解するに足る知識を備えていないことを危惧した。そこでシャルルは，「学問研究を怠らない」だけでなく，「正しく神の書の秘義を洞察できるように」学ぶことを奨励した。また，こうして学んだ者のなかで優秀な者が「教会の兵士」として選ばれ，人びとに主の尊厳を伝えることを望んだ[45]。すなわち，学問振興の目的は第 1 に聖書の理解であり，第 2 に民衆教化者の養成であった。

　カロリング・ルネサンス開始の事情について，ノトケルスの『シャルルマーニュ事績伝』（886–87 年）は次のように語っている。彼が統治をはじめたとき，学問文芸は忘却されていたが，そこに学芸に秀でた 2 人のアイルランド人が到来し，知恵を売ろうとした。シャルルは彼らを呼び寄せて少年や修道士の教育を任せた。このようなシャルルの評判を聞きつけて，イングランドからアルクイヌスが来訪し，シャルルは彼をそばに置いた。そしてシャルルマーニュは，アルクイヌスを慕う者を教育する場として，彼にトゥールのサン＝マルタン修道院を与えた。さてシャルルは戦争から戻ってきたとき，アイルランド人に預けておいた少年に書簡や詩を提出させたところ，とりわけ中流・下層階級出身の者が優れていることを認め，彼らが知識を学び取ろうとした意欲を誉めた。

---

[44] 河井田研朗「カロルス大帝の——万民への訓諭勅令（Admonitio Generalis）（789 年）の試訳」（『キリスト教文化研究所年報』27，ノートルダム清心女子大学，2005 年）117-50 頁（とくに 143–44 頁，第 72 条）一部改訳。本文の条番号は最新の校訂 *Die Admonitio generalis Karls des Großen*, ed. by Hubert Mordek, Klaus Zechiel-Eckes, and Michael Glatthaar, MGH Fontes iuris, 16 (Hanover: Hahn, 2012) に従った。

[45] 上智大学中世思想研究所編訳，前掲，148–50 頁。作成年代は Luitpold Wallach, *Alcuin and Charlemagne: Studies in Carolingian History and Literature*, Cornell Studies in Classical Philology, 32 (Ithaca, NY: Cornell University Press, 1959), pp. 224–26 に従った。

それに対して無知蒙昧な貴族の子弟を，学問への没頭を無視したとして侮蔑を与えた[46]。このエピソードは，シャルルマーニュが学芸を愛し，学芸自体の振興こそがカロリング・ルネサンスの目的であることを示唆するようにも思われる。しかしノトケルスの時代，シャルルマーニュ登位からすでに約1世紀が経過し，『シャルルマーニュ事績伝』は神話的潤色に満ちていたとの指摘がある。知恵を尊ぶシャルルマーニュという素朴なイメージも，その1つであろう[47]。ただしノトケルスは冒頭のシャルル登位時の状況として，学問文芸の忘却とともに「神への真の礼拝」が熱を失っていたとも述べている。したがって9世紀末期になっても，学芸振興と正しい礼拝の追求との関連性が，意識されていたのである。

以上のように，シャルルマーニュの文化振興は，それ自体を目的とするものではないことが，カロリング・ルネサンス開始の証言からうかがえる。彼の目的は，あくまで神への正しい礼拝であり，そのために文芸・学芸が重要視されたのである。ヘンは前述のようにシャルルによる文化保護を相対化はしたが，まさにこの点において，ほかの君主による保護と異なることを強調している[48]。

この正しい礼拝のためのルネサンスという見地から，カロリング期の教育課程である自由学芸の意義が，再検討されている。自由学芸は古代ギリシア以来続いてきた基礎教養が，5世紀末に7科目に整理されたものである[49]。カロリング時代における自由学芸の重視は，かつて教育における古代の復興と見なされていた。しかし実際には，こういった世俗の学問もキリスト教的関心のもとで振興されていた。自由学芸のうち最初に学ばれるのは三学のうち文法学で，ドナトゥスなどの著作が用いられた。文法学は，読む・書く・話すといった基本的技術を生徒に提供するだけでなく，神の知恵の神秘を究明するための道具であった。そして

---

46) エインハルドゥス，ノトケルス，前掲，59–62 頁。

47) Contreni, 'The Carolingian Renaissance' in *NCMH*, ii, 709; William R. Cook and Ronald B. Herzman, *The Medieval World View: An Introduction*, 3rd edn (New York: Oxford University Press, 2012), p. 209.

48) Hen, p. 178.

49) McKitterick, 'The Carolingian Renaissance', p. 159; リシェ，前掲『中世における教育・文化』，33–34 頁；岩村，前掲，v 頁。

修辞学は、聖書などにおける比喩・転義・隠喩を理解するためのものと位置づけられた。人びとを説得する術でもある修辞学はまた、キリスト教的説教術の基礎ともなるべきものであった。聖書・典礼書などのことばの理解という点で、文法学と修辞学を補完したのが、弁証論であった。ここではアリストテレスやボエティウスが学ばれ、神学への弁証法的アプローチが試みられた。一方、四科のなかで算術は、神が創造した世界を、数字の持つ象徴的意味から解くために必要であるほか、教会十分の一税計算という実利的役割があった。また幾何学は、神が被造物に外見や形態を与えるときに用いられたと理解された。そして音楽は、典礼を執りおこなうために必要な知識であり、生徒が最初に学ぶのは詩編の唱和法であった。また天文学は、神が制定した天体の法則に関する学問だと理解された。この学問は算術とともに、復活祭の期日算定など暦法の基礎としても、重要視された[50]。

カロリング時代において、古代の文芸・学芸が復興されたことは、事実としてまったくの誤りとは言えないだろう。しかしそれは、知を愛する純粋な気持ちからでもなければ、人間の再生という高邁な理想からでもなかった。古典古代の文芸自体は、むしろ嫌悪される場合もあった。たとえばアルクイヌスは、ウェルギリウスを読むことを、弟子に禁じている[51]。シャルルマーニュには、フランク王国に確固たるキリスト教社会を建設したいという目的があった。それを実現するために、古代の文化が利用され、カロリング時代に適用させられたのである。

おわりに

カロリング・ルネサンスとは何か。この問題を複雑化させている原因の1つは、「ルネサンス」という表象であり、この語の呪縛から逃れることなしに、カロリング時代の文化的運動の理解は難しいであろう。カロリング・ルネサンスについての同時代的意識と、現代における評価の

---

50) Contreni, 'The Carolingian Renaissance' in *NCMH*, ii, 725–47; McKitterick, 'The Carolingian Renaissance', pp. 159–60；岩村、前掲、155–204, 238–71 頁。

51) Depreux, p. 729; ヴォルフ、前掲、80–82 頁；岩村、前掲、155, 171 頁。

絡み合いを解くことも，また必要である。

　今後のカロリング・ルネサンス研究は，D・ガンツが指摘するように，写本の分析をより進めていくことになるであろう[52]。ビショフがはじめた写本のカタログ化事業は最終巻を残すのみとなっているが，パリ所在の写本がカタログ化されておらず，写本点数のうえでは道半ばである[53]。カロリング・ルネサンスの量的分析を可能にするために，完成が待たれるところである。

---

52)　Ganz, 'Carolignian Manuscript Culture', p. 147.
53)　本章註 24。

2
古代の理論と中世の実践のはざまで
――Γ‐F式アルファベット記譜法をめぐって――

西間木　真

　西欧音楽史の上で11世紀から12世紀にかけての時代は『音楽についての対話 *Dialogus de musica*』（1000頃）の著者が紹介したA‐G式アルファベット記譜法と，アレッツォのグイド（990頃-1033以降）の譜線記譜法が教会改革の流れの中でアルプス以北に普及し，各地で典礼写本の書き直しや再編纂が行われた時代である[1]。二人のイタリア人教師が確立した方法に統一，画一化される過程でそれまで地域的に発展してきた記譜法や理論上のさまざまな試みが淘汰された。しかし『対話』とグイドの著作を収めた写本を検討すると，今日知られていない試みの痕跡が認められることがある。

　本稿では，古代末の作家たちによって伝えられた古代ギリシアの音階を，中世の実践に適応させる試みについて，12世紀のグイド写本にこのほど確認された記譜法論を例にたどってみたい。

1　Γ‐F式アルファベット記譜法

　J. ポール・ゲティ美術館 Ms. Ludwig XII 5（Phillipps 12145）の第1

---

1) 本稿において略号は Lexicon musicum latinum medii aevi (http://www.lml.badw.de/)，原文は Thesaurus musicarum latinarum (http://www.chmtl.indiana.edu/tml/start.html)，大完全音組織の音名とそのカタカナ表記は写本の表記にそれぞれ準拠する。角形 b は下線付き h で代用する。

写本（2-141 葉）は，12世紀初頭にイングランド南東部，おそらくカンタベリーもしくはロチェスターで編纂された四科写本である[2]。35v-45v 葉にはアレッツォのグイドの著作の他，モノコルドゥムおよびオルガン管の分割（音律），プリュムのレギノ（840頃-915）抜粋といった音楽書が集められている[3]。その最初のページ（35v 葉）には3列のヘクサコルドゥム表，学習歌，音程表，旋律定型など音楽理論の基礎事項をまとめた短いテキストが付録のように列挙されているが，その一番下に2種類のアルファベット記譜法（文字記譜法）が並記されている（図1）。

図1　Los Angeles, J. Paul Getty Museum, Ludwig XII 5, f. 35v（部分）

最初の2行は，AからPまでの16文字からなるA‐P式アルファベット記譜法である[4]。ボエティウスのモノコルドゥムの分割に由来するこの記譜法は，ヴォルピアノのグリエルモ（ギヨーム）Guillaume de Volpiano（962-1031）によって改革されたディジョンのサン・ベニーニュ修道院，およびフェカン修道院をはじめとするノルマンディー地方の複数の修道院で用いられた。通常，アルファベット記譜法の使用は理論書に限られるが，A-P 式記譜法は典礼聖歌の旋律を伝える実践的な楽譜として使用されたことが現存する複数の写本断片からうかがえる[5]。

2）　Cf. A. von Euw, J. M. Plotzek, *Die Handschriften der Sammlung Ludwig*, vol. 3, Köln, 1982, p. 158-169.

3）　Cf. A. Santosuosso (ed.), *Paris, Bibliothèque Nationale, fonds latin 10509*, Ottawa, 2003 (Veröffentlichungen mittelalterlicher Musikhandschriften, 24 / 2). Cf. RISM B III 4, p. 157-162 ; RISM B III 6, p. 726-727.

4）　Cf. N. Phillips, "Notationen und Notationslehren von Boethius bis zum 12. Jahrhundert", *Die Lehre von einstimmigen Litugischen Gesang*, Darmstadt, 2000 (*Geschichte der Musiktheorie*, 4), p. 293-623, part. p. 554-572.

5）　S. Colbin, "Valeur et sens de la notation alphabétique à Jumièges et en Normandie",

対照表の下 2 行は，ギリシア文字のガンマ（Γ）で始まりFで終わる。3 番目にラテン語でΓに相当するGが，ΓとGの間にはアルファベット順でGの後になるHが記されている。全部で 17 文字からなり，上に並記されている A-P 式記譜法よりも 1 文字，つまり 1 音多い。こうした一見不自然な配列のため，写字生の書き間違いと説明されてきた[6]。しかし Ms. Ludwig XII 5 写本の音楽論集を読み返すと，この記譜法（本稿ではΓ - F式とよぶ）に基づく小論が 4 編収められていることがわかる。

(1) 『これらの楽音を *Has voces*』
まずΓからFまでの各アルファベットの音名と譜線上での配置が『これらの楽音を *Has voces*』(36v-37r 葉) で説明されている。

> [...] 最初の音は，プロスランバノメノスとよばれる。つまりΓであり，線（linea）におかれる。2 番目はイパテ・イパトンとよばれる。つまりGであり，同様に線におかれる。なぜならある音がそれらの間でHで響くためであり，それは「間（spacio）」に置かれる。このレスポンソリウム *Sancta et inmaculata* において « non potetrant » のところでみられるように，多数の聖歌において必要とされるためこれを設置する。パリパテ・イパトンはAで記され，常に間に置かれる。Bは線に，Cは間に，Dは線に，Eは間に，Fは線に，Hは間に，Gは線に──この二つが同時に響くことはない──，Aは間に，Bは線に，低音と同じように高音においても響く [...]。

この記述に従って 35v 葉のアルファベット対照表を低音を下に縦に配置すると以下の様になる。

この表からΓ - F式アルファベット記譜法は，Γで表されるプロスランバノメノス（A - G式のA）とGで表されるヒパテ・ヒパトン（A - G式のB）の間に，Hの文字で表される変ロ音が含まれていることが分か

Jumièges: Congrès scientifiques du XIIIe centenaire, vol. 2, Rouen, 1955, p. 913-924 ; A. C. Browne, "The a-p System of Letter Notation", *Musica disciplina*, 35 (1981), p. 5-54.
   6)　RISM B III 4, p.159.

A-G式	大完全音組織	A-P式	Γ-F式	Has voces
aa	Nete hyperboleon	P	F	linea
g	Paranete hyperboleon	O	E	spatio
f	Trite hyperboleon	N	D	linea
e	Nete diezeugmenon	M	C	spatio
d	Paranete diezeugmenon	L	B	linea
c	Trite diezeugmenon	K	A	spatio
h	Paramese	I	G	linea
b	Trite synemmenon	\	H	spatio
a	Mese	H	F	linea
G	Lichanos meson	G	E	spatio
F	Parhypate meson	F	D	linea
E	Hypate meson	E	C	spatio
D	Lichanos hypaton	D	B	linea
C	Parhypate hypaton	C	A	spatio
B	Hypate hypaton	B	G	linea
			H	spatio
A	Proslambanomenos	A	Γ	linea
Γ				

る。

　マルティアヌス・カペルラ(439以前) やボエティウスといった古代末の作家を通してヨーロッパ中世世界に伝えられた大完全音組織，およびそれに基づく『音楽についての対話』とグイドの著作によって普及したA‐G式アルファベット記譜法では，下のオクターヴに変ロ音が認められなかった。一方，カロリング時代に北フランスで考案されたダシア記譜法は，全音，半音，全音の間隔で並べられた4音で構成されるテトラコルドゥムを重ね合わせた音階に基づいていた。そのため下から3番目のテトラコルドゥムの第3音はロ音であるのに対し，一番低いテトラコルドゥムの第3音は変ロ音となり，その音程はオクターブにはならなかった[7]。

　しかし理論上認められない下の変ロ音であったが，実践上は必要とされることもあった。例えば第2旋法の典礼唱では，終止音（A‐G式のD）からディトヌス（長3度）下に向かって「旋律的に」下降する際にロ音（A‐G式のB）ではなく変ロ音がとられることがあった。古代に由来する音階理論と中世キリスト教世界の典礼唱実践とのこうした食い

---

7) Cf. R. Maloy, "*Scolica Enchiriadis* and the 'non-diatonic' Plainsong Tradition", *Early Music History*, 28 (2009), p. 61-96, part. p. 73.

違いは，譜面上で音高を特定しないネウマ記譜法では問題とならない。しかし音高を固定する譜線記譜法では，理論上存在しない変ロ音を避けるために旋律の書き換えや5度上への転位（transpositio）が必要となった[8]。けれども下のオクターブにも変ロ音をもつΓ-F式音階であれば，書き換えの必要がなくなる。

(2)『ボエティウスのモノコルドゥムを構築しようとするなら』

この画期的なΓ-F式記譜法の成り立ちは，ボエティウスに従った5編のモノコルドゥム分割論の最後『ボエティウスのモノコルドゥムを構築しようとするなら *Si monocordum Boetii constituere quaeris*』（36v葉）からうかがい知ることができる[9]。

> ボエティウスのモノコルドゥムを構築しようとするならば，下に引いた線においてマガダ(駒)からマガダまでを四つの同じ部分に分割し，右側から2番目の点にネテ・イペルボレオン，つまりFを記しなさい。さらに外側で8分割し，内側にコンパスをまわすと9番目の部分に全音が見つかるので，パラネテ・イペルボレオン，つまりEを記しなさい。次いで外側を8分割し，内側にコンパスをまわすと9番目が全音であることが分かるので，Dの文字で表されるトリテ・イペルボレオンを書きなさい。次いでFから外側を3分割し，内側にコンパスをまわすと4番目の部分が半音であることが見いだせるので，ネテ・ディエゼウグメノン，つまりCを記しなさい。同様にCから外側に8分割し，内側にコンパスをまわすと9番目の部分が全音であることが分かるので，Bであるパラネテ・ディエゼウグメノンを記しなさい。今度は外側を8分割し，内側にコンパスをまわすと9番目の部分が全音となることが見いだせるので，トリテ・ディエゼウグメノン，つまりAの文字を書きなさい。

---

8) Cf. Ch. A. Atkinson, "From Vitium to Tonus acquisitus: on the Evolution of the Notational Matrix of Medieval Chant", in : *Cantus planus. Papers read at the Third Meeting, Tihany, Hangary, 19-24 September 1988*, Budapest, 1990, p. 181-199.

9) Ch. Meyer (ed.), *Mensura monochordi. La division du monocorde (IXe-XVe siècles)*, Paris, 1996 (Publications de la Société française de Musicologie, 2 / 15), p. 33.

次いで半音のCから外側を3で分割し，内側にコンパスをまわして4番目の部分が半音であることをみつけ，そこにパラメセつまりGを書きなさい。同様にDから外側で二つの部分に分け，内側にコンパスをまわすと三つ目が，シネメノンとよばれるテトラコルドゥムの最初の音であることを見出すので，Hの文字を記しなさい。続く弦はすでに，四つの最初の計測 (mensura) から見つけられた。それはメセであり，Fの文字で記しなさい。その後は常に全音と半音を高音から低音へ移動させなさい。このようにすれば計測しながらボエティウスのモノコルドゥムを完成させることができる。

この分割では最高音ネテ・ヒペルボレオン（A - G式のaa）からメセ（A - G式のa）まで1オクターブの音階が構築され，下のオクターブについては上のオクターブを反復すると述べられているだけである。

A-G式				
a	Nete hyperboleon	F		
g	Paranete hyperboleon	E		
f	Trite hyperboleon	D		
e	Nete diezeugmenon	C		
d	Paranete diezeugmenon	B		
c	Trite diezeugmenon	A		
h	Paramese	G		
b	Trite synemmenon	H		
a	Mese	F	↲	F
G	Lichanos meson			E
F	Parhypate meson			D
E	Hypate meson			C
D	Lichanos hypaton			B
C	Parhypate hypaton			A
B	Hypate hypaton			G
<B♭>				H
A	Proslambanomenos			**F**
Γ				

記述通りに最初のオクターブを繰り返すと，下のオクターブにもHの文字で表される変ロ音が含まれることになる。その場合，プロスランバノメノスがΓではなくFで表されることになるが，その点についての説明はみられない。

2 古代の理論と中世の実践のはざまで

Γ-F式	Γ	H	G	A	B	C	D	E	F	H	G	A	B	C	D	E	F
Mon. In primo			F		G	A	B	C	D	E	F	G	G	A	B	C	D	E	F
Notker Labeo	E	F		G	A	B	C	D	E	F		G	A	B	C	D	E	F
Fist. Rogatus			F		G	A	B	C	D	E	F		G	A	B	C	D	E	F
Hucbald					A	B	C	D	E	F		G	H	I	K	L	M	N	O	P
A-G式	Γ	A	<B♭>	B	C	D	E	F	G	a	b	h̲	c	d	e	f	g	aa	bb	cc

　Γ－F式においてアルファベットの最初の文字Aは，パリパテ・ヒパトン，つまりA－G式のC音（ハ音）に位置する。ハ音からはじまる音階についてフクバルドゥス（840頃-930）は楽器で用いられることを指摘し，ハ音から2オクターブ（A－G式アルファベットではCからccまで）の音階を紹介している[10]。オーリヤックのゲルベルトゥス（945-1003）に帰されるオルガン管の分割（Fist Rogatus）では器楽音階が大完全音組織に組み込まれ，F（A－G式のA）からF（A－G式のaa）までの音階が構築されている[11]。変ロ音は含まれないが，最低音はアルファベットのFで表される。厚唇のノトケル Notker Labeo（950-1022）は古ドイツ語によるモノコルドゥム分割においてゲルベルトゥスのF－F式音階の下にE，つまりA－G式のΓを加え『音楽についての対話』の音階をF－F式アルファベット記譜法で再構築した[12]。

　10冊の写本で伝えられている『最初のディアパソンでは In primo diapason』（Mon. In primo）では，上のオクターブに変ロ音が加えられ

---

10) Y. Chartier (éd.), *L'Œuvre musicale d'Hucbald de Saint-Amand. Les compositions et le traité de musique*, Saint-Laurent, 1995 (Cahiers d'études médiévales, 5), p. 154-157, 18 166-167, 27. Cf. M. Huglo, "Les instruments de musique chez Hucbald", in: *Hommages à André Boutemy*, ed. G. Cambier, Brussel, 1976 (Collection Latomus, 145), p. 178-196 [repr. in: M. Huglo, *La théorie de la musique antique et médiévale*, Aldershot, 2005].

11) Fist. Rogatus (ed. K.-J. Sachs, *Mensura fistularum. Die Mensurierung der Orgelpfeifen im Mittelalter* [Stuttgart, 1970], p. 59-72). Cf. Bernhard, « Traditionen », *art. cit.*, p. 20-23 ; Phillips, p. 585-586. サン・レミのリケルス（リシェ）（940頃-998）は『フランス史』の中で，ゲルベルトゥスが「数学科目の筆頭である「算術」を一番はじめに位置づけた。次にガリアの人々が大昔には知らなかった「音楽」を理解させた。音楽の類をモノコルドゥムにあてはめ，それらの協和音（consonantia もしくは symphonia）を，全音と半音，あるいはディトヌス（2全音）やディエシス（4分の1音）に分割し，各旋法を数比に従い（rationabiliter）いくつかの音に区分し，知識を十分なものにした」と述べている。R. Latouche (ed.), *Richer, Histoire de France (888-993)*, Paris, 1964, p. 56-59.

12) Notker Labeo (ed. M. Van Schaik, *Notker Labeo De musica. Edition, Übersetzung und Kommentar*, Utrecht, 1995, p. 36).

30　第Ⅰ部　文化の復興

音程	曲例
1. semitonius : C-D [= E-F]	*Te deum*
	Habitabit
2. tonus : A-B [= C-D]	*Nonne cor*
	Angelus domini
3. tonus et semitonius : B-D [= D-F]	*Iohannes*
	Omnis terra
4. duo toni : D-F [= F-a]	*Adhuc multa*
	Pectora nostra
5. diatessaron : E-A [= G-c]	*Et valde mane*
	Omnes
6. diapente : B-F [= D-a]	*Primum quaerite*
	Isti sunt

ているが，アルファベット上ではロ音と区別されずどちらもGで表される[13]。

　器楽音階に基づくアルファベット記譜法の展開をたどると，Γ‐F式記譜法はF‐F式に変ロ音を追加したものであると考えられる。Hが用いられているのは，後から加えられた音であるためであろう。最低音がFではなくΓで記されるのは二つの文字が混同されたためか，あるいはFの文字だけ3度繰り返すことを避けたためであろうと推察されるが確実なことは分からない。フクバルドゥス，ゲルベルトゥスの名前が挙げられることから，ランス大聖堂附属学校とのつながりが考えられるが，その点については今後検討する必要がある[14]。

(3)『これらの楽音の結合は6つである』

　9世紀以来，中世の音楽教育では正確な音程の聴き取り（聴取）が重視された[15]。それぞれの音程は，そこに含まれる半音と全音の数が説明されてから，身近な曲例の中で耳で確認された。『これらの楽音の結合

---

　13)　Mon. In primo (ed. M. Bernhard, *Clavis Gerberti*, München, 1989, p. 83-84; Meyer, *Mensura, op. cit.*, p. 17-18).

　14)　『最初のディアパソンでは』も，10写本のうち5点でゲルベルトゥスに帰されるオルガン管分割と並記されている。またランス近郊で11世紀に作成された写本を15世紀にイタリアで複写した写本，11世紀のリポル修道院写本にも残されている。そのためこの小論も，ゲルベルトゥスおよびランス大聖堂附属学校とのつながりがうかがえる。

　15)　Chr. Meyer, *Les traités de musique*, Turnhout, 2001 (Typologie des sources du Moyen Âge occidental, 85), p. 28-29.

は 6 つである *Sex namque sunt coniunctiones istarum vocum*』(37r 葉) では，やはり『音楽についての対話』にならってディアペンテ（完全 5 度）までの 6 種類の音程の構造が上昇と下降それぞれの曲例と共に示されている（カギ括弧内のアルファベットは，A‐G 式記譜法）。

　この小論は他に 2 冊の写本で伝えられているが，どちらも譜例がグイド式譜線記譜法で記されている。そのためもともとグイド式譜線記譜法で記された譜例を，スペースを節約するために Ludwig 写本の写字生が書き換えたのかもしれない。いずれにせよこの小論は，Γ‐F 式アルファベット記譜法で実際の曲例を示した唯一のものである。

(4)『正格とよばれる旋法は四つであり』

　中世の音楽教育では旋法の識別を容易にするため，各旋法を特徴づける音を列挙した短く単純な散文及び韻文による多様な暗記用概要が生み出された[16]。そうしたテキストの一つ『正格とよばれる旋法は四つであり *Quattuor namque sunt modi qui autenti appellantur*』(37r-38r 葉) では，『音楽についての対話』にならい歌い出しで使われる楽音が旋法ごとに散文で要約されている。その第 2 旋法ではΓ，G，A，B，C，D（A‐G 式ではA，B，C，D，E，F）の 6 音が挙げられている。

> プロトゥスの変格，つまり第 2 の旋法とよばれるものは，次のような開始音をもっている。Γ，G，A，B，C，D。これらの楽音で開始されることによって，その旋律パターン（differentiae）が認識される[17]。

　ここではΓ（A‐G 式のA）とG（A‐G 式のB）が続けて挙げられている。『音楽についての対話』では第 2 旋法の開始音としてA，C，D，E，Fの 5 音が挙げられ，B音，つまりΓ‐F 式のG音ではじまる曲は

---

16) Cf. Chr. Meyer, "Versus in solfare. Les vers mnémoniques dans la tradition d'enseignement de la Musica plana de Jean de Garlande", in: *« La la la... Maistre Henri ». Mélanges de musicologie offerts à Henri Vanhulst*, ed. Ch. Ballman, V. Dufour, Turnhout, 2009, p. 17-25.

17) 12 世紀以前の音楽理論書およびトナリウスにおいて differentia は，冒頭句の旋律パターンを意味する場合がある。Cf. M. Bernhard (ed.), *Lexicon musicum latinum medii aevi*, München, 2006, col. 974-983.

めったにみられない（rarissime）と指摘されている[18]。

Γ - F 式アルファベット記譜法では，A - G 式のΓに相当する楽音が含まれない。そのためこの小論では，終止音から 5 度下の音を示すためにA - G 式のΓを流用せざるを得ず，その次，つまりA - G 式のA音に相当する音からΓ - F 式記譜法が適用されたが，二つ目のΓを写字生がラテン語式のGに書き換えてしまったのではないだろうか？ 実際『音楽についての対話』の場合，ドイツおよびイギリス起源の写本の多くで開始音がΓを加えて 6 音とされている。

Quattuor namque sunt modi	Ludwig XII 5	Γ G	ABCD
	オリジナル？	Γ Γ	ABCD
Dialogus de musica	ドイツ，イギリス写本	Γ A	CDEF
	イタリア写本	A	CDEF

この推論が正しければ，この部分は「Γ，G，A，B，C，D」ではなく「Γ，Γ，A，B，C，D」（A - G 式のΓ，A，C，D，E，F）と訂正されるべきかもしれない。

2　略字 s-r と譜線

Γ - F 式アルファベット記譜法を用いた論考は，これまで Ludwig XII 5 写本以外では確認されていない。しかし同じく 12 世紀にイングランド南東部（おそらくカンタベリー）で書写されたケンブリッジ，トリニティー・カレッジ図書館 R. 15. 22 写本の巻末（140r 葉）に，A - G 式とΓ - F 式二つのアルファベット記譜法の対照表が書き加えられている。ここでは全てのアルファベットが小文字で書かれ，A - G 式音階でも下のオクターヴに丸型 b（変ロ音）が含まれている。

　Γ - F 式の音階では各音の間に s と t の文字が書き込まれているが，各 2 音間の音程と一致するため各々半音（= semitonium）と全音（= tonus）の略字と推測される。またA - G 式とΓ - F 式の双方で，各音の

---

18)　*GS* 1, p. 206b.

下にrもしくはsの文字が記されている。つまりA‐G式では口音（角形のb = h）と変口音（丸形のb）で同じ文字，つまり下のオクターヴではs，上のオクターヴではrと書かれている。Γ‐F式ではrとsの文字が交互に記され，hはsを，gはrを伴っている。Γ‐F式のrとsをMs. Ludwig XII 5写本の『これらの楽音を』に照らし合わせると，lineaとspatioに対応することが分かる。

このことからsは譜線記譜法の間 (spatium) を意味し，rは線 (linea) に相当する何らかの語の略字であると推測される。

A-G式		G-F式		Ludwig XII 5
r	aa	f	r	linea
s	g	e	s	spatio
r	f	d	r	linea
s	e	c	s	spatio
r	d	b	r	linea
s	c	a	s	spatio
r	h	g	r	linea
r	b	h	s	spatio
s	a	f	r	linea
r	g	e	s	spatio
s	f	d	r	linea
r	e	c	s	spatio
s	d	b	r	linea
r	c	a	s	spatio
s	h	g	r	linea
s	b	h	s	spatio
r	A	Γ	r	linea

riga, regula, remigium

rとsの同様の書き込みは，サン・クロード市立図書館 Ms.2 の第1写本（1-6葉）にもみられる。11世紀にジュラ地方で作成されたこのドナトゥス写本では最後の余白（6r葉）に，協和音についての学習歌『ディアペンテとディアテッセロン』とその中で歌われる三つの協和音程の相関図が書き加えられているが，Aからaまでの音階にrとsの文字が書きこまれている[19]。

---

19) Cf. 瀬谷幸男訳『完訳ケンブリッジ歌謡集 中世ラテン詞華集』南雲堂フェニックス，1997年，95頁，XXI番．

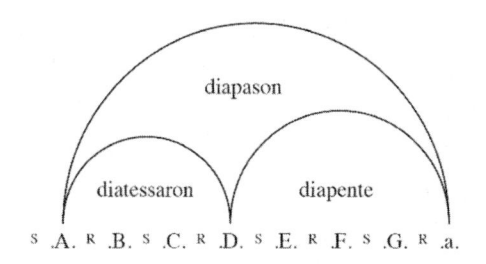

図2　Saint-Claude, Bibliothèque municipale, Ms. 2, f. 6r

　R. 15. 22 写本からの類推で，この s と r も譜線の間と線を示すと考えられる。
　譜線記譜法の線は通常，アレッツォのグイドに従い linea とよばれる[20]。グイドの譜線はカロリング時代の音楽理論書において音の高さを視覚的に図示するために用いられる複数の平行線に由来するが，それらの平行線は楽器の弦との類似から corda とよばれている。linea および corda と同義で r ではじまる語の候補の一つは，ドライポイント線を意味する riga，つまり畝（仏 sillon）である[21]。データベース Thesaurus muicarum latinarum によると[22]，13 世紀イタリアの音楽教師で枢機卿オットボノ・フィエスキ（1210/1220-1276，後の教皇ハドリアヌス 5 世）に従いローマに赴いたアメルス Amerus が『音楽の実践 Pratica artis musice』（1271，ヴィテルボ）で 1 度だけ riga を譜線の意味で用いている。他にもヤコブス・テアティヌス Jacobus Theatinus（イタリア，1413 以後），修道士ギリエルムス Guillielmus monachus（おそらくイタリア人，1480-1490 頃），ヴェンライのルトゲルス Rutgerus de Venray（オランダ出身の人文主義者，1456/45-1507 頃），ビアッジョ・ロセッティ Biaggio Rossetti（ヴェローナ，1495 以前 -1547 以降）といった理論家が，riga を譜線の意味で用いている。ドイツの理論家サベルヌのコンラート

　20）　J. Smits van Waesberghe, "The Musical Notation of Guido of Arezzo", *Musica disciplina*, 5 (1951), p. 15-53.
　21）　P. Gasnault, "Les support et les instruments de l'écriture à l'époque médiévale", in: *Vocabulaire du livre et de l'écriture au Moyen Âge*, ed. O. Weijers, Turnhout, 1989 (CIVICIMA, 2), p. 20-33, part. p. 32.
　22）　http://www.chmtl.indiana.edu/tml/start.html

Conrad de Zabern (-1476/81) は riga を譜表の総体の意味で用い，線そのものは linea とよび 2 語を使い分けている。しかしこれらの理論家たちの著作において riga は，通常 linea の言い換えとして副次的に用いられているにすぎない。

　13 世紀末にパリに滞在したイギリス人理論家は，linea の同義語として regula を用いている。彼はまた譜表を引く (regulare) 作業を行う人を regulator とよんでいる[23]。13 世紀の音楽教師エリアス・サロモ Elias Salomo (1274 頃) は regula を，旋法識別の目安となる音を示す線という意味で用いており，譜表の他の線 linea と区別している。regula のこの特別な用法は，12 世紀以前のアキテーヌ式ネウマ記譜法に由来する。

　11-12 世紀にかけて南フランスで用いられたアキテーヌ式ネウマ記譜法では，音高の基準としてドライ・ポイントの 1 本線が用いられている[24]。その線は各旋法の音域に従って旋法ごとに異なる音高を示す場合があり，旋法を識別する手がかりの一つとされる[25]。

旋法	終止音	譜線	旋法	終止音	譜線
I	D	F	II	D	D
III	E	G	IV	E	F
V	F	a	VI	F	F
VII	G	h	VIII	G	G

　ペリグー出身のエリアス・ソロモは，こうしたアキテーヌ式ネウマ記譜法の原理を複数の線から成る譜線式記譜法に取り入れ，旋法識別の指標となる線を他の線と区別して前者を regula，後者を linea とよんだのである。

　riga は中世末から近世にかけてイタリア文化圏で書かれた理論書に

---

23) F. Reckow (ed.), *Der Musiktraktat des Anonymus 4*, Wiesbaden, 1967 (*Beihefte zum Archiv für Musikwissenschaft*, 4), t. 1, p. 60. Cf. J. Haines, "Anonymous IV as an Informant of the Craft of Music Writing", *Journal of Musicology*, 23 (2006), p. 375-425, part. p. 385 ; *id.*, "The Origins of the Musical Staff", *The Musical Quarterly*, 91 (2008), p. 327-378, part. 335.

24)

25) *GS* 3, p. 55 ; J. Dyer, "The *Clavis* in Thirteenth-Century Music Theory", *Internationla Musicological Society Study Group Cantus planus. Papers Read at the 7th Meeting Sopron, Hungary 1995*, Budapest, 1998, p. 195-212, part. p. 207-209.

限られていること，それらの著作でも linea の言い換えにすぎず，単独での使用例がみられないことから，R.15.22 写本および Ms. 2 写本に書き込まれた r は regula である可能性の方が高いとさ推察される。r ではじまる語ではほかに remigium も候補に挙げられるかもしれないが，*Thesaurus musicarum latinarum* では使用例が確認できなかった。

3　A - G 式アルファベット記譜法への吸収と展開

これまでにΓ - F 式アルファベット記譜法が確認されたのは，12 世紀にイングランド南東部で書写された 2 写本のみである。しかしこのシステムが大陸にも伝えられていたことが，12 世紀にフランス中南部，アキテーヌ式ネウマの地域で作成された『音楽についての対話』写本（フランス国立図書館 lat. 3713 の第 4 写本）からうかがわれる[26]。

(1) A - G 式アルファベット記譜法への吸収
この小冊子（30-44 葉）の第 2 分冊にはさまざまな小論や学習歌が第 1 分冊に書写された『対話』に添えられた付録のように集められているが，その中に Ludwig XII 5 写本と同じ『これらの楽音を』（38v 葉）も書写されている。しかしこの写本の版ではΓ - F 式ではなく A - G 式アルファベット記譜法の解説として書き換えられ，大完全音組織の音名，アルファベット，曲例は省略されている。またプロスランバノメノスから数えた順番と譜線上の位置だけが示されているなど，Ludwig XII 5 写本の版とは大きく異なっている。

　　［…］最初の音はプロスランバノメノスとよばれ，線におかれる。2 番目は間に，そして 3 番目。4 番目は線に，5 番目は間に，6 番目は線に，7 番目は間に，8 番目は線に，丸型と角型は間に（これらが同時に響くことは決して無い），10 番目は線に，11 番目は間に。低い方と同様に高い方でも。[...]。

---

26)　http://gallica.bnf.fr/ark:/12148/btv1b9078154m.r=latin+3713.langFR

2　古代の理論と中世の実践のはざまで　　　　　　　　　37

	Ludwig XII 5			lat. 3713	
Proslambanomenos	G	linea		A	linea
<B♭>	H	spacio	→	**B**	**spatio**
Ypate ypaton	G	linea			
Paripate ypaton	A	spacio		C	**spatio**
Licanos ypaton	B	linea		D	linea
Ypate meson	C	spacio		E	spatio
Paripate meson	D	linea		F	linea
Lycanos meson	E	spacio		G	spatio
Mese	F	linea		a	linea
Trite sinemenon	H	spacio		b	**spatio**
Paramese	G	linea		h	**spatio**
Trite diezeugmenon	A	spacio		c	linea
Paranete diezeugmenon	B	linea		d	spatio

　このパリ写本版では 2 番目，つまり A‐G 式アルファベット記譜法では通常 B で表される音が「間」に配置され，3 番目の音の位置は曖昧にされている。Ludwig XII 5 写本の版と比較すると，Γ‐F 式について書かれたテキストを A‐G 式の解説として書き換えた際に生じた誤りであると推測される。この 2 番目の音が Γ‐F 式の H，つまり変ロ音に相当することを写字生が理解していたのかどうかは定かではないが，2 種類の♭の番号を省略している点からも辻褄が合わないことに写字生自身気がついていたことがうかがわれる。

(2) 大完全音組織の展開
　lat. 3713 の第 2 分冊には，また各旋法を特徴づける全音と半音の配列に関する要約も書写されている (f.39v-40r)。その中で第 3 旋法（ヒポドリウス）を構成する四つの 5 度は，次のように記されている。

　　ヒポドリウスの座（sedes）で最初の相（speties）は，パリパテ・メソンからトリテ・ディエゼウグメノンである。2 番目はトリテ・シネメノンからパリパテ・メソン，3 番目はトリテ・シネメノンからトリテ・ヒペルボレオン，4 番目はそのトリテ・ヒペルボレオンからパリパテ・イパトンである。

　四つの相は全て全音，全音，全音，半音という配列になることから，

2番目の相のトリテ・シネメノンは通常のロ音（丸型b）ではなく下のオクターブの変ロ音を示すと考えられる。

第8旋法（ヒペルミクソドリウス）においても同様に，最初のディアペンテを構成する変ロ音がトリテ・シネメノンとよばれている。

> ヒペルミクソリディウスの最初の相（speties）は，トリテ・シネメノンからパリパテ・メソン，2番目はそれからトリテ・ディエゼウグメノンまで，3番目はトリテ・シネメノンからトリ・ヒペルボレオン，4番目はそれからパリパテ・ヒパトンである。

つまり大完全音組織上で欠けており呼称が無いため，オクターブ上の変ロ音の名前が流用されているわけである。

III. ypolidius	VIII. ypermixolidius
1. F - c （t t t s）	1. B^b [= b] - F （t t t s）
2. B^b [= b] - F （t t t s）	2. F - C （t t t s）
3. b - f （t t t s）	3. b - f （t t t s）
4. f - **cc** [= C] （t t t s）	4. f - **cc** [= C] （t t t s）

また第3と第8両旋法の第4種でcc音がパリパテ・イパトン，つまり2オクターブ下のC音の名でよばれている。この小論の他の旋法においても大完全音組織には含まれないΓとaaからddまでの音が，やはり2オクターブ上もしくは下の音の名前でよばれている（この小論ではbbおよびhhは言及されていない）。

Γは『音楽についての対話』の著者が，aaからddはガイドが追加した音であるが，そこにΓ-F式アルファベット記譜法の変ロ音が組み込まれたわけである。しかしこうした試みも，ヘクサコルドゥムという新しいシステムの普及により淘汰され，忘れ去られた。

A-G式	大完全音組織	追　　加
dd		Lichanos hypaton
cc		Parhypate hypaton
hh		
bb		
aa	Nete hyperboleon	
g	Paranete hyperboleon	
f	Trite hyperboleon	
e	Nete diezeugmenon	
d	Paranete diezeugmenon	
c	Trite diezeugmenon	
<u>h</u>	Paramese	
b	Trite synemmenon	
a	Mese	
G	Lichanos meson	
F	Parhypate meson	
E	Hypate meson	
D	Lichanos hypaton	
C	Parhypate hypaton	
B	Hypate hypaton	
B♭		Trite synemmenon
A	Proslambanomenos	
Γ		Paranete hyperboleon

4　結　　語

　J. ポール・ゲティ美術館 Ms. Ludwig XII 5 で伝えられている Γ‐F 式アルファベット記譜法は，Γで表されるプロスランバノメノスとGで表されるヒパテ・ヒパトンの間に，Hの文字で表される変ロ音を含む。この記譜法はおそらくフクバルドゥスが言及している器楽音階を大完全音組織にあてはめたF‐F式アルファベット記譜法をもとに成立した。Ms. Ludwig XII 5 写本には，このΓ‐F式アルファベットを『音楽についての対話』にならって実践に応用しようとした小論も書写されている。

　同じく12世紀頃に南イングランド書写されたケンブリッジ，トリニティー・カレッジ図書館 R.15.22 写本では，巻末にΓ‐F式アルファベット記譜法とA‐G式アルファベット記譜法との対照表がみられる。その表に書き込まれたrの文字は，アキテーヌ式ネウマ記譜法の regula

を意味すると思われる。実際，同地域で書写された写本の誤記から，Γ - F 式記譜法が大陸（のプランタジュネット文化圏？）に伝達されていたことがうかがわれる。これらの写本では，古代の大完全音組織と『対話』とグイドの音階を融合する試みが確認されるが，Γ - F 式アルファベット記譜法によって加えられた低い下の変ロ音もその中に取り込まれた。

　本稿で紹介したΓ - F 式アルファベット記譜法，あるいは旋法の指標としての譜線の活用とその名称 regula は，カロリング時代からグイド式譜線記譜法が普及する 12 世紀までの間に，フランス文化圏にみられた音楽再生，伝達の試みの一部にすぎない。『対話』およびグイドの写本にみられるこうした痕跡を集めることで，今後，これまで知られてこなかった 11-12 世紀の音楽理論および教育活動を再生できることが期待される。

3

「12世紀ルネサンス」とギリシア教父の影響
——ポワティエのジルベールの神学とフゴー・エテリアヌス——

甚 野 尚 志

はじめに

　西欧の「12世紀ルネサンス」は何より，ギリシア語，アラビア語の数多くの文献がラテン語に翻訳され，西欧世界に流入することで生じた文化復興の現象であった。翻訳活動の拠点となったのは，イベリア半島のトレド，シチリアのパレルモ，コンスタンティノープルなどである。とくにコンスタンティノープルには12世紀に多くのラテン人が訪れ，ヴェネツィア，ピサ，ジェノヴァなどの居留地に定住して商業活動を行うとともに，ギリシア語に堪能なラテン人がギリシア語文献のラテン語訳を行うようになる。[1]

　コンスタンティノープルで，西欧から来た知識人がギリシア語文献の翻訳活動を行うようになった背景には，第一回十字軍以降，東西の交流が活性化した結果，アリストテレスなどの重要なギリシア語古典の写本

---

[1] ギリシア語文献のラテン語への翻訳活動は，長くビザンツ支配下にあった南イタリアで本格的に始まる。11世紀後半にはモンテ・カッシーノ修道院がギリシア語文献の翻訳の重要な拠点となる。その背景には隣接するアマルフィがコンスタンティノープルと活発な交易を行い，ギリシア語文献がこの地域にもたらされたことがある。その結果，隣接するサレルノの司教座付属学校でもギリシア語文献の翻訳がなされ，とくにサレルノは医学研究の中心になる。西欧中世のギリシア語文献の翻訳について，Berschin の研究が最もよく全体を概観している。Berschin, W., *Griechisch-Lateinisches Mittelalter.Von Hieronymus zu Nikolaus von Kues*, München 1980.

がコンスタンティノープルに存在することに西欧の人々が気づいたことがある。また，12世紀のコムネノス朝のビザンツ皇帝は西方の皇帝位も獲得する野心をもっていたので，その前提として東西教会の合同を実現しようとし，東西の聖職者間の対話や論争をコンスタンティノープルで頻繁に開催したが，そのことも，ギリシア正教の神学や教会法に関する文献の翻訳を促す要因になった。[2]

　12世紀前半にコンスタンティノープルで開催された東西教会の論争としては，1136年にドイツ王ロタール3世の使節ハーフェルベルクのアンセルムスとニコメディア府主教ニケタスが行った論争が最も有名である。ハーフェルベルクのアンセルムスはこの論争を『対話』という著作で記しているが，そこではこの論争の際，ラテン人の参加者のなかにギリシア語文献の翻訳者として著名な人物が参加していたことに言及している。それは，ヴェネツィアのヤコブス，ピサのブルグンディオ，ベルガモのモーセスの三人である。ヴェネツィアのヤコブスは多数のアリストテレスの著作をラテン語に訳したことで知られ，ピサのブルグンディオとベルガモのモーセスは神学の文献などを翻訳している。[3] このように翻訳者として著名な人物が東西教会の論争に深く関与していた事実からは，ビザンツ皇帝の東西教会合同の政策がラテン人のギリシア語

---

　2) コムネノス朝のアレクシオス1世（在位，1081-1118年）は，東方と西方の帝国を統一する野心をもっていた。とくに教皇パスカリス2世がドイツ王ハインリヒ5世と対立した際に，アレクシオス1世は西欧の帝冠と引き換えに教皇権を支援する申し出を行っている。彼は同時に教皇に東西教会の合同も提案した。12世紀にはコンスタンティノープルで頻繁に東西教会合同のための対話がなされたが，その背景にはビザンツ皇帝の東西の皇帝位を獲得する野心があった。アレクシオス1世の孫のマヌエル1世も西の皇帝位を要求しつつ，東西教会の合同も目指していた。Spiteris, J., *La Critica Bizantina del Primato Romano nel secolo XII*, Rome 1979, pp.56-61. Harris J. & Tolstoy, D., 'Alexander III and Byzantium,' in; Clarke,P.D. & Duggan, A. J. (eds.), *Pope Alexander III(1159-81).The Art of Survival*, Farnham 2012, pp.309-313. Magdalino, P., *The Empire of Manuel I Komnenos,1143-1180*, Cambridge 1993, pp.83-95.

　3) ハーフェルベルクのアンセルムスとニコメディア府主教ニケタスの論争については，参照，甚野尚志「12世紀の教会知識人による東西教会の対話——ハーフェルベルクのアンセルムス『対話』の考察」『エクフラシス－ヨーロッパ文化研究』（早稲田大学ヨーロッパ中世・ルネサンス研究所）1号，2013年，82-95頁。ヴェネツィアのヤコブス，ピサのブルグンディオ，ベルガモのモーセスらによるギリシア語文献の翻訳活動を概観したものとして，ハスキンズの研究を参照，Haskins, Ch.H., *Studies in the History of Mediaeval Science*, Cambridge, Mass. 1924,pp.194-241.

文献の翻訳活動にも影響を与えたことが見て取れる。そして，コンスタンティノープルでの東西の知識人の交流やそれに伴う翻訳活動は，その後マヌエル1世が1180年に没するまで続いた。

本稿で考察するのは12世紀後半の時期，コンスタンティノープルでマヌエル1世の宮廷に奉仕したラテン人の神学者フゴー・エテリアヌス（Hugo Etherianus）と西欧の知識人との交流を巡る問題である。フゴー・エテリアヌスはピサ出身で，マヌエル1世の宮廷でローマ・カトリック教会の教義や神学について教えながら皇帝の助言者として活動し，さらに神学関係の様々な著作をギリシア語とラテン語で書いた人物である。[4]とくに彼は『本性と位格の相違点（De differentia naturae et personae）』という著作により，ギリシア教父の「本性（natura）」と「位格（persona）」に関する神学上の議論を西欧の知識人に伝え，12世紀西欧での神学の発展に大きな影響を与えた。以下では，彼がコンスタンティノープルでの活動により，どのように西欧の神学とかかわったのかという問題を中心に考察していきたい。

1　ポワティエのジルベールの弟子たちとフゴー・エテリアヌス

ところで，フゴー・エテリアヌスの活動を考察する手がかりとして，ハスキンズがケンブリッジ大学図書館の12世紀写本のなかで発見した『本性と位格の差異（De diversitate naturae et personae）』と題されたラテン語著作の問題から話を始めたい。ハスキンズは著書『中世科学史の研究（Studies in the History of Mediaeval Science）』のギリシア語文献の翻訳活動を扱う部分で，この『本性と位格の差異』の序文を引用している。[5]ハスキンズ自身は，この著者が誰であるかは特定できなかったが，

---

[4]　彼の「エテリアヌス(Etherianus)」というあだ名は「ヘタイリア(hetairia)」と呼ばれたコンスタンティノープル宮廷の近衛軍団に彼が所属した経歴から付けられた。Häring, N. M., 'The "Liber de Differentia naturae et personae" by Hugh Etherian and the Letters addressed to Him by Peter of Vienna and Hugh of Honau,' *Mediaeval Studies*, 24 (1962), pp.9-14.

[5]　Haskins, Ch. H., *Ibid.*, pp.209-213.

その序文が12世紀コンスタンティノープルでのギリシア語の翻訳活動を知る上で興味深い証言なので，その部分を転写し紹介したのであった。その序文の内容は次のようなものである。この著者は，ギリシア教父が「本性」と「位格」についていかなる見解を述べているかを知ろうとして，コンスタンティノープルに滞在するフゴー・エテリアヌスに対しギリシア教父の諸著作での「本性」と「位格」に関わる議論の翻訳を依頼し，その後フゴー・エテリアヌスから依頼した翻訳の書物『本性と位格の相違点』を入手し，それに依拠しながら自身の著作『本性と位格の差異』を書いた，と述べている。

この『本性と位格の差異』の序文で著者は，コンスタンティノープルに二回，フリードリヒ・バルバロッサの使節として旅したことを語る。彼は一回目の旅でフゴー・エテリアヌスに対し，この翻訳書の執筆を依頼し，二回目のコンスタンティノープル訪問の際にその書物を受け取った。彼は次のようにいう。

「私は栄誉あるローマ皇帝フリードリヒの使節として，東方の最も強力な王であるコンスタンティノープルの皇帝マヌエルのもとへ赴いた。喜びにあふれてイリュリクム〔現アルバニア，クロアチア，スロベニア周辺の地域〕を通過し，何の危険も労苦も感じることなく，道なき道をたどって到達した。私は帝都〔コンスタンティノープル〕に，一回目の使節の際はシスマの時期に一か月と七日滞在し，二回目の使節の際は二か月間，ラテラノ公会議が開催された平和な時期に滞在した。私は二回目の滞在の際，フゴー・エテリアヌス——彼は古代の聖なるギリシア教父の探究者で，ギリシア語とラテン語両方に非常に通じている——に依頼した書物の完成版を喜びながら受け取った。私は一回目の使節の際，本性と位格の相違についての質問を彼に提示し，彼はその問いに対し，大バシレイオス，ナジアンゾスのグレゴリオスや他の聖なる権威を援用して書いた著作を書き私に渡してくれた。彼の著作は，私が書くように求めただけでなく，オーストリアの最も繁栄した都市〔ウィーン〕の教師ペトルスも求めていた。フゴー・エテリアヌスはその著作で，真摯に

かつ注意深くギリシア人の書物から文言を抜粋した。」[6]

　この『本性と位格との差異』を書いた人物が誰なのかハスキンズは確定できなかった。だがその後ドンデーヌが、『本性と位格との差異』の序文で言及されるフゴー・エテリアヌスの著作『本性と位格の相違点』とフゴー・エテリアヌス宛の三通の書簡をコルマールの市立図書館所蔵の写本のなかに発見し、ハスキンズが発見したケンブリッジ写本の『本性と位格との差異』の著者が三通の書簡のうち二通の差出人であるホーナウのフゴーであることを明らかにした。またケンブリッジ写本の『本性と位格との差異』の序文で言及される「オーストリアの繁栄した都市の教師ペトルス」が、フゴー・エテリアヌス宛書簡の残り一通の差出人ウィーンのペトルスであることも明らかにした。[7]

　ホーナウのフゴーとウィーンのペトルスについては多くのことはわかっていないが、両者とも1140年頃にパリで神学者ポワティエのジルベールの教えを受けたと推定される。どちらもその後ドイツに帰り、ホーナウのフゴーはホーナウ修道院の修道士となりその後フリードリヒ・バルバロッサの宮廷で活動し、ペトルスはウィーンの司教座付属学校の教師として活動した。[8]ではなぜ、ホーナウのフゴーとウィーンのペトルスは、コンスタンティノープルにいるフゴー・エテリアヌスに対し、ギリシア教父の「本性」と「位格」に関する議論の翻訳を依頼したのだろうか。それは当時、西欧で異端視されていたポワティエのジルベールの三位一体論を擁護しようとしてのことであった。つまり、ジ

---

6) *Ibid.*, p.210. "Hoc ineffabiliter estuans desiderio forte legatione Frederici gloriossimi Romanorum Imperatoris functus ad Manuelem Constantinopolitanum Basileon regum orientalium potentissimum, hilariter in Illyricum et avide viam nullis laboribus et periculis meis inviam arripui.--- Libellum secundum quaestiones in priori legatione a me propositas de diversitate naturae et personae in posteriori dedit magni Basilii et Gregorii Nazanzeni aliorumque sanctorum auctoritatibus fulcitum, quem non modo ad meas preces sed et viri eloquentissimi Petri Scolastici in florentissimo Austriae oppido de voluminibus Graecorum cum multa diligentia et cautela collegit.". なおこのハスキンズがケンブリッジ写本に発見したホーナウのフゴーの『本性と位格の差異』のテクストは、後にヘーリングが論文の付録の形で刊行している。Häring, N. M., 'The "Liber de diversitate naturae et personae" by Hugh of Honau,' *AHDLMA*, 29 (1962), pp.103-216.

7) Dondaine, A., 'Hugues Ethérien et Léon Toscan,' *AHDLMA*, 19 (1952), pp.67-134.

8) *Ibid.*, pp.89-90.

ルベールの教説と類似の議論をギリシア教父の著作のなかに求め，ジルベールの三位一体論が異端的教説ではなく，古代以来のキリスト教教父の正統的見解を継承するものであることを証明するためであった。

　ここで簡単に，ポワティエのジルベールの三位一体論がなぜ，当時のローマ・カトリック教会で異端とされたのか説明しておこう。ポワティエのジルベールは何より論理学において卓越した学者であったが，彼は独自の概念を駆使しつつ事物の存在について説明したことでも有名である。彼によれば，事物は「それ自体（quod est）」と「そのようになさしめるもの（quo est）」とが結合して初めて存在する。たとえば個々の人間は，その「人格（persona）」とその人間をそのようになさしめる「本性（natura）」が結合して初めてその人間として存在する。彼は三位一体論においてもこの議論を適用し，「神（deus）」という「位格（persona）」とそれをそのようになさしめる「神性（deitas）」という「本性（natura）」を区別し，その結合として神が存在することを主張した。[9] その結果，神においてはそのような「位格」と「本性」との分離はあり得ないと考える保守的な聖職者たちから告発され，1148年にランスでの教会会議で，サン・ベルナールらにより彼の三位一体論は異端として断罪された。[10] ランス教会会議でのジルベールの審問はソールズベリのジョンの『教皇史』で詳細に描かれているが，ソールズベリのジョンは，ジルベールへの断罪が彼の神学を理解できない者たちの無知がもた

　　9）　ポワティエのジルベールの哲学の方法については，参照，J. マレンボン（中村治訳）『初期中世の哲学 480-1150』（勁草書房，1992 年），209-220 頁．Cf. Nielsen, L. O., *Theology and Philosophy in the Twelfth Century :A Study of Gilbert Porreta's Thinking and the Theological Expositions of the Doctrine of the Incarnation during the Period 1130-1180*, Leiden 1982. 彼の独自の三位一体論は，ボエティウスの「三位一体論」への注釈として述べられた。ポワティエのジルベールが彼独自の神学を展開した『ボエティウス「三位一体論」注釈』のテクストは以下である。Häring, N. M. (ed.), *The Commentaries on Boethius by Gilbert of Poitiers*, Toronto 1966. なおポワティエのジルベールのボエティウス注釈は一部分が邦訳されている。ギルベルトゥス・ポレタヌス「ボエティウス「デ・ヘブドマディブス」註解」（伊藤博明＋富松保文訳），上智大学中世思想研究所編『中世思想原典集成 8・シャルトル学派』（2002 年，平凡社），195-267 頁．

　　10）　この教会会議でポワティエのジルベールの批判を中心的に行ったのは，サン・ベルナールの弟子オーセールのゴドフロワである。彼が行ったジルベールへの批判の内容については，参照，Häring, N. M., 'The Writings against Gilbert of Poitiers by Geoffrey of Auxerre,' *Analecta Cisterciensia*, 22(1966), pp.3-83.

らした結果であることを示唆し，逆にジルベールの神学者としての博識を称賛している。[11] いずれにしても，言葉の厳密な定義と論理的な方法で三位一体論を分析しようとするジルベールに対しては多くの共鳴者がおり，ジルベールの議論を継承する弟子たちも多く存在した。またジルベールは，当時，ラテン語で読めるかぎりの神学文献を読んでおり，ラテン語での翻訳を通じてギリシア教父の神学の重要性もよく知っていた。ジルベールの用いた分析の手法はギリシア教父の神学と類似のものがあったので，弟子たちはギリシア教父の「本性」と「位格」に関する議論のなかに，ジルベールの神学の根拠となる議論を見出すことができると信じた。その結果，ホーナウのフゴーとウィーンのペトルスは，コンスタンティノープルで活動していたフゴー・エテリアヌスにギリシア教父の議論をまとめた書物の執筆を依頼することになった。

2　書簡にみる翻訳依頼の経緯

　では，ホーナウのフゴーとウィーンのペトルスはどのような経緯でフゴー・エテリアヌスに書物の執筆を依頼したのだろうか。すでに触れたように，ホーナウのフゴーは『本性と位格の差異』の序文で，コンスタンティノープルに二回，フリードリヒ・バルバロッサの使節として旅したことを語っている。一回目の旅で，フゴー・エテリアヌスに，「本性」と「位格」についてのギリシア教父の見解を翻訳した書物の執筆を依頼し，二回目のコンスタンティノープル訪問の際にこの書物を受け取った。ヘーリンクの研究に従えば，彼の最初のコンスタンティノープルへの旅は 1172 年のこととされる。[12] 一回目の旅の事情は次のようなものである。1170 年にマインツ大司教クリスティアンの一行がフリードリヒ・バルバロッサの使節として，教皇アレクサンデル 3 世に対抗する同盟を

---

11) Chibnall, M. (ed.), *John of Salisbury's Memoir of the Papal Court,* London 1956. rep.1998, pp.15-41. 甚野尚志『十二世紀ルネサンスの精神——ソールズベリのジョンの思想構造』（知泉書館，2009 年）の第三部第二章「『教皇史』に描かれた世界」（311-340 頁）を参照。

12) Häring, N. M., 'The Porretans and the Greek Fathers,' *Mediaeval Studies,* 24 (1962), pp.195-196.

ビザンツ側と結ぶためにコンスタンティノープルに赴く。翌年の1171年にはビザンツ側の使節が同盟の交渉のためにケルンに来る。フリードリヒ・バルバロッサはこの使節と会見し，同盟の交渉をさらに進めるために再びドイツ側の使節をコンスタンティノープルに派遣することを約束する。ホーナウのフゴーは，このビザンツの使節が翌年の1172年にコンスタンティノープルに帰還する際に随行し，フリードリヒ・バルバロッサの次の使節派遣をビザンツ皇帝に告知する任務を遂行したと考えられる。

　ホーナウのフゴーは1172年に，一回目の旅でコンスタンティノープルに向かう途中ウィーンで，ウィーンのペトルスを訪問したと思われる。ホーナウのフゴーは，パリでポワティエのジルベールのもとで神学を学んだ際，ウィーンのペトルスとは知己の関係になっていたのであろう。ホーナウのフゴーはこの訪問の際ウィーンのペトルスから，コンスタンティノープルにいるフゴー・エテリアヌスの神学者としての評判を聞き知ったに違いない。ウィーンのペトルスは，フゴー・エテリアヌスが1166年のコンスタンティノープル教会会議で皇帝の助言者として活躍したことを知っていたので，東方の神学について熟知したフゴー・エテリアヌスからギリシア教父の「本性」と「位格」についての議論を知りたいと考えていた。[13]

　ホーナウのフゴーはコンスタンティノープルに到着した後，フゴー・エテリアヌスに，ドンデーヌがコルマール市立図書館で発見した第一の書簡を送った。その書簡では，自分がフゴー・エテリアヌスに会い様々な教えを受けるためにコンスタンティノープルまでやって来たことを述べる。それはまさに，ヒエロニムスが神学への愛によりギリシアの学問を求めイタリアを離れ，アジアを旅し，ギリシアでナジアンゾスのグレゴリオスを発見したようなものだと語る。しかし彼は，自身をこのような偉大な人と比較する気はないが，唯一の希望は，卓越した学識あるフゴー・エテリアヌスと会い話を聞き，彼自身も知恵ある人になることだという。[14]

---

13) *Ibid.*, pp.196-197.

14) Häring, N. M., 'The "Liber de Differentia naturae et personae" by Hugh Etherian and the Letters addressed to Him by Peter of Vienna and Hugh of Honau,' pp.16-17.

この書簡ではさらに，彼がフゴー・エテリアヌスに面会を申し入れたが拒否されたので，彼に尋ねたい質問を記したメモを，同じくコンスタンティノープルにいるフリードリヒ・バルバロッサの使節で通訳のルデゲルスという人物にもたせて届けることが書かれている。そして，この質問に答えて「本性」と「位格」の区別について，ギリシア教父がどのように書いているのかを教えてほしいと述べ，ラテン人の間での論争についてギリシア教父の権威により結論を出してくれるように頼んでいる。[15]

　三通の書簡のうち第二の書簡は，ホーナウのフゴーが1179年に二か月間コンスタンティノープルに滞在してからドイツに帰還した後に，フゴー・エテリアヌスに宛て書かれたものである。この書簡では，無事，フゴー・エテリアヌスの翻訳の書物を受け取ったことが述べられる。またこの書簡では，最初のコンスタンティノープル訪問の際，彼がフゴー・エテリアヌスから面談を拒否されたことに触れ，自身が到着した時期はシスマが続いており，ドイツの王権も教会もアレクサンデル3世を教皇として認めることを拒否していたので，アレクサンデル3世を支持するフゴー・エテリアヌスは，自分のようなドイツの使節とは面会できなかったのであろうといわれる。[16]

3　フゴー・エテリアヌスの『本性と位格の相違点』

　では，ホーナウのフゴーが受け取ったフゴー・エテリアヌスの著作『本性と位格の相違点』はどのような内容のものだったのか。すでに触れたようにホーナウのフゴーは，この『本性と位格の相違点』を種本にして書いた『本性と位格の差異』の序文で，フゴー・エテリアヌスの著作が「大バシレイオス，ナジアンゾスのグレゴリオスや他の聖なる権威を援用し」，「真摯にかつ注意深く，ギリシア人の書物から文言を抜粋した」ものだと語った。[17] ホーナウのフゴーは，同じ序文でフゴー・エテ

---

[15]　*Ibid.*, pp.17-18.
[16]　*Ibid.*, pp.18-19.
[17]　Häring, N. M., 'The "Liber de diversitate naturae et personae" by Hugh of Honau,' p.121.

リアヌスが『本性と位格の相違点』でまとめたギリシア教父の言説により，ポワティエのジルベールの教説の正しさが理解できることを次のようにいう。

> 「ラテン人は，ギリシア人の知恵がこれらの事柄について，いかに明確に語っているかを知らない。私は，私自身が神の助けによりギリシア人の正教の教父たちから理解したことを公にするのは価値あることだと考えた。つまり，正教の教父たちを通じて明らかになるのは，ジルベールが真理の道から逸脱しておらず，彼の批判者たちの方が明らかに無知の霧のなかをさまよっていること，そして，批判者たちはジルベールを否定しようとむなしく努力したが，ジルベールはギリシアの崇高で不動の柱により支えられているということである。」[18]

　ホーナウのフゴーは，フゴー・エテリアヌスの『本性と位格の相違点』によりギリシア教父の本性と位格についての見解を知り，それを利用して自身の『本性と位格の差異』を書いてジルベールの教説を擁護することができた。その意味でフゴー・エテリアヌスの『本性と位格の相違点』は，西欧のジルベール派の神学者たちにとりわけ重要なギリシア教父の神学の要約書となった。

　フゴー・エテリアヌスの『本性と位格の相違点』は，ホーナウのフゴーが二回目にコンスタンティノープルに滞在した1179年かそれより前に執筆されたと考えられる。すでに触れたようにこの著作は，ホーナウのフゴーが一回目のコンスタンティノープル滞在時にフゴー・エテリアヌスに渡した「本性」と「位格」をめぐる質問への回答であり，そこではギリシア教父の著作から，「本性」と「位格」の相違に関する見解が抜粋され紹介されている。[19]

---

18)　*Ibid.*, p.123. "Denique quia Latinos latet, quanta evidentia de his rebus Graecorum loquatur sapientia, opere pretium duxi in publicas aures proferre quod ab orthodoxis doctoribus eorum divina opitulatione percepi, quatenus per illos pateat, et a veritatis tramite eum non exorbitasse et aemulos suos in ignorantiae nebulis aberasse frustraque in eius declinatione laborasse, quem summis et inconcussis Graeciae columnis constat suffultum fuisse."

19)　この写本はドンデーヌによりコルマールの図書館で発見され，その後ヘーリン

フゴー・エテリアヌスはこの書物で「本性（natura）」の言葉の意味を定義するために，まず「偉大な聖性の人アナスタシオス」を引用する。このアナスタシオスとはアナスタシオス・シナイテスのことで，彼は700年頃に没した修道士だが，ネストリオス派，単性論派，単意論派を批判して教会の正統教義を擁護したことで有名である。フゴー・エテリアヌスは，アナスタシオス・シナイテスの著作から「本性」と「位格」の関係についての議論を紹介し，アナスタシオス・シナイテスが「本性」と「位格」を同一ではないものとして対比していることを提示し，最終的にアナスタシオス・シナイテスが「位格と本性は同じではない」と述べていると語る。[20] フゴーはさらに，ニュッサのグレゴリオス，大バシレイオス，テオドロス・アブカラスなどのギリシア教父の「本性」と「位格」についての議論を紹介し，彼らがこの二つの区別を主張していることを明らかにする。[21]

　このように，フゴー・エテリアヌスの『本性と位格の相違点』は，ギリシア教父の見解のアンソロジーであるが，そこには自身の意見も交じっており，どれがギリシア教父の著者の意見でどこが彼自身の意見なのか明確に分けることはできない。しかしこの書き方は，フゴー・エテリアヌスの著作の意義を減じるものではないだろう。フゴー・エテリアヌスによるギリシア教父の見解の翻訳紹介は，ポワティエのジルベールの三位一体論を擁護する議論の支えとなり，西欧の知識人たちにギリシア教父への関心を引き起こすきっかけとなったといえる。

4　フゴー・エテリアヌスのコンスタンティノープルでの活動

　次に，フゴー・エテリアヌスの生涯とコンスタンティノープルでの活動について概観しておこう。ホーナウのフゴーの『本性と位格の差異』

グにより，論文の付録で公刊されている。Häring, N. M., 'The "Liber de Differentia naturae et personae" by Hugh Etherian and the Letters addressed to Him by Peter of Vienna and Hugh of Honau,' pp.21-34.
　20）　*Ibid*., pp.23-24.
　21）　*Ibid*., pp.25-29.

の序文では，フゴー・エテリアヌスの経歴についても触れられているが，それによれば，「私〔ホーナウのフゴー〕は，彼がフランスで，アルベリクスという人物から弁証法を学んだというのを聞いた。彼は神学については，我々の方法から遠く離れた凡庸な人物から教えを受けた」といわれる。[22] このアルベリクスは，ソールズベリのジョンが『メタロギコン』で言及する 1140 年頃にパリのサント・ジュヌヴィエーヴの丘で弁証法を教えていたアルベリクスと同一人物の可能性が高い。[23] ジョンとフゴー・エテリアヌスはおそらくほぼ同年代で，ともに同じ頃アルベリクスの弟子として弁証法を学んだと思われる。またフゴー・エテリアヌスが「我々の方法から遠く離れた凡庸な人物から教えを受けた」というのは，ポワティエのジルベールの新しい神学の方法を認めない神学者から神学を学んだということであろう。しかし後にフゴー・エテリアヌスは，ジルベールの神学の方法の意義を評価するようになり，ホーナウのフゴーやウィーンのペトルスの依頼でギリシア教父の「本性」と「位格」に関する議論の翻訳書を書くことになるのである。

　ともあれフゴー・エテリアヌスはパリでの勉学の後コンスタンティノープルに行き，マヌエル 1 世の宮廷に奉仕し，皇帝の対西欧政策，とくにローマ・カトリック教会に対する宗教政策の助言者として活動する。彼はピサ出身なので，最初はコンスタンティノープルのピサ人居留地にやってきたのであろう。また「エテリアヌス」というあだ名が皇帝の近衛軍団「ヘタイリア」に由来することから，おそらく彼は皇帝の近衛軍団に所属し，その後，宮廷で皇帝の助言者となったと考えられる。[24] また，彼の兄弟レオ・トゥスクスも同時期にマヌエル 1 世の宮廷で通訳として活動し，ギリシア語文献の翻訳も行っている。レオ・トゥスクスは自身のことを「皇帝の書簡の翻訳者レオ・トゥスクス」と呼んでいるので，ビザンツ皇帝の文書局で翻訳の仕事を主として行っていたことが

---

[22] Häring, N.M., 'The "Liber de diversitate naturae et personae" by Hugh of Honau,' p.122.

[23] ソールズベリのジョンは『メタロギコン』の 2 巻 10 章で，自身の遊学時代に学んだ教師たちに言及しているが，そのなかで弁証法の教師アルベリクスの名が挙げられる。参照，甚野尚志『十二世紀ルネサンスの精神——ソールズベリのジョンの思想構造』（知泉書館，2009 年），73-84 頁。

[24] 前注 4 参照。

わかる。[25] しかしフゴー・エテリアヌスの宮廷での職務は明確でないが，彼が皇帝の宮廷で西欧の神学などを教え，皇帝の助言者として活動していたことは疑いない。

　フゴーとレオは，おそらく 1161 年より前にコンスタンティノープルに来ていた。というのは，ピサ人はフリードリヒ・バルバロッサを支持した理由で 1161 年にコンスタンティノープルの居留地から一時追放され，その後 1171 年まで居留地に戻ることが許されなかったからである。フゴーとレオは，1166 年にコンスタンティノープルで開催された教会会議の際にマヌエル 1 世の側近であったので，おそらく彼らがコンスタンティノープルに来たのはピサ人が追放された 1161 年より前であろう。[26]

　フゴー・エテリアヌスがコンスタンティノープルの宮廷で皇帝の助言者となった背景には，マヌエル 1 世が取った親西欧的な政策がある。マヌエル 1 世は西欧世界との友好関係を重視したが，とくに教皇アレクサンデル 3 世の在位期に教皇権との同盟を模索し，東西の教会合同を実現させる代わりに，西の皇帝位を教皇から授与されることを望んでいた。マヌエル 1 世はこの時期，東西の教会合同のために教義や典礼の統一を図る努力をしていた。よく知られるように，東西教会の最大の対立点は聖霊の発出に関する教義であり，ローマ・カトリック教会は，聖霊は

---

25)　彼の翻訳書『夢判断 (Oneirocriticon)』のフゴー・エテリアヌスへの献辞で，自分のことを「皇帝の書簡の翻訳者レオ・トゥスクス (Leo Tuscus imperatoriarum epistolarum interpres)」と述べている。この『夢判断』は，アクメット (Achmet) という人物がギリシア語で 8 世紀頃に書いた著作のラテン語訳である。アクメットがいつ生きた人物かはわからない。レオの翻訳書の序で，なぜ彼がこの書物を翻訳するに至ったかについて次のようにいう。兄弟フゴー・エテリアヌスが眠っているとき皇帝マヌエル 1 世の夢を見た。その夢では，皇帝がラテン人の賢人に取り巻かれ馬に乗り，ラテン語で書かれた書物を読んでいたが，突然，皇帝が読むのを止めてフゴー・エテリアヌスに話かける，というものであった。この夢はレオによれば，マヌエル 1 世がフゴーの書いた著作『父なる神に対し人間なる子が卑小であることについて (De Filii Hominis minoritate ad Patrem Deum)』を読んで 1166 年のコンスタンティノープル教会会議での神学論争に決着を付けることを意味していた。レオはフゴー・エテリアヌスの夢を知り，夢判断の重要性に目覚め，この書物の翻訳を行った。この序文はハスキンズが引用しているが，ハスキンズによればこの翻訳は 1176 年頃に完成された。Haskins, Ch, H., op.cit., pp.217-218. Dondaine,A., 'Hugues Ethérien et Léon Toscan,' pp.81,121-123.

26)　Häring, N. M., 'The "Liber de Differentia naturae et personae" by Hugh Etherian and the Letters addressed to Him by Peter of Vienna and Hugh of Honau,' pp.11-12.

父だけでなく「子からもまた（フィリオクエ）」出るという教義を正統とし，聖霊の子からの発出を認めない東方教会と対立していた。マヌエル1世も「フィリオクエ」問題の解決が教会合同のための大きな課題と考えており，フゴー・エテリアヌスに対し「フィリオクエ」に関するローマ・カトリック教会の主張の根拠を示すように求めた。フゴー・エテリアヌスはそれに対し『聖なる不死の神について（De sancto et immortali Deo）』を書き，ローマ・カトリック教会の聖霊の発出にかんする教義を詳しく述べている。[27]

一方で，シスマが続くなか教皇アレクサンデル3世にとっても，マヌエル1世の支援がどうしても必要であった。そのためアレクサンデル3世側も親ビザンツ政策を採っており，同盟関係を構築するために教皇使節をたびたび送っていた。[28] フゴー・エテリアヌスもコンスタンティノープルにやってきた教皇使節と親しく接触していた。そのことは『聖なる不死の神について』の序文で，書物の執筆を勧めた人物として，教皇使節としてコンスタンティノープルに来たオスティアの枢機卿司教フバルドゥス，ポルトの枢機卿司教ベルナルドゥスらの名前が挙げられていることからもわかる。フゴー・エテリアヌスは，ビザンツの政治や宗教の問題に通じた人物であったので，教皇使節も彼と接触することで様々な情報を受け取ることができたのであろう。

また，この時期には教皇使節だけでなく，ドイツ王，フランス王，ヴェネツィア，ピサの使節なども頻繁にマヌエル1世の宮廷に来ている。ギリシア語文献の翻訳者として有名なピサのブルグンディオも1171年にピサの使節の一員としてコンスタンティノープルを訪れたが，ブルグンディオがこのコンスタンティノープル滞在中に，フゴー・エテリアヌスと接触した可能性は十分ある。この時期，フゴー・エテリアヌスはピサの聖職者から，人間の魂が死後にどうなるかについて著作を書くように要求されていた。彼はそれに応えて『肉体を離れた魂あるいは地上からの魂の帰還について（Liber de anima corpore iam exuta sive de

---

27) *Ibid.*, p.12.「フィリオクエ」論争については，橋川裕之「魂を脅かす平和──ビザンツの正教信仰とリヨン教会合同」『洛北史学』10号，2008年，1-28頁，参照。

28) Harris J. & Tolstoy, D., 'Alexander III and Byzantium,' in; Clarke, P. D.&Duggan, A. J. (ed.), *Pope Alexander III (1159-81). The Art of Survival*, Farnham 2012, pp.301-314.

regressu animarum ab inferis)』を，1171年にピサの使節が帰還するよりも前に書き，この使節団の長ボルソのアルベルトゥスがフゴー・エテリアヌスの書物をピサに持ち帰ったことが知られている。さらにフゴー・エテリアヌスが書いた著作としては，同時代のビザンツの異端パテレヌス派を批判した『パテレヌス派駁論（Adversus Patherenos)』があるがフゴーがそれをいつ書いたかはわからない。また，すでに言及したホーナウのフゴーとウィーンのペトルスの要請で書いた『本性と位格の相違点』は1179年頃に完成し，ホーナウのフゴーがその著作をドイツに持ち帰った。[29]

だが何より，フゴー・エテリアヌスが関わった重要な事件は1166年にコンスタンティノープルで開催された教会会議であった。1166年頃コンスタンティノープルでは，キリストの言葉「私の父は，私よりも偉大である」（『ヨハネ』14:18）の解釈をめぐる論争が起こりその解決のために教会会議が開催されたが，マヌエル1世が論争に最終的な裁決を下す際，フゴー・エテリアヌスの著作を参照したとされるからである。そのことは，兄弟レオ・トゥスクスが彼の翻訳書『夢判断』の序文で書いている。それによれば，皇帝マヌエル1世がフゴー・エテリアヌスの著作『父なる神に対し人間なる子が卑小であることについて（De Filii Hominis minoritate ad Patrem Deum)』を読み，それに従って教会会議の最終的な裁決を行ったと述べられる。この著作の写本は失われたので，それがどのような書物であったのかを知ることができないが，この教会会議においてフゴー・エテリアヌスが皇帝の助言者として大きな役割を演じたことがここから推定される。[30] この教会会議の内容については次に詳しく述べることにするが，フゴー・エテリアヌス自身は1180年にマヌエル1世が没するとコンスタンティノープルを離れイタリアに戻った。それはビザンツ宮廷の状況が変わったことが大きな理由であろう。その後1181年に，彼の友人でもあったオスティアの枢機卿司教フバルドゥスが教皇ルキウス3世となると，ルキウス3世はフゴー・エテリアヌスを枢機卿に任命する。フゴー・エテリアヌスは枢機卿となった後

---

29) Dondaine, A., 'Hugues Ethérien et Léon Toscan,' pp. 97-125.
30) *Ibid.*, pp.123-124. Haskins, Ch.H., *op.cit.*, p.217. Classen, P., 'Das Konzil von Konstantinopel 1166 und die Lateiner,' *Byzantinische Zeitschrift*, 48 (1955), p.341.

1182年12月に没した。[31]

5　1166年のコンスタンティノープル教会会議

　では，1166年のコンスタンティノープル教会会議はいかなるものであったのか。コンスタンティノープルではこの時期，聖書でのキリストの言葉「私の父は，私よりも偉大である」（『ヨハネ』14:18）の解釈をめぐる論争が起きていた。この神学論争は様々な史料が言及しているが，とくに歴史家ヨハネス・キンナモスが詳しく触れている。それによれば，デメトリオスという人物がこの論争を引き起こした張本人であった。[32] デメトリオスはビザンツ帝国の使節として何度も西欧に行ったが，ドイツに滞在した際，キリスト論に関して異端的教義を唱える者たちがいることを知る。その教義とは「私の父は，私よりも偉大である」を独自に解釈して，この言葉から「キリストが神よりも卑小で，また同等に偉大である」という主張を導くものであった。デメトリオスは1160年頃にこの教義を批判し，キリストと神との同等性を主張した。その結果，コンスタンティノープルの聖職者の間で「私の父は，私よりも偉大である」の聖書の言葉の解釈をめぐり論争が生じ，1166年に皇帝が主催する教会会議で決着が付けられることになる。[33]

　デメトリオスはこの教会会議で，改めて「キリストが神よりも卑小で，また同等に偉大である」とする教義を批判し，キリストと神とは同じ本質をもつ主体であり，同等性と卑小さを同時に言うのは異端であるとした。デメトリオスが批判した議論は，この当時の西欧で出現した神学の新しい潮流でもあった。それはポワティエのジルベールの神学に影響を受けた者たちが唱えた教義で，その立場の者は「キリストは神より卑小である」ことを肯定し，キリストと神とを「本性」と「位格」において別のものとして区別して論じていた。

---

31)　Dondaine, A., 'Hugues Ethérien et Léon Toscan,' pp.91-97.

32)　Brand, Ch.M. (trans.), *Deeds of John and Manuel Comnenus by John Kinnamos*, New York 1976, pp.189-193.

33)　Classen, P., 'Das Konzil von Konstantinopel 1166 und die Lateiner,' pp.341-344.

こうした新しい神学の立場に対しては西欧世界でも批判者がおり，その代表はライヒェルスベルクのゲルホーであった。彼は，二つの著作『人間である子の栄光と名誉について（De gloria et honore Filii hominis）』（1163年）と『人間キリストは神の自然の息子であるか（Utrum Christus homo sit Filius Dei naturalis）』（1164年）で，ポワティエのジルベールらが唱えるキリスト論のなかに正統的な三位一体論を否定する要素を見出し批判した。[34] ゲルホーは，キリストの「本性」と「位格」を区別する議論のなかにキリスト自身への信仰が軽視される危険性を見た。彼によれば，人類の救済のために来臨したキリストは信仰そのものを体現する存在であった。「本性」と「位格」を分けてキリストの本質を論じることよりも，キリストは神にして人間であるという統一性を疑わず信仰することが何より重要であった。ゲルホーは，「本性」と「位格」を区別し分析する神学を信仰に反するものとして批判する。[35]

このように「キリストが神よりも卑小で，また同等に偉大である」という命題をめぐる論争は，西欧では，ゲルホーのような保守的な立場の神学者とポワティエのジルベールとその弟子たちのような新しい神学者との対立から生じたものであったが，コンスタンティノープルでは，一方でゲルホーの立場に近いデメトリオスと彼を支持する保守派の聖職者たちと，他方でポワティエのジルベールの三位一体論を支持するフゴー・エテリアヌスらのラテン人神学者とそれを支持するマヌエル1世やコンスタンティノープル総主教などの聖職者との対立の構図を生み出した。

しかしコンスタンティノープルでの対立は，西欧でのように新しいスコラ神学と保守的な神学の対立という学問的対立というよりも，より政治的な対立の様相が強かった。つまり，デメトリオスらの一般聖職者たちと，親西欧的なマヌエル1世とその取り巻きのコンスタンティノープル総主教らの政治的な対立としてそれは現れた[36]。1166年のコンスタ

---

34) Classen, P., 'Das Konzil von Konstantinopel 1166 und die Lateiner,' pp.349-354.

35) Ibid., pp.357-363. ゲルホーとポワティエのジルベールの弟子たちとの対立については，参照，Classen, P., Gerhoch von Reichersberg. Eine Biographie mit einem Anhang über die Quellen, ihre Handschriftliche Überlieferung und ihre Chronologie, Wiesbaden, pp.162-173.

36) Classen, P., 'Das Konzil von Konstantinopel 1166 und die Lateiner,' pp.362-365.

ンティノープルの教会会議では，聖書の言葉やギリシア教父の議論のなかに，それぞれの主張を支持する証拠を見出すことができるかどうかをめぐって論争がなされたが，最終的には皇帝が論争の裁決を行った。マヌエル1世はフゴー・エテリアヌスの助言のもと，デメトリオスを批判する決定をしたが，それはおそらく新しい神学の立場を擁護する方が教皇アレクサンデル3世との間で教会合同を進めるには適していたからであったと思われる。いずれにしてもこのビザンツでの論争は，ビザンツと西欧が神学に関して密接な相互交流を行っていたことの証拠となろう。この論争は，西欧でのライヒェルスベルクのゲルホーとポワティエのジルベールの弟子たちとの論争がコンスタンティノープルに波及したものともみることができるが，いずれにしてもマヌエル1世による解決は政治的なものであった。しかしこの論争にフゴー・エテリアヌスは助言者として深く関わっており，彼はこの時期，神学において西欧とビザンツをつなぐ重要な役割を果たしていたといえる。

おわりに

　ポワティエのジルベールの神学は，伝統的な神学に新しい概念と方法を持ち込み三位一体論をより精緻に議論するものであった。それはまさに新しいスコラ学的な方法による神学の先駆であった。しかしジルベールの三位一体論は，サン・ベルナールなどの保守派の聖職者により1148年のランス教会会議で異端とされた。ただしサン・ベルナールが後日，ジルベールに和解を求めたことからわかるように，告発した側もジルベールの神学の議論には一定の敬意を表明していた。ジルベールの神学の方法が多くの同時代の知識人を魅了したことは，ソールズベリのジョンの『教皇史』での記述などをみればわかる。
　また，ホーナウのフゴーやウィーンのペトルスがジルベールの議論を擁護しようとして，フゴー・エテリアヌスにギリシア教父の「本性」と「位格」の議論の翻訳を依頼したことは，ギリシア教父が西欧の神学の発展に貢献したことの例となろう。しかしギリシア教父の西欧への影響は「本性」と「位格」の区別にかかわる議論だけではない。12世紀に

は他の関心からも多くのギリシア教父の文献が翻訳され，西欧の神学に大きな影響を与えている。

　その例としてまず，ピサのブルグンディオの翻訳活動に触れておこう。ピサのブルグンディオは1110年頃に生まれ，1136年にコンスタンティノープルで行われた東西教会の論争に出席したことでも知られる翻訳者だが，ピサでの法律家としての職務のかたわら，ピサのビザンツ使節として何度もコンスタンティノープルに滞在してギリシア語文献を入手しラテン語訳を行っている。彼の翻訳のうちとくに重要なものは，12世紀中葉の時期に教皇エウゲニウス3世の依頼で行ったヨハネス・クリュソストモス『マタイ福音書講話（Sermo evangelii secundum Mattheum)』とダマスカスのヨハネス『正教の信仰について（De orthodoxa fide)』の翻訳である。ダルヴェルニによれば，教皇エウゲニウス3世がサン・ベルナールの影響でギリシア教父の霊的な教えに強い関心をもっていたので，ピサのブルグンディオにこれらの翻訳を求めたのではないかとされる。[37] さらにピサのブルグンディオは，1171年のコンスタンティノープルへの使節の際に入手したヨハネス・クリュソストモスの『ヨハネ福音書講話（Sermo evangelii secundum Iohannem)』も翻訳している。これらの翻訳は，西欧の知識人にギリシア教父が展開した神秘主義的な霊性や信仰の内面性の議論を伝え，その後の西欧の神学に深い影響を及ぼした。[38]

　さらに，コンスタンティノープルで神学関係の著作の翻訳を行ったことで知られる二人のラテン人を挙げておきたい。一人はヴェネツィア出身と思われるケルバヌス（Cerbanus）で，12世紀前半にコンスタンティノープルの宮廷に奉仕しながらギリシア語文献の翻訳を行い，とくに証聖者マクシモスの『愛について（De caritate)』の翻訳を行ったことと，

---

37) d'Alverny, M.-Th., 'Translation and Translators,' in; Benson,R.L.& Constable,G.(eds.), *Renaissance and Renewal in the Twelfth Century*, Oxford 1982, p.430.

38) Classen, P., *Burgundio von Pisa.Richter-Gesandter-Übersetzer*, Heidelberg 1974, pp.34-39. ヨハネス・クリュソストモスが西欧の神学に与えた影響については，Plested, M., 'The Influence of St John Chrysostom in the West,' *Constantinople 13-18th September 2007.Symposium in Honour of the 1600th Anniversary of St John Chrysostom held under the Aegis of the Ecumenical Patriarchate,*

in; http://www.iocs.cam.ac.uk/resources/texts/st_john_chrysostom_in_the_west, retrieved 2015.8.1

ダマスカスのヨハネスの『正教の信仰について』についてピサのブルグンディオの翻訳の前にいくつかの章の翻訳を行ったことで知られる[39]。もう一人は、同様にコンスタンティノープルに滞在していたパスカリス・ロマーヌス（Pascalis Romanus）である。彼は 1160 年頃に逸名の著作『聖アナスタシオスへのユダヤ人の反論（Disputatio Iudaeorum contra sanctum Anastasium）』の翻訳を行う。さらに彼は 1169 年に、動物、石、植物の医学的および魔術的な作用についてのギリシア語での集成である『キラニデス（Kyranides）』の翻訳も行った。パスカリスは自身の著作として 1165 年に、ギリシア語の夢判断の文献を抜粋しまとめた『神秘大全（Liber thesauri occulti）』も書いている。[40]

また、西欧の神学の発展にとり重要なギリシア語文献の翻訳としては、擬ディオニシオス・アレオパギテスの著作がある。その主著『天上位階論（De coelesti hierarchia）』は 9 世紀にすでにヨハネス・スコトゥス・エリウゲナの翻訳が存在していたが、その改訳が 12 世紀にヨハネス・サラケヌス（Johannes Saracenus）によりなされた。彼はギリシア語が堪能な学者でポワティエの司教座付属学校の教師として 12 世紀中葉に活動し、この『天上位階論』の改訳を含め擬ディオニシオス・アレオパギテスの著作の翻訳を行ったが、それらはその後の西欧の神学に多大な影響を及ぼした。[41]

このように「12 世紀ルネサンス」における神学の発展にとり、ギリシア教父の翻訳が幅広い側面で大きな貢献をしていることがわかる。本稿でフゴー・エテリアヌスの活動から提示したように、ギリシア教父の著作は西欧の神学の発展に深くかかわったが、それだけでなくヨハネス・クリュソストモスなどの翻訳を通じて、信仰の内面化や霊性の問題でもギリシア教父の著作は西欧の神学に大きな刻印を与えたといえよう。

---

39) d'Alverny, M.-Th., *op.cit.*, pp.430-431.

40) *Ibid.*, p.438. ハスキンズによれば、当時のビザンツ宮廷で占いや占星術への関心があったことは、皇帝の図書館のカタログにオカルト関係の著作が多数あることからもわかる。パスカリス・ロマーヌスの『キラニデス』の翻訳と『神秘大全』の著述、レオ・トゥスクスの『夢判断』の翻訳などはビザンツ宮廷での流行と深く関連している。だが、これらの書物が西欧の知的世界にいかなる影響を与えたのかは不明である。Haskins, *op.cit.*, pp.221-222.

41) Berschin, W., *op.cit.*, pp.277-278.

4

再生と充溢としてのルネサンス観とその今日的課題
―― 東西を結ぶルネサンス概念 ――

根 占 献 一

1　ルネサンス像の再検討

　ルネサンス。再生，再興の意味のフランス語から来ていることはあまねく知られている。現在ではこのままで表記されることが多いが，かつては文芸復興[1]，英語では文字通り「学芸復興」(the Revival of Learning) という言い回しも珍しくなく，時にこの意味だと説明されているのに出会う。真実は，目覚め，覚醒のほうが相応しいとする主張もあるし，美術よりも詩（韻文）の分野でルネサンスが起こったという見方もある[2]。

　時代概念としてルネサンスは中世から近代にかけての移行期あるいは転換期とされる。そしてこの概念の周辺には数々の他の概念が寄り添っている。ゴシック，国際ゴシック様式，マニエリスム，バロックなど。宗教史であれば，カトリック改革と宗教改革の時代，公会議と対抗宗教改革など。そして思想史の問題であれば，17世紀の科学革命。また自

---

　　1)　たとえば，西村貞『文藝復興期の美術』聚英閣，大正10年（1921年）。この本は例言で「大部分」が訳稿であると述べられ，実際に目次には Julia Cartwright の名が見える。ジュリア・カートライト（1851-1924）は英語圏における優れたルネサンス研究者として知られている。なお「作者」西村貞（1893-1961）はキリシタン史に名を残していて，『日本初期洋画の研究』全国書房，1945年，『キリシタンと茶道』全国書房，1948年，『南蛮美術』講談社，1958年が知られている。また共著として，『キリシタンの美術』宝文館，1961年。

　　2)　B. L. Ullman, *Studies in the Italian Renaissance*. Second Edition with Additions and Corrections, Roma, 1973.

由思想と 18 世紀の啓蒙思想。この最後の両語なら，ヴェネツィア共和国のパドヴァ大学が注目される。ルネサンスの対外関係では「地理上の発見」が指摘され，この発見の勢いで日本もこの時代と無縁でなくなる。それは羅針盤がシンボリックに示すだろう。そして時代の三大発明とされる，ほかの鉄砲（火薬）と活版印刷機もこの列島に伝わり，史実が増えていく。そして当該日本もまた大きな転換期であり，イエズス会を中心とするローマ・カトリック教もこの地で鮮やかな歴史的時を刻んでいく[3]。これらの周知の史実に注目すれば，イタリア・ルネサンスは私たちとの出会いを含めて革新の時代であった。

これに対し，中世のカロリング・ルネサンスや 12 世紀ルネサンスに重きを置こうとする中世の歴史や哲学，科学の研究者はその時代には目立つ変動は見られなかったという。これはまことに不思議な主張である。中世に 1 千年をとっておきながら，イタリア・ルネサンス期の思想的発展を限定しようとする。他方で，ルネサンスをローマ劫略事件（1527 年）までのおよそ 100 年間に区切り，そのなかでの変化をもっぱら美術上の発展に限って強調する論があるが，近代と直結するルネサンスは美術史だけの概念ではない[4]。私は，この時代を外延的に 14 世紀半ばから 1600 年頃までの 250 年間と一応見なすが，近代のほうではさらに半世紀延ばすことも考えられる。ペトラルカからモンテーニュへ，さらにデカルトの死去年 1650 年を目印にしても良いかもしれない。そのなかに日本のキリシタンの世紀（16 世紀 40 年代から 17 世紀半ば頃まで）も入ってこよう。かと言って先の両ルネサンスの意義をを否定しているわけでなく，こちらにはそれらと違う時代，つまり中世のルネサンスではもはやないということだけは言いたいのである。

---

3) 近年の重要な叙述に，Léon Bourdon, *La Compagnie de Jésus et le Japon. La fondation de mission japonaise par François Xavier (1547-1551) et les premiers résultats de la prédication chrétienne sous le supériorat de Cosme de Torres (151-1571)*, Lisbonne et Paris, 1993.

4) 時間の長短に関係なく，内包的にルネサンス像に総合的に迫った細密な研究は，Erwin Panofsky, *Renaissance and Renascences in Western Art*, Icon Editions, New York, Evanston, San Francisco and London, 1972 (1969[1960]). 図版が小さく，また原題の意図が分かりづらくなっているものの，重要なこの邦訳に『ルネサンスの春』中森義宗・清水忠訳，思索社，1973 年。むろんこれはパノフスキー自らの個別研究，たとえばヘラクレスなどの図像学的な専門研究があって集大成化されている。*Hercules am Scheidewege und andere antike Bildstoffe in der neueren Kunst*, Berlin, 1997 (1930).

本論では先ずは私のなかでルネサンス像がどのようにして生まれ、ど
のようなルネサンス観を学び、ここからどのように研究してきたのか、
回想しながら書いてみたい。自らがルネサンス観を作りだしたわけでは
ないが、受容する側にこれに強く応えるなにかがあったのであろう[5]。
そのルネサンスは近年のグローバリゼーションが叫ばれるなか、新た
な生命を勝ち得る可能性がある。ここで名を出した学者たちの研究環境
に較べ、研究者間の往来もまた激しくなり、情報の交換も進んだ。また
ネット社会を迎え、かつては遠方にあり、容易に見ることが叶わなかっ
た史料や重要な文献が電子化（eブックスなど）され、眼前にある。

　それでも驚くのは先人たちの業績の小さからぬことである。今問題に
なっていることが、もうすでに知られていたことなのか、という感嘆で
ある。「ゴーレス」の意味もそうであろう[6]。人文の世界では、実は古く
から問題になっている史料の過去を捨象して、現在の研究視点から接近
し、さも史料を初物のように扱って事たれり、とするケースが見られる
が、史料が問いかけている中身が相変わらず明らかになっていないとい
うことがある。目先を変えてみたものの、史料の読みはすでに為されて
いたというわけである。時代には時代に「流行」の研究法、研究視点が
あることは認めるが、それは過去の研究を踏まえてなされていくのであ
り、過去の研究者の業績を回顧して、その記憶を確実にしていくことも
また、歴史を探求する者の大事な任務ではなかろうか。

　リヴァイヴァル（復興・再生）概念としてのルネサンスについて縷々
書き染めることになるが、現在の私のルネサンス観を明示する機会と捉
えたい。長年の研究からイタリア・ルネサンスはヨーロッパ域内の概念
に留まらない現象であり、これこそが、重要視される中世の他のルネサ
ンスと決定的に相違していると考えるに至った。日本列島の「洋学」研
究者が日本のことも分からなければならないという意味で、もはや私た

---

[5]　ゲオルク・シュールハンマー『イエズス会宣教師が見た日本の神々』安田一郎訳、青土社、2007年。訳者あとがきが、私がここで記す「書きっぷり」と共通するところがあり、注目したい。翻訳書自体は漸く邦語として世に出た古典で、原書は以下の通り。Georg Schurhammer, *Shinto. Der Weg der Götter in Japan*, Bonn und Leipzig, 1923.

[6]　内田銀蔵「シラの島及びゴーレスに就きて」、『内田銀蔵講演論集』同文館、1922年、622-637頁。根占献一「ローマとルネサンスの世界性」、『学習院女子大学紀要』第14号（2012）、75-92, 特に84頁。

ちはよそごとの歴史だけを知的エリート風に修めるだけでは不十分であり，郷土史家を含むこの地の日本史研究者も交えて，ルネサンスを語らなくてはならない。

　ところで，イタリアの「ルネサンス」とはどういう時代であったのか，という問題は，現在ではアカデミックな問題であるよりも，一般的文化の関心事もしくは一般教養の話題であるかのようになっていないだろうか[7]。このようなルネサンスはある意味，ヨーロッパの長い歴史のなかにあって日本で一般的に親しまれていると言える。その親しみやすさから，ややもするとステレオタイプ化されたルネサンス像によりこの時代を単純化しすぎていることともなる。先ずはこの点を指摘し，フィレンツェとヴェネツィア——ともに相当な国家であった——の具体的な事例で考えてみよう。

　イタリア・ルネサンスの本場と目されるフィレンツェの紹介番組では，キリスト教的主題の絵が多いなか，ボッティチェッリの〈春（プリマヴェーラ）〉と〈ヴィナースの誕生〉の両作品は欠かせない。キリスト教以前もしくはキリスト教とは無縁のギリシア・ローマ神話が描かれたこれらの作品は，異教文化の復興としてのルネサンスの好例となり，特筆化される。それは女性——実は女神——の美しさであり，自然の観察力の細やかさであり，時空を超えて私たち現代人に近しい世界として提示される。他方で，ヴェネツィアはティツィアーノの絵の異教的作品の数々は劣らずこれに相応しいのだろうが[8]，一般的に取り上げられる機会は圧倒的に少ない。かつて「奇跡の都ベネチア物語——ルネサンス時空の物語」（日本テレビ，2000年）と題して，ジョルジョーネとティツィアーノが主人公として描かれた番組があった。面白い試みで，ヴェネツィア本島から遠い彼らの故郷の映像は楽しめたが，筋仕立て自体に興味が持てたとまでは言えなかった。記憶の糸を辿ると，ペストに襲われる社会を救うためにティツィアーノが彩管を揮ったという，ヒューマ

[7) たとえば，塩野七生『ルネサンスとはなんであったのか』新潮社，2008年。著者自身もこの問いかけが難題であることは理解されているだろう。著者は私の若いころからルネサンスの人物を具体的に描写してきた作家である。

8) Cfr. Anthony Colantuono, *Titian, Colonna and the Renaissance Science of Procreation. Equicola's Seasons of Desire*, Burlington, 2010.

ン性が強調された。皇帝カール5世や教皇パウルス3世を筆頭に，聖俗の大物たち，貴族たちからの注文多い絵描きであった点を主題としない限り，どうしても話が道徳風を吹かせて窮屈になり，史料上の制約もあって話がつながらない。

　いとも静穏なる共和国（Serenissima Respublica）ヴェネツィアに対し，フィレンツェ共和国では15世紀末にジロ・ラモ・サヴォナローラが出，16世紀に入ると，メディチ教皇レオ10世とクレメンス7世が誕生して，ローマ——ここも相当の国家，教皇領国家の都であり，第2の都市としてはボローニャを抱える——との結び付きが強くなる。そしてラファエッロ，ミケランジェロの登場となって劇的に変貌していく。これはドラマ仕立てでは常道と化している道筋である。ヴェネツィアでも同様に16世紀初頭には列強との同盟や対抗関係のなかで，時代の転換となる戦い，アニャデッロの戦い（1508年）など，激越に時代が動くことがあるのだが，注目度は低い。時代の転換期に遭遇するヴェネツィア貴族のひとりがガスパロ・コンタリーニ（1483-1542）であり，宗教改革からトレント公会議に至る時代を生き抜いた。

　人文主義者や哲学者になると，ヴェネツィアに限らない話かも知れない。サヴォナローラの影響を大いに受け，フィレンツェに縁の深いピーコ・デッラ・ミランドラ（1463-1494）が表に出ることはまずない。物語にもってこいの若さで悲劇的に亡くなっているのだが，これまた不思議である。確かに，題名だけからすると，『人間の尊厳について』（*De dignitate hominis*）なる彼の著書は，人間賛歌のルネサンスに似つかわしそうだが，実際はタイトルが意味するほどの現代的な尊厳論ではなく，一般向きのルネサンスでは扱いにくい内容となっている。全体として，どこにルネサンスに期待される人間らしい人間尊重論，キリスト教神学から自立し，世俗化した尊重観があるのだということになりかねない。

　このピーコは確かにルネサンスにあって，図式的なルネサンス像では相応しからぬ人物にも映じよう。人文主義者エルモラオ・バルバロに対するスコラ学の強調や，カバラの中世的伝統の重視，ギリシア・ローマの古典古代再興像から外れるアラビアへの関心，そして古典古代期というよりもアレクサンドリアを中心とするヘレニズム期のオリゲネスへの

関心などは，親しみなれたルネサンス論には合わないのだろう。その反占星術的態度は魔術や占星術など擬似科学が盛んであったルネサンスを一足飛びに飛び越えながら，その敬虔な——あのトマス・モアを惹きつけた——宗教観や神学上の大著，創世記に関わる考察を突き詰めていた人物でもあり，彼を時代の寵児とするには大いに無理があることになろう[9]。

2 　学校以前のルネサンス像と教育上のルネサンス

　人間らしさ，あるいは人間臭さをルネサンスに求める傾向が一般的にあることを指摘したわけだが，私の場合，この像が学習以前にある程度できあがっていた面がある。そこでここでは，avant la lettre をもじって avant l'ecole——このような言い回しが許されるとして——の前の自分を考えてみたい。高校世界史教科書で初めて知り，大学学部・大学院の授業等でルネサンス概念を知る以前の自分がどのようにして「ルネサンス」と出会ったか，ということである。
　それは私にはきわめて明晰な出来事で，エドゥアルト・フックス (1870-1940)『風俗の歴史』(*Illustrierte Sittengeschichte vom Mittelalter bis zur Gegenwart,* München, 1909-1912) という本との遭遇がこれに当たる。ルネサンスの教科書的概念化が出来上がる前に，ルネサンスのイメージを私に与えてくれた代表作である。これは第一次世界大戦前に出版されているが，日本では第二次世界大戦後の1953年（昭和28年）から1959年（昭和34年）にかけて光文社から安田徳太郎 (1893-1983) の翻訳で出た。この訳書が近親者宅にあって目にし，初めて本格的に高校「世界史」でルネサンスを知る前にその像が出来上がっていたのである。この『風俗の歴史』は後にはカラー版として再版され，また文庫本で出たりしているので，日本ではかなりの影響をそのルネサンス像とともに

---

9) 若死にしたために，時代の移行を示すにはその期間が短すぎて適しないこともあろう。早世したジョルジョーネを引き継ぐ存在がティツィアーノであったことは知られているが，ピーコの親友で長生きをしたジローラモ・ベニヴィエーニ (Girolamo Benivieni 1453-1542) がそうであったかどうか興味深いところだが，ベニヴィエーニ研究は進んでいない。

与えていることは間違いない。
　しかも，原書は 20 世紀初めの出版物であるが，邦訳書のほうは戦前の伏せ字が罷り通っていた時代が終焉した，20 世紀半ば過ぎの公刊書である。数々の個性的な仕事をした安田徳太郎自身の人生とその証言などがまたこの大作の翻訳に花を添えていた。夥しい数の興味津々の挿し絵が盛り込まれていて，一目了然，あるいは百聞は一見に如かず，というのか，ルネサンスに始まる社会は生身の肉体礼讃の時代というイメージが脳裏に焼き付いた。それはフックスによると，封建制社会という桎梏からの解放であり，個人が自由に欲するままに生きる社会の登場ということになる。
　かと言って，フックスが提示した単純明快な像が現代でも崩れ去っただろうか，という疑問は残る。なぜならば，先に示した，世にテレビ等で一般的に喧伝されているルネサンス時代とはこの域を出ているとは思えないからである。それにはミケランジェロを筆頭とする多くの彫刻や絵画が醸し出さずにはおかない裸身の力強さが雄弁に「事実」を物語り，これを見る者がそうだと納得せざるを得ないような現状があるのではなかろうか。それほどまでに視覚に訴える作品は影響が大きい。特に，ゴンザーガ家のパラッツォ・デル・テやファルネーゼ家のカプラローラの宮殿にある壁画などにはその片鱗を容易に見ることができるだろう。裸体画の伝統に乏しい日本では，夏目漱石ではないが，「裸体は希臘，羅馬の異風が文藝復興期の淫靡の風に誘われて流行りだした」となろうし，黒田清輝の〈朝粧〉事件ともなろう[10]。
　標準的な「世界史」教科書もこの範疇にあった[11]。マルクス主義の文筆家であったフックスとある意味では同じ世界観を共有していることになる。ただ学校現場ではフックスの観点と違い，イタリア・ルネサンスは全面的に肯定的に受け容れられていたわけではない。ヨーロッパ史に

---

　10)　根占献一「フィチーノ」，『哲学の歴史 4 ルネサンス』伊藤博明編，中央公論新社，2008（2007）年，179-212 頁に所収，特に 180 頁．F. Ganesco , *Shocking au Japon: de l'évolution de l'art dans l'Empire du soleil levant. Dessins de G. Bigot.* Yokohama: 1895[?].
　11)　千葉県我孫子には旧村川別荘が残っている。村川堅固・堅太郎親子の別荘として知られるが，堅太郎が著者のひとりであった本が置いてあり，それはボランティアの方から事もなげに高校世界史の山川出版社の教科書として名高いと言われた（2015 年 1 月 10 日）。本文の著者も親しんだ教科書であった。

おけるルネサンスの限界が言われ，カトリック改革も対抗宗教改革も積極的に評価されてはいなかった。ポルトガル，スペインの海外発展も帝国主義的進出の先駆けであり，イエズス会の活動も，ヨーロッパでの失地回復を図るカトリック国のためのアジアや「新大陸」でのお先棒担ぎに過ぎなかった。創作活動もバロックはもはや一種の反動芸術であった。

　学校時代には気づかなかったが，その時代にいわば叩き込まれ，そうだと信じてしまうほどの影響を受けたことがある。このイタリア・ルネサンスは古代との関係でも芳しい位置を与えられていなかったからである。ドイツ史学の影響が大きい教科書の著者たちは，古代でもギリシア文化には高い評価をあたえながら，ローマ文化はその亜流，模倣に過ぎないと一蹴していた。ローマ人は道路造りや建築，工学などの実用面に優れていたが，独創性に乏しかった，と，またホラティウスの言，「捕えられしギリシアは猛し勝利者（ローマ）を魅了せり」（graecia capta ferum victorem cepit）も紹介されてギリシア文明の優位性を強調し，『事物の本性（自然）について』（De rerum natura）の著者ルクレティウスはエピクロスの模倣者に過ぎなかった。

　さらに，ウェルギリウスに関わる叙述はホメーロスの世界に較べて曖昧であったし，ローマ共和政におけるキケロの位置付けはなされていず，この両者がラテン文学の韻文と散文で果たした意義など，まったく顧みられてはいなかった。その結果，教科書ではルネサンスは俗語文学花盛りとなり，ダンテの『神曲』（Divina Commedia），ペトラルカの『抒情詩集（カンツォニエーレ）』（Canzoniere），ボッカッチョの『デカメロン』（Decamerone）が強調されていき，とりわけペトラルカの人文主義的活動などは蚊帳の外である。エラスムスも辛うじてラテン語で書いた『痴愚神礼讃』（Encomium moriae. Stultitiae laus）は中世的権威の批判書として称賛的に取り上げられるが，彼のラテン文学者としての全般的活動などは注目されてはいなかった。

3 研究概念としてのルネサンス ——ブルクハルト以後

　古代ローマに対する低評価は当然のことながら、イタリア・ルネサンスの人文主義に大して注目がいかないことともなる。ペトラルカに始まるキケロの再評価の問題、市民的人文主義の意義などには十全たる学術関心が向かうことはなかった。東北帝国大学では戦前ルネサンス研究が盛んで、その中心人物は大類伸（1884-1975）だった[12]。現在、東北大学附属図書館には彼の蔵書の一部が収まっている大類文庫があり、彼が傾倒したヤーコプ・ブルクハルトがレオポルト・フォン・ランケとともに網羅され、彼の関心の向かうところを示している。また大類の下、創刊された『西洋史学研究』は日本最初の西洋史学専門雑誌であったが、レオナルド・ブルーニやその研究者ハンス・バロンへの関心は乏しかったと言えよう[13]。ドイツ語圏でブルーニ研究を強力に推し進めたのはバロンであり、バロンは『イタリア・ルネサンスの文化』（*Die Cultur der Renaissance in Italien*, 1860）のなかでブルクハルトが専制国家での個性的人物にルネサンス的人間を見たのに対し、共和政国家での人文主義者に注目し、行動的生の重要性を検討した[14]。

　イタリア・ルネサンスをめぐっては、やはりこのようにブルクハルトの著書『イタリア・ルネサンスの文化』を取り上げないわけにはいかない。この分野の基本的にして最も重要な著書がこれであることを大学に入り、初めて認識した。それにはたまたまこの新訳が出ていたことが大きかった。中央公論社世界の名著シリーズ全66巻中の第45巻に、当時東北大学教授だった柴田治三郎訳があったからである。その時の昭和41年、1966年初版が手元にある。東京で購入した。あとでブルクハルトの訳は大正時代に始まって戦前に三種類の訳があることも知った

　12）　土肥恒之『西洋史学の先駆者たち』中央公論新社，2012年，第3章。
　13）　根占献一「ルネサンス・ヒューマニズムと近代——特にイタリアとドイツの視点から」，『19世紀学研究』第8号（2014年3月），59-73頁，特に68-72頁。
　14）　根占『フィレンツェ共和国のヒューマニスト——イタリア・ルネサンス研究（正）』創文社，2005年。

が[15]，親しんだのは柴田訳であり，版元の中央公論社では書籍の体裁を変えて幾度か出ているようで，良く読まれている証しであろう。

　柴田訳後は新たに新井靖一訳が筑摩書房から出た。新井はブルクハルトの他の著書，なかでも本邦初訳となる『コンスタンティヌス大帝の時代――衰微する古典世界からキリスト教中世へ』（2003年。*Die Zeit Constantins des Grossen,* 1853）を公刊したことは特記されるべきである。ブルクハルトにとり『コンスタンティヌス大帝の時代』と『イタリア・ルネサンスの文化』の間に中世があるのであろう。先の書には古代末期独特の新プラトン主義に関わる詳細な記述が見られる。後の書の『イタリア・ルネサンスの文化』のなかでの魔術や占星術に関する叙述と比較することで，彼の観点が何処にあるかを考察することも可能であろう。またブルクハルトは哲学者ヘーゲルと対比され，歴史哲学を嫌悪したとよく言われているが，哲学への関心は決して低くはなかった。周知のように，『イタリア・ルネサンスの文化』の終結部分にはプラトン説への言及がある。

　　われわれが，あの学派の精神の，最高の成果と呼びたくなるロレンツォ（・デ・メディチ）の賛歌には，堂々と，しかも世界を道徳的・自然的コスモスと見ようとする観点から，人格神が言葉を発している。中世の人々が世界を，教皇と皇帝とが反キリストの出現まで守らねばならない涙の谷と見なし，ルネサンスの宿命論者たちが強烈な精力の時と重苦しい諦念の，あるいは迷信の時の間を行き来しているのに対し，ここ，選ばれた精神の持ち主のサークル（フィレンツェのプラトン・アカデミーの面々の間）では，眼に見える世界は神が愛により創造したのであり，それは彼のなかに先在している原型の模型であって，彼がそれを持続的に動かし，絶えず創造して行くのだという理念が生じる。個人の霊魂はまず神を認識することで，その狭隘な限界へ神を収縮しうるが，しかしまた愛によって，自身を神へと無限のなかへ拡大をもなしうるのであって，その場合こちらこそが地上における幸福である。ここで，中世の神秘説のなごり

---

15)　土肥，前掲書，81-82 頁に詳しい。

がプラトン説や独自の近代精神と相通じる。あるいはここで，世界と人間のあの認識（いわゆる世界と人間の発見）の最高の成果が成就したのかも知れない。このことだけでも，イタリアのルネサンスはわれわれの時代の案内人と呼ばれなければならない[16]。

　日本における西洋史学の分野でドイツ語圏史学の影響が大きかっただけにとどまらず，ルネサンス・イタリア研究でもドイツ語で記述された書の数々の影響は甚大であった。ブルクハルトに見られるとおりである。彼に関しては諸書の研究書がある。ブルクハルトに至るまでの，ルネサンス以来の長いその概念の歴史[17]，『イタリア・ルネサンスの文化』を書く前の，特に青年時代の彼[18]，またイタリア・ルネサンス芸術との出会いなど[19]，幾つかの視点がありうる。

　ここでは，サヴォナローラをめぐる解釈からブルクハルトのルネサンス概念を問題にした増田重光の研究を紹介したい。増田には『人間解放の時代——ルネサンス』（講談社現代新書，1973年第3刷）があったが，読んだことはなかった。アーウィン（エルヴィン）・パノフスキーやエドガー・ヴィントなどを知って，そのような謳い文句の，この種のルネサンスに少々辟易していたこともあったのではないか[20]，フックスばりの高校教科書の延長のような思いがあったためではないか，あるいは学生運動が激化していく社会のなかで人間に対する不信の念が高まっていた

---

[16] 根占『共和国のプラトン的世界——イタリア・ルネサンス研究（続）』創文社，2005年，特に64頁。引用文中の括弧内の文は根占による補足。

[17] Rudolf Kaufmann, *Der Renaissancebegriff in der deutschen Kunstgeschichts-schreibung*, Winterthur, 1932. Walther Rehm には幾冊かのブルクハルト関連書があるが，この小論文脈では，*Das Werden des Renaissancebildes in der deutschen Dichtung vom Rationalismus bis zum Realismus*, München, 1924.

[18] Otto Markwart, *Jacob Burckhardt. Persönlichkeit und Jugendjahre*, Basel, 1920. Werner von der Schulenburg, *Der Junge Jacob Burckhardt. Biographie, Briefe und Zeitdokumente (1818-1852)*, Zürich, 1926. 以上は古典的作品のみ。

[19] Maurizio Ghelardi, *La scoperta del Rinascimento. L'«Età di Raffello» di Jacob Burckhardt*, Torino, 1991.

[20] この間の経緯については，『エクフラシス——ヨーロッパ文化研究』第1号（2011），3-10。Erwin Panofsky, *Studies in Iconology. Humanistic Themes in the Art of the Renaissance*, Icon Editions, New York, Evanston, San Francisco and London, 1972. Edgar Wind, *Pagan Mysteries in the Renaissance*, Penguin Books, 1967.

ともあったのかもしれず、読まなかった。

　大学院の指導教授（村岡哲）から薦められた一冊が、皮肉なことにその増田の『サヴォナローラ研究序説』であった。私家版であったため、まったく知らない情報であった。出版元は三越、1977年とある。増田がその本に纏めているようにサヴォナローラ研究に打ち込んだ人であったこと、そのなかでブルクハルトのルネサンス概念などを問題にし、まったくドイツ史学のなかで考察をした研究者であったことが、日本におけるイタリア研究を反映していた。因みに、恩師は大類伸に学んだが、専門としたのはドイツ近代史であった。ただし、若いころ、レオナルド・ブルーニに関心があり、彼の歴史叙述を検討したことがあったと語ってくれたことがあった。当時の日本における学的状況を見ていると、これはエドゥアルト・フューターや、バロンの師であったヴァルター・ゲッツからの知識をもとに村岡が取り組もうとしていたのではないかと思われるが[21]、推測の域を出ない。

　現在、増田が『イタリア学会誌』（第4号、1955年）に書いた「ミケーレ・サヴォナローラについて──ブルクハルト的解釈の限界」がCiNii論文PDFオープンアクセスで読むことができる。これは『サヴォナローラ研究序説』にも収録されているが、増田は言う、「かの著名な文化史家ヤコブ・ブルクハルトが、たまたま1860年出版の『イタリアにおけるルネサンスの文化』（本文では『イタリア・ルネサンスの文化』と題している）のなかでミケーレ・サヴォナローラに言及し、彼一流の解釈を施して以来、ミケーレはあたかもルネサンスの先駆者であったかのごとき錯覚を読者に与え、歴史家の究明の手をまぬがれて来たかの感が深い。したがって、われわれとしては、先ず第一に、ブルクハルトのミケーレ解釈の方法とその限界とを検討し、このような錯覚のよって生じたゆえんを明かにしなければならない」、と。増田論考を読むことで、ミケーレ・サヴォナローラに関して医学者だった側面以外に、『パ

　21）　Eduard Fueter, *Geschichte der neueren Historiographie*, New York and London, 1968(1911, 1936). 根占『フィレンツェ共和国のヒューマニスト』77頁。『ルネサンス研究』第4号（1997年）、231-239頁に書評（伊藤博明『神々の再生──ルネサンスの神秘思想』東京書籍、1996年）を書いた際、この書評を村岡哲先生に捧げたが、その中で本文中のことは言及した。

ドヴァ都市礼讃記』(*De laudibus patavii*) などの著者だったことも分かる手堅い叙述となっている。増田が学究生活を始めたころのサヴォナローラ研究の泰斗というと，ドイツ語圏ではヨーゼフ・シュニッツァー (1859-1939) であり，増田はミケーレに関わる叙述がシュニッツァーに基づくことを真っ先に記している[22]。言わば，ドイツ語圏のプロテスタント，ブルクハルトによるルネサンス像に，ドイツ史学の視点からカトリック的視点を加味して迫った研究ということになる。

結論で増田は言う，(以下の括弧内は引用者根占の補足)「ここで注意すべきは，このようないわば前近代的な性格を持つ彼 (ミケーレ・サヴォナローラ) が，無意識のうちに書きしるした『パドヴァ都市礼讃記』の内容が，ブルクハルトによって近代的個我の発展・近代的名誉心の勃興を説く際に，最も重要な一つの史料として取りあげられる程にも，近代的な性格をもっていたということである。そして，ややこの逆説的な事実から，われわれはかえって，このような性格のミケーレをもそのなかに包含していたルネサンスという大らかな流れに，驚嘆の目を見張り，その『複雑性』を理解することができるのであるが，更にまた，恐らくはミケーレという如上の性格や『パドヴァ都市礼讃記』執筆の私的動機 (フェッラーラ宮廷への不満から故郷パドヴァへの望郷の思いから綴られた) については，無関心のままになされたと思われるブルクハルトの史料取扱いの態度を一歩踏み越えて，ミケーレの性格を究明することによってはじめて，ブルクハルトの説く中世から近世への移り行き，すなわち近代的個我の発展や近代的名誉心の勃興の次第を，またそれらを雄弁に物語る『パドヴァ都市礼讃記』の持つ高い史料的価値をより十分に理解することができるのである」，と。

かなり引用が長くなってしまったが，ここではブルクハルトの心理

---

22) Joseph Schnitzer, *Savonarola. Ein Kulturbild aus der Zeit der Renaissanc*, 2Bde, München, 1924. イタリア語訳は，Giuseppe Schnitzer, *Savonarola*, con 20 illustrazioni. Traduzione di Ernesto Rutili, 2 voll, Milano, 1931. シュニッツァーの研究はサヴォナローラに限らず，次の書も重要である。Peter Delfin, *General des Camaldulenserordens (1444-1525). Ein Beitrag zur Geschichte der Kirchenreform, Alexanders VI und Savonarolas*, München, 1926. フィレンツェ・ルネサンス研究のためにも重要な修道会であるが，日本ではカマルドリ会研究にはさほど注目が向けられなかった。なおサヴォナローラの都市礼讃記は https//www.researohgate.net/publication/ で探し出すことができる。

に「心理学」研究者として増田が迫っている感がある。文中のルネサンスの複雑性とは，ルネサンスに中世との断絶を強調せずに，中世的要素が併行，混在していることを認める史観を指している。無難な結論であるが，結局はブルクハルトに沿った論の展開ということになる。『パドヴァ都市礼讃記』の中身もブルクハルトの紹介に基づく。これに対する別の解釈はシュニッツァーから行なわれ，肝心のこの一次文献を増田は見ていない。この礼讃記解釈にドイツ史家の判断が入っている可能性があるにもかかわらず，ある意味無邪気に引用している。

　ルネサンスをめぐる概念論争がドイツ史学の問題であったことを喝破したのは，会田雄次であった。同史学の影響が大きかった日本の研究者もこれに引き込まれていたのである。彼は言う，「ドイツ精神にとって所詮ルネサンスは異質のものである。ドイツの歴史にあるのは宗教改革であってルネサンスではない。彼らがルネサンスに求めたのは，一種のエキゾチシズムからであり，自己の持たないものに対する憧憬からであろう。だからルネサンス概念論争は，一方ではこの憧憬からルネサンスの画期性を極端に主張するものと，その反対に自己に欠けたものを認めずルネサンスを中世に埋没させてしまうものとのふたつの対極によって争われたのである」，と[23]。当時の日本がドイツ観念論の強い影響下にあったことも指摘している。

　先の増田も後の会田も二元論的思考を推進し，批判的見解を持ちえない一般読者には魅力ある文となっていようが，彼らが当時はルネサンス研究を高い水準に置き，古典研究を数々生み出していたドイツ研究者から大いに学んだことは，何ら恥ずべきことではなく，間違ってもいなかった。現在は英語圏のルネサンス研究者がイタリアの研究者と伍しながら究明を進めている観があるが，かつてはドイツだったのであ

---

　23)　塩見高年『ルネサンスの世界』創文社，1961年。この文は編集後記にあり，衣笠茂とともに会田雄次の名がある。ここは会田の考えとして引用した。文は続けて，塩見はこの極端をのりこえようとしたとも，またジレンマに陥ったとも，意味深長な表現が続く。なお塩見の研究の重要性は，根占「ルネサンス研究補遺」，『創文』484号，2006年3月，15-18頁でも指摘したことがある。SFR共同研究「グローバルヒストリーのなかの近代歴史学」第4回研究会（2014年12月4日，立教大学）で「歴史学におけるルネサンス──その概念をめぐって」の題目で塩見の研究に言及できる機会が私にあったことは喜ばしい。この意義深い共同研究を推進している小澤実準教授にはあの時の司会ともどもお礼を申し上げる。

り，イタリア研究者も同国から学んでいた。ただ，余りにも旧世代間ではイタリアの研究者がことサヴォナローラに限っても無視されていたように思われる。パスクワーレ・ヴィッラーリ（Pasquale Villari 1827-1917）やロベルト・リドルフィ（Roberto Ridolfi 1899-1991）のように国際的名声を得た研究者には関心が向かったが，パオロ・ルオット（Paolo Luotto 1855-1897）のような研究者に対峙して[24]，本格的なイタリアの宗教史，イタリアのカトリック思想の探究は行なわれなかった。この分野は依然としてわが国では未踏の分野といっても過言ではない。イタリア・ルネサンスの哲学を含めて，この分野への挑戦は日本のキリシタン史思想に迫るためにも不可避である。ただ例外として，今日では植村正久の研究で知られる青芳勝久（1883-1972）のサヴォナローラへの関心に注目が向けられていいだろう[25]。

4　和辻哲郎の見たルネサンスと日本

　日本におけるヨーロッパ研究が独自の歴史を持っていることは，結局は日本の明治以降の歴史に因っていることはまちがいない。アイデンティティを日本列島に置きながら，ヨーロッパの思想，歴史，文化を研究する意義は今でも小さくないが，疑問点がないわけではない。つまりいつまでたっても主体的に研究しているように思われず，ヨーロッパの研究動向に左右されているという現状である。わずかな一例としては朝河貫一の入来文書研究がヨーロッパ，なかんずくフランスやドイツの中世史家などに影響を与えたことが思い起こされるけれども，それはいわば英語圏の仕事としてあった。海の遥かかなたの研究である以上，それは已むを得ないことではないかという見方もあろう。そうかもしれない。

---

24) Paolo Luotto, *Dello studio della scrittura sacra secondo Girolamo Savonarola e Leone XIII con riguardi a' padri e a' dottori della chiesa* libri tre, Torino, 1896. Id., *Il vero Savonarola e il Savonarola di L. Pastor*, seconda edizione, Firenze, 1900 (1897).

25) 青芳勝久『サボナローラ』有爲書院，1924年。同書8頁に霊魂不滅説への言及が見られる。これは1513年の第5ラテラノ公会議で初めて信仰箇条となったが，同書ではこの説を「再び肯定し」たとある。

だが，どうであろう。今日ルネサンスが，イタリア・ルネサンスが，中世のルネサンスと同格にしか論じられない面があるなかで，もう少し時代を単純に見，日本の歴史から「発信」できないだろうか。ルネサンス研究の今日的「リヴァイヴァル」のためにそれは可能なように思われる。イタリア・ルネサンスを美術史だけに限定せずに，あるいはその中心にあったとは考えずに，活版印刷が登場して，ヒューマニズム（フマニタス研究）に新たな情報革命をもたらした時代は大航海の時，いわゆる地理上の発見の時であり，東西の知的，物的交流が真に始まることになるという認識である。目新しくもない認識であるが，深く真剣に受け止められている認識だろうか。そしてそれは16世紀の40年代以降の日本の歴史——ある視点からキリシタンの世紀と呼ばれる——と直結し，われわれが主体的にルネサンスを研究し，論を張れる，またとない時代ということになる。

　そもそもこれも必ずしも新しいアイデアではない。先の会田雄次も，また東北大学で教鞭を取った西村貞二もこれに言及したことがある[26]が，問題があった。会田も西村も概してイタリア・ルネサンス思想理解が皮相に留まっており，それが彼らの歴史叙述に反映され，キリシタン思想史に鋭く立ち入って行けなかった。そのような彼らの観点に影響を及ぼしたのは，実は和辻哲郎であった。和辻はその『鎖国——日本の悲劇』（1950年）では思想研究者としての本分を脇に置いて，実に精細な歴史叙述に徹している。他方で，アレッサンドロ・ヴァリニャーノなど重視されるべき人物への思想的言及はほとんど行われず，ペドロ・ゴメスに至っては一行の言及もない。問題点は共通している。あるいは三者とも，ルネサンス・ヨーロッパ思想の日本における展開に関心はもっていない。せめて思想史家和辻に期待したかったところだが，これは，本書を書く目的がまさに題名に示されているように，鎖国の意義を考えるためにそれに至る編年的過程に関心を持ったためであったろう。そしてこの鎖国の前提として，キリスト教禁令と迫害に至る過程が細大漏らさずに史実で紹介されていく筋立てとなっている。

　『鎖国』はローマ帝国の衰亡から序説を始める壮大なプランの下にあ

---

[26]　拙稿「ヨーロッパ史からみたキリシタン史——ルネサンスとの関連のもとに」，『アジア遊学』，勉誠出版，2015年近刊予定。

るが，その前にさらに「前言」とでも言うべき個所がある。「太平洋戦争の敗北によって日本民族は実に情けない姿をさらけ出した」で始まるところがそうである。古代地中海世界の文明を愛好し，またこれに通暁した研究者和辻は，その他の研究者同様にキリスト教文明に一頭地を抜く感情を抱き，そのために国を鎖してヨーロッパとの接点を失った苦い経験が，第二次大戦での敗北に繋がるというところまで突き進む，歴史哲学を展開する。サコクとハイボクがどう関わるのか，かなり大胆な推論に思われる。科学的精神の欠如が敗北の根本にあると喝破しながら，このため今次の大戦で明らかになったように合理的思索が蔑視されて狂信者が生まれ，直観的な事実にのみ信頼を置き，推理力による把捉を重んじない民族の性向ができあがったという。この欠点は一朝一夕にして成り立たず，鎖国に元があるというところが，本書のミソである。

「近世の初めに新しい科学が発展し始めて以来，欧米人は三百年の歳月を費やしてこの科学の精神を生活の隅々にまで浸透させて行った。しかるに日本民族は，この発展が始まった途端に国を鎖じ，その後二百五十年の間，国家の権力を以てこの近世の精神の影響を遮断した。」その二世紀半の間に欧米ではさらに科学が発展してしまい，この成果を急激に輸入することによって補いをつけ得るというようなものではなかった。最新の科学的成果を利用していながら同時に浅ましい狂信者であることになった。鎖国が何を意味していたのかを理解することが大事だが，歴史家は鎖国の時代に展開した文化がいかに素晴らしいものであったかを指摘したが，喪失したものがいかに大きかったかは示してくれなかった。私の課題はそれを示すにある，と[27]。

方法論として疑問が湧く。彼自身，本来的にヨーロッパ人の対外進出，日本におけるキリスト教布教自体に関心があり，それがあれほどまでの詳細な叙述になったのではないか。ヨーロッパ思想の展開と各地の風土に深い興味を示してきた哲学者は昭和10年代初期からホセ・デ・アコスタ（José de Acosta. 1540-1600）の著書などに親しんでいたようである[28]。ハイボクの結果，サコクに関心を持ったのであって，危うい

---

27) 和辻哲郎『鎖国――日本の悲劇』筑摩書房，1967年，1・2頁。
28) 後年邦訳が出た著名な本である。『新大陸自然文化史』(Historia natural y moral de las Indias) 増田義郎訳，岩波書店，上下，大航海時代叢書第1期3・4巻に所収，1966年。

思想状況に至りそうな現状を知ろうとして，アコスタ本が含まれるハクルート叢書に関心を持ったわけでなく，またハイボクがなければ，結果オーライだったのかという素朴な疑念も生じてくる。鎖国が悲劇であったのなら，開国後の80年は何だったのか。開国し急激な変革の結果捻じれてしまった精神こそが問題であり，それが悲劇ではないのか，とも言いたくなろう。それこそが本当は精緻に叙述されるべきだったのではないか，と[29]。

　これ以上，和辻思想の問題自体に深く立ち入るのは避けて，ここでは本書に見られるルネサンス観を紹介してみよう。和辻は言う，「西欧にルネサンスの華を開いた14・5世紀は，我国の室町時代に当る。この時代は我国自身に即して云えば同じくルネサンスである。藤原時代の文芸，特に源氏物語は，この時代の教養の準縄となり，その地盤の上で新しい創造がなされた」，と。新しい創造は強調されて，謡曲，連歌，能狂言，茶の湯などの具体例に触れる。続けると，以下の通り。「これらを創造した時代は，イタリアのルネサンスと同じく，十分に尊敬されねばならぬ。のみならずこの時代には海外遠征熱が勃興し，冒険的な武士や商人がシナ沿岸のみならずもっと南方まで進出している。またそれに伴って堺や山口のような都市が勃興し，その市民の勢力が武士に対抗し得るに至っている。更に民衆の勢力の発展に至ってはこの時代の一つの特徴とさえも見られる。一揆の盛行，民衆による自治の開始，それらが次の時代の支配勢力の母胎となっている。」ここで段落を変えて，序説の最後となる。「すべてこれらの点に於て我国の十四・五世紀もまた近代を準備していると云えるのである。しかも同時代に於けるイタリアと同じく，国内に数多の勢力が対峙し，国家的統一が失われ去った十六世紀に至って，いよいよ西欧の文化との接触に入った。そこに我々の問題

---

[29] 津田雅夫「戦後の和辻哲郎。『鎖国』を中心に」岐阜大学地域科学部研究報告，第27号（2010年），17-31頁。近年，鎖国概念をめぐる様々な議論が湧きおこっている。鎖国自体は当時最も身近な国だった明や清，李氏朝鮮でも行なわれていたことであった。また，鎖国概念そのものが新しい訳語（19世紀以降に属し，志筑忠雄の訳語）であったが，出島での貿易を考えると，本当に完全に国を鎖してしまっていたと言えるか怪しい。私貿易は海禁同様に禁じられたが，公貿易は続行していたと見られるし，海禁国でも華夷秩序（冊封体制）を維持しつつ，出入国がまったく機能していなかったわけではなかった。永積洋子『近世初期の外交』創文社，1990年，などは，和辻のいう鎖国——彼は序でその意は国を鎖した状態でなく，そうする行動を指すと断っているが——を実証面から明らかにしてくれるであろう。

の焦点が存するのである。[30]」

　以下，前篇の「世界的視圏の成立過程」と題した，ヨーロッパの地理上の発見に伴う世界的拡大，後篇の「世界的視圏における近世初期の日本」と題した，イエズス会を中心とした布教活動の顛末が記述される。そのなかで最後の章，第十二章は「鎖国への過程」として信長暗殺から始まる。そして最後の節は「鎖国」と題されて，和辻史観が示される。貿易に熱心だった秀吉，家康はキリスト教を忌避するために鎖国に打って出る。だが，「十六世紀末十七世紀初頭のヨーロッパの文明を摂取したいと考えつつ，そこからキリスト教だけを捨てて取らないというようなことは，到底出来るわけのものではない。」それは，教会の羈絆を脱した近世のヨーロッパ人にすら難事だった。純粋に取りだすことは難しいことであるから，湧きあがっている民衆文化と混在するべきであった。「室町時代末期の民衆の間に行なわれた文芸の作品は，今見ると実に驚かされるような想像力の働きを見せている。死んで甦る神の物語もあれば，美しいものの脆さを具象化したような英雄の物語もある。」死んで甦る神の物語と美しいものの脆さはルビが振られて強調されている。このあたりの示唆に富む表現は復活やプラトン主義の視点から興趣に富むが，ここではいかなる話なのかは詳らかにしないでおこう。「ああいう書物を読み，ああいう想像力を働かせていた人々の間に，ローマ字書きが拡まり，旧約や新約の物語が受け入れられるということは，いかにも自然なことであったと考えられる。[31]」

　こののち反動改革のヤソ会士が最新の科学を伝えたと指摘する一方で，軍人の秀吉，家康の世界的視圏が狭かったと指摘する。近世の精神が既にフランシス・ベーコンとして現われている時代に，統治原理，指導精神として二千年前の古代シナ思想が活用されてしまった。侵略を恐れて鎖国を敢行したのか。マニラ総督に朝貢を要求するほどの自信が秀吉にはあったのだから，その「意図を恐れずに，ヨーロッパ文明を全面的に受け入れれば好かったのである。近世を開始した大きい発明，羅針盤・火薬・印刷術などは，すべて日本人に知られている。それを活用してヨーロッパ人に追いつく努力をすれば，まださほどひどく後れていな

　30）　和辻『鎖国』，23 頁。
　31）　同上，391 頁。

かった当時としては，近世の世界の仲間入りは困難ではなかったのである。[32]」

　キリスト教を恐れて国を閉じるに至ったのは，冒険心の欠如，精神的な怯懦の故であった。スペイン人の冒険心が欠け，ヘンリ王子の精神が欠けていた。この欠如は視野の狭さに基づく[33]。日本人はヨーロッパ文明にひかれてキリスト教を摂取したが，そこに当時の日本人が示した唯一つの視界拡大の動きがあった。そこには合理的思考への要求が付随し，近世の大きい運動を指導した根本の力がある。「わが国における伝統破壊の気魄は，ヨーロッパの自由思想家のそれに日本人の大半がキリスト教化するという如き情勢が実現されたとしても，教会によって焚殺されたブルーノの思想や，宗教裁判にかけられたガリレイの学説を，喜んで迎え入れる日本人の数は，ヨーロッパにおいてよりも多かったであろう。それならば，林羅山のような固陋な学者の思想が時代の指導的精神として用いられる代わりに，少なくともフランシス・ベーコンやグローティウスのような人々の思想を眼中に置いた学者の思想が，日本人の新しい創造を導いて行ったであろう。日本人はそれに堪え得る能力を持っていたのである。[34]」

　ヨーロッパのルネサンスと遜色ない状況下にあり，そこにキリスト教文明が伝わった。しかし指導者が視野の狭さから判断を誤り，合理的精神の萌芽は育たなかった。ここまでは，可否やら是非やらは別にして，叙述について行けるだろう。だがこれが何故，「太平洋戦争」での敗北に至るのか，・論理の飛躍はないのか。幕末の黒船によって日本が植民地化され，漸く他のアジア諸国と同様，第二次世界大戦後，独立を達成できたのならば，理屈が通っていると思われるのだが。ここではヨーロッパのルネサンス思想家に対する和辻の言及を中心に見た。

---

32) 同上，393 頁。
33) 同上，393, 399-400 頁。
34) 同上，400-401 頁。

5　内田銀蔵の近世観と時代の充溢

　私はかれこれ15年ほど前に和辻が扱った時代を南九州に注目しながら、一冊の小著を上梓した[35]。この時も含めて、大学生だった頃以来、本論で触れた和辻の問題の書は彼の数ある書のなかで最も近しい本であったし、小著を書いた時も意識した労作であった。今回しかし、キリシタン時代の詳述と先の大戦の敗北を結びつけることの理屈が通っているだろうか、という疑念が生じてきた。彼は多分、余り世代が違わない大類伸とは異なったスタンスを昭和の歴史にもっていたのである。多様な本を書き、日本の城郭研究にも健筆を揮った大類にも、キリシタン時代に関わる著作が遺著として纏められている[36]。ここでは大類はランケ史学の伝統を受け継ぎ、史料にキリシタン運動を語らせているようである。別の書ではキリシタン時代をヨーロッパのルネサンスとし、時にはバロック的傾向を見ようとしている[37]。それはある意味で美的なブルクハルト史観が勝っていたと言えるかもしれない。和辻にも同じキリシタン運動という言葉が見られるが[38]、その印象は大いに異なる。大類は慶長使節やシドッティまで視野に収めている。和辻はキリシタン運動を通して何かを言おうと考えているのである。それがここにすでに引用した数々の言葉である。

　ところで、和辻はルネサンス時代に相当する時代を盛んに近世という概念で表現する。この近世という概念には内田銀蔵が思案をめぐらしたことが良く知られている。その内田の書を紐解くと、それこそ和辻が否定した江戸時代を見事に叙述していて、飽かせない。「鎖国」概念についての議論にも参考に資すべき点が認められる。またキリシタン時代に関わる言及が見出され、日本の中世から近世への移り変わりの時代に

---

[35]　『東西ルネサンスの邂逅——南蛮と禰寝氏の歴史的世界を求めて』東信堂、1998年。それ以後、これに関連する拙論については、注の6、40などの小論参照。
[36]　『キリシタン運動の時代——日本学士院所蔵キリシタン史料について』大類正久発行、1985年。
[37]　大類『ルネサンス文化の潮流』文藝春秋社、1943年。
[38]　和辻『鎖国』、第十一章、キリシタン運動の最高潮。

あって，ヨーロッパのルネサンス運動や宗教改革が意識されていることが分かる[39]。内田の学風を反映してか，和辻のように近世に詠嘆するのでなく，冷静，沈着に，ヨーロッパのこれらの運動や改革と併行した，これ以後の近世日本に時代の特色を見ようとしている。この時代の文化史への関心を反映して和辻が歌舞伎や浮世絵などに注目するのに対し，内田は人文の勃興とともに経済的発展，産業の変化に瞠目している。

　内田は随分と時代概念を意識した歴史家だった。それゆえに「近世概念」を問題にしたわけだが，彼はそれを絶対視していたわけではない。この近世概念が場合によっては江戸期を越えてかなり移動するが，この近世を軸に，最近世が一方に，近古，中古，上古と他方で時間を遡源していくことも分かる。イタリアではルネサンスの近くがbasso（低い）であり，中世遠方がalto（高い）となる。強調しておかなくてはならないのは，どうしてヨーロッパでは時代の三区分法が生まれてきたかであり，それはペトラルカ以来のルネサンス文化運動の展開がもたらしたものなのである。内田から日本の歴史の上でも近世をめぐってこの時代区分が意識されたことが了解される。中世を明示した原勝郎とともに内田銀蔵がヨーロッパ史に通暁していたからこそ，時代認識が創出された[40]。

　ところで，本論のきっかけとなったのは，数年前に早稲田大学ヨーロッパ中世・ルネサンス研究所の主題「再生」をめぐる折の発表であった。その時，ルネサンス概念の別の側面に気付くことにもなった。それは，最後にこれに言及することにするが，酷似とまでは言えないにしても内田の近世観と似ているのではないか，少なくとも和辻のようにある時代を批判するためにその時代があるのでなく，時代が言うなれば完塾になるそのような史観というものがあるのではないか，ということである。

　発表の際は，ユダヤのカバラ思想とイタリア・ルネサンスの哲学者ピーコとの関係を扱った専門書『G・ピーコ・デッラ・ミランド

---

39) 内田銀蔵『近世の日本・日本近世史』宮崎道生校注，平凡社，160頁（『日本近世史』）。内田がルネサンス（の訳語）を文藝復興としていることは，『内田銀蔵講演論集』所収の「國力の發展」（523-528，特に526頁）からも分かる。

40) 関幸彦『ミカドの国の歴史学』新人物往来社，1994年，200頁。

ラ——宗教的・哲学的シンクレティズム　1463-1494』(*G. Pico della Mirandola. Sincretismo religioso-filosofico*, 1463-1494, Bari, 1937) で知られるエウジェニオ・アナニーネ (Eugenio Anagnine) が，この出版の 20 年後，第二次世界大戦後に，『中世 (5 世から 10 世紀) を通じた再生 (リナシタ) の概念』(*Il concetto di rinascita attraverso il medio evo (v-x secolo)*, Milano e Napoli, 1958) を公刊したことを先ず述べた。前者『G・ピーコ・デッラ・ミランドラ』ではこの内容からして二人のカバラ，ヘブライ思想の専門家，ウンベルト・カッスート (Umberto Cassuto) とゲオルク・ショーレム (Georg Scholem) にその緒言で謝辞が述べられている。後者『再生 (リナシタ) の概念』には序言にその類の特別な言葉は見出されず，「I.M. の思い出に」という言がその前にあるだけで，この研究の主題と関わる著名な書を物した二研究者，コンラート・ブールダッハ (Konrad Burdach) とフェードル・シュナイダー (Fedor Schneider) の文献が示されている。該博な文学史家ブールダッハは「ルネサンス」と「(宗教) 改革」概念の起源と原意を問題にしたことで知られ，イタリア中世史家シュナイダーは古典となる『中世におけるローマとローマ思想——ルネサンスの精神的諸基盤』(*Rom und Romgedanke im Mittelalter. Die geistigen Grundlagen der Renaissance*, München, 1926.) を著わした。これらは今なお「ルネサンス概念」を考察するに当たり，重要なドイツ語圏が生んだ古典である。両書を念頭に置くアナニーネは本論が収録される「リヴァヴァル」，リナシタを扱った論集に相応しい著作をも書いたわけだが，中世前半に重きがおかれているために，本論考の主題とは直接は関わっていない。それでもカロリング・ルネサンスとイタリア・ルネサンスの比較は見られ，その相違が指摘されている[41]。

更に，その時の研究発表では，『改革理念——教父時代のキリスト教思想と行為への影響』(*The Idea of Reform. Its Impact on Christian Thought and Action in the Age of the Fathers*. Revised Edition, New York, Evanston, and London, 1967 [1959].) のゲルハルト・ラートナー (Gerhart Ladner) の当該書や諸論文に眼を通してみた。扱われる時代としては，アナニー

---

41) Anagnine, *Il concetto di rinascita attraverso il medio evo (v-x secolo)*, Milano e Napoli, 1958, 287, 291 などを参照のこと。

ネの後の書である『再生（リナシタ）の概念』はラートナーのこの主著に続き，他方でまたシュナイダーに描写されていて，非常に興味深い。ラートナーの数ある論文では，最初はアーウィン・パノフスキーの記念論集（*De artibus opuscula XL: Essays in Honor of Erwin Panofsky*, New York, 1961.）に一論文として収載され，後で『中世のイメージと理念——歴史と美術の精選論集』（*Images and ideas in the Middle Ages. Selected Studies in History and Art*, 2 voll, Roma, 1983.）に収録された「植物シンボリズムとルネサンス概念」（Vegetation Symbolism and the Concept of Renaissance）にも注目した。それは，ここで内田の時代概念と相通じるところが見て取れる。ルネサンスは一般的に「再生」の意であるが，ここでは「生長」や「増大」のイメージもあることが指摘されているからである。

　ところで，先の研究所における発表では，時代の中心人物アウグスティヌス隠修士会長で枢機卿のエジディオ・ダ・ヴィテルボ（Egidio da Viterbo. 1469-1532）に重点を置いた[42]。弁の立つ説教者であり，大航海時代におけるローマ・カトリックの歴史的発展をヨアキム主義とカバラ主義で解釈した神学者であった。研究所が企画した全体題目が「リヴァイヴァル——ヨーロッパ文化における再生と革新」であったために，「再生と革新」に関わる，以上のような先行研究を読みなおして当日に臨んだのである。終了後の議論やその後個人的に受けた質問等から気付いたことは，エジディオには黄金時代到来の時代認識は明確にあるものの，同時代のヒューマニストのような時代の三区分法に繋がる観念とは別の時代区分を想定する必要があるということであった。これは，彼が汲み取ったカバラに由来するセフィロートの影響が強大のためであり，10 という数字が重視される。

　そして，時間の流れのなかでキリスト教の発展に盛衰があり，そのなかで三区分法の要諦，中世暗黒観が見られるとしても，「再生」観念だけでなく「増幅」の観念もまた，ラートナーが言うような「ルネサンス」の意義として注目されてよいのではなかろうか。そのことは，エジディオの「プレーニトゥードォ」（plenitudo）の用法に表出されている

　42）エジディオ・ダ・ヴィテルボについては，注6の拙稿で多少なりとも明らかにすることができた。

と言えないだろうか。これは彼の時代意識と無縁ではなく，黄金時代は過去の再現であるだけでなく，前代を転換させて上方に伸長し，「充溢」に至るという意味で黄金時代となり，最後の10番目の時代に完成に至る。このような視点から，内田の近世観を考えてみるのもたいへん興味深いところがあるというのが，今回拙文を草するに当たっての大きな発見であった。

　イタリア・ルネサンスでは「ギリシア・ローマ」の，所謂古典古代の「再生」だけが「再生」であったのでなく，エトルリアのみならず，またヘブライも，ルネサンスの眼目となったことが，エジディオひとりからも明らかとなる。そしてこれらは広く，古代ギリシアの彼方にある東方世界とルネサンスの関係を教えるものであり，この点で，ギヨーム・ポステルがエジディオの特異な後継者として現われることになるだろう。ポステルはザビエル書簡などをもとに知られるに至った日本を理想化した最初の人物の一人である[43]。ルネサンスはアジア，日本をも眼目に入れるのであり，日本もまたそのルネサンスを受容したのであり，ルネサンスの洗礼を受けたのである。

　（補遺。2014年脱稿後，本論と関係ある小論に以下のものがある。「ヨーロッパ史から見たキリシタン史——ルネサンスとの関連のもとに」，清水光明編『「近世化」論と日本——「東アジア」の捉え方をめぐって』，勉誠出版，2015年，164-171頁。本論の注26に挙がっている文献がそれである。）

43)　根占「ルネサンス史の中の日本——近代初期の西欧とアジアの交流」，『藝林』，第52巻第1号，2003年，71-98頁。

5

1500年前後のドイツ語書籍出版
——アウクスブルク市の例——

藤 井 明 彦

1 はじめに

　『ケルン市年代記』中に1440年の出来事として初めてその発明が言及される「活版印刷 Buchdruck」は，1460年前後を境に発祥の地マインツから西ヨーロッパの各地に広まり，1470年までにはシュトラースブルク，バーゼル，ニュルンベルク，アウクスブルクの各都市に印刷工房が開設される。1480年には既にドイツの約30の都市で印刷工房が稼働していた。
　この，活版印刷初期の15世紀後半から16世紀にかけてどのような書籍が出版されていたかに関しては，邦訳のある幾つかの研究書でも概観的記述がなされているが[1]，本論ではある時期のある都市に密着して，具体的にどのようなドイツ語書籍が出版されていたのかをつぶさに観察してみたい。こういった定点観測的な考察によって当時の出版事情がより明確に把握されうると同時に，初期印刷本のもつ魅力的な多様性に触れることも可能になると思われる。
　選んだ都市はドイツ語の「インキュナブラ」(揺籃期本，15世紀に印刷された本の総称）の約27％を産み出した，当時の最も生産的な印刷都市アウクスブルク。期間はこの都市の印刷業に世代交代が起こる1500

---

1) 特にリシュアン・フェーブル，アンリ＝ジャン・マルタン著：関根素子・長谷川輝夫・宮下志朗・月村辰雄訳：『書物の出現 上・下』筑摩書房，1985年。

年前後の 10 年間を選択した。対象にするのは全部で 54 点の印刷本で，これは 1496-1505 年の 10 年間にアウクスブルクで刊行されたドイツ語書籍のうち奥付に出版年と印刷工房名が明記してあり，デジタル化[2]されて pdf ファイルで実物が見られるもののすべてである。次章でその 54 点の記述を行うが，まず最初にタイトル，カタログ番号，版型，紙葉数，印刷工房名，VL[3] の該当巻数／頁数を挙げる。タイトルは一定していないケースが少なくないが，最も適切と思われるものを基本的に現代ドイツ語表記で挙げ試訳を付した。カタログ番号は 1500 年までのものは GW[4] の，1501 年以後のものは VD-16[5] の番号，版型は 2°（二つ折り版），4°（四つ折り版），8°（八つ折り版）で表記した。「紙葉 Blatt」は初期印刷本の厚さ（ページ数）を表す単位で 1 葉は 2 ページに該当する。なおこの 10 年間にアウクスブルクでドイツ語の書籍出版を行った印刷工房は次の 6 工房である：Johann Froschauer, Johann Otmar, Johann Schaur, Johann Schobser, Johann Schönsperger, Lukas Zeissenmair。各刊本に関しては，まず VL で執筆者および作品の概要を調べ，GW あるいは VD-16 で書誌学的情報を得た後に実物を閲覧して記述を行った。

2　1496 年から 1505 年にアウクスブルクで刊行されたドイツ語書籍一覧

[1496 年]

1.『蒸留液の書 Büchlein von den ausgebrannten Wässern』（GW

---

2)　主に Münchner DigitalisierungsZentrum (MDZ) による。

3)　Die deutsche Literatur des Mittelalters: Verfasserlexikon. Begründet von Wolfgang Stammler, fortgeführt von Karl Langosch. Zweite völlig neu bearbeitete Auflage unter Mitarbeit zahlreicher Fachgelehrter. 14 Bde. Berlin / New York 1977-2008.（『中世ドイツ文学：著作者事典』，VL と略記）

4)　Gesamtkatalog der Wiegendrucke. Herausgegeben von der Kommission für den Gesamtkatalog der Wiegendrucke. Leipzig / Stuttgart / Berlin / New York 1925-. オンライン版：http://www.gesamtkatalogderwiegendrucke.de（『揺籃期本総目録』，GW と略記）

5)　Verzeichnis der im deutschen Sprachbereich erschienenen Drucke des XVI. Jahrhunderts. Herausgegeben von der Bayerischen Staatsbibliothek in München in Verbindung mit der Herzog August Bibliothek in Wolfenbüttel. Stuttgart 1983-. オンライン版：http://www.gateway-bayern.de/index_vd16.html（『16 世紀のドイツ語地域で刊行された印刷物目録』，VD-16 と略記）

M36483)。4°，16葉，Froschauer工房。VL 7/ 905-910。

　15世紀のウィーンの医学者ミヒャエル・プフ（Michael Puff）の著作をアウクスブルクのJohann Bämler工房が編纂したもの。バラ，ヒナゲシ，ユリ，アヤメ，スズラン，スミレといった花や様々な薬草の蒸留液がどの臓器に良いか，またどのような病気に対して効果があるかを詳述している。1476年のBämler工房版が初版でその後アウクスブルクでは13回も版を重ねたが，このFroschauer版は1484年のSchönspergerの第4版以来十数年ぶりの刊行。

　2.『悪しきフランス病の起源 Ursprung des bösen Franzosen』（GW 11574）。4°，22葉，Schaur工房。VL (Deutscher Humanismus)[6]/ 971-992。

　皇帝マクシミリアン一世に登用された医学者で占星術師のヨーゼフ・グリューンペク（Joseph Grünpeck）が梅毒の起源について論じた書。梅毒は1495年頃からドイツでも蔓延していたが，グリューンペクは「星位」，すなわち1484年に起こった木星と土星の「大会合 Große Konjunktion」にその原因があるとする。Schaur工房は1496年11月にラテン語版を出版しその翌月にこのドイツ語版を出版。

　3.『暦 Kalender』（GW M16030）。4°，68葉，Schaur工房。VL 4/ 347-351。

　天文学，占星術，医学の知識のある人物が1400年頃に編纂したと考えられ，体液病理説に基づく家庭用の養生書。1月～12月の暦に添えて季節の健康法と各月を支配する黄道十二宮について述べ，更に（太陽と月を含む）7つの惑星とその性質，四大体液説に基づく気質論に言及し，最後に浄化のための瀉血法について詳説する。初版は1481年のアウクスブルクのBlaubirer工房版。当刊本はアウクスブルクでは12版目にあたるが，Schaur工房にとっては初めての印行。

　4.『メリベウスとプルデンツィア Melibeus und Prudentia』（GW 12644）。4°，20葉，Schobser工房。VL 1/ 151-154。

　ブレシア（北イタリア）のアルベルターヌス（Albertanus）が13世紀に著したラテン語の教訓物語のドイツ語訳。裕福で体躯にも恵まれたメ

---

[6] Deutscher Humanismus 1480-1520: Verfasserlexikon. Herausgegeben von Franz Josef Worstbrock. Bd. 1. Berlin / New York 2008.

リベウスには妻と娘がいたが，ある日彼の外出中に近隣の住人が家を襲い，彼の妻をなぐり娘に瀕死の重傷を負わせた。それを見たメリベウスは怒り狂い復讐を遂げようとするが，賢明な妻プルデンツィアが古人の言や事例を引きつつ忠告を行ううちに思いとどまり，最後には敵を許すという物語。チョーサーの『カンタベリー物語』にも類話がある。1473 年の Bämler 工房版がおそらく初版で当版は 4 版目。

　5.『ラント法訴訟法書 Richtsteig Landrechts』（GW 9260）。2°，254 葉，Schönsperger 工房。VL 4/ 551-559。

　14 世紀にブランデンブルクで活動した法律家ヨハネス・フォン・ブーフ（Johannes von Buch）執筆のラント法に関する訴訟手続き書。裁判の手続きがあちらこちらに分散して記されている『ザクセン法鑑』の欠点を補うために，裁判官，原告，被告のなすべきことと実際の裁判の進行方法が詳述されている。100 点近くの手写本の存在が需要の多い書物だったことを窺わせる。印刷本は 1474 年のバーゼルの Richel 工房版が初版。アウクスブルクでも 1481 年，1482 年，1484 年に出版されているが，当版はそれ以来十数年ぶりの刊行。

　6.『健康の園 Garten der Gesundheit』（GW M09759）。2°，262 葉，Schön-sperger 工房。VL 2/ 1072-1092, 10/ 1421-1422。

　マインツとフランクフルトの市医を務めたヨーハン・ヴォネッケ（Johann Wonnecke）が 1482 年頃に，主に既出のドイツ語の文献を典拠としてまとめ上げた薬草一覧書。個々の薬草を克明に描いた 380 近くの木版画がこの本の成功に大きな役割を果たした。初版は 1485 年 3 月のマインツの Peter Schöffer 工房版だが，早くもその年の 8 月に Schönsperger はアウクスブルク版を刊行。その後この作品を何と 10 回も出版していて，当版は 7 版目にあたる。

　7.『世界年代記 Weltchronik』（GW M40779）。2°，332 葉，Schönsperger 工房。VL 8/ 609-621。

　天地創造以来の歴史を 7 期に分けて叙述する有名なハルトマン・シェーデル（Hartmann Schedel）の『世界年代記（ニュルンベルク年代記）』のアウクスブルク版。前半で第 1 期から第 5 期（天地創造，ノアの方舟，ダビデ王とソロモン王の治世，バビロニア捕囚等）を，後半で第 6 期（イエスの誕生から 15 世紀末まで）を叙述したあと，第 7 期の出来事とし

て反キリストの到来と最後の審判の様子が描かれる。大小様々な木版画を搭載した初版（1493年，ニュルンベルクのKoberger工房）は15世紀印刷文化の一つの精華と言えるが，著者も木版画家も印刷者も出資者もすべてニュルンベルクの関係者であった本書を，Schönspergerは文字による説明部分を短縮して木版画の数を増やし，版型も小さくして初版の3年後に売り出した。

8.『魂の薬草園 Der Seelen Wurzgarten』（GW M41165）。2°，108葉，Schönsperger工房。VL 8/ 1027-1029。

天地創造から最後の審判までを語る救済史的な枠組のなかに道徳的逸話を盛り込むという構成の著作。第1部では天地創造，悪魔の堕落，イエスの受肉について語られるが信仰の敵としてのユダヤ人に関する記述も多い。第2部の教訓話集をはさんで，第3部・第4部では地獄と天国，反キリストの出現や最後の審判について述べられる。タイトルは，薬草園が人を芳香で包むように，この書物は魂に多くの香ばしき教えをもたらすという意。1460年代に成立した著作で1473年のニュルンベルク版が初版。Schönsperger工房にとっては1484年，1488年に続く第3版。

[1497年]

9.『聖ブランダンの航海 St. Brandans Meerfahrt』（GW 5007）4°，24葉，Froschauer工房。VL 1/ 985-991。[7]

10世紀のラテン語のオリジナルの翻案。背中に森の生い茂った大魚の存在やイスカリオテのユダが土曜日には地獄の責め苦を免れること等，神の不思議な御業が記された書物を，信じるに値しないとして火中に投じたアイルランドの修道院長ブランダン。そこに天使が現れて，その奇跡を自らの目で確かめるために出航せよと命じる。12名の修道士とともに出航したブランダンは9年間の航海のうちに神の数々の不思議な業を目の当たりにする。帰港した彼は見聞の記録を本にまとめて神に捧げ，昇天する。当版は初版（1476年頃）から数えて6番目の刊本。アウクスブルクの工房にとっては1480年頃のAnton Sorg工房版以来の刊行。

---

7) 藤代幸一氏による邦訳がある。『聖ブランダン航海譚』法政大学出版局，1999年。

10.『鷹狩りの書 Beizbüchlein』（GW 3786）4°，30葉，Schobser 工房。VL 4/ 916-918。

14世紀初頭に書かれた鷹狩りに関する著作が14世紀末に増補され，それを元にした Sorg 工房の刊本（1480年頃）が鷹狩りに限らず狩猟に関するヨーロッパで最初の印刷本となった。当版はその約17年後の再版。鷹（高空を飛翔する Falke ではなく低空を飛ぶ Habicht）の性状，狩りの際の補助具，換羽期，鷹狩り用の猟犬ことなどが書かれている。

11.『外科教本 Das Buch der Chirurgia』（GW 5594）2°，126葉，Schön-sperger 工房。VL 1/ 1073-1075。

シュトラースブルクで市の外科医として活動したヒエロニムス・ブルンシュヴィーク（Hieronymus Brunschwig）の著した外科教本。ギリシャ・ローマの医術書，アラビアやヨーロッパ中世の医学書からの引用が中心だが，異物の同化作用に関連して小さな銃弾は摘出不要な場合もあること，また麻酔法への言及もある。初版は地元シュトラースブルクの Grüninger 工房が1497年7月に刊行したものだが，Schönsperger 工房は早くも同年12月にアウクスブルク版を出版。

12.『世俗人が霊的になる術の書 Buch der Kunst, dadurch der weltliche Mensch mag geistlich werden』（GW 5669）。4°，96葉，Schönsperger 工房。VL 5/ 111-114。

14世紀のフランチェスコ会修道士コンラート（Konrad）の著作『霊的婚姻の書』をアウクスブルクの Bämler 工房が編纂したもの。神と信者の魂の合一を婚約（＝洗礼）から結婚（＝昇天）に至るまでの過程に例えて物語る内容。110葉に106点もの木版画が挿入されている。初版は Bämler 工房の1477年版，当版は Bämler 工房の第2版（1478年），第3版（1491年）に続くもので，木版画は同じ版木を使用している。

13.『七人の賢き師 Die sieben weisen Meister』（GW 12867）。2°，48葉，Schönsperger 工房。VL 8/ 1174-1189。

7世紀頃にペルシャで成立し，12世紀頃から様々な形で伝わっていた説話集のドイツ語版。継母が自分を拒絶する王子を誹謗し，王に訴え，王子は死罪を宣告される。世継ぎを失うことを恐れた王はローマから7人の賢者を呼び寄せ，それぞれに説話を語らせ，刑の執行の延期を図る。最後に王子は救われて，継母は罰せられる。1473年の Bämler 工

房版が初版で，その後主にアウクスブルクで版を重ねた。Schönsperger 工房にとっても 6 回目の刊行。

14.『聖人たちの生涯（夏の部）Der Heiligen Leben (Sommerteil)』（GW M11386）。2°，270 葉，Schönsperger 工房。VL 3/ 617-625。

『黄金伝説』のドイツ語版。中世末期から近世初期にかけて最も広まっていた聖人伝説集で，200 点前後の手書き写本と 40 点以上の印刷本が確認されている。当版は，最初の印刷版（1471/72 年）から数えて 24 番目，アウクスブルクでは 15 番目の刊本で，Schönsperger 工房にとっても 6 度目の刊行になる。「夏の部」には聖アンブロジオ（4 月 4 日）から聖ヴェンデル（9 月 28 日）までが収められており，それぞれの冒頭に（主に殉教の場面を描いた）木版画が置かれている。

15.『暦 Kalender』（GW M16031）。4°，68 葉，Schönsperger 工房。VL 4 /347-351。

アウクスブルクでは初版の Blaubirer 工房版（1481 年）以来ほぼ毎年刊行されて来たもの（⇒ 3）。Schönsperger 工房も 1484 年，1487 年，1490 年，1492 年，1495 年に刊行している。

16.『訴訟典範 Klagspiegel』（GW M16327）。2°，198 葉，Schönsperger 工房。VL 4/ 1170-1172。

ローマ法の規定を伝える体系的な法律書。第 1 部の民法，第 2 部の刑法に分かれているが，特に後者における刑事訴訟法に関する本格的な記述に特色があるという。実践的な手引きばかりでなく，法律の基本的な考え方に関する解説も付されている。1425 年頃に成立。1480 年頃の刊行と思われる版も残っているが，出版年が明示されているのはこの Schönsperger 工房版が最初。

17.『教父たちの書 Väterbuch』（GW M50897）。2°，284 葉，Schönsperger 工房。VL 10/ 449-466。

聖パウロや聖アントニウスといった初期キリスト教時代の苦行者，隠者，荒野の聖者たちの生涯と教えを記す 6 世紀頃に成立したラテン語原典（„Vitaspatrum")のドイツ語版。様々な試練や悪魔との戦いを描く多くの木版画が挿入されている。初版は 1480 年頃のシュトラースブルク版だが，その後は専らアウクスブルクの工房が刊行を手掛けている。当版はアウクスブルクで 6 番目の，Schönsperger 工房にとっても 3 回目の

刊行。

18.『十戒 Zehn Gebote』（GW 10571）。4°，8葉，Zeissenmair工房。VL 10 /1484-1503。

　中世後期から平信徒の信仰教育は教会や学校で聖職者が行うだけでなく，家庭で代父などが行う場合が増えて来ていた。15世紀にはその際に用いられる様々な新しい形の手引書が出来たが，次第に「十戒」の教えに重点が置かれるようになった。1枚刷りの簡易なものが多いなかで，当版は特に第一戒，第三戒，第四戒に関して詳しく述べている。類書が多く刊本同士の関係は不明。

19.『永罰を下されし魂 Die verdammte Seele』。4°，10葉，Zeissenmair工房。VL 7/ 501-504。

　11世紀のイタリアの神学者で厳格な教会改革論者であるペトルス・ダミアーニ（Petrus Damiani）の著作は数多くのラテン語の手写本で伝わっているが，ドイツ語訳の刊本はおそらくこれが唯一のもの。ダミアーニの原作を典拠にしたと記されているが，精確な関連は不明。大罪を犯した人間の魂が悪魔たちによって連れ去られ，地獄で永遠の刑罰に処せられる様子が描かれている。

20.『皇帝ジギスムントの改革 Reformation Kaiser Siegmunds』（GW M42068）。2°，30葉，Zeissenmair工房。VL 7/ 1070-1074。

　神聖ローマ皇帝ジギスムントの死後の1439年に匿名で発表された，教会と帝国の一連の改革を提議する書。1484年のSchönsperger工房版と思われる刊本がおそらく初版で，このZeissenmair版は1490年版（工房名不明）に続くもの。聖職売買の禁止，吝嗇の戒め，教会財産の世俗化，十分の一税の廃止等の聖俗にわたる抜本的な改革案が提示されている。

［1498年］

21.『聖ブランダンの航海 St. Brandans Meerfahrt』（GW 5009）4°，24葉，Froschauer工房。VL 1/ 985-991。

　1年前に同工房から刊行された版（⇒9）と同じ木版画を使用。ページの割付けもほぼ同様だが，単語の綴りの差異などから新たに版組みを行ったことが判る。

22.『聖天使たちの恭順と守護について。付：子供の躾と罰について

Von der Dienstbarkeit und Behütung der heiligen Engel. Daran: Von Zucht und Strafe der Kinder』（GW M27415）4°，8 葉，Froschauer 工房。VL（欠）。

　Froschauer 工房が同じ年に刊行した『De angelorum et obsequio et custodia』のドイツ語版。ラテン語版もドイツ語版もこの年のFroschauer 工房版しか確認されていない。教父たちの著作を引用しながら，天使は我々を守り慰める存在，悪魔を退けて天へと導く存在であることが語られる。その後ページを改めることもなく「子供の躾と罰について」というテクストが始まり，これも教父たちの言を引きながら，子供は罰せられないと悪行だと判らないので厳しく躾ける必要があることが説かれる。

23.『新阿呆船 Das neue Narrenschiff』（GW 5052）。4°，102 葉，Schön-sperger 工房。VL 1/ 992-1005。[8]

　人文主義者ゼバスティアン・ブラント（Sebastian Brant）がバーゼルの Bergmann 工房から 1494 年の謝肉祭（2月11日）に出版し，近世初期の大ベストセラーとなった『阿呆船 Das Narrenschiff』の改竄版。この『新阿呆船』はシュトラースブルクの Grüninger 工房が，刊行を初版と同じ 1494 年の謝肉祭と偽って出版し，その後同工房が2回，アウクスブルクの Schönsperger 工房が2回刊行している。当版はその2版目。『新阿呆船』が挿絵のレイアウトを優先して勝手に詩句を付け足したり削ったりしていることに対しては，ブラント自身が 1499 年のバーゼル版に特別に一篇の詩を掲載して抗議している。内容は，さまざまな身分や階級の痴態や錯誤を指摘して，それをいましめる一種の説教集。

24.『神の愛。付：死にゆく病者の心得 Die Liebe Gottes. Daran: Spiegel der kranken und sterbenden Menschen』（GW 5690）。8°，156 葉，Schönsperger 工房。VL 7/ 537-544, 9/ 40-49。

　全体の 3/4 ほどを占める『神の愛』は 15 世紀のウィーンの聖職者トーマス・ポイントナー（Thomas Peuntner）の著作。「人は何故にまた如何にして神を愛すべきか」という主題が平易な語り口で全 22 章にわたって述べられている。その後に，全ての業において死の時を想い決して罪

---

[8]　『阿呆船』は尾崎盛景氏による邦訳がある。『阿呆船 上・下』現代思潮社，1968 年。

を犯すなかれという内容の信心書が付されて1冊を成している。初版は1483年のSorg工房版。当版は1494年のFroschauer版に次ぐ第3版。

25.『キリストの受難 Passion Christi』（GW 12182）。8°，166葉，Schönsperger工房。VL 3/ 738-744。

15世紀にプラハに学んだハインリヒ・フォン・ザンクト・ガレン（Heinrich von St. Gallen）の作と思われるキリストの受難録。イエスのベタニア訪問から十字架上の死にいたるまでを描く伝統的な受難録のスタイルを取りながら，精確な細部描写や修辞法上の技巧は，初期ルネサンスのボヘミアの官庁スタイルを思い起こさせるという[9]。130点以上の手写本と10点以上の揺籃期本の存在は，この著作が当時よく読まれたことを推測させる。印刷本の初版は1475年のBämler版。その後の刊行もほとんどアウクスブルクで行われ当版は11番目の刊本，Schönsperger工房にとっても3回目の刊行になる。

26.『ポントゥスとシドニア Pontus und Sidonia』（GW 12722）。2°，70葉，Schönsperger工房。VL 2/ 470-473。

チロルのジギスムント大公に1448年に嫁いだスチュアート朝のジェームス一世の娘エレオノーレ（Eleonore）がフランス語の原典『Ponthus et la belle Sidoyne』からドイツ語に訳したとされている宮廷物語。ガリシア国は異国の君主に敗れて国土を失うが，王子ポントゥスは辛うじてブルターニュに逃れる。その宮廷で成長し，王女シドニアと愛し合うようになったポントゥスは，数々の試練を経てついに祖国を取り戻しシドニアと結ばれる。Schönsperger工房が1483年に刊行した版が初版で，当版は1485年，1491年に次ぐ4回目の刊行。

27.『ニュルンベルク市の改革 Reformation der Stadt Nürnberg』（GW M27329）。2°，110葉，Schönsperger工房。VL（欠）。

地元ニュルンベルクのKoberger工房の1484年版が初版。この，ページの余白を大きめに取った格調高いレイアウトの初版の4年後に，Schönsperger工房は印刷地と工房名を伏せて全体を半分ほどのヴォリューム（214葉→108葉）に圧縮した版を出版している。当版はその10年後の再版で印刷地も工房名も記載。内容は，当時ローマ法の影響

---

9) Wehrli, Max: Geschichte der deutschen Literatur vom frühen Mittelalter bis zum Ende des 16. Jahrhunderts. Stuttgart 1980, S. 679.

が強くなっていたニュルンベルクの都市法の再検討で，主に妻の持参金，世襲借地，担保権，賃貸借権等に関して従来法の復活が見られるという[10]。

28.『ドイツ語詩篇 Der deutsche Psalter』（GW M36230）。8°，236葉，Schönsperger 工房。VL 7/ 883-898。

旧約聖書の「詩篇」のドイツ語散文訳は中世後期からその数が膨大に増えており，相互の関連には不明な点が多い。発行年が明記されている印刷本で最も古いのは1490年の Schönsperger 工房版だが，1480年以前に発行されたと推測される刊本もある。

29.『キリストに倣いて Imitatio Christi』（GW M46826）。4°，144葉，Schönsperger 工房。VL 9/ 862-882。

1440年代に書かれ，その後16世紀にかけて広く読まれたオランダの神学者，神秘主義者トマス・ア・ケンピス（Thomas a Kempis）のラテン語の信心書のドイツ語訳。原典は古くから邦訳もある[11]。70点前後のオランダ語訳，60点以上のドイツ語訳の手写本が確認されているが，ドイツ語の印刷本は1486年の Sorg 工房版が初版。この Schönsperger 版はまだ4版目だが，16世紀に刊行が盛んになり，総計で30近くの版が発行されることになる。

[1499年]

30.『小祈祷書 Büchlein vom Gebet』（GW 5686）。4°，8葉，Froschauer 工房。VL（欠）。

多くの類書があるが関連は不明。短い6つの章に分かれており，祈りとは何か，善き祈りとは何か，そして善き祈りの仕方，また善き祈りをする者に与えられる高貴な慰め等について記されている。

31.『巡礼者 Der Pilger』（GW 10588）。4°，52葉，Zeissenmair 工房。VL 2/ 1141-1152。

「大聖堂の高らかな喇叭」と称されたシュトラースブルクの説教師ヨハネス・ガイラー・フォン・カイザースベルク（Johannes Geiler von Kaysersberg）が1488年のアウクスブルク滞在中に行なった一連の説教

---

10) Reformation der Stadt Nürnberg. Herausgegeben von Gerhard Köbler. Gießen 1984. 2. Aufl. 2008 (http://www.koeblergerhard.de/Fontes/Nuernberg-Reformation1479.htm).

11) 大沢章・呉茂一訳『キリストにならいて』岩波書店，1960年。

のうちの一つ。この世に生を受けた者を聖地に向かって歩み続ける巡礼者にたとえ，巡礼者がなすべきこと（遺言状の作成，暇乞い）や身に付ける物（上着，帽子，財布，杖等）を寓喩的に解釈し，来世に向かってこの世を旅する者たちの心得を説く。Schobser 工房のものと思われる 1494 年版が初版で当版は第 2 版。

［1500 年］

32.『幼児健康書 Regiment der jungen Kinder』（GW M23091）。4°，24 葉，Schaur 工房。VL 6/ 460-467。

15 世紀後半のアウクスブルクの医師バルトロメウス・メトリンガー（Bartholomäus Metlinger）が著した育児書。初子の育て方，授乳の仕方，乳母の選び方，子供がかかりやすい病気の一覧などに加えて，最後の章では子供の教育一般にも言及している。1473 年の Günther Zainer 工房版が初版で，1474 年，1476 年に Bämler 工房からも出版されるが，その次の刊行は約 20 年後の Schaur 版（1497 年）。当版はその Schaur 工房の第 2 版。

33.『ベリアル裁判 Belial』（GW M11075）。4°，124 葉，Schönsperger 工房。VL 4/ 441-447。

教会法学者テラモのヤコブス（Jacobus de Theramo）のラテン語著作のドイツ語訳。イエスによる人類の救済は違法だと神に訴え出た悪魔の一団とイエス側が法廷で争う話。イエスの代理人はモーセ，悪魔側は法に通じたベリアルが代理人を務め裁判が進行していくが，補助裁判官であるソロモン王が訴えを退ける判決を下す。当版は 1461 年の初版から数えて 20 番目の刊本。Schönsperger 工房にとっても 8 回目の刊行。裁判における一連の複雑な手続きの手引書として書かれたものだが，専門的な内容にもかかわらず多くの版を重ねたのは悪魔たちの様子を描いた印象的な木版画のためと思われる。

34.『訴訟典範 Klagspiegel』（GW M16329）。2°，198 葉，Schönsperger 工房。VL 4/ 1170-1172。

同工房の 1497 年版（⇒ 16）とページの割付けや折丁構成も全く同様の再版。

35.『プレナーリウム Plenarium』（GW M34087）。2°，200 葉，Schönsperger 工房。VL 7/ 737-763。

聖書の章句を集めた本で，聖職者がミサや聖務日課時に朗読したり説教の基礎とするためのものだったが，章句に注解を付したタイプのものが登場し，信心書として広く一般にも読まれるようになった。初版のGünther Zainer 版（1473 年）から 1500 年までにアウクスブルクだけで 30 回以上も版を重ねている。当版は Schönsperger 工房にとって 9 回目の刊行。

36.『世界年代記 Weltchronik』（GW M40782）。2°，332 葉，Schönsperger 工房。VL 8/ 609-621。

1496 年に出版した廉価版『世界年代記』（⇒ 7）の再版。1496 年の廉価版の売れ行きが良かったことを想像させる。

37.『幾つかの観想的省察 Etliche beschauliche Betrachtungen』（GW M40348）。4°，24 葉，Zeissenmair 工房。VL（欠）。

ルネサンスの放埓を戒め，メディチ家支配に代わる共和政の指導者となるものの，その後失脚し 1498 年に処刑されたフィレンツェの修道士サヴォナローラの，15 世紀におけるおそらく唯一のドイツ語訳著作。ラテン語訳からの重訳と記されているが，イタリア語原典に関しては詳細不明。主にキリストの受難，特に磔刑に処せられる有様についての省察が記されている。

［1501 年］

38.『書簡例文集とドイツ語修辞技法 Formulare und deutsche Rhetorica』（VD-16 F:1886）。4°，182 葉，Froschauer 工房。VL 2/ 794-795。

様々な種類の書簡の書き方を教える手引書。相手の地位や身分によって異なる呼び掛けの形式，冒頭の挨拶の仕方，また文中で用いられる定型的な言い回しについて詳しく述べたあと，実際に書かれた模範的な文例を数多く提示している。ウルムの Johann Zainer 工房版（1480 年頃）が初版で，アウクスブルクでは 1491 年の Sorg 工房の第 3 版以来の刊行。

39.『天の鉱脈 Die himmlische Fundgrube』（VD-16 J:247）。4°，27 葉，Froschauer 工房。VL 4/ 698-706。

主にエアフルトで活動した聖職者ヨハン・フォン・パルツ（Johann von Paltz）が 1490 年に行なった説教を自ら編纂したもの。エルツ山地の銀鉱を訪れた時の印象に基づいて，神の恵みを天の鉱脈を掘り進ん

で見つけることの出来る鉱石にたとえている。内容はキリストの受難に日々思いを致すこと，秘蹟や聖人たちに対する誤った考えを慎むこと，死を想い善く生きること，病者の塗油の効用の4部に分かれている。出版年が明記された刊本で最も古いものは1497年のライプツィヒの Melchior Lotter 工房版。Froschauer 工房にとっては1498年版[12]に次ぐ第2版。

40.『聖人たちの生涯（冬の部と夏の部）Der Heiligen Leben (Winter- und Sommerteil)』（VD-16 H:1470）。2°，312葉（冬の部），269葉（夏の部），Schönsperger 工房。VL 3/ 617-625。

Schönsperger 工房の第8版。木版画は第6版（⇒ 14）と同様。「冬の部」には聖ミヒャエルから聖オイフロジーナまでが収められている。

41.『死にゆく罪深き世俗人の痛ましく恐ろしい嘆き Eine jämmerliche und erschreckliche Klage eines weltlichen sündigen sterbenden Menschen』（VD-16 J:159）。4°，8葉，Zeissenmair 工房。VL（欠）。

「往生術書 Ars Moriendi」は特に中世末期に数多く出版されたが，当版と類書との関連は不明。罪深きまま何の準備もなく死の床についた男が，これまで神への祈りを怠って来たことを悔い，地獄の炎に焼かれることを恐れて嘆く様子を描く。

42.『詩編「神よ，我を憐みたまえ」注解 Auslegung des Psalms 'Miserere mei Deus'』（VD-16 S:2003）。4°，50葉，Zeissenmair 工房。VL（欠）。

Zeissenmair 工房にとっては前年の『幾つかの観想的省察』（⇒ 37）に次ぐフィレンツェの修道士サヴォナローラの著作の刊行。サヴォナローラが失脚し1498年4月に政庁宮の塔内に投獄され，同年5月に処刑されるまでの間に獄中で記した著作として有名だが，原典とこのドイツ語版との関連は不明。

43.『天の道 Himmelstraße』（VD-16 S:8920）。2°，173葉，Zeissenmair 工房。VL 9/ 295-301。

15世紀にオーストリアと南ドイツで活躍した聖職者シュテファン・フォン・ランツクローン（Stephan von Landskron）の代表的なドイツ語著作。告解・悔悛，十戒，祈り，七つの秘蹟といった主要な教理につ

---

12) この GW M14453（4°，28葉）はまだデジタル化されていない。

いて聖書や日常生活から例を引きながら平易な文体で語る信仰教育書。1484 年の Sorg 工房の初版以来この版までしばらく刊行が途切れていた。

　［1502 年］

　44.『善き小薬方書 Ein gutes Arzneibüchlein』（VD-16 W:4357）。4°，40 葉，Froschauer 工房。VL 2/ 1072-1092, VL 9/ 595-596。

　大部な薬草一覧書である『健康の園』（⇒ 6, 45）を効能別にコンパクトに編集し直したもの。胃痛，頭痛，結石，脱毛，眼の曇り，目まい等の 300 近くの症状に効く薬草とその服用の仕方が簡潔に述べられている。初版（1497 年）はメミンゲンの Albrecht Kunne 工房のものだが，1530 年代まで幾つかの異なったタイトルで数多くの版が出版された。

　45.『健康の園 Garten der Gesundheit』（VD-16 W:4357）。2°，253 葉，Schönsperger 工房。VL 2/ 1072-1092, 10/ 1421-1422。

　Schönsperger 工房にとっては 1485 年の第 1 版から数えて何と 11 回目の刊行（⇒ 6［第 7 版］）。ただしこの刊本が奥付に Schönsperger 工房の名前が記された最後の刊本になる。

　46.『我らが聖母の賛歌 Unserer lieben Frau Psalter』（VD-16 A:1233/1234）[13]。4°，67 葉，Zeissenmair 工房。VL 1/ 102-106, 6/ 19-50。

　中世後期に多く設立された宗教兄弟団の一つである「ロザリオ兄弟団」の創立者の一人ルーペのアラーヌス（Alanus de Rupe）の著作。主の祈りを 15 回，アヴェ・マリアを 150 回，グロリアを 15 回唱える「ロザリオの祈り」を 1 週間に 3 度行うことによって，キリストとマリアの恵みを得，贖宥に与ることが出来ると説く。1483 年のウルムの Dinckmut 工房版が初版。15 世紀には総計で 9 回刊行されている。当版は 16 世紀最初の刊本で Zeissenmair 工房にとっては 1495 年に続く 2 回目の刊行。

　47.『天の啓示の書 Das Buch der himmlischen Offenbarung』（VD-16 B:5595）。4°，39 葉，Zeissenmair 工房。VL 10/ 607-611。

　マクシミリアン一世の親しい友人であったフローリアン・ヴァルダウフ（Florian Waldauf）は，自らも属するブリギッタ会（1344 年にスウェーデンの聖ブリギッタが創設した修道会）の依頼に応じ，また皇帝からの援

13）VD-16 は Zeissenmair 工房の 1502 年の刊本を 2 種類挙げているが（A:1233, A:1234），A:1233 に折丁 i の 3 葉目と 4 葉目が抜け落ちているだけで，両者は同じもの。

助も受けて1500年にニュルンベルクのKoberger工房からこのテキストのラテン語版（2°，312葉），1502年にドイツ語版（2°，347葉）を出版する。共に精緻な木版画を添えた格調高い印刷本だが，Zeissenmair工房がその内容を四つ折り版39葉に切り詰めて同じ1502年のうちに出版したのがこの版。聖ブリギッタに顕現したイエスが今の世のキリスト教のあり方を慨嘆し，聖職者と俗人たちの腐敗を嘆く。イエスは神の怒りをしずめるために，自らの啓示を人々に伝えるよう聖ブリギッタに命じるという内容。

48.『ゴットフリート将軍 Herzog Gotfrid』（VD-16 R:2682）。4°，110葉，Zeissenmair工房。VL 8/ 115-117。

ベネディクト会修道士ロベルトゥス（Robertus）が12世紀初頭に記した第1回十字軍遠征の記録（ラテン語）が15世紀になってドイツ語に翻訳されたもの。原典と異なり，その間に「九偉人 les neuf preux」の一人として伝説化されていたゴドフロワ・ド・ブイヨン（Godefroy de Bouillon）を中心にして異教徒との戦いや聖墳墓を取り戻した様子が語られる。印刷版は1482年のBämler版とこのZeissenmair版の2版しか確認されていない。

［1503年］

49.『新しき契約 Die neue Ehe』（VD-16 ZV:11519）。2°，101葉，Froschauer工房。VL 6/ 907-909。

主に新約聖書の四福音書の記述に基づいて聖母マリアの生涯とイエスの受難を描く。聖母の受胎からイエスの誕生，ヨハネによる洗礼，数々の奇跡，ユダの裏切り，磔刑，復活と続き，聖母の昇天で叙述を終える。初版は1476年のSorg工房版。1494年まで主にアウクスブルクで版を重ねたが，このFroschauer版はほぼ10年ぶりの刊行で同工房にとっても初版。

50.『ドイツ国からローマへの出陣 Auszug von Teutschen Landen gen Rom』（VD-16 A:4462）。4°，28葉，Otmar工房。VL 11/ 190-193。

神聖ローマ皇帝フリードリヒ三世が1451/52年に，正式な戴冠とポルトガル王の娘エレオノーレとの結婚のためにローマへ赴いた際の記録。皇帝一行の旅の様子，ローマ到着と教皇の出迎え，結婚式，戴冠式といった場面の描写が続く。テュービンゲンからアウクスブルクに

移って来た Otmar の工房の最初の刊行本。「賢明なるヨーハン・リンマン (Johann Rynmann) 氏の指示」によって印刷されたと記されている。1460 年代の手写本を元に印刷に付した当版が初版。当時賛否が分かれていたマクシミリアン一世のローマ行きの計画に関連して出版されたものと推測されている。

[1504 年]

51.『イソップ（生涯と寓話）Esopus (Vita et Fabulae)』(VD-16 A:545)。2°，92 葉，Froschauer 工房。VL 9/ 258-278。

人文主義者ハインリヒ・シュタインヘーヴェル (Heinrich Steinhöwel) によるイソップ寓話の集成で，中世末期から近世初期にかけて最も成功をおさめた書物の一つ。92 葉に 193 点もの木版画が挿入されている。初版（Günther Zariner 工房，1477/78 年）から数えて 14 番目の刊本だが，イソップの「生涯」の部分は採録されていない。「生涯と寓話」の二部構成になっていたのはアウクスブルクでは 1483 年の Sorg 工房の第三版までで，1485 年の Schobser 版からは読者の興味の中心である「寓話」のみで構成されている。

52.『天の啓示の書 Das Buch der himmlischen Offenbarung』(VD-16 B:5597)。4°，34 葉，Froschauer 工房。VL 10/ 607-611。

口絵の木版画やページの割付けは異なっているものの，内容は 2 年前に出版された，初版のニュルンベルク版を著しく短縮した Zeissenmair 版（⇒ 47）と同じもの。

53.『魂の薬草園 Der Seelen Wurzgarten』(VD-16 S:5276)。2°，106 葉，Otmar 工房。VL 8/ 1027-1029。

Schönsperger 工房の 1496 年版（⇒ 8）から 8 年ぶりの刊行。木版画は 1496 年版と基本的に同じものを使用している。

[1505 年]

54.『慰めの鑑 Trostspiegel』(VD-16 G:808)。4°，16 葉，Froschauer 工房。VL 2/ 1141-1152。

シュトラースブルクの説教師ヨハネス・ガイラー・フォン・カイザースベルク（⇒ 31）が，フランスの神学者ジャン・ジェルソン (Jean Gerson, 1363-1429) のラテン語の著作を翻訳・編纂したもの。父親，母親，配偶者，子供，友人らを失った者たちに，神の思し召し，死の不

可避性，嘆くことの無益さ等を説く。当版は初版と思われる 1503 年のシュトラースブルク版に次ぐもの。

3　まとめ

　以上，多種多様な内容を持つ全 54 点の刊本をつぶさに観察してきたが，ここで (1) テクスト内容による分類，(2) 各工房の年別刊行点数からみる出版事情の変化，の 2 つの観点から検討をおこない，まとめとしたい。

(1) テクスト内容による分類
　内容は a.「宗教」，b.「文学」，c.「医学」，d.「法律」，e.「歴史・時事」，f.「実用」の 6 種に大きく分類することが可能と思われる。ただし複数の分野にまたがる著作が少なくない。
　最も多いのが全体の半数近くを占める a.「宗教」関係で，具体的には中世末期に増加した「信心書」に類するものである：8./53.『魂の薬草園』，12.『世俗人が霊的になる術の書』，14./40.『聖人たちの生涯』，17.『教父たちの書』，18.『十戒』，19.『永罰を下されし魂』，22.『聖天使たちの恭順と守護について』，24.『神の愛。付：死にゆく病者の心得』，25.『キリストの受難』，28.『ドイツ語詩篇』，29.『キリストに倣いて』，30.『小祈祷書』，31.『巡礼者』，35.『プレナーリウム』，37.『幾つかの観想的省察』，39.『天の鉱脈』，41.『死にゆく罪深き世俗人の痛ましく恐ろしい嘆き』，42.『詩編「神よ，我を憐みたまえ」注解』，43.『天の道』，46.『我らが聖母の賛歌』，47./52.『天の啓示の書』，49.『新しき契約』，54.『慰めの鑑』。b.「文学」関係は，物語，説話，寓話，風刺詩など：4.『メリベウスとプルデンツィア』，9./21.『聖ブランダンの航海』，13.『七人の賢き師』，23.『新阿呆船』，26.『ポントゥスとシドニア』，51.『イソップ（生涯と寓話）』。『聖ブランダンの航海』は a.「宗教」と関連すると同時に見聞録・旅行記としての側面も持っている。c.「医学」関係の刊本は主に薬用植物誌や養生書に類するものだが (1.『蒸留液の書』，6./45.『健康の園』，11.『外科教本』，32.『幼児健康書』，44.『善き小薬方書』)，

2.『悪しきフランス病の起源』と 3./15.『暦』では医学が天文学・占星術と密接に結び付いていた面が窺える。d.「法律」関係の印刷本は次の4点：5.『ラント法訴訟法書』，16./34.『訴訟典範』，27.『ニュルンベルク市の改革』，33.『ベリアル裁判』。なかでも『ベリアル裁判』は救済史を素材にした裁判手続きの手引書として特異な存在と言える。e.「歴史・時事」という枠組みでまとめることが可能と思われるのが 7./36.『世界年代記』，20.『皇帝ジギスムントの改革』，48.『ゴットフリート将軍』，50.『ドイツ国からローマへの出陣』。ただし『世界年代記』は a.「宗教」，『ゴットフリート将軍』は a.「宗教」および b.「文学」にも関連する。『皇帝ジギスムントの改革』と『ドイツ国からローマへの出陣』は，共に 15 世紀前半および半ばという 1500 年前後にとっては比較的近い過去の視点ないし事例を提供している。様々な分野にわたる f.「実用」書の類も少なくない：10.『鷹狩りの書』，22.『付：子供の躾と罰について』，38.『書簡例文集とドイツ語修辞技法』。

(2) 各工房の年別刊行点数からみる出版事情の変化

以下の表は登場した 6 つの印刷工房の刊行点数を年別にまとめたもの。刊本の厚さに差があるので，印刷された紙葉数の合計をカッコ内に記す。

表1　各印刷工房の年別刊行点数（紙葉数）

	Froschauer	Schaur	Schobser	Schönsperger	Zeissenmair	Otmar	計
1496	1 (16)	2 (90)	1 (20)	4 (956)	—	—	8 (1082)
1497	1 (24)	—	1 (30)	7 (1090)	3 (48)	—	12 (1192)
1498	2 (32)	—	—	7 (984)	—	—	9 (1016)
1499	1 (8)	—	—	—	1 (52)	—	2 (60)
1500	—	1 (24)	—	4 (854)	1 (24)	—	6 (902)
1501	2 (209)	—	—	1 (312)	3 (231)	—	6 (752)
1502	1 (40)	—	—	1 (253)	3 (216)	—	5 (509)
1503	1 (101)	—	—	—	—	1 (28)	2 (129)
1504	2 (126)	—	—	—	—	1 (106)	3 (232)
1505	1 (16)	—	—	—	—	—	1 (16)
計	12 (572)	3 (114)	2 (50)	24 (4449)	11 (571)	2 (134)	54 (5890)

出版点数および紙葉数が示すように，1502 年までは Schönsperger 工房がアウクスブルクの印刷業の中心であった。ただし他の都市（特

にニュルンベルク）の印刷工房が刊行したものの廉価版を逸早く作成して売り出すという手法が目立つ（6.『健康の園』，7./36.『世界年代記』，11.『外科教本』，23.『新阿呆船』，27.『ニュルンベルク市の改革』）。Schönsperger 工房の出版プログラムのもう一つの特徴は売れ行きが見込める定番テクストの出版で，13.『七人の賢き師』，14./40.『聖人たちの生涯』，33.『ベリアル裁判』，35.『プレナーリウム』，45.『健康の園』がそれにあたる。同工房の活動の記録は 1502 年で途絶えるが，その後マクシミリアン一世が自分の著作専用の印刷者として秘密裡に雇用したことが知られている。同じ 1502 年に Zeissenmair もアウクスブルクから他市（Wessobrunn）の工房に移るが，彼の工房のプログラムには信心書の出版という一貫性があった。特に 2 点のサヴォナローラの著作のドイツ語版（37.『幾つかの観想的省察』，42.『詩編「神よ，我を憐みたまえ」注解』）は他に例を見ない。ただし最後の年（1502 年）には Koberger 工房の作品のダイジェスト版をその年のうちに作成して出版するという所業も行っている（47.『天の啓示の書』）。Froschauer 工房は言わば細く長く営むタイプの工房だが，長いあいだ出版が途切れていたタイトルの復刊に特色が窺える（1.『蒸留液の書』，9.『聖ブランダンの航海』，38.『書簡例文集とドイツ語修辞技法』，49.『新しき契約』）。

　Otmar 工房が最初の刊本を出した 1503 年にアウクスブルクの出版業は一つの転機を迎える。それまでテュービンゲンで印刷工房を開いていた Otmar と一緒にやって来たのは，ドイツで初めての（自らは印刷をしない）出版専門業者である Johannes Rynmann。書籍取次や書籍販売の仕事で競合する都市（ニュルンベルクやシュトラースブルク）の様子を知っていた Rynmann は，この後 Otmar 工房の出版プログラムをプロデュースすることによって，旧世代が去ったアウクスブルクの印刷業の立て直しを図ることになるが，この間の事情についてはまた稿を改めて考察を行いたい。

6
ランケと中世研究

佐 藤 真 一

1 はじめに ——中世暗黒観とランケ

　1854年の秋，ランケ（Leopold von Ranke 1795-1886）はベルヒテスガーデンで，バイエルン国王マクシミリアン2世にヨーロッパ史の連続講義を行ない，そのなかで次のように語った。「……私は主張したい，おのおのの時代はどれも神に直接するものであり，時代の価値はそれから生まれてくるものにもとづくのではなく，時代の存在そのもの，そのもの自体のなかに存する，と。このゆえにこそ歴史の考察，しかも歴史における個体的生命の考察がまったく独自の魅力をもつ。けだし，どの時代もそれ自身価値あるものと見られなければならず，絶対に考察に値するものとなるからである[1]」。

　これは意義深い言葉であるが，さらに1年余り後，ベルリン大学における1855年の講義においても，ランケはほぼ同じ言葉を繰り返している。「先行する世代はいずれも一般に次の世代に凌駕されるのであって，それゆえ最新の世代が優位に立ち，先立つ世代は続く世代を運搬するにすぎないという考えは，神の不正といっても過言ではない。そう考えるなら，諸世代は，続く世代への踏み段である限りでいくぶん価値がある

---

1) Leopold von Ranke, *Über die Epochen der neueren Geschichte*, in: Ranke, *Aus Werk und Nachlass*, Bd.II, hrsg. von W.P.Fuchs und Th.Schieder, München 1971, S.59 f. ランケ『世界史の流れ』村岡哲訳，ちくま学芸文庫，1998年，15頁。

にすぎない。すなわち諸世代は，こうした表現が許されるなら，いわば格下げされることになるだろう。私はむしろこう考える。どの世代も神に直接関係しており，その価値はその存在自体にあるのだ[2]」。これはまさに，ランケの「中世史」講義の序論の言葉であった。

「進歩」の理念が支配的であった啓蒙主義の時代に，中世が暗黒時代ととらえられていたことを思い浮かべると[3]，ランケのこうした指摘は注目に値する。

また別の中世史講義において，ランケはギボンに言及し，このイギリスの啓蒙史家がヴォルテールに影響を受け，中世に敵対していると述べている[4]。ランケはさらに語る。「中世と聞いただけで少なからぬ人々は恐怖に襲われる。というのも，この言葉には暗黒や隷属という観念が知らず知らずのうちに結びついているからである。どこまでそれが真実であり，そもそも何がその理由であるのかを見てゆこう。それにしても，この偉大な時期の内容はそうした月並みな観念をはるかに超えている。この時期，われわれが属している諸国民が形成された。また，諸国家が建設され，われわれが住んでいる大地がならされた。当時，われわれの祖先は聳え立つ大聖堂を建てた。われわれが獲得したもののうち，創造的なものはすべてこの時期にある[5]」。

さらにもう一つの講義においてランケは具体例を示し，「ダンテの『神曲』をコルネーユやラシーヌの下におき，中世の大聖堂の素晴らしい建築を，ロンドンのセント・ポール教会，あるいはローマのサン・ピエトロ教会に劣るものとみなそうとするなら[6]」誤った進歩観に従うこ

---

2) Ranke, *Vorlesungseinleitungen* (Ranke, *Aus Werk und Nachlass*, Band IV, hrsg.von V.Dotterweich und W. P. Fuchs), München 1975 (以下，*VE* と略記する), S.260.

3) モンテスキューだけが中世の固有の価値を認めていた，という（W. Friedrich, *Friedrich v. Raumer als Historiker und Politiker*, Taura 1929, S.22 Anm.）。

4) *VE*, S.360.

5) 1860／61 年の講義でこう語った。A.a.O., S.354.

6) A.a.O., S.260.『世界史』でも，ランケはダンテを「あらゆる時代を通じて，最大の著作家のうちの一人，もっとも有名な人々の一人」と述べている（Ranke, *Weltgeschichte*, Theil.9, Abtheilung 1（以下，*WG*, 9/1 のように略記する），Leipzig 1888, S.23.）。また，「建築術の輝かしい記念物」という表現が見られる（*WG*, 8, 1887, S.2.）。ただし，『世界史』には，シュパイアーやケルンの大聖堂などを具体的に取り上げてロマネスクやゴシックの教会建築に触れている箇所はない。なおランケは，ケルン大聖堂献堂式典（1863 年 10 月 15，16 日）直後の講義で次のように語った。「現代は，あの諸世紀に生み出された建造物を維持すること

とになる，と語っている。

「中世においては，あらゆる点で，土着の生活力が勢力を得た。諸国民は，詩や美術，国家と教会，戦争と平和のわざに精通していた。その意味で中世世界は，古代世界や近代世界よりも豊かで多様であった。中世世界は，多くの点で，たとえば詩や建築術において，不朽の比類のない作品を生み出す独創的創造において一層実り豊かであった[7]」。これも，ランケの中世史講義における指摘である。

本稿では，「近代歴史学の父」と呼ばれるランケによって促進された中世研究を考察する。そこでまず，ランケの歩み[8]を「中世」への関心ということに注目しながら簡潔に辿ってゆきたい。

2 ランケの学生時代と中世

「この地の歴史的回想は——古テューリンゲン王国はほとんど忘却の淵にあるがゆえに——ザクセン家支配下のドイツ史のもっとも光輝ある時代まで遡る。人口に膾炙した地名にはハインリヒ1世を回想せしめる過去の名残りが結びついている。なかんずくウンシュトルート河の隘路には，皇帝が建立し，同時にその終焉の地でもあるメムレーベン修道院がある。さらにはヴェンデルシュタインの古城，ロスレーベン修道院，ドンドルフ修道院，および11世紀の記録に皇帝の城砦として記されている小都市ヴィーへがある[9]」。

中世の面影をとどめる，当時ザクセン選帝侯国に属していたヴィー

を義務とみなしている。そしてそれらの建造物を修復し，あるいはかつて完成されなかったものを仕上げることに誇りを見ている。たった今，ドイツ国民はケルンの大聖堂の修復を壮麗な祝典によって祝ったばかりである」(*VE*, S.347 f.)。

7) *VE*, S.347.
8) 佐藤真一『ヨーロッパ史学史』知泉書館，2009年，221-240頁，参照。
9) Ranke, Aufsätze zur eigenen Lebensbeschreibung, in: *Sämmtliche Werke* (以下 *SW* と略記する), Bd.53/54, Leipzig 1890, S.4.『ランケ自伝』林健太郎訳，岩波文庫，1967年，8頁。後にベルリン大学の演習に参加した若き研究者たちと『ザクセン家治下ドイツ帝国編年史』を刊行する際に，こうした幼い日のランケの思い出が大きな役割を果たした (Ranke, Die alten Schüler, 6.April 1884, in: *SW*, Bd.53/54, S.650)。

へ。テューリンゲン地方のこの小都市で幼年時代を過ごしたランケは，1809年，名門ギムナジウムであるシュールプフォルタに入学し，徹底した人文主義教育を受け古代詩人の作品に沈潜する。
　1814年5月ライプツィヒ大学に入学したランケの専攻したのは，歴史学ではなく，神学と古典文献学であり，ツキディデスの文献学的研究によって博士の学位を得ることになる。
　ライプツィヒでの学生時代，その後のランケを考える上でいくつかの重要な点がある。まず第1に，ニーブーアの『ローマ史』から多大な刺激をうけ，近代にも歴史家が存在しうることを知ったことである。ニーブーアに触れながら，次のように述べている。「旧制度の復活がその後引き続き優位を占めた事は，思想，生活，そして学問の上にももっとも大きな影響を与えた。歴史の研究は本来，ナポレオン的理念の独占支配に対する反抗から生じたものである[10]」。
　第2に，やがてフランケン家諸皇帝の研究で学界に貢献することになる先輩，シュテンツェルに導かれながら，中世の歴史家の著作を読んだことである。それらは後に『ドイツ中世史料集成』に収められることになる史料である。
　第3に，宗教改革300周年の記念すべき年を迎えて，ルター伝の執筆に取り組んだことである。ルター派の信仰に篤い家庭環境の中に成長した青年にとって，これは自然なことであったに違いない。ランケはあくまでもルターの原典に即して，時代との関連を重視しながら，宗教改革者の把握をめざした。しかし，研究はあまりに広範囲に及ぶことになり，完結することはなかった。今日『ルター断章』として公刊されているのは，このときの草稿である。この断章からも，ランケがすでに歴史研究の基礎を築きつつあったことが読み取れる。
　第4は，同年秋に，ラインおよびその支流に沿って休暇旅行をしたことである。「時代の影響をうけて，中世の偉大な所産が身近になっていった。造形芸術への関心はアントン・リヒターという友人によって与えられた。その意味において1817年秋にライン川方面の徒歩旅行が行なわれ，ハイデルベルクのボアスレの絵画には深い感銘を受けた[11]」，

---

10) SW, Bd.53/54, S.47.『ランケ自伝』67頁。
11) A.a.O., S.31.『ランケ自伝』46頁。2011年9月24日，「中世・ルネサンス研究所」

とランケは回顧している。ヴュルツブルクでは，巡礼聖堂ケッペレの十字架の道行きの丘を登り，シュパイアーやオッペンハイムをへて，1560年以来工事が中断し当時まだ半ば廃墟であったケルン大聖堂へ旅した[12]。この旅の経験は，時代のロマン主義的風潮とも関連し，ランケが中世の生きた魅力を体得する機会となった。中世の建築，絵画，彫刻に，当時「ドイツの青年のすべてが注意を向けた[13]」のである。

このように，徐々に歴史に関心を注ぐことになるランケであったが，ライプツィヒ時代にはまだ歴史家になる決意を固めてはいなかった。それでは，いつそのような決断が生じるのだろうか。それは，フランクフルト・アン・デア・オーダーの教員時代であった。

3 フランクフルト時代と歴史家ランケ

1818年秋，ランケはフランクフルトのフリードリヒ・ギムナジウムに，古典語と歴史を担当する上級教員として着任する。歴史家ランケの形成にとって決定的となったのは，1819年秋から始まった「古代文学史」の授業のための準備であった。ランケはこの機会に，ギリシア，ローマの多くの歴史家たちの著作を組織的に精読した。このことにより，ランケのうちに「歴史研究をすでにそのうちに含む文献学的研究や一般的な学問から，本来の歴史研究への移行」がなされた[14]。この授業準備のなかで，彼の歴史家としての歩みが始まる。

さて，フランクフルトでの最初の2年間は，古代史と古代文学史に

のシンポジウムで，筆者は本稿と同じ題名の研究報告をする機会を得た。その際，現在はミュンヒェンのアルテピナコテークに所蔵されているボアスレ・コレクションの絵画もスクリーンに映し出して紹介した。質疑応答の時間に，早稲田大学の美術史学教授である益田朋幸先生から，これらの絵は中世末期から北方ルネサンス期（デューラー以前）のもので，15世紀前半のものであるとのご教示を頂いた。

12) E.Guglia, *Leopold von Rankes Leben und Werke*, Leipzig 1898, S.24. ランケによれば，この旅の途上，ヴォルムスなどのルターゆかりの史跡を訪ねることも怠らなかったという。Ranke, Rede zur Eröffnung der IX. Plenarversammlung am 30. September 1868, in: *SW*, Bd. 51/52, 1888, S.539.

13) A.a.O.

14) Ranke, *SW*, Bd.53/54, S.39.『ランケ自伝』56頁。

専念していたため，中世史の授業に関しては多くの準備をすることができなかった。しかしやがて，ランケは古代の歴史家の研究から中世の歴史家への考察へと向かう。フランクフルトでは，貴重な蔵書のあるヴェスターマン文庫がランケの研究を導く宝庫となっていたが，そこに所蔵されていたルイ11世とシャルル8世時代に関するコミーヌのメモワールが，ランケに特別な意義をもつことになる。ランケは回顧している。

　「図書館にはまとまった『ゲルマンの著述家たち』Scriptores rerum Germanicarum が収められており，ここで私はドイツ皇帝権について知るにいたった。中世後期に関しては，古フランスの史料を見出した。15世紀と16世紀の初期が，私をすっかり魅了した。私はここに私の最初の書物を書く立脚点を定めた。私はすでに26歳になっていた[15]」。

　この頃，ロマン主義が浸透するなかで，ヨーロッパの広い読者を惹きつけたのが，スコットの歴史小説であった。彩りに欠ける啓蒙主義の歴史叙述にたいして過去を瑞々しく絵のように描く「地方色」(Lokalkolorit) の理論を生み出したのはシャトーブリアンであったが，それを実際に小説に取り入れたのはスコットであった[16]。ドイツにもその影響は深く及んだ。ランケも心を動かされた。しかし同時に，疑問も生じてきた。ランケはコミーヌにも触れながら，印象的に記している。

　「イギリスでは，きわめて注目すべき現象が生じた。それは，ウオルター・スコットの作品によって文学界を魅了した歴史小説である。人々によって求められたこと，すなわち数世紀を余すところなく観察することがここで成し遂げられているように思われた。私は当時，まさにロマン・ゲルマン諸民族の歴史に関する研究を始めたところであった。私は深い感銘を受けたコミーヌのメモワールを研究した。そしてコミーヌの周辺に分類されるもろもろの比較的小さ

---

15) A.a.O., S.32.『ランケ自伝』47頁。
16) E.Fueter, *Geschichte der neueren Historiographie*, 3.Aufl., München und Berlin 1936, S.443-445.

な著作の中に，コミーヌを補う信頼に足る記録を見出した。
　そのような時に，ウオルター・スコットの『クウェンティン・ダーワード』——だったと思う——が出版された。口をついて出たのはこんな言葉であった。『何ということだ。コミーヌとコミーヌのメモワールを補足している別の報告は，それとまったく異なっているではないか！』私はさながら，かつての君主を代表して侮辱されているようであった。スコットがつねに彼らの名前を挙げながら，彼らが抱いていたのとは別の信念を彼らに帰しているからである。私は歴史小説，とくに出来事へのこうした接近に嫌悪を感じ，事実についての確証された伝承と本質的に相違するすべてのものを，歴史においては避けねばならないと心に決めた。こうした熟考が，批判的方法に関して私の確信を強めたことを否定しない。この批判的方法は，その後，私の書物の特徴とみなされたものである[17]」。

　スコットの歴史小説にみられる虚構にランケは嫌悪をいだき，自らは想像や創作を避け，厳密に事実に即することを決意したのである。
　1824 年 11 月，ランケの最初の著作『ロマン・ゲルマン諸民族の歴史』が出版された。本書においてランケは，ヨーロッパ中世の普遍教会と普遍支配が崩壊して，近代の国民国家体系が形成されていく過程を考察している。すなわち，ルイ 11 世治下のフランスの状況から，シャルル 8 世のイタリア遠征，マクシミリアン 1 世のイタリア遠征，ナポリ戦争，ヴェネツィア戦争をへて，スペイン・ハプスブルク家がヨーロッパの最強の勢力に台頭した時期までを扱っている。細部にまでおよぶ戦闘の様子の叙述にも，ロマン主義時代の歴史叙述の「地方色」が示されている。ランケの狭い意味での専門は，研究の広さにもかかわらず，この書物の延長上にある 16 世紀および 17 世紀のヨーロッパ史である。
　また本書の付録である『近世歴史家批判』がそのすぐあとに出版された。ここでランケは史料の批判的方法を明確に基礎づけた。本書では多くの歴史家が取り上げられているが，とくにグイッチャルディーニの

---

[17]　Ranke, Am neunzigsten Geburtstag. 21.Dezember 1885, in: *SW*, Bd.51/52, S.595 f.

『イタリア史』における史料批判の不徹底が指摘されている。ランケが近代歴史学の形成に重要な貢献をしたとされるのは，まさにこうした史料の厳密な批判的検討がその重要な基礎となっている。

　フランクフルト時代の学問的な成果であるこの両著は，好評をもって迎えられ，ランケはベルリン大学に招かれることになった。

4　ベルリン時代の講義，演習，著作

　1825年の春，ランケはベルリン大学の員外教授に就任する。このことによってランケは，ベルリンの王立図書館に所蔵されていたヴェネツィア公使の報告書類を十分に利用できるようになる。これまではもっぱら公刊史料を研究してきたが，これ以後は原史料の利用が始まる。その成果が，第二の著作『16, 17世紀における南ヨーロッパの諸君主・諸民族』第1巻として実を結ぶことになる。

　大学でランケは当時の各分野を代表する錚々たる学者と出会い，またベルリンのラーエルのサロンで，ロマン派の詩人，知識人，政治家と交流をすることになる[18]。この意味でもベルリンは若き歴史家に各方面の刺激を与えることになった。

　1827年秋には，ランケは史料探索のため，南方研究旅行に出発し，1831年にベルリンに帰るまで，ヴィーン，ヴェネツィア，フィレンツェ，ローマ等を訪ね，各地の文書館や図書館で，膨大な原史料に触れ，これ以後の研究の基礎を築いた。ヴィーンで保守派のゲンツや革命詩人カラジッチと面識をえたことも，ヴィーン体制下の現実政治に触れるきっかけとなった。

　1831年3月に，ランケは3年半に及ぶ豊かな実りを携えてベルリンに帰還する。フランス七月革命の余波に見舞われて騒然とするベルリンでの生活が再開する。1832年から36年にかけて，学問的な立場を堅持しつつ『歴史政治雑誌』の編集に当たるが，それは当時の政治状況のなかで左右両陣営からはどっちつかずの立場と映り，廃刊を余儀なくさ

---

[18]　佐藤真一「ランケとファルンハーゲン夫妻——ベルリンのサロンでの交流」，森原隆編『ヨーロッパ・「共生」の政治文化史』成文堂，2013年，106-125頁。

れる。今やランケは，歴史研究の深化に自分の任務を見る。こうして1870年の夏学期に最後の講義を終えるまで，長い年月にわたり，ベルリン大学での教授活動がつづけられる。

さて，ベルリン大学での講義と演習，そして精力的に続けられる著作活動のなかで，中世研究はどのように進められていくのだろうか。

この点で，1834年は，重要な年であった。まず第1に，近世の諸教皇を考察する『教皇史』の第1巻が出版され，その序論で教皇制という視点からの中世について概観がなされた[19]。第2に，「中世史」と題するランケの講義が始まった。ベルリンにおけるこれまでの講義でも，一般世界史などで，中世について触れられてはいるが，正面から「中世史」という講義題目で語られたのは初めてである。これ以後1870年まで，合計15回におよぶ「中世史」講義がなされた[20]。ランケが好んで取り上げたテーマであったといえる。第3に，すでに1825年から26年にかけての冬学期に，ランケははじめて歴史学の「演習」を試みているが[21]，1833年に再開され，翌1834年も引き続きなされ，これ以後，継続して中世をテーマとする演習がなされた。このランケの演習が，ドイツにおける近代歴史学の訓練の場になっていった。

すでに触れたようにランケの厳密な意味での専門領域は近世であったが，演習では史料に基づく中世史研究がテーマであったことに注目しなければならない。それは，ライプツィヒ時代のシュテンツェルとの史料購読やフランクフルトでの授業準備と関連していた。ランケは回想している。「シュテンツェルのもとで，私はゲルマンの著作家 Scriptores の最初の集成を見，彼の部屋でその一部を彼の指導を受けながら読み始めた。その研究を私はフランクフルトで継続した。かの地で私はかつての皇帝に関する研究を，私の授業のために試みた[22]」。

---

[19] Ranke, *Die römischen Päpste, ihre Kirche und ihr Staat im sechzehnten und siebzehnten Jahrhundert*, Bd.1, Berlin 1834, S.13-42.

[20] Verzeichnis sämtlicher Vorlesungen Rankes, in: E. Schulin, *Die weltgeschichtliche Erfassung des Orients bei Hegel und Ranke*, Göttingen 1958, S.306-308.

[21] Ranke, Brief an Karl von Raumer vom 12.Juli 1825, in: *Das Briefwerk*, Hamburg 1949, S.89. Vgl. auch H. Bresslau, *Geschichte der Monumenta Germaniae hitorica*, Hannover 1921, S.340.

[22] *SW*, Bd.53/54, S.649.

演習のためにまず最初に選ばれたのは，ザクセン家諸皇帝の歴史であった。ラウマーの『ホーエンシュタウフェン朝とその時代の歴史』およびシュテンツェルの『フランケン家諸皇帝治下のドイツ史』に関する書物が刺激となった。ランケは，ラウマーの大著を「卓越した著作」とし，シュテンツェルの書物を「フランケン家諸皇帝に関する徹底的な研究」と評している[23]。こうして演習では，中世の史料が読まれ，解釈と批判がなされ，ランケの学問的助言がなされた。「あなたの偉大な史料集がなければ，青年のグループをこの歴史研究に引き込むことに決して成功しなかったことでしょう[24]」とランケはペルツに語ったという。この共同の学問の場から，いわゆる「ランケ学派」が生まれた。ヴィルマンス，ヴァイツ，ケプケ，ギーゼブレヒト，デンニゲス，ヒルシュがランケの最初の弟子たちであった[25]。彼らは，いずれも1812から16年のあいだに生まれた若き研究者たちであった。

　1837年，彼らの学問研究の最初の成果が公刊された。ヴァイツによって編纂された『ザクセン家治下ドイツ帝国編年史』第1巻の『ハインリヒ1世』である。これにランケが1836年11月30日付で序文を寄せている。そこでランケは，弟子たちの見解に全面的に同意するわけではないが，彼らの研究の自主性を尊重すると述べている[26]。さらに，翌年にはケプケ編『951年までのオットー1世』，1839年にはデンニゲス編『973年までのオットー1世』，さらに1840年には，ギーゼブレヒト編『オットー2世』とヴィルマンス編『オットー3世』，またヒルシュとヴァイツの編纂になる『コルビー年代記の真正性と歴史的価値の検証』が1839年に出版された[27]。

---

23) *VE*, S.337.

24) Bresslau, a.a.O., S.340 f.

25) *SW*, Bd.53/54, S.649 f.「私は今なお私の周りに集まった青年たちの才能と勤勉さに驚いている」，とランケは語っている（a.a.O., S.649）。

26) Ranke, Vorrede zu den Jahrbüchern des deutschen Reichs unter dem Sächsischen Hause, gedruckt 1837, in: Ranke, *SW*, Bd.51/52, S.481.

27) Ranke, *Das Briefwerk*, S.298 f. Anm. この『編年史』成立の背景にある，1834年のランケの提案によるベルリン大学哲学部の歴史懸賞問題「ハインリヒ1世王の生涯と行動」，一位を得たヴァイツの論文，6人の学生については，*SW*, 51/52, S.408 f. ランケは『世界史』において，コルヴァイのヴィドゥキントに触れて，次のように記している。「今なお決着のついていない点の議論に立ち入ることはしないが，50年前に私がザクセン家の皇帝時代に関する研究をともに始めたきわめて緊密な同志グループに由来するデンニゲスの著作に言及する

これらランケの愛弟子たちの著作のなかでも，とりわけヴァイツの『ドイツ国制史』8巻[28]と，ギーゼブレヒトの『ドイツ皇帝時代史』6巻[29]は，19世紀中世史学の卓越した成果となった。ランケは，これらの書物の公刊をこの上なく喜び[30]，晩年の大著『世界史』においても，学問的典拠としてたびたび引用している[31]。

　ヴァイツをはじめ，ランケの弟子たちのなかで，ペルツが主幹を務める『ドイツ中世史料集成 Monumenta Germaniae historica』の編集に協力する者が多かったことも注目される[32]。これらの仕事によって，またそれぞれの著作を通じて，ランケの弟子たちは，ドイツ中世研究の大きな推進力となっていったのである。

　ランケはこの史料集の意義を，シュタインにも言及しつつ，次のように語る。

「一般に支配的となり帝国の発展全体のなかで類似の現象をもつ，普遍から個別に向かう趨勢が存在した。革命の嵐がその後ドイツにおいても，活動を，とりわけ関心を中断するまではそうであった。しかしそれが克服された後，この嵐から再び広範な事業が出現した。ドイツ精神をすべての個別的なものによってともに活気づけるために，もっとも大きな貢献をしたのがフォン・シュタイン大臣であった。この同じ人物が，中世のすべてのドイツ歴史叙述家の大規模な収集をすすめるという考えを抱いていた。彼はまた，1803年の分散によって散逸してしまったすべての文書を収集することも考えた。しかしこの仕事自体は，彼の力に余るように感じられた。こ

ことを怠るわけにはいかない。皇帝史を国民に再び身近なものに——同時に平易に，きわめて学識深く——することに貢献したギーゼブレヒトも，このグループのメンバーである。私はきっかけを与えたにすぎなかった。私が伝えていることは，確かに全部ではないが，個々の点で，これら友人たちの研究に基づいている」（*WG*, 6/2, 1885, S.203. Anm.）。

28) G. Waitz, *Deutsche Verfassungsgeschichte*, Kiel 1844-78.
29) W. v. Giesebrecht, *Geschichte der deutschen Kaiserzeit*, Leipzig 1855-95.
30) Ranke, *Das Briefwerk*, S.326, S.561.
31) ヴァイツの書物については，*WG*, 3/1, S.40.; 3/2, S.278.; 5/2, S.3, S.11, S.122, S.141, S.154, S.167, S.199, S.215.; 6/1, S.39.; 7, S.130. の脚注で，ギーゼブレヒトの書物については，*WG*, 6/2, S.203.; 7, S.15, S.69, S.93, S.331. の脚注で言及している。
32) ランケとペルツ，ヴァイツ，ＭＧＨに関しては，佐藤真一「ランケとペルツ」，『国立音楽大学研究紀要』46集，2012年，1-10頁，参照。

の考えは 1816 年に抱かれ，1818 年に史料編纂協会が創設された。幸いにも，この仕事はもっともふさわしい人物であるわれらのペルツの手に委ねられ，彼は『ドイツ中世史料集成』をすでにホーエンシュタウフェン時代まで推進した。これはわれわれにとって，今日，刊行を見たもっとも注目すべき成果である[33]」。

こうして『ドイツ中世史料集成』が公刊され，またランケとその演習で訓練を受けた若き研究者によって批判的な史料の吟味による学問的中世研究がなされていく。

ところで，ランケと，史料批判家としては「ランケ以前」の歴史家，あるいは「史料批判以前の歴史家たち」の一人とみなされるラウマー[34]との関係を考察しておくことは，ランケの立場を考える場合に有益であろう。

1819 年以来ベルリン大学教授であったラウマーは，『ホーエンシュタウフェン朝とその時代の歴史』で，ロマン主義の影響を深く受けながら[35]，フリードリヒ・バルバロッサおよびフリードリヒ 2 世とその時代をドイツ史の偉大な時代として描き上げ，多くの読者を魅了し，名声の頂点に立った。

ランケはラウマーと 1824 年ベルリンで会っており，好印象をえている[36]。同年 11 月に出版されたランケの最初の書物『ロマン・ゲルマン諸民族の歴史』においては，前年に公刊されたラウマーのホーエンシュタウフェン史の第 1 巻と第 2 巻が引用されている[37]。このランケの書物に対し，ラウマーは言葉や文章表現の硬さを指摘しているが，その内容を大いに賞賛している[38]。

1825 年の春に，ランケはベルリン大学に招聘され，それ以後長年にわたるラウマーの同僚になった。両者の関係は大いに深まるというわ

---

33) *VE*, S.332.
34) W. Friedrich, a.a.O., S.31, S.45.; Fueter, a.a.O., S.505.
35) W.Friedrich, a.a.O., S.12 f., S.17 f., S.22, S.28, S.41, S.44, S.47.
36) Ranke, Brief an Heinrich Ranke vom 8.Oktober 1824, in: *SW*, Bd.53/54, S.134.
37) Ranke, *Geschichten der romanischen und germanischen Völker von 1494 bis 1535*, Bd.1, Leipzig und Berlin 1824, S.XXV Anm., S.XXXI Anm.
38) Ranke, Brief an Heinrich Ranke vom 17. Februar 1825, in: *SW*, 53/54, S.140.

けでもなかったようだが[39]，ランケはラウマーのホーエンシュタウフェン史にはつねに敬意を抱いていた。ラウマーが亡くなった 1873 年，ランケはミュンヒェンの歴史委員会の総会で開会演説を行ない，述べている。「至るところ信頼のおける研究に基礎をおくラウマーのホーエンシュタウフェン史は，ドイツ国民にその過去の最大の時期の一つを生き生きと回想させるという，どんなに高く評価しても十分でない貢献をした[40]」。

しかし『世界史』では，ラウマーのこの大著にたいする消極的な見解が見られる。1827 年と 28 年に，シュテンツェルは『フランケン家諸皇帝治下のドイツ史』を刊行したが，そのなかで，ラウマーのホーエンシュタウフェン史には多くの不正確な点があると指摘し，その一例として，ハインリヒ 4 世の晩年に関する史料批判の欠如にもとづく誤りを詳細に批判する[41]。ランケは『世界史』でシュテンツェルのこの批評に言及し，両著の相違は「おもにコンラートの動機に基づいているが，決定的に重要ではない」とする。けれども，マティルダの遺領に関するシュテンツェルの所見は重要であり，それ以後の研究にたいして，シュテンツェルはラウマーよりはるかに多くの貢献をしたと述べている[42]。こうしてランケも，『ドイツ中世史料集成』の第 1 巻が公刊された 1826 年の前年に完結したラウマーの大著の歴史的制約を見ていたといえる。

ラウマー自身，批判的方法には，賛同できなかった[43]。彼にとっては，真実に忠実な叙述より，生き生きとした流麗な描写が重要であり，興味深く物語ることが大切であった。ツキディデスよりヘロドトスを高く評価したのもそのためである。否定的で破壊的な，瑣末で敬虔さのない研

---

39) Max Lenz, *Geschichte der königlichen Friedrich-Wilhelms-Universität zu Berlin*, 2/1, Halle 1910, S.264.

40) Ranke, Rede zur Eröffnung der XIV. Plenarversammlung am 20. Oktober 1873, in: *SW*, Bd.51/52, S.579. ラウマーの諸著作を軽視していたファルンハーゲンは，こうしたランケの賞賛を，同僚とうまくやっていこうとするランケの臆病の表れと見ている。Th. Wiedemann, Leopold v. Ranke und Varnhagen v. Ense nach der Heimkehr Rankes aus Italien, in: *Deutsche Revue*, 26.Jg, 1901, Aug., S.222 f.

41) G.A.H.Stenzel, *Geschichte Deutschlands unter den Fränkischen Kaisern*, Bd.1., Leipzig 1827, S.594 Anm.; Bd.2., 1828, S.158-178. Vgl. F.v.Raumer, *Geschichte der Hohenstaufen und ihrer Zeit*, Bd.1, Leipzig 1823, S.246 f.

42) *WG*, 7, 1886, S.328 Anm.

43) W.Friedrich, a.a.O., S.13, S.22 f., S.27, S.41-44.

究方法を嫌い，奇跡が実際に生じたかどうかではなく，ある時代がその奇跡を信じ理解したということが問題である，としたのであった[44]。

ラウマーのその後の書物が，ランケの影に隠れて，学問的意義を急速に失っていくのは，こうした点にある。一方，ランケは『世界史』において，『ドイツ中世史料集成』から——私の確認に誤りがなければ——400箇所に及ぶ引用をしながら，批判的吟味に依拠しつつ論述している。

つづいて，以上のことを念頭におきながら，ランケの中世観がもっとも詳細に示されている『世界史』を取り上げ，中世が具体的にどのように捉えられているかを検討したい。

5　『世界史』（1881-88）における中世の輝き

ランケの中世理解について考察する際，『世界史』における中世の記述がもっとも重要な手がかりとなる。

ただし，ランケの死の翌年に公刊された『世界史』の第8巻と第9巻・第1部は，編集面から見て考慮を要する。すなわち，これらの巻は，直接ランケ自身による本書のための口述から構成されたものではなかった。12世紀と13世紀前半に関する1869年から1870年にかけての冬学期，およびシュタウフェン朝末期から中世末に関する1870年夏学期の詳細なランケの講義ノート，とくに1864／65年冬学期のランケの講義のきわめて正確で完璧なオットー・ハイネの講義筆記録，亡くなる前の数か月間に由来するランケの多くの口述筆記によって再構成されたものである。その困難な作業を進める上で，ランケの筆跡や研究を熟知していたドーヴェ，ゲオルク・ヴィンター，テオドア・ヴィーデマンの貢献が大きかった[45]。このような編集の経過をへて公けにされた第8巻と第9巻・第1部であるから，その全体に関して逐語的に字句どおりのランケの文章であるとは厳密には言えないことになる。

その点も考慮しながら，『世界史』の中から，中世の文化や宗教がも

---

44)　A.a.O., S.29, S.45, S.45 Anm.

45)　こうした編集作業の詳細に関しては，A.Dove, Vorwort, in: Ranke, WG, 7, S.V-VII.; Dove, Vorwort, in: WG, 8, S.V-XIII.; Dove, Worwort, in: WG, 9/1, S.V-VIII. を参照。

つ輝きや中世の世界史的意義についての記述をいくつか例として取り上げてみたい。注目されることは，5世紀末から15世紀末に至る「中世」と呼ばれる1000年に及ぶこの時期は，汲めども尽きぬ普遍史的な内容をもつ，とランケが指摘していることである[46]。

まず，ボニファティウスについてふれておこう。すでにこの「ドイツ人の使徒」については早くからランケは注目していた。1826年初めに，彼は弟ハインリヒに書き送っている。「ボニファティウスは，使徒と呼ばれるにふさわしいと思う。西洋において，キリスト教の発展に彼ほど貢献した人はいない。なんと素晴らしい活動だったことだろう[47]」。

『世界史』において，ランケは次のように述べる。

「ボニファティウスはドイツ人の使徒と呼ばれているが，それはキリスト教の理念が初めて導入されたということではない。しかし，そうであっても，彼がドイツ教会を創設したことに変わりはない。まさにそのために，彼が仲介した聖俗権力の結合は欠かせないものであった。

宗教権力は皇帝権からの解放に取りかかっていたし，世俗権力は古き王権を拒否しはじめていた。世俗権力の援助がなければ，ボニファティウスは何事も達成しえなかったであろう。しかし世俗権力自身も，ゲルマニアにおいて確固たる地歩を占めるためには，公認された権威を必要としていた。キリスト教の普及は，世俗領主が大部分，宮宰に同調したことによって非常に容易になった。

しかし決定的な組織化は，ローマの影響がなければ，ひきつづき不可能であったことだろう。重要な一歩は，ボニファティウスが732年，3度目のローマ旅行で，教皇グレゴリウス3世から大司教に列せられたことである。教皇は彼に，宗教的儀式の際，とりわけ司教の叙階にあたって身につけるべきパリウムを授けた。教皇はボニファティウスに，2，3の同僚司教の立ち会いのもとで司教を任

---

46) *WG*, 8, S.3, S.5. ランケは中世の時期を，便宜的に4世紀から15世紀（1834年講義），あるいは4世紀末から15世紀末（1863年講義）ととらえていたこともあった（*VE*, S.121, S.344.）。

47) Ranke, Brief an Heinrich Ranke im Januar/Februar 1826. In: *Das Briefwerk*, S.95.

命する権限を認めた。このことは，徐々にゲルマン教会の組織化を実現させるために十分であった。同時にローマ教皇座の宣告は，民衆や有力者たちに見られた宗教的見解の逸脱を終わらせるために必要であった。聖ペトロの権威はすべてを支配し定めた。正しく評価するためには，ドイツ教会のこうした起源をありありと思い浮かべなければならない。

　すべてのことは，一般的利害および個別的利害に関連していた。ローマ教皇座の権力強奪要求をここに見ることはできない。教皇は，さまざまな出来事が生ずるなかで権限を与えられていたこと，および急を要していたことだけを行なった。というのも，イサウリア朝のレオンの攻撃にたいして，彼は支えを必要としていたからである。彼が東方から離反し，彼の活動のもっとも重要な舞台を西方に求めたことは，測り知れないほど大きな影響力をもつ歴史的な行為であった。……

　ドイツにおける教会の建設は，必ずしも純粋なキリスト教理念の実現とみなしうるわけではない。それは，ローマとフランク王国における統合をめざす世界勢力の事業であったが，きわめて明確な証言によれば信仰の最古の基礎に基づいていた。世界宗教に従ったことによって，ドイツ国民は同時に一つになった。ドイツ国民にとって世界宗教は，いくつもの点で非常に重要であった。それは彼らの宗教的要求に応じた。この宗教的要求は，世界宗教に出会わなかったら，散発的で，ふたたび気ままで一時的な影響に没頭したことであろう。世界宗教はドイツ国民を人類の最大の所産と結びつけ，ドイツ国民を一つにした。さもなければ，つねに新たに呼び起こされる諸種族の対立を終わらせられなかったであろう。

　すでにこれらすべてによって，教皇はボニファティウスの仲介により，とくにゲルマニアにおいて，フランク王国のその後の発展に多大な影響を及ぼした。しかしなお一層持続的な影響を，この結合がフランク王国の最高権力の形成に及ぼした。けれどもすべてはまだこの点で，また他の多くの点でも生成途上であった[48]」。

---

48) *WG*, 5/1, S.322 – 325.

「至る所でボニファティウスは，再び伝道者の居住地であった修道院や教会を建設した。彼はピピン派に鞍替えしたもっとも身分の高い定住者たちの援助を得た。政治的利害と宗教的利害がともに作用した。

　それらははじめてゲルマニアのある種の統一を基礎づけた。この統一の創設者は同時に二つの異なるフランク王国を支配した。すべてが崩壊するように見えたことによって，フランク王国の権力ははじめて実際に基礎づけられた。そして今や永遠に記憶すべきことは，フランク王国がアラビアの世界支配が西欧全体を脅かした時代に生じたことである。ドイツのキリスト教化を，宗教的信仰とその教理の観点のもとでだけ見てはならない。なぜならこれらがいかに重要であっても，ますますヨーロッパ大陸に進出してくるイスラムに対抗すべきであった場合，このことは世界史的な必然であったのである。……

　フランク王国はすでに自らのうちに統一されており，同時にキリスト教的な権力になっていた……[49]」。

　ボニファティウスのローマ教皇との結びつきを強調するランケであるが，しかし同時に相互の違いにも注目する。

「ボニファティウスがドイツ教会をローマの教皇権と緊密に関係づけたのは事実だが，しかしわれわれが彼を正しく理解するなら，彼はそれにもかかわらず，とりわけ信仰の事柄において重大な決断を心に抱いていた。ドイツにおいて宗教的見解の不一致が生じているなかで，彼はそのような決断を必要としていた。ステファヌスが企てたような一般的問題への教皇の直接的な働きかけについて，ボニファティウスはわかっていなかった。マインツの教会においてボニファティウスと教皇とのあいだには，教理上の対立が存在し，きわめて活発な討論が行なわれたという伝承が保存されていた。しかしこれに加えて，大部分がアングロ・サクソン人であった伝道活動の

---

[49]　A.a.O., S.286 f.

古き仲間たちが，ないがしろにされていたということがあった。ボニファティウスはもはやマインツにおける彼の教階的地位に満足していなかった。異教徒の改宗という彼のもともとの召命に再び身を捧げるという考えが彼の中に目覚めた。さらに二度彼はフリースランドに旅した。おそらく756年，二度目の旅の途上，彼はついで異教のフリース人たちに屈した。……こうして彼は，まさしくゲルマニアのキリスト教化という彼の生涯をかけた使命のただなかで死んだ[50]」。

今日「カロリング・ルネサンス」という言葉で定着している，カール大帝を取り巻く教養人による文芸復興についてもランケはすでに注目している。781年にカールが二度目のローマ滞在で教養人たちと直接知りあったことに触れながら，ランケはパウルス・ディアコーヌスやピサのペトルスに言及したあと，アルクインについて述べる。

「戯れのように見えるが，普遍的意義をもつ傾向を内に含むこうした学術研究に，国王は個人的に関心を寄せた。なぜなら，まさしく古代との関連を回復することが重要であったからである。このことはその後，学問的な授業の直接の目的を超えて高まっていった。おの孤立した中国とはなんと異なっていたことだろう。学術は普遍文化史的内容を獲得し，その内容は再びカールの大王国が占める世界的地位と関連した。カールが招きよせた学者たちのあいだでもっとも重きをなしていたのは，アングロ・サクソン人のアルクインであった。宮廷の文芸仲間のなかで，アルクインはフラックスとして登場し，国王はダビデの名を得る。ユダの国王はいわばフランクの大王の模範とみなされる。彼は神によって選び出され，あらゆる方面にわたって諸民族を従わせ，同時にイスラエルの詩編作者である。こうしてカールは手に無敵の権力の剣を振りかざし，信仰のラッパを響き渡らせる。彼は君主にして教師であり，その保護のもとでキリスト教徒たちは，平穏を享受し，すべての異教の諸民族は

---

50) *WG*, 5/2, S.45 f.

彼を恐れる。

　私の思い違いでなければ，ここで国家と教会の結びつきをめぐる二重の作用を区別することが出来る。1つは，礼拝と教理の継承にあったのであり，この継承は布教を目指した努力のもっとも重要な対象をなす。もう1つは，やや異なっていた。研究の詳細に立ち入ることはしないが，正統信仰に先立ち，正統信仰によって完全には吸収されなかった古代が精神的影響を及ぼしていたことが知られている。すなわち，このことがその後ふたたび，体制内部で対立を引き起こすことになったのである。

　それゆえ，王に宛てたアルクインの手紙は読む価値がある。というのも，それらは通例の聖職者の観念をはるかに超えているからである。国王の職務をアルクインは，悪いものを改善し，正しいものを維持し，聖なるものを讃えることに見ている。彼はかつて，新たな改宗者が洗礼を受ける準備をいかになすべきかを詳細に論じている。彼は次のような原則から出発している。すなわち，精神がキリスト教信仰であらかじめ教育されていないなら，洗礼による身体上の洗いは何の益もないであろう。この教育は，その他すべてが関連する魂の不死の教理を際立たせなければならない。……

　アルクインは国王カールに学校の開設について知らせている。その学校のカリキュラムはまさにアングロ・サクソンの学校，とくにアルクインの出身のヨークの学校で提供されていた模範に沿うものであった。かつてゲルマニアにキリスト教が導入されたときと同様，アングロ・サクソン人たちは，学術研究の基礎固めにあたっても，最大の影響を及ぼした。西洋教会の一部をなすアングロ・サクソン教会は，フランク王国における類似の努力にとって模範となっていた。

　教会の正統信仰は海峡両側の諸民族を結びつけたが，その際ローマ教皇座の発言は完全に権威あるものであったわけではない。アングロ・サクソンの教会と提携しながら，フランクの教会はカール大帝の時代にきわめて自立した態度を示した。しかも，それ自身の必要に従って。われわれはこのことが明らかになる教会史的経過を無

視してはならない[51]」。

　シトー会の修道院に入りクレルヴォーの修道院を建設し，12世紀を代表する神学者となったベルナールについては次のように紹介する。「聖性の名声によって最大の信望を受けていた」大修道院長クレルヴォーのベルナールは，教皇インノケンティウス2世を助け，設立後間もないシトー会修道会のために160の修道院を建設し，「当時西欧の教会においてすべてに君臨する権威を占めた。彼は教皇自身よりもいっそう，普遍的な尊厳の中心であった[52]」。

　さらにランケは，ベルナールとアベラールを対比しながら，12世紀の思想的高みを伝える。

　「12世紀は，都市の自由の高揚によって重要である。しかしさらに人々の広範な運動が出来事に及ぼした影響によって注目に値する。諸教皇を任命し，十字軍を実現させ，修道会・騎士修道会を形成かつ推奨し，要するに教階制的・軍事的発展の組織全体を想像力と煽動的情熱をもって擁護する聖ベルナールにたいして，当時同じくフランスにおいて対峙しているのは，すべての時代のもっとも才能豊かな教会教師の一人，アベラールである。彼のなかには，それどころか，逸脱するにあたってまだ慎重であるにもかかわらず，新しい志向の兆しが見えている。この学派の研究が進展すればするほど，啓示と学問を相互に調停することはいっそう困難にならざるをえなかった。

　ベルナールは神秘主義的な霊感を受け入れ，無条件の信仰を堅く守った。アベラールは，教義と関係を絶つことは考えていないが，彼の真理についての確信は，理性による基礎づけによってはじめて確かなものになる，と考えている。『然りと否』と題された書物のなかで，意見の相違を明るみにだすために，彼は諸権威を相互に鋭く対比する。彼の感性は研究の結果よりも研究自体の原理に向けられている。パリの学派は，彼をつうじて最大の魅力をかち得た。す

---

51) A.a.O., S.169-171.
52) *WG*, 8, S.133 f.

なわち，筆記されたノートによって彼の学説は広く普及し，それらは注目を集め，憂慮を引き起こした[53]」。

さらに 12, 13 世紀の文化的な高揚をランケは叙述する。

「アレクサンデル 3 世からインノケンティウス 4 世に至る大教皇はすべて同時に卓越した教会法学者であった。彼らの教令集は，古代ローマ皇帝の法規のように，数百万の人々の生活の基準となった。以前にわれわれが述べたように，復興されたローマ法学が実質的にいくぶん国家権力に役立ったとするなら，それはしかし一方で形式的に教会法の理論を育成し，そのようにして，間接的に教皇権をも助成した。

　人心をすっかり支配し，芸術や文学においてこの注目に値する時期のすべての作品に浸透したのは，つねにこの同じ至高の思想であった。この思想は神学を別としても，この時代のラテン語で述べられたすべての学術文献に現れている。学校で古代人に学ぶことにはすぐれた基礎が据えられていたが，12 世紀になるとその学びもなされなくなった。教会の理念だけが人々の教育において認められた。詩でさえも，とくに好んで教会理念の讃美に身をささげた。

　国民的発展はそれによっていわば拘束を受ける。ロマン的理念がドイツの文芸作品においていかに支配的であり，強力であることか！そこにはサラセン人に対する戦いをもっとも重要な対象としないような文学はほとんどない。アーサー王はいまや不信心者と戦わねばならなかったし，カール大帝にはエルサレム征服の責任が負わされた。

　ゴシック建築様式はその地域的起源をフランス北部にもち，その外面的動機を特定の構造上の吟味にもっているであろう。アーチの躍動によって魂を引き上げるとともに再び厳格な統一のなかで制限することをめざし，その建築様式が発展し西欧に普及する。このように，この建築様式はあくまでこの世紀の本質にかなってい

---

53) A.a.O., S.144 f.

る。それは教階制の建築様式である。確かにトスカナの彫刻家や画家は古来の類型の硬直した進路から離れてはいる。しかし彼らが人物たちに吹き込むのを心得ている新しい生命は，さしあたりなお宗教的感覚によって感動を与えられている。定量記譜法による歌（Mensuralgesang）が作り出される。祭儀の壮麗に音楽の進歩は貢献する。すべてを教会の目的のために，同じ理念のなかでほとんどすべての企てがなされ，すべての戦争がなされ，その理念の輪によってすべての生活が包み込まれていた。その理念はさらに当然のことながら再び教会権力の所有者にそれらの貢物を捧げた。

　これは最大規模での創造であった。これと同じものは世界に決して存在しなかった。

　……確かなことは，西欧世界の当時の形態がわれわれの全ヨーロッパの本質の基礎であるということである。この基礎の上に，全ヨーロッパの本質が，続く諸世紀にそのすべての争いや今日まで続くその統一をともなって生じたのである[54]」。

13世紀の2つの托鉢修道会については，ランケは次のように述べる。

「当時，教皇権を援助したのは，13世紀の2つの修道会，すなわちドミニコ会とフランチェスコ会であった。とりわけ後者は教会制度全体にいっそう民衆的な形態を与え，教会制度を下層民衆に身近なものにした。伝えられるところによれば，一人の托鉢修道会の巡回説教者をめざしてドイツの民衆は，はるか遠くから集まってきた。野原に築かれた高い説教壇のまわりに100マイルも遠くから，彼の説教を聴くためにやって来た。しかしもちろんこのことと，異端者の恐ろしい迫害も関係している。まさに民衆たちも，異端者に誘いこまれていた。両修道会はこの時期の精神の真の表れである。アッシジのフランチェスコの修道会出身の信徒修道士が三つのもっとも重要な徳である，清貧，謙遜，従順に関して話しはじめると，学識のある神学者は沈黙した。清貧に関して非常にまじめに考えら

---

54) A.a.O., S.404－406.

れていたのである[55]」。

　13, 14世紀の文芸の新しい息吹については，リコルダーノ・マレスピーニ，ディノ・コンパーニ，ヴィラーニなどの年代記作家に触れてから，次のように述べている。

「すべては日々の嵐のただなかで，新たな生命に満ち溢れていた。すでにチマブーエが生まれていた。そのすぐあとにダンテが姿を現した。彼の『神曲』は，まったく13世紀後半の状況に根ざしている。17世紀にいたるまですべてのなかで最良のものであり続けたイタリアの歴史叙述において，市民的要素が初めから重きをなしていることは特徴的である。ヴィルアンドゥアンとともにすでに第4回十字軍のときに始まるフランスの歴史叙述では，まだ14世紀には騎士的要素が支配的である。それにもかかわらず，その要素のなかに，メモワールという後のジャンルのある種の兆候が明白である。ドイツでは，騎士的な韻文年代記と史誌編集者の散文がほぼ均衡を保っている[56]」。

　また，カトリシズムの理念が洗練されたことに触れ，トマスにも言及している。

「大学は当時，偉大な神学の星，『天使博士』トマス・アクイナスによって，稀に見る輝きを得た。ドイツ人とイタリア人は，意志を疎通させることはこれまで一度もなかった。ここに至って，イタリア精神とフランス精神の融合が試みられ，ある程度まで成功したように見えた[57]」。

---

55)　A.a.O., S.410 f.
56)　A.a.O., S.495.
57)　A.a.O., S.523 f.

6 ランケと学問的な中世「再生」

　1820年代は，ヨーロッパ，とりわけドイツにおける近代歴史学の成立を考える際のきわめて重要な出来事が生じた時期であった。『クウェンティン・ダーワード』(1823)をはじめとするロマン主義精神を鼓舞するスコットの歴史小説の流行。輝かしいドイツ中世を描くラウマーのホーエンシュタウフェン史（1823-25）やフランスの歴史家ティエリの『ノルマン人によるイギリス征服』(1825)に見られるロマン主義に根ざした歴史叙述の普及。そこには，フランス革命とナポレオン戦争を経て，過去への憧憬にあふれた時代の波が見て取れる。こうした潮流にランケも無縁ではない。そして彼は一方でベーマーに見られたような中世の過度な理想化や神聖視をも避けながら[58]，中世暗黒観を克服して中世に固有の輝きを考察しようとする。

　しかしそれは，あくまでも厳密な史料批判に基づくものでなければならなかった。ランケの『ロマン・ゲルマン諸民族の歴史』とその付録『近世歴史家批判』(1824)はそれを実行し，近代歴史学を開拓した。このようなランケにとって，1826年以降次々に公刊された『ドイツ中世史料集成』やシュテンツェルの『フランケン家諸皇帝治下のドイツ史』(1827-28)は敬意と共感をもって受け止められた学問的業績であった。このことは，史料の批判的吟味が不充分であったラウマーやティエリ[59]の歴史叙述とは別の道をランケが辿ることを意味した。

　中世を考察することなしには近代も自らの時代も理解できない[60]とするランケの中世研究の道は，ベルリンでの講義，若き学者たちとともに中世の史料に取り組む演習，そして史料批判と広い視野に支えられた『世界史』へと通じていったのである。

---

58) Ranke, Rede zur Eröffnung der IX.Plenarversammlung am 30.September 1686, in: *SW*, Bd.51/52, S.541f.
59) Fueter, a.a.O., S.448-451.
60) *VE*, S.121, S.142.; *WG*, 8, S.3.

第Ⅱ部

宗教の復興

1
『単純な魂の鏡』における三つの死と三つの生

村　上　寛

1　はじめに

　復活或いは再生には，必然的に何らかの死が伴う。キリストは死んだからこそ復活したのであり，古代の叡知は失われたからこそ復興したのである。

　キリスト教思想伝統における復活或いは再生について考える場合，しかしさらに二つのことに注目する必要があるだろう。すなわち，一つは霊的な意味における死にせよ，死後の復活という教説にせよ，死が必ずしも絶対的な終わりを意味しないということである[1]。魂は不滅であり，従って死という何らかの生の終わりはまた新たな生の始まりなのである。もう一つは，復活或いは再生が，単なる繰り返しや以前の状態を再び獲得することではなく，新たな様相の獲得や変容を伴うことである。

　そのような死と再生或いは新生の思想について，本稿では14世紀初

---

[1]　キリスト教思想伝統における死の思想については以下を参照。Haas, Alois M., *Sermo mysticus : Studien zu Theologie und Sprache der deutschen Mystik*, Freiburg, Schweiz: Universitätsverlag, 1979, pp. 392-480. 但し，そこではタナトロジーとしての「禁欲」と「キリストの死の模倣」が主題的に取り上げられており，本稿が主題とするような新生を含んだ「霊的な死」については論じられていない。またポレートについても言及されているが，軽く触れられているだけであり，ライヒトも指摘するように，『鏡』における「自然本性の死」を「実際の死」(wirklichen Tod) と解釈するなど，同意しかねる部分がある。Cf. Leicht, Irene, *Marguerite Porete: eine fromme Intellektuelle und die Inquisition*, Freiburg: Herder, 1999, p. 186.

頭に異端者として歴史の表舞台から消された女性，マルグリット・ポレート（Marguerite Porete, 1310 年没）の『単純な魂の鏡』（*Mirouer des Simples Ames*）（以下『鏡』）の中で言及される「三つの死」を手がかりに検討してみたい。『鏡』では魂が完成に至るために「三つの死」が必要とされており，それは罪の死，自然本性の死，精神の死の三つの死を指すものである。それぞれの死が何故必要とされるのか，またそれぞれの死の後にどのような生があるのか，最終的にどのような生に至るのかを明らかにすることによって，『鏡』における死と新生が意味するものについて明らかにし，その魂理解に迫りたい。

2　ポレート及び『鏡』について

　思想内容に関する検討に入る前に，本邦ではまだあまり知られていないポレート及び『鏡』について簡単に紹介しておきたい。
　ポレートは 1310 年 6 月 1 日にパリのグレーブ広場で，その異端思想を理由に処刑された女性である[2]。ポレートに対する裁判で，彼女はベギン（Beguine），すなわち修道誓願を立てず在俗で敬虔な生を目指した女性たちの一人であると名指しされているが，ポレート自身が『鏡』の中でベギンと対立を示す言葉を残していること，ベギンを巡る社会的状況及びベギンという用語そのものが当時非常に曖昧であったことなどを考慮するなら[3]，彼女は修道会に属さず，またベギンのコミュニティにも属さず，より自由な立場から神的直観によって受け取った言葉を述べ

---

2) ポレートに対する裁判に関する資料及び経緯については以下を参照。Verdeyen, Paul, "Le procès d'inquisition contre Marguerite Porete et Guiard de Cressonessarut(1309-1310)", *Revue d'histoire ecclesiastique* 81, 1986, pp. 47-94. Field, Sean L., *The Beguine, The Angel, and the Inquisitor: The Trials of Marguerite Porete and Guiard of Cressonessart*, Notre Dame: University of Notredame Press, 2012.

3) 共住体を作り敬虔な生を営んだ女性たちや，放浪托鉢し説教を行っていた女性，さらには南フランスのフランシスコ会聖霊派支持者の女性たちなど，様々な女性たちが一括りにベギンと呼ばれていた。ポレートとベギンの対立については以下の拙稿を参照。「マルグリット・ポレート——ベギンにおける自立と分離の問題」『共生学』第 3 号，2010 年，2-25 頁。裁判記録の中で「ベギン」と呼ばれているにせよ，ポレートが必ずしもベギンの一員ではなかったとする Kocher の主張は妥当であるように思われる。Kocher, Suzanne, *Allegories of love in Marguerite Porete*, Turnhout: Brepols, 2008, pp. 37-38.

伝えようとした人物であったと言えるだろう。

　おそらくはポレートの唯一の著作である『鏡』は古フランス語乃至中世フランス語で書かれた書物で，基本的に擬人化された諸概念による対話形式によって進められている。主な登場人物は「魂」や「愛」（Amour），「理性」（Raison）であるが，「真実」（Verité）や「聖霊」（Esperit），「教会」（Saincte Eglise）など，様々な話者が登場する。『鏡』では，「理性」による質問に対して「愛」や「魂」が答えるという形式が取られることが多いが，必ずしもそのような質問と応答という形式で進められるわけではなく，「愛」や「魂」が演説するような場面や，詩の体裁を取る箇所，それに話者を明示しない散文形式の章もあるなど，著作全体としての一貫性，統一性はほとんど意識されていない。

　『鏡』はその異端判決及び禁書指定の後，一時期リュースブルク（Jan van Ruusbroec, 1293-1381）の著作として流通するが[4]，永らく著者不明の書として密かに西欧世界に広く流通しており，例えばポレートの処刑からおよそ100年後のバーゼル公会議では教皇をも巻き込んでの『鏡』の思想的正統性に関する擁護或いは非難が飛び交い，写本の没収，焚書などが行われたようである[5]。『鏡』に関する近現代以降の学術的言及としては1867年のトルディー（F. Toldy）によるものが最も初期のものであるが[6]，ポレートが『鏡』の作者であることが指摘されるのは20世紀

　4）　Colledge, Eric, "The Treatise of Perfection of the Sons of God: A Fifteenth-Century English Ruysbroec Translation", *English Studies* 33, 1952, pp. 58-59. リュースブルクが『鏡』を読んでいたのかどうかについては以下の論考を参照。Verdeyen, Paul, "Oordeel van Ruusbroec over de rechtgelovigheid van MargarethaPorete", *Ons Geestelijk Erf* 66, ,1992, 1-2, pp. 88-96. [Lefevere, A. (trs.), "Ruusbroec's Opinion on Marguerite Porete's Orthodoxy", *Studies in Spirituality* 3, 1993, pp. 121-129.]

　5）　Ruh, Kurt, "*Le Miroir des simples Ames* der Marguerite Porete", *Verbum et signum*. IIer Band, München: Funk, 1975, pp. 365-387.

　6）　Toldy, Ferencz, "Margit kir. herczegno mint ethikai író [Royal Princess Margaret as an Ethical Writer]", *Újabb adalékok a régibb Magyar irodalomtörténethez* [*New Data for the History of Earlier Hungarian Literature*], Értekezék a nyelv- és széptudományok körébol [Essays on Literature and Art], Budapest: Eggenberger Ferdinánd M. Akad, 1871, pp. 8-14. なお，ポレートに関する研究史については以下のものが詳しい。Field, Sean L., Robert E. Lerner, and Sylvain Piron, "Marguerite Porete et son *Miroir*. Persectives Historiographiques", in Field, Sean L., Lerner, Robert E., and Piron, Syl-vain (eds.), *Marguerite Porete et le "Miroir des simples âmes": Perspectives historiques, philosophiques et littéraires*, Paris: Vrin, 2014, pp. 9-23. Leicht, Irene, *Marguerite Porete: eine fromme Intellektuelle und die Inquisition*, Freiburg: Herder, 1999, pp. 21-

も半ばになってからであり、ここに至って『鏡』は再び脚光を浴びることになったのである[7]。

3 三つの死

『鏡』では魂が完成に至るまでに辿る七つの段階のうち、特に第五の段階がどのようなものであるかが中心に述べられている。このうち第七の段階は肉体から魂が離れた後の状態にあたり、文字通りの死を迎えた後に至りうる段階である。それに対して、自由にして「滅却した魂」(ame adnientie) とも呼ばれる第五の段階は、魂が現世において至りうる最も完成した段階であり[8]、そこに至るためには三つの死が必要とされている。『鏡』60章のタイトルは「自由にして滅却した生に達する前に、魂は如何に三つの死を死ぬべきか」[9]というものであり、65章までにわたって三つの死が中心的に取り扱われているが、その箇所によれば三つの死とは、罪の死（la mort de peché）、自然本性の死（la mort de nature）、精神の死（la mort d'esprit）の三つのことである。

それら三つの死が通常の意味での生物学的な死ではないことは明らかだが、そのような、いわば生まれ変わったかのように自分を新たにするための死という観念が、ポレート独自のものではないことは言うまでも無い。むしろ以下に論ずるように、洗礼による新たな命や、禁欲と自己無化による新生など、キリスト教における中心的モチーフであると言え

34.

[7) Guarnieri, Romana, "*Lo Specchio delle anime semplici* e Margherita Poirette", *Osservatore Romano*, 1946 (June 16): 3. なお、同記事は以下に再掲されている。Guarnieri, Romana, "Il Movimento del Libero Spirito: *Il Miroir des simples ames* di Margherita Porete", *Archivio Italiano per la storia della pietà* 4, 1965, pp. 661-663.

[8) 正確には第六段階が現世で至りうる最も高い段階だが、それは第五段階にある魂が瞬間的に引き上げられる段階であり、そこに長くは留まることは出来ないとされる。魂が主体的かつ継続的に留まることが出来る段階ではないので、ここでは第五段階を現世において魂が至りうる最高の段階としておく。

[9) Porete, Marguerite, *Le mirouer des simples âmes*, édité par Romana Guarnieri / Porete, Margaretae, *Speculum simplicium animarum*, cura et studio Paul Verdeyen, CCCM 69, Turnhout, Brepols, 1986, chap. 60, ligne 1. 以下、『鏡』からの引用箇所は同校訂版による章番号と行番号をもって示す。

るだろう．本稿では以下，三つの死とそれに伴う新たな生について確認し，ポレートにおける「魂の完成」の理解に迫りたい．

4　罪の死

　三つの死のうち，第一は罪の死である．罪の死については，他の二つの死が明確に説明されていないのに対して，60 章冒頭で次のようにはっきりと説明されている．

> 愛：理性よ，と愛は言う，そのような生命に達する前にいくつの死を死ぬべきであるのか，あなたは私たちに尋ねました．その魂がこのような生命の内に生まれてくることが出来るためには，三つの死を完全に死ぬべきであると，私はあなたに答えます．その一つ目は，あなたがすでに聞いたように，罪の死です．その魂は，神が法において禁じる如何なる事物の色も味も香りも自らの内に留まることがないように，完全に死ぬべきなのです．そしてそのように死んでいる人々は，恩寵による生命を生きている人々なのです．そして神が禁じることをしないように用心し，神が命じることを為し得るということで，彼らには充分なのです．[10]

　このように，罪の死において魂は神が法において禁じることを行っていたそれまでの自分に死ぬことで，神の法に，教えに従うよう心がける新たな生を歩むようになる．言い換えるなら，罪の死を死ぬ前の魂は，罪を犯すことを何も気にしない，敬虔さや信仰と無縁の生を送っていたと言えるだろう．
　明言されていないが，このような罪の死が洗礼を意図したものであることは明らかである．パウロが述べるように，原罪による罪の結果としての罰である罪がキリストによってあがなわれ，洗礼によってその受難にあずかることで「罪に対して死に」（『ロマ』6・11），新しい命を生き

---

10)　Porete, *Le mirouer*, chap. 60, ligne 3.

るのである。そしてそのことは魂が完成までに辿る七つの段階の第一段階目，すなわちその入り口である段階が，罪の死とほとんど同様であることからも確認出来る。第一段階がどのようなものであるかは，118 章で次のように語られている。

> 第一の状態；第一の状態，或いは段階では，恩寵を通じて神に触れられ，その力で罪を取り去られた魂は，生涯を通じて，すなわちその死まで，神が法において命じるその命令を守るという意図を持つのです。そしてこのためにこの魂は，神が彼女に全身全霊を持って愛するように命じ，また彼女の隣人を自分自身と同じように愛するように命じることを，大きな恐れをもって考え，考察します。このことはこの魂には，魂自身にとって，またその魂が為し得る一切にとって，大変な苦役であるように思われます。[11]

60 章の記述と対応しているが，118 章のこの箇所ではいくつかの違いがある。まず，罪の死の説明では，魂は単に死ぬべきであるとされていたのに対して，ここでは罪が恩寵を通じて取り去られたと述べられている。このことは『ローマの信徒への手紙』6 章 7 節で「（洗礼によって）死んだ者は，罪から解放されています」と述べられていることを念頭においたものであり，罪の死と第一段階が洗礼と同意であるとする解釈を補強するものであると言えるだろう。

60 章とのもう一つの違いは，この魂が神の命令を実行することが苦役，つまり困難なものであるとされていることである[12]。このことは，第一の死の後に至る生である恩寵の生と，第二の死である自然本性の死の理解と密接に関わるものであるため，次節で改めて検討していきたい。

---

11) Porete, *Le mirouer*, chap. 118, ligne 8.
12) 69 章では「理性」の実践していることが，苦役であると述べられている。後述するように，第一の死の後の生である恩寵の生は「理性」の支配下にあるとも述べられており，118 章と 69 章を対応させて考えるなら，神の命令を実行することが理性の判断による行為であり，しかもそれが苦役であると見なされていることが理解出来る。Cf. Porete, *Le mirouer*, chap. 69, ligne 5.

5　自然本性の死

　第一の死である罪の死を死んだ魂は，恩寵の生を生きるようになるが，それは前節でも述べたように，神の命令や教えに従う，いわば模範的な信仰者の生である。しかし『鏡』ではそのような生の段階に留まる人々は，「卑しい人々」(les villains)，「小さき人々」(les petis) と呼ばれる。神の教えに従い生きるような人々が何故卑しい人々なのだろうか。60章で罪の死がどのようなものであるかが語られた後に，話者である「愛」は一端このテーマから離れ，この本，つまり『鏡』が書かれた理由と第六段階について述べ，62章冒頭からそのような恩寵の生を生きる人々について次のように語っている。

　　愛：理性よ，と愛は言う，それゆえ今やよく聞いて下さい。小さき人々のために，私たちの案件へと，私は戻りましょう。私たちが話しているそのような人々は，大罪に死に恩寵の生の内に生まれたのですが，如何なる良心の呵責も持ちません。むしろ彼らはただ神が命じているということのために神に対して満足しているのです。彼らは名誉を求め，軽蔑されると悲しみますが，彼らは罪の死へと導く自惚れと苛立ちを警戒しています。そしてまた彼らは富を愛し，貧困であることを嘆くのです。そしてもし彼らが富んでいるなら，彼らはそれを失う時，嘆くのですが，しかし減ろうが増えようが，神の意志に反して自らの富を愛そうとすることが全くないのですから，彼らは常に罪の死を警戒しているのです。そしてまた彼らは自らの楽しみとしての安らぎと休息を愛していますが，放埓を警戒しています。そのような人々が大罪に死に，恩寵の生の内に生まれた人々なのです。[13]

「恩寵の生の内に生まれた」人々について述べているこの箇所で，ま

---

13)　Porete, *Le mirouer*, chap. 62, ligne 3.

ず注目すべきは、そのような人々が「如何なる良心の呵責も持たない」と言われていることだろう。このことが意味するのは、悪事を為しているにも関わらず何の良心の呵責も感じないということではなく、そのような人々があらゆる行為に対して無反省的であるということである。そのような人々は神が命じることに従うことで満足しきっており、いわば一切の後ろめたさなしにその生を生きているのである。

　しかしそのような人々は神が命じるところに従っているだけであり、それ以上に完成された、神に近しい存在の状態があるとは考えないし、また世俗の価値観に未だ縛られたままでもある。世間一般の多くの人がそうであるように、彼らは「名誉を求め、軽蔑されると悲しみ」、「富を愛し、貧困であることを嘆く」のである。彼らは罪の死を死んだ人々、つまり恩寵によってそれまでの罪を取り去られ、さらなる罪を犯さないように心がけている人々であるために、名誉や軽蔑に伴う自惚れや苛立ち、富に対する過度の執着、それに安らぎや休息の行き過ぎとしての放埓を警戒し、そういった罪に陥らないように心がけているが、一見道徳的とも言えるこのような態度に対して、「愛」や「魂」はそれが卑しい生だと述べる。

　　魂：あぁ、いとも甘美なるイエス・キリストよ、とこの魂は言う、あなたはそのような人々を気にかけないのです！　彼らは自分たち自身のために存在しており、自分たち自身が満足しているところのその愚かさのために、あなたを忘れているのです。
　　愛：あぁ、疑いなく、と愛は言う、それは非常に卑しいのです。
　　魂：これは、とこの魂は言う、世界中で卑しい人々と呼ばれている、商人の習慣なのです。というのも、高貴な生まれの人物は商取引に参加することも、自分自身のために存在することも出来ないのですから。[14]

　先に引用した62章でも、恩寵の生を生きる小さき人々が、神に命じられたことを為すことで満足していたことが述べられていたが、ここで

---

14) Porete, *Le mirouer*, chap. 63, ligne 5.

も彼らが自分自身に満足してしまっていることが指摘されている。彼らが命じられたことを為すのは，自分たちが潔白であり正しいものでありたいという自己愛的な自己満足によるのであり，人間のために自己を犠牲にしたキリストによって象徴される精神とはほど遠いものであると理解されているのである。このことはまた商人の習慣としても語られているが，それはすなわち取引的態度を示すものである[15]。小さき人々は神の命じることに従い罪を避けるよう心がけるが，それはそれによって得られる報償としての救いを期待してのことであり，そのような取引的態度は惜しみなく一切を与える高貴な人々との対比において「卑しい」態度であるとされるのである。

　このような小さき，卑しい人々と呼ばれる，恩寵の生を生きる人々が完成に至るために死ぬべきとされる第二の死が，自然本性の死である。自然本性の死がどのようなものであるかは，罪の死のように直接語られておらず，『鏡』全体からその内容を再構成するしかない。その手がかりとなるのが，54章における「愛」による次のような発言である。

　　愛：理性よ，と愛は言う，そのような人々［この本が光りをもたらすであろう人々］は，この魂が死んだ二つの死のために，あなたの養育に別れを告げたのです。しかしこの魂が死んだ，その三番目の死については，かの山にいる方を除いて，生きている者は誰も理解

---

15)　神との賞罰的関係性を批判する言説はキリスト教思想において伝統的に見られるものであるが，ポレートとの関係においては特にマイスター・エックハルト（Meister Eckhart, 1260頃-1328）によるドイツ語説教1をあげるべきだろう。例えば次のような箇所には明らかにポレートとの思想的親近性を見出すことが出来る。「次のような人々は皆商人である。重い罪を犯さないように身を慎み，善人になろうと願い，神の栄光のために，たとえば断食，不眠，祈り，そのほかどんなことであっても善きわざならなんでもなす人々。」Meister Eckhart, Die deutschen und lateinischen Werk. Die deutschen Werk Bd. 1, hrsg. und übers. von Josef Quint, Stuttgart: Kohlhammer, 1958. S.7.（訳文は以下に従った。田島照久編訳『エックハルト説教集』岩波書店，1990年，13頁。）なお，ポレートとエックハルトとの思想的影響関係についてはコレッジ（E. Colledge）とマーラー（J. C. Marler）による研究以来，エックハルトのドイツ語説教52との関連が中心に論じられている。Colledge, Edmund, and Marler, J. C., "Poverty of the will; Ruusbroec, Eckhart and the Mirror of simple souls", in Mommers, Paul (ed.), Jan van Ruusbroec: The Sources, Content and Sequels of His Mysticism, Louvain: Universiteitsbibliotheek, 1984, pp. 14-47.

することがないのです。[16]

　三番目の死については後述するとして，ここでは罪の死と自然本性の死に至るまでが「理性」の支配下にあることに注目したい。では，「理性」はどのようなことを述べているのだろうか。罪の死が，魂が完成に至るまでに辿る第一の段階に対応していたように，自然本性の死も第二の段階に対応しているが，その第二の段階がどのようなものであるかは次のように語られており，自然本性についても次のように言及されている。

　　二番目の状態：二番目の状態或いは段階では，魂は神が命令することを越えて，神がその特別な恋人に何を助言するのかと考えます。その恋人にとって喜びであると知っている一切のことを実行せずにいることが出来る者は，その恋人ではありません。従ってその被造物は自分自身を捨て去り，イエス・キリストを模範とする福音の助言による完成を達成するために，自然本性（nature）を抑圧し，富，心地よさ，名誉を軽蔑する人の助言を越えた行いをするように務めるのです。従って彼女［その被造物］は持っているものを失うことを，人々の言葉を，身体の弱さを恐れません。というのも，彼女の恋人がそれらを恐れなかったし，また彼によって支配されている魂が恐れることはあり得ないのですから。[17]

　第一段階，つまり罪の死を死んだ恩寵の生が神の命じることに従う生だったのに対して，「神が命じることを越えて」それ以上に善くあろうとすることが第二段階であることがここでは示されている。そしてそのとき魂はキリストを模範とし，「自然本性を抑圧し，富，心地よさ，名誉を軽蔑する人の助言を越えた行い」，すなわち富や名誉を軽蔑する人が勧める以上に自然本性を抑圧する。ここで言う自然本性とは，あるものに本来的に備わる特質や傾向といったものや，外的事物としての自然といった意味ではなく，生理的及び社会的欲求と深く結びついた身体で

16）　Porete, *Le mirouer*, chap. 54, ligne 12.
17）　Porete, *Le mirouer*, chap. 118, ligne 27.

1 『単純な魂の鏡』における三つの死と三つの生   143

あると考えられる[18]。実際，第二の死を迎える前の魂を支配する「理性」は次のような助言をしている。

> （理性）：というのも，私の理解と感覚，そして私が為し得る最上の助言は，人は軽蔑，貧しさ，あらゆる種類の苦行，ミサ，説教，断食，祈りを求めるべきであり，そしてどんなものであれ，そこに潜む危険のために，あらゆる種類の愛を恐れるべきであり，何よりも天国を求め地獄を恐れるべきであり，あらゆる種類の名誉や世俗的なものを，あらゆる安楽を拒絶すべきであり，自然が求めるものを，それなしでは生きることが出来ないというものだけを除いて自然から取り除くことで，我らが主なるイエス・キリストの苦悩と受難に倣い従うということなのですから。[19]

このように「理性」は言わば禁欲的態度を魂に勧め，それがキリストに倣い従うことであると述べているのである。これは，「あらゆる世俗的なもの」から離れ，貧しさを，ミサを，祈りを求める禁欲的で敬虔な修道院的生であり，多くの教父によって繰り返し様々に推奨されてきた生であると言えるだろう。すなわち自然本性の死とは外的欲望の死であり完全な自己抑制の達成であり，そのような道徳的生の完成に他ならないのである。

6　精神の死

修道院的な生の完成において自然本性の死を死んだ魂は，しかしそれ

---

18)　ポレートにおける自然本性概念については以下の拙稿を参照。「マルグリット・ポレートの自然本性概念について」『早稲田大学大学院文学研究科紀要』第 55 号，2006 年，91-100 頁。但し『鏡』において自然本性 (nature) は，このように身体と密接に結びついた概念としてだけではなく，人間の内にある神的善と悪という二つの本性 (nature) と言われる場合もある。「そして私たちが話しているこの二つの自然本性，すなわち神的善と彼女の悪についての認識が，そのような善によって彼女に備え付けられた素養なのです。」Porete, *Le mirouer*, chap. 118, ligne 152.

19)　Porete, *Le mirouer*, chap. 13, ligne 33.

で完成に至ったわけではない。自然本性の死は第二の死であり，完成に至るためにはもう一つの死，すなわち精神の死を死ななければならないのである。では，自然本性の死を死んだ魂が生きる精神の生（vie d'esperit）とはどのようなものだろうか。

　恩寵の生に生きる人々は，自分の欲求を殺してでも神の命令に従うことが求められており，「（自分自身の）意欲に反することを完全に行い，満ちるまで諸徳を養っているべき[20]」であるとされる。そして，そのような在り方が完成に達したとき，「精神の生を生きるためにその外的な意欲を完全に捨て去るなら，その人は完全な支配に達する」[21]のであり，自然本性の死に至り，精神が日々対立なしに支配するようになる。それが自然本性の死の後に至る生，精神の生である。

　精神の生がどのようなものであるかについての直接的な記述はほとんどないが，次にあげる 90 章の「愛」の発言からおおよそのことが読み取れる。

　　（愛）：自由な魂とは反対に，私たちが精神の生と呼んでいる，私たちが話しているこの生は，常に肉体がその意志に反することを行っていないと平和を持つことが出来ないのです。つまりそのような人々は感官に反したことを行っているということなのです。そうではなく，もし彼らが自らの喜びに反して生きていないとすれば，彼らのそのような生は破滅に陥ってしまうことでしょう。[22]

　ここから理解されることは，主に次にあげる二つのことであろう。一つは，精神の生を生きる人々が，感官に反することによって，つまり例えば空腹であってもその空腹を満たそうとはせずむしろ断食することによって，完全に禁欲的な自己抑制を達成しているものの，そのように生きること自体がある種自己目的化してしまっているということである。もう一つは，恩寵の生においてもそうであったように，喜びに反することを行うことによって喜びを持つという，ある種の取引的関係が成立し

---

20)　Porete, *Le mirouer*, chap. 90, ligne 13.
21)　Porete, *Le mirouer*, chap. 90, ligne 5.
22)　Porete, *Le mirouer*, chap. 90, ligne 24.

1 『単純な魂の鏡』における三つの死と三つの生   145

てしまっているということである。

　精神の生を生きる人々の生が自己目的化しているとは，肉体の欲求に反することや自らの喜びに反することを行っていなければ破滅に陥ると言われているように，そのような生それ自身の維持が目的とされているということを意味するものである。そのような人々はある完成の段階に至った結果として，つまりそうあることが当然のものとして禁欲的な自己抑制が達成されているのでもなく，さらなる上位の段階に至るための手段として禁欲や自己抑制を実施しているのでもない。そうではなく，感官に由来する喜びに反することに喜びを覚え，多大な労力を払ってそのような生を実現していることそれ自体がそのような人々にとっての目的であり，そこに平和を感じているのである。このような関係が取引的なものであることは明らかだろう。そのような人々は肉体がその意志に反することを行うことで，また感官に反することを行うことを代償として支払うことで，報酬としての喜びや平和を持つのである。

　そのような精神の生を生きる人々が，特に肉体に関わる欲求を抑制し，そのような生の在り方に満足してしまっていることは55章で次のように語られている。

　　（愛）：精神の情動の内において諸徳の実践を通じて完全な生命を生きる人々には，二つの種類があります。
　　一方の人々は，慈愛の働きを為すときに，肉体を完全に抑制します。そして彼らは自分たちの行為に非常に満足し，諸徳の実践や殉教による死よりも優れた存在があり得ることを全く認識していないのです。彼らは祈りに満ちた祈祷者の助けによって，また良き意欲の豊穣の内で，そこに留まることを望んでいるのですが，それは常にそのような人々がそれに対して持っている確信，すなわちそれが全ての可能なる存在よりもより良い存在であるという確信のためなのです。[23]

　まず，精神の生を生きる人々に二つの種類があると言われているが，

---

23) Porete, *Le mirouer*, chap. 55, ligne 8.

一方はここで述べている精神の生を生きる人々であり，もう一方は後述する，精神の死を死んだ後の，自由な生を生きる人々のことである。精神の死を死んだにも関わらず精神の愛情の内で生きると言われているのは，より優れた段階が下位の段階を包括するからである。第二の死までが理性と諸徳の支配下にあることは先に述べたが[24]，ここで「諸徳の実践を通じて」と言われているように，理性と諸徳の支配下から逃れることはそれらの放棄を意味しない[25]。例えば支配者としての肉体や理性が死に，それらが適切に抑制された肉体や魂に仕える理性として新生するように，死はそのものの終わりや放棄を意味していないのである。

　二つの種類，つまり精神の生よりもより優れた生があるにも関わらず，精神の生を生きる人々がそのような生に満足してしまい，より優れた生があることを認識していないと言われていることについてもここで指摘しておくべきだろう。このことは，第四の段階の魂が愛によって酔わされ，それ以上の段階があることを信じることが出来ないと言われていることと対応するものであり[26]，精神の生が第三段階から第四段階に対応していることを示すものである。

---

24) 本稿五節参照。また『鏡』の21章では理性と諸徳が魂を支配していることが次のように語られている。「それゆえ理性と他の諸徳たちはこの魂の女主人だったのであり，この魂は精神の生を生きようとしていたので，魂は彼女たち［理性と諸徳］が推奨しようとする全てのことに真実従っていたのです。」Porete, *Le mirouer*, chap. 21, ligne 28.

25) 『鏡』には「魂が諸徳に別れを告げる」(Ame a prins congé aux Vertuz) といった道徳的放縦を思わせる表現が多々見られる。『鏡』に対する異端判決でも21章を元に引用されている箇所で，魂が「もはや諸徳に仕えない」(nec est amplius in earum servitute) と言われていることが異端的言説として取り上げられているが，本稿でも述べているようにそれは諸徳の放棄と放縦の肯定ではなく，主従関係の逆転を意味している。異端判決引用文を巡る解釈については以下の拙稿を参照。「マルグリット・ポレートに対する異端審問における異端理由とその解釈」『宗教研究』第370号，2011年，47-69頁。

26) 118章では第四の段階について次のように言われている。「というのも，愛の偉大な輝きが彼女の視界をひどく眩ませるので，彼女にその愛以外のものを見させないのですから。彼女は欺かれているのです。というのも，この世には神が与えたさらに二つの存在があり，それらはこの存在よりも偉大で高貴なのですから。」Porete, *Le mirouer*, chap. 21, ligne 28.

7　自由な生

　精神の死によって，魂は自由な生に至ることになるが，それはどのような生なのだろうか。
　44章で「理性」は，愛によって精神の生を死んだ魂がどのような状態にあるのか「愛」に尋ねるが，それに対して「愛」は次のように答えている。

> 愛；彼女〔魂〕は世界の内でその終わりを受け入れ，と愛は言う，世界は彼女の内でその終わりを受け入れ，別れを告げたのです。そしてこのために彼女は神の内で生き，そこに罪や悪徳を見出すことは出来ません。彼女は神の内に隠され，沈み込んでいるので，世界と肉と敵たちは彼女を害することが出来ません。というのも，彼らは自分たちの働きの内に彼女を見出すことが出来ないのですから。従ってそのような魂は平和な安らぎの内に生きるのです。というのも，彼女は如何なる創られた事物についても自分自身を気にしないのですから。このためにそのような魂はそのような平和を持っており，彼女は世界の内で何の非難もなしに生きているのです。[27]

　42章でも「彼女〔魂〕は世界に対して死んでおり，世界が彼女の内で死んでいる」[28]と言われているように，精神の死を死んだ魂は外的な世界についても，内的な感覚についても死んでいることがここでは示唆されている。自然本性の死によって至る精神の生との最大の違いはここにある。すなわち，精神の生が肉体に関わる自然本性的欲求を抑制する生であったのに対して，自由な生では「如何なる被造物についても気にしない」のである。精神の生はいわば，理性の支配のもと過度な自然本性的欲求や社会的成功などへの欲求に流されないよう自らを律し，それによって至る喜びの境地であったが，自由な生ではもはやそのような喜

---

27) Porete, *Le mirouer*, chap. 44, ligne 15.
28) Porete, *Le mirouer*, chap. 42, ligne 24.

びすら存在しない。25章では「理性」と「愛」の間で次のような遣り取りが交わされている。

> 理性：今や私に話して下さい，愛よ，と理性は言う，そのような魂たちは自らの内にも外にも如何なる喜びを感じることもないのでしょうか？
> 愛：その通りです，と愛は言う，あなたが尋ねたことに答えるのなら。というのも，彼女たちの本性は滅せられており，その精神は死んでいるのです。というのも，全ての意志が彼女たちを離れたのであり，そしてそのためにそのような魂はそこで，神的意志の内で死んでいるために，生きて，留まり，存在しているのですから。[29]

このように，精神の死によって自由な生に至った魂は自らの内にも外にも如何なる喜びを感じることがないと言われているが，その理由として語られているのが意志の滅却である。より正確に言うなら，精神の死によらなければ，意志の滅却とそれによる神的生命に至ることはないのである。73章では次のように言われている。

> 愛：このために，と愛は言う，精神は精神的意志で全く満たされており，誰も何らかの意志を持っている間は神的生命を生きることは出来ませんし，もし意志を消し去ったのでなければ，満足することもないのです。精神はその愛の感覚を消し去るまで，そしてそれに生命を与えている意志が死ぬまで，完全に死にません。そしてこの消滅の内でその意欲は神的喜びで満足することによって，完全に満たされるのです。そして常に自由であるか栄光ある，上質な生命はそのような死の内で生じてくるのです。[30]

精神の生を生きる魂が愛の喜びに満たされ，酔わされていたことは既に述べたが，そのような感覚が消えるまで，そしてその感覚のもとになっている意志が死ぬまで真の意味で神的喜びに満たされることがない

---

29) Porete, *Le mirouer*, chap. 25, ligne 3.
30) Porete, *Le mirouer*, chap. 73, ligne 6.

ということがここでは述べられている。

　意志の滅却は『鏡』で中心的に扱われるテーマであるが，ここで言う意志の滅却は自らに固有の意志を働かせることの放棄を意味している。それはしかし如何なる意志の働きもない停止した状態ではない。そうではなくむしろ，自然本性や理性による何らかの条件によって強制される意志の働きでもなく，何らかの対象を選択することによってその対象と関係付けられる意志の働きでもないという意味で完全に自由な意志の働きなのである。そのときそのような魂は，どのようなことが起ころうと如何なる結果を求めることなく，全てを拒まず，同意する。すなわち，あらゆる出来事から離れ去り，何もしなくなるのではなく，全ての生じたこと，生じることに同意という働きによって参与するのである。

　　（愛）：というのも，自らの動作で何かを為す人は，と愛は言う，自分自身なしに存在しているのではないのですから。むしろそのような人は自分自身と共に自然本性と理性を持つのです。しかし愛によって死んでいる人は，と愛は言う，理性或いは自然本性を感じることも知ることもありません。そのような魂は，どれほどの選択が彼女に配されていようと天国の喜びに関して何も望まず，あたかも全てが彼女の意志であったかの如く，地獄の苦しみをも全く拒みません。[31]

　自分自身の如何なる固有の意志の働きなしに，喜びを望むことも苦しみを拒むこともない自由な魂は，まさに精神の死を死に，世界に対して死に，世界がその内で死んでいる魂であるが，しかしそのような魂は先に引用した25章で言われているように，「生きて，とどまり，そして神的意志の内でのそのような死によって存在している」とされている。ではそのような魂はどのようにして，どのような状態において生きていると言われるのだろうか。
　それは，自分自身の意志による如何なる働きもない，そのような状態である。

---

31) Porete, *Le mirouer*, chap. 41, ligne 21.

（愛）：このためにそのような魂は彼女がかつて犯した如何なる罪によっても動揺しませんし，彼女が為し得る如何なることの内にも希望を持たず，ただ神の善性の内に希望を持つのです。そしてこの唯一の善性の隠された財宝が，内と外全ての感覚について死んでいる彼女の内で彼女を滅却したのであり，そのためにそのような魂はもはやそれが神のためであれ彼女自身のためであれ如何なる働きも為さないのです。そしてそのような魂はこの習慣において一切の感覚を失ったので，［もはや］神を探し求めることも見出すことも自分自身を導くことも出来ないのです。[32]

　ここでは，自由な魂が内と外全ての感覚について死んでいること，そしてそのためにそのような魂がもはや神を見出すことも，自分自身を導くことも出来ないことが指摘されている。69 章で「山や谷に神を探し，神が自分たちの［行う］秘跡や働きに従属していると思いこんでいる人々は修練士（novice）であるかのように思われます」[33]とも言われているように，感覚によって捉えられるものを通しては神を見出すことが出来ず，正しく神に向かうことが出来ないとされているのである。
　しかし，この箇所でさらに重要なことは，自分自身の意志による如何なる働きもしないことが習慣（usaige）と呼ばれていることである[34]。そしてそのような神を探そうとも見出そうともしない状態としての習慣が，むしろ魂を正しく神へと導くのであるが，それが死の状態であることは 51 章で次のように語られている。

　　愛：おぉ，最も高貴なエステルよ，と愛は言う，あなたはあなたの全ての習慣を失ったのであり，この喪失によって何もしないという習慣を持つようになったのであり，今やあなたは真に最も高貴なのです。というのも，真実においてこの習慣とこの喪失はあなたの恋人の無の内で達成されたのであり，そしてこの無の内で，と愛は言

32）　Porete, *Le mirouer*, chap. 41, ligne 3.
33）　Porete, *Le mirouer*, chap. 69, ligne 35.
34）　習慣（usaige）はラテン語版では usus と直訳されているが，獲得された継続的状態と解釈するなら，習態或いはハビトゥス（habitus）と訳すべきであるように思われる。

う，あなたは恍惚となり，死に留まるのです。しかしあなたは，恋人よ，と愛は言う，完全にその意欲の内に生きているのです。それは彼〔神〕の寝室であり，そこに留まることは彼〔神〕を喜ばせるのです。[35]

このように，全ての習態的在り方を失った状態こそが真に高貴な一つの習態的在り方とされており，それが無の内で，死の状態として達成されるのである。そしてこのような在り方こそが，精神の生を死んだ後に至る，自由な，滅却された魂の状態であるが，ここでは死の状態に留まりつつ，「意欲の内に生きる」と言われていることにも注目したい。もはや自分自身に固有の意志を持たず，それゆえに固有の意志による働きを持たないはずの自由な魂が意欲の内に生きると言われていることは，何を意味しているのだろうか。

それは，『鏡』における意志と意欲の区別に基づくものである。先述のように，意志の滅却とは，意志の働きが停止した状態ではなく，全てに同意するという意味において動的な働きであるが，そのような意志における動性こそが意欲である。すなわち，何らかの対象に結びつけられていないという意味で個別の選択意志は存在しないが，あらゆる可能性に対して開かれ，同意しているということにおいて，個別的な意志なしに，意志の働きであるところの意欲を持つのである。

そのような意欲は，従って何ものにも限定されない神への純粋な愛の働きであると言えるだろう。そしてそのような愛の働きを持つ習態としての生は，精神の死によって，固有の意志の滅却によってのみ至りうるものなのである。

　　愛：もしこの死によって死んでいないなら，誰もこの生命を味わう
　　人はいません。
　　真実：このことが，と真実は言う，神性の愛の花を運ぶのです。魂
　　たちと神性の間には何の仲介もなく，それを望むこともありません。そのような魂たちは，この魂が愛に向ける純粋な神的愛のゆえ

---

35) Porete, *Le mirouer*, chap. 51, ligne 24.

に，如何なる人間的愛の記憶を甘受することも出来ないし，神的感覚への意欲を持つこともありません。
愛；その唯一の愛の支配が，と愛は言う，愛自身の証言によれば，咲き誇る愛の花を彼女たちに与えたのです。それは真実です，と愛は言う。私たちが話しているこの愛は，恋人たちの結合であり，息切れすることなく燃え立たせられている，燃え盛る炎なのです。[36]

　神的生を生きる自由な魂は，感覚に基づく如何なる対象を伴った愛を受け入れることもなく，神的なものに由来するどれほど甘美な感覚であろうとそれを望むこともない。しかしそのとき魂は何も望むことなく，神と仲介なく結合して一であり，しかしその愛の意欲において燃えているのである。

8　終わりに

　『鏡』において死は，それぞれある状態の終わりを意味していた。すなわち罪の死は罪の状態が終わることを，自然本性の死は自然本性的欲求を抑制することを，精神の死は自らの感官や意志に由来する情動の消滅が意味されていたのである。しかしまた，それぞれの終わりはそれぞれの新たな生の契機でもあった。罪の死による恩寵の生は罪から解放された戒律に従う生を，自然本性の死による精神の生は自然本性的欲求や社会的価値連鎖の軛から解放された喜びの生を，精神の死による神的生は喜びすらも含めた自己のあらゆる個別的な意志から解放された真に自由な生を用意していたのである。
　『鏡』には，本稿で扱った三つの死以外にも，「滅却された魂」をはじめとして，「諸徳に別れを告げる」といった表現や理性の死，或いは最も顕著な例としては名詞として語られる無のように，消滅や終わりなどに関わる言葉が頻繁に，また目を引く形で現れている。実際それらがポレートにおける魂及びその完成の理解について考察する上で非常に重要

---

36) Porete, *Le mirouer*, chap. 64, ligne 3.

な意味を持つことは疑いえないものであるが、そのような側面だけを強調しすぎることは、ポレートを静寂主義者であるとするような誤った理解に導くものだろう[37]。本稿で確認してきたように、ポレートにおける死は決して寂滅へと至るものではなく、常に新たな生の始まりを孕んだものなのである。

---

37) ポレートを静寂主義者とする代表的な研究としては以下のものがある。Colledge, Edmund, "Liberty of the Spirit: *The Mirror of Simple Souls*", in Shook, L. K. (ed.), *Renewal of Religious Structures* 2, Montreal, 1968, pp. 102-103. Orcibal, Jean, "*Le Miroir des simples âmes* et la 'secte' du Libre Esprit", *Revue de l'histoire des religions* 176, 1969, p. 49.

2

14世紀カルメル会士の預言的伝統と修道制
――ヒルデスハイムのヨハネス『擁護者と誹謗者との対話』より――

鈴 木 喜 晴

はじめに

　バチカンのサン・ピエトロ大聖堂には，バロック期の彫刻家，アゴスティーノ・コルナッキーニの手による預言者エリヤの彫刻が飾られているが，この像の台座には，次のようなキャプションが付けられている。"Universus Carmelitarum Ordo Fundatori suo S. Eliae Prophetae erexit A. MDCCXXVII"「全カルメル会は会の創始者，聖なる預言者エリヤのために（像を）建立した。1727年。」[1]
　17世紀半ばからイエズス会のいわゆるボランディストたちは「聖人伝」*Acta sanctorum* 編纂を始めたが，この編纂事業に参加したダニエル・パペンブロック Daniel Papenbroek（1628-1714）の古文書研究がマビヨンのそれに刺激を与えたことは良く知られている[2]。けれどもこの頃，彼らとカルメル会との間で争いが生じたことはあまり知られていない。1668年，パペンブロックは4月の聖人についての記事において，12世紀のラテン・イェルサレム大司教アルベルト（17世紀の跣足カルメル会では4月8日を祝日としていた）について，いわゆる「アルベルトの会則」と初期カルメル会史の大部分を「根拠のないおとぎ話」fabula で

---

1) Giordano, S., *Le Carmel en Terre Sainte: des origines à nos jours*, Montréal , 1995, 40.
2) 佐藤真一『ヨーロッパ史学史』知泉書館, 2009, III 部3章.

あるとして史料批判を加えた[3]。これがカルメル会側の憤激を引き起こし，十数年に及ぶ対立・中傷やパンフレットの流布の末に，1695 年にはスペイン異端審問所によって「ボランディスト聖人伝」に対する断罪と禁書措置が決定されるという事態に至ったのである。これに危機感を抱いたイエズス会側は逆に教皇インノケンティウス 12 世に請願し，最終的には教皇が両者にこれ以上の論争を禁ずるという裁定が為された。1715 年に異端審問所による禁令は撤廃されている[4]。サン・ピエトロ大聖堂にエリヤの像が建立されたのはその数年後だったわけである。

　とはいえ，カルメル会の「古さ」に対して，外部から懐疑の目が向けられたのは 17 世紀後半に始まったことではない。もちろん，批判が公の場でなされたことは，カルメル会側の応答も含めて，それ自体で歴史的な意味を持っていることは確かなのだが，パペンブロックが問題としたような，「アルベルトの会則」の史実性，「預言者エリヤに遡る」古さという伝承，またスカプラリオの奇蹟や，いわゆる「安息日特権」のような会に付帯する奇蹟や特権が歴史的，文書的根拠に乏しいことなどは，中世後期以来，事あるごとに批判の対象とされている[5]。筆者は先に書いた論文において，カルメル会の「伝統」が 13 世紀後半から 14 世紀前半にかけて，会の現実における制度的発展と並行して，しかしながらそれとは逆に，原初の隠修生活を理想化するかたちで「創出」される過程について論じてきた[6]。けれども，少なくとも 14 世紀中葉からは，この「伝統」が多くの場合，外部の批判者とのかかわりの中で表現されることが多かったこともまた，忘れてはならない点である。単に内輪での伝承や伝説と異なって，その際，常に意識されたのは，自分たちが他者と比べて何が異なっているのか，あるいは今の自分たちが他者と異なっているならば，それはどのようにしてそうなったのか，と

---

　3) Hiatt, A., *The Making of Medieval Forgeries: False Documents in Fifteenth-century England*, Toronto, 2004, 181-182.

　4) Po-Chia Hsia, R., *The World of Catholic Renewal: 1540–1770*, Cambridge, 2005, 138.

　5) Carroll, M. P., *Veiled Threats: The Logic of Popular Catholicism in Italy*, Baltimore, 1996, 125-129.
　　Smally, B., *English friars and Antiquity in the Early Fourteenth Century*, Oxford, 1960, 330-331.

　6) 拙稿「14 世紀修道会史叙述における「隠修」の問題：カルメル会とアウグスティヌス隠修士会を中心に」『エクフラシス』1 号，2011，124-137.

いう問題であった。本論ではこの視点から，14世紀後半にカルメル会士ヒルデスハイムのヨハネスによって書かれた『擁護者と誹謗者との対話』Dialogus inter directorem et detractorem について分析を加えていきたい[7]。

1 ヒルデスハイムのヨハネスの生涯

最初に，ヒルデスハイムのヨハネスの生涯と，『擁護者と誹謗者との対話』が書かれた当時の状況について簡単に述べておきたい。彼は1310年代にヒルデスハイムに生まれたとされているが，ハーメルン近郊，マリーエナウのカルメル会修道院に入会した。『対話』本編でも自ら触れているように，1340年代にアヴィニヨンのカルメル会学院で学び，当時教皇庁に派遣されていたカルメル会の神学教師ピエール・トマのもとに仕えている。その後，1354年からパリで神学を学び，1359年に聖書読師（lector biblicus），1361年にバカラリウスとなった。そののち，彼はドイツに帰国し，1361年から1364年にかけてカッセルの修道院長（prior）兼読師，1364年から1368年までシュトラスブルクで読師を務め，1366年に当地の修道院長となり，1368年から1369年まではシュパイアーで読師として同地の参事会員にも教えていた。晩年には1374年から故郷マリーエナウで修道院長となり，1375年5月5日に没している[8]。

一般にヨハネスの名は，東方の三博士伝説を語った『三王物語』Historia trium regum の筆者として知られているが，これが彼の筆によるものかは疑問符が持たれている[9]。『擁護者と誹謗者の対話』はヨハネスの最晩年，1370年頃から彼が没する1374年までの間に書かれた著作であると推測されており，内容はカルメル会の権威・正統性をめぐって

---

[7] 『擁護者と誹謗者との対話』のテクストは Staring, A.(ed.), *Medieval Carmelite Heritage: Early Reflections on the Nature of the Order*, Textus et studia Carmelitana, 16, Roma, 1989（以下 *MCH*），336-394 に収録されている。

[8] *MCH*, 326.

[9] Hendriks, R., "A Register of the Letters and Papers of John of Hildesheim, O.Carm. (d. 1375)", *Carmelus*, 4, 1957, 116-117.

誹謗者（detractor）と擁護者（director）が論争する，という対話編の形をとっている。ヨハネスは「誹謗者」として直接的には他会の托鉢修道士，おそらくはドミニコ会士あるいはフランシスコ会士を想定しているのだが，この点については，ヨハネス自身が直接参加することはなかったとはいえ，ほぼ同時期のイングランドで現実に論争が起きたことを想起すべきであろう。1374年，ケンブリッジのドミニコ会士ジョン・ストークス（John Stokes）がカルメル会の「古さ」を根拠のない伝説として否定し，これをきっかけにカルメル会神学院の教師ジョン・ホーンビー（John Hornby）との間に公開討論が行われた。1375年2月にケンブリッジ大学のチャンセラー，ジョン・オブ・ダニッチ（John of Dunwich）によってカルメル会側に有利な裁定が下るが，この裁定は，当時のカルメル会がランカスター家のジョン・オブ・ゴーントによって保護を受けていたことによる政治的な決定であるとも言われている[10]。ともあれ，この論争におそらくわずかに先行して書かれたのがヨハネスの著作ということになる。

2 『対話』本編の構成

次に，『対話』本編の構成について述べる。本書は写本にもよるが序文を除いて17章で構成され，末尾に韻文が付属しているバージョンもあるが，後世に付けられた章題を列挙すれば以下の通りである。

1章　古さは単純には示されないということ
2章　カルメル会の記録はしばしば異教徒たちによって焼かれたということ
3章　エリヤはカルメル山の兄弟たちの修道会の創設者であったということ。
また，二つのカルメル（という地名）について。
4章　カルメル会の永続と古さについて

---

[10] Clark, J.P.H., "A Defense of the Carmelite Order by John Hornby, O.Carm., AD 1374", *Carmelus*, 32, 1985, 73-106.

5章　会の永続に関する聖なるピエール・トマへの啓示
6章　カルメル会の兄弟の多色の服装について，特に白いパリウムについて
7章　エリヤと洗礼者聖ヨハネまた他の多くの者たちの服装の類似について
8章　いにしえのカルメルの人々の聖なる暮らし
9章　我々がエリヤからその名を取らねばならないことは聖書を通じて示されている
10章　多色の服装が白く変わったこと
11章　初期の（修道服の）多色は偶然か否か
12章　カルメル会士たちが舌の贈り物と共に聖霊を受けたこと
13章　なぜ（聖地に）おらず，海のこちら側に広がったのか
14章　なぜ我々は聖母マリアの兄弟たちと言われているのか
15章　会の誓願と（誓願の）確認について
16章　我々のレグラと他のレグラはどのようなものか
17章　いくつかの奇蹟

　ヨハネスの著作は内容的には先行する著作，特にジャン・ド・シュミノが1337年に書いた，『カルメル山の聖母マリアの兄弟たちの鏡』 *Speculum fratrum ordinis beatae Mariae de monte Carmeli* に大きく依拠している[11]。もっとも，「会史」の基本となる素材自体はすでに1330年代までに他の作者たちによって述べられているとはいえ，『対話』は単に以前の作品の焼き直しではない。まず，14世紀のカルメル会における同種作品では唯一，対話形式を取っており，仮想的にではあっても口述を意識しているという点は，13世紀のものを含めても，おそらくは暗唱を意識した短文 *Rubrica prima* 以外に類を見ない。このことで本書は，同じ内容を扱ってはいても，例えば先行するジョン・ベーコンソープの著作とは全く異なった印象を読者に与える。ベーコンソープが分析的な手法で，カルメル会の歴史的，法的地位を項目別に擁護していったのに対し，本書はそれほど厳密な構成を取っていない。『対話』が後世

---

[11] Jotischky, A., *The Carmelites and Antiquity: Mendicants and their Pasts in the Middle Ages*, Oxford, 2002, 121-124.

の写本ではしばしば『弁明』*Apologia* のタイトルで呼ばれていること，序文でボエティウスの『哲学の慰め』から一文を引いていること，末尾に聖母とカルメル会を讃える韻文の賛歌が添えられていることなどからも，本書が（現実の論争が同時期行われ，またそれを意識しているにしても）実用的というよりむしろ，思弁的な著作であることがうかがわれる。

3　旧約聖書・預言・会の永続

　各章の内容について具体的な考察に入ろう。論争はまず，「誹謗者」がカルメル会の「古さ」に関して歴史的な証拠の提示を求めるのに対して，「擁護者」が（ヘブライ的な）古代とキリスト教救済史の真実性を強調することから始まる。

>　誹謗者：アリストテレスはモーセの書を見て次のように言ったという。「（モーセの書は）多くのことを語っているが，何も証明していない。」
>　擁護者：アテネのソロンは次のようにギリシャ人を叱責したという。「おお，ギリシャ人よ，おまえたちは記憶のあまりない少年であり，お前たちの学識は虚しい。」…（中略）…おまえは，モーセの書を信じているユダヤ人ほど過去について確信があるわけではなく，他の預言者ほど未来について確実に知っているのではない。（1章)[12]

　筆者がヘブライ的な伝統に重きを置いていることは2章，8章，16章と，本編の随所で繰り返される旧約的な伝統の擁護からも明らかに見て取ることができる。後述する17章の「ユダヤ人の幻視と改宗の奇蹟」も含めて，ユダヤ人の律法の遵守から福音への移行と回心というテーマは本書全体を貫くライトモチーフとなっている。

---

12)　*MCH*, 338-339, col.40-43, 45-47, 54-56.

擁護者：私はお前（誹謗者）に，（カルメル会士は）殆どすべての系譜を失ったユダヤ人と似たようなものだと言っておく。(2章)[13]
　　擁護者：彼らはモーセの律法に従って十戒と旧約の伝承を可能な限り守っていた。彼らは長い年月そこに留まった。時が過ぎて救い主が受肉し，宣教するとその言葉を聞き，信仰を得た。(8章)[14]

　旧約的な伝統は，3章から5章にかけて語られる預言の問題とも特に深く関連している。ヨハネスの著作が先行するカルメル会の著作と比べてもっとも独自性を示している部分は，この預言に対する特別の関心である。3章では（フィオーレの）ヨアキムが（コンスタンティノープルの）キュリロスに宛てた手紙と称する一節が引かれているが，この部分はいわゆる『キュリロスの（天使）預言』 *Oraculum angelicum Cyrilli* のことを指している。

　　擁護者：修道院長（フィオーレの）ヨアキムは，（コンスタンティノープルの）キュリロスに宛ててカルメル山について次のように書いている。「星々は聖なる修道会に，誠実の掟に，慎み深い家に留まり……」「聖なる山，実り多き山であるカルメル山の司祭キュリロスに。」(3章)[15]

　『キュリロスの（天使）預言』は歴史的にはおそらく13世紀の末にフランシスコ会のいわゆる聖霊派の中で書かれたとされる偽ヨアキム文書で，カルメル山の司祭であり隠修士だったキュリロスが天使から預言の書を受け取り，これをラテン語に翻訳してフィオーレのヨアキムに伝えたという体裁を取っている[16]。ヨハネスはこの文書を引用しつつも，その文書自体を利用するというよりは，「預言」がカルメル山という聖地から発したものであることを重視している。ヨハネスの著述の影響か，あるいはヨハネスがカルメル会の一般的な傾向に従っていたのかは不

---
13) *MCH*, 340, col.83-84.
14) *MCH*, 355, col.373-377.
15) *MCH*, 346, col.186-190.
16) Bignami-Odier, J., *Etudes sur Jean de Roquetaillade*, Paris, 1952, 53-112.

明だが，会のキュリロスに対する関心が高まった証拠として，1411年から，キュリロスを「カルメルの証聖者」としてその記念日（5月6日とされた）を祝うことが総会で定められたという事実を挙げることができるだろう[17]。また5章で，ヨハネスが自らの若かった時期を回顧して，「教皇クレメンス6世の幸いなる時代に，アヴィニヨンで学んでいた」と証言しているが，これは1340年代に『キュリロスの（天使）預言』がアヴィニヨンでおそらくフランシスコ会士の手を通じて流布し，同地に滞在していたコーラ・ディ・リエンツォにも大きな影響を与えたという事実とも符合しており，同じく5章で描かれるエピソードの時代背景をうかがわせて興味深い[18]。

とはいえ，1340年代末に『キュリロスの預言註解』を著したジャン・ド・ロカタイヤードや，同じく1380年代に註解を著したコセンツァのテレスフォルスとは異なって，ヨハネスの預言に対する関心には，ヨアキム―オリヴィ的な伝統に顕著な，終末や「第三の時代」に対する期待や畏れという要素が完全に欠如している[19]。ヨハネスが絶えず強調するのはむしろ，「永続」あるいは「発展」という側面である。例えばユダヤ人たちは，世の初めから信仰を保ち続けた人々であると同時に，改宗によって福音と使徒の時代に向かっていく存在でもある。これは，「ヨアキム的な」「第二の時代」に対する解釈が，しばしば福音の到来をシナゴーグの破棄とみなして，そのラディカルな変革の側面を強調するのとは，大きく様相を異にしている。この発想は4章でも見て取ることができる。ビンゲンのヒルデガルドによると称する預言（実はヒルデガルドの預言ではなく，カルメル会内部にのみ伝わっているものなのだが）も，馬の象徴で各托鉢修道会を表してはいるが，カルメル会を表す「多色の馬」は「最も若い最初のもの」，すなわち最後に到来するものであると同時に，最初からいたものなのである。ここには筆者の歴史理解の特徴

---

[17] Wessels, G. (ed.), *Acta Capuitulorum Generalium ordinis Fratrum B. V. Mariae de Monte Carmelo*, vol.1, Roma, 1914, 145.

[18] Collins, A., *Greater than Emperor: Cola di Rienzo (ca. 1313-54) and the World of Fourteenth-Century Rome*, Ann Arbor, 2002, 112.

[19] Mcginn, B., "Portraying Antichrist in the Middle Ages", Verbeke, W., Verhelst, D., Welckenhuysen, A. (eds.), *The Use and Abuse of Eschatology in the Middle Ages*, Leuven, 1988, 24-25.

が明確に表現されている。

> 擁護者：ヒルデガルドは…（中略）…馬の姿を用いて修道会について預言した。…（中略）…（預言によれば）説教修道会は黒い馬，小さい兄弟たちは灰色の馬である。（彼女は）カルメル会については次のように言った。「多色の馬が駆けて来るが，歩みにつれて次第に色が変わる。それは最も若い最初のものである。」（4章）[20]

また5章で述べられる，ヨハネスが仕えていたピエール・トマが見たという幻視にも，この特徴がやはり現れている。聖霊降臨の夜に眠っていたヨハネスのそばにいたピエール・トマは聖母から啓示を受け，その内容を筆者に教えるのだが，ピエール・トマは未来に対して何らかの恐れを抱いており，これに対して聖母は，カルメルの信仰が「世の終わりまで続く」ことを保証することで応える。

> 擁護者：「（聖母は）私（ピエール）に答えた。ピエール，恐れるな。（この世の）終わりまで我がカルメルの信仰は続くのだから。会の第一の守護聖人エリヤは，私の子（キリスト）に，御変容の時，その事を願って跪き，そしてそれは成就した。」（5章）[21]

前述したようにヨハネスとピエール・トマがアヴィニヨンにいた1340年代は預言と称するパンフレットが流布し，大きな影響を与えていた時期であるから，彼らも何らかの影響を受けたか，終末的な不安を感じていたのかもしれない。しかし，「恐れ」がいかなるものであったにせよ，それを取り除くものは「永続」（duratio）に裏付けられた会固有の信仰とその堅固さなのである。

---

20) *MCH*, 348, col.233-241.
21) *MCH*, 350, col.272-275.

4 「しるし」としての修道服

　6章以降は，一見雑多なテーマを体系的ではないかたちで取り上げているようにも見えるが，カルメル会に固有の問題という点ではむしろこちらの方が重要である。ここでは，「誹謗者」が繰り返し疑問を提示するように，たとえ「原初の」聖性が疑い得ないにしても，果たして現在の会士たちがその聖性を特権的に，あるいは排他的に受け継いでいるのかという，会の歴史的連続性が俎上に上げられていく。「おまえは（古さを）自慢しているのだから」(de antiquitate iactas)[22]，「エリヤをお前の父（守護聖人）として，そして自分をエリヤの後継者として偽っている」(patronum tibi fingis Eliam et Eliae te successorem)[23]，「なぜ，（同じく）設立されて広まり，特権を与えられた他の修道士たちよりも（自分たちが）優れているといえるのか」(cur alii religiosi sunt melius quam tu plantari et dilatari ac privilegiati)[24]，「今ではマリアの兄弟だと偽っている」(nunc te fingis fratrem Mariae)[25] という嘲笑は，この連続性に対する懐疑であり，否定となっている。

　これに対して「擁護者」は前章で挙げた「永続」を具体的に示す「しるし」signum として修道服を示す。預言者たちは互いに似た服を着ることでその聖性と隠修士の先駆としての性質を共有する。彼らの服装を模倣することはその聖性と性質を自分たちも保持することであり，特に，エリヤからエリシャへの外套の授与（列王記下 2,9-14）は単なる模倣にとどまらず，修道者の祭式（formula），戒律を含めた「生き方」の直接的な継承である。

　擁護者：エリヤの父ソバクは息子が誕生する前に白い服を着た男達

---

22)　*MCH*, 338, col.40.
23)　*MCH*, 345, col.179.
24)　*MCH*, 365, col.578-579.
25)　*MCH*, 368, col.632.

が挨拶し合っているのを見た。(6章)[26]
擁護者：エリヤと洗礼者聖ヨハネは似た服を着ていた。また，他の者たちもそうであった。(7章)[27]
擁護者：(セビーリャの)イシドルスは(『語源』)5巻で言っている。「修道士たち，いわゆる共住修道士たちは使徒たちを見倣ったが，隠修士たちはエリヤと洗礼者聖ヨハネを見倣った。」(9章)[28]
擁護者：私が先に言ったように，エリヤはメロタの上に七つの縞で区切られた外套(chlamys)を着ていた。我らの先人たちにはそのような外套を着る習慣があった。私は1338年にフランクフルトで，バルトロメオという名の100歳の信仰の篤い兄弟に会ったが，彼は若い時はこのような縞の服を着ていたと言った。…(中略)…服装は変わったが，それは単に白く変わっただけではない。というのはエリヤの父は夢の中で白衣の男たちが挨拶し合っているのを見た。また，イザヤはレバノンの栄光が聖母に与えられることを預言した。…(中略)…エリヤはエリシャにパリウムを投げかけた。そのように継承，祭式(formula)，または修道者の絶えざる鼓舞が定められたのである。(10章)[29]

　筆者は「馬の預言」と同じく，歴史的にカルメル会の修道服が「縞の」服から「白い」服へと変化したことにも同じく「しるし」を見ている。白さの根拠は天使の白衣や聖母の純潔，キリストの変容といった予型と成就のモデルによって示されるが，縞の根拠もまた，天の火によって焦がされたエリヤの外套であり，現在の修道服の白さは本源的な白さに通じ，過去の修道服の縞は旧約の世界に通じている，しかもその縞からもまた象徴性を看守するというかたちで，永続と変化という問題を理解している。

　擁護者：パリウムが火の戦車によって地上に届いた時，炎が触れて

---

26) *MCH*, 352, col.311-313.
27) *MCH*, 353, col.343-344.
28) *MCH*, 357, col.410-412.
29) *MCH*, 359-361, col.441-446, 454-457, 483-485.

外側が少し黒ずみ，あるいは変色したが，（内側の）包まれた部分は元の色を保ったのだ，と言っている者もいる。
誹謗者：もし，そのような火がパリウムを焼いたのなら，エリヤと馬と戦車も焼けてしまっただろう。だから真実とは思えない。
擁護者：その火は「照らすが焼き尽くさない」ものだったのだろう。それはあたかも，使徒たちに降った炎の舌のようなもの，また，（ダニエル書の）三人の若者たちは焼かれなかったが，他の者には滅びをもたらしたようなもの，また，モーセの柴が火によって燃えているように見えたが，燃え尽きなかったようなものである。…（中略）…（彼は七つの縞のうち）三つの部分が灰色で，四つの部分が白色のパリウムを着ていた。三は三対神徳（信仰・希望・愛）を意味し，四は四枢要徳（勇気・正義・賢明・節制）を示している。…（中略）…お前が非難している多色とは，厭わしいものではなく，聖霊降臨の激しい風によって使徒たちが様々な国の言葉を話したようなものなのである。(11章)[30]

5 共鳴する過去と現在

『対話』は服装の問題を論じながら，頻繁に典礼や聖歌にも言及している。7章で洗礼者聖ヨハネを持ち出す際には「らくだは荒衣を与え，聖なる体に羊は腰ひもを」(Praebuit hirtum tegumen camelus Artubus sacris, strophium bidentes) という，洗礼者聖ヨハネ誕生の祝日（6月24日）に歌われる聖ヨハネ賛歌の一節を提示し[31]，11章でエリヤの衣を焦がした火と聖霊降臨の炎の舌を比較する際には，「照らすが焼き尽くさない神の火」(ignis divinus, non comburens sed illuminans) という聖霊降臨の8日間の祝日のうち，月曜に歌われる応唱を意識している[32]。13章で都市を避ける隠修士というテーマを述べるときも，「軽薄な言葉で生活を汚さないように」(ne levi saltem maculare vitam famine possent)

---

30)　*MCH*, 361-363, col.494-504, 529-531, 536-538.
31)　*MCH*, 354, col.349-50, nt..
32)　*MCH*, 362, col.500, nt..

という言葉はやはり聖ヨハネ賛歌の一節であり[33]，16章でキリストの受肉と完全なるレグラの実現を語る際には，待降節の晩課に歌われる聖歌から「この世が夕闇に沈む頃」(vergente mundi vespere) という句を取っている[34]。最後に同じく16章で聖アウグスティヌスのレグラを語る言葉もまた，「彼は聖なる使徒の確立したレグラに従って生き始めた」(Coepit vivere secundum regulam a sanctis apostolis institutam) という聖アウグスティヌスの祝日（8月28日）の応唱の一節である[35]。このような引用の繰り返しは修道士の書く文章としては決して珍しいものではないが，ヨハネスの場合，聖歌の一節を単なる議論の補強として用いているというより，修道士ならば当然知っているであろうフレーズを挙げることで聖人や聖書のエピソードの具体的イメージを喚起し，現在歌っている自分たちがそれらと連続した存在であることを強調しているように思われる。

　17章は，「擁護者」が議論の末尾にあたって，トゥールーズのカルメル会創建にまつわる伝承を「誹謗者」に語りきかせるという体裁をとっている。概要は，富裕なユダヤ人が聖母の幻視を繰り返し目撃した結果，カルメル会士たちを当地に招いて土地を寄進し，改宗したが，騒ぎを恐れた都市の代官が会士たちに退去するように命じた。修道士たちは建物に立てこもったが，代官の顔が神罰によって変形し，彼もまた回心する，という筋書きである[36]。この章は単体で見た場合，平凡なエクセンプラあるいは奇蹟譚にすぎず，なぜ結論部に置かれるのかが分かりにくいが，実はここでも，過去と現在の連続性や「しるし」というテーマが繰り返されている。立てこもった修道士が祈るところで，彼らが歌ったはずの応唱が現在のカルメル会でも歌われており，過去に働いた神意が歴史を貫くものであるということ，また末尾においては，その神意は現在においても会において体現されているという点が強調されている。

---

33)　*MCH*, 366, col.595-6, nt..

34)　*MCH*, 381, col.923, nt..

35)　*MCH*, 382, col.941, nt..

36)　Lesur, S., "Le Couvent des grands Carmes de Toulouse", *Les mendiants en pays d'Oc au XIIIe siècle*, Cahiers de Fanjeaux 8, Toulouse, 1973, 101-110.
　　Staring, A., "The Miracles of Toulouse", *Carmelus*, 38, 1964, 150-60.

擁護者：我々には「めでたし，暁の星よ」という応唱がある。我々はこれを朝課で喜んで歌うのだが，これには次のような言葉が含まれている。「あなたは，この囚われにある我々を慰め力づける。」（彼らも）しきたり通りに聖なるおとめの像を見上げ，信心深く歌い続けたのであろう。彼らが外に出ていくことを禁じたものは誰でも，ジェリコの城壁が崩れたように崩れ落ちることになったのである。彼らを閉じ込めた代官の目が，普通の位置から外れて，筋肉に沿ってあごに垂れ下がってしまった。…（中略）…兄弟たちはそこで聖なるおとめに呼びかけ，心から「サルヴェ・レジーナ」を歌った。「憐れみ深いあなたの目を私たちに向けてください」というところまで来ると，ただちにこの代官の目玉は居合わせた人々の目の前で元に戻った。…（中略）…誹謗者よ，至る所で論駁されたことを顧みよ。主が共に働き，しるしを伴って真理が確かなものとされたのである。(17章)[37]

　つまり，典礼や聖歌への言及は単なる装飾ではなく，ヨハネスは，「一日」（聖務日課，反復），「一年」（典礼暦，周期性），「年代」（編年誌，一回性），「救済史」（聖書，摂理），これらの時間が重層させることで，カルメル会士の現在を過去と共鳴するものとして表現しているのである。修道院に閉じ込められたカルメル会士たちも，「しきたり通りに」現在，典礼で歌うように歌い，そのことは「ジェリコの城壁が崩れるように」代官の目が崩れ落ちるという神罰をもたらす。歌によって喚起されるイメージが，現実の生と信仰の生を結びつける触媒としての役割を果たしていることは，代官の目の回復が，「憐れみ深い目を」向ける聖母と対になっている部分からも理解される。

6　最古のレグラと完全なレグラ

　カルメル会の「歴史」（過去）が，会の典礼共同体としての「実践」

---

37)　*MCH*, 387-388, col.1036-1043, 1046-1050, 1080-1081.

（現在）と不可分に結びつくものだからこそ，「歴史」の真実性という問いから始まった誹謗者と擁護者の論争は，会自体を表現する「レグラ」をめぐる問題へと収斂する。ここで，著者自身がおそらく意識的に，両者の議論を噛み合わないものとして示している理由は，単に本書が現実の論争の準備または再録というよりはむしろ，筆者自身の「理性」と「信仰」の問題をめぐる思索だからであろう。その意味で本書は厳密な構成を取っていないように見えて，実は１章冒頭の問いに16章で結論を出すかたちになっていると言える。17章だけが「誹謗者」と「擁護者」の論争形式になっていないのも，実質的な論点は16章までで完全に語りつくされていることを示唆している。誹謗者の「理性」は，あくまでも「レグラ」を「認可された会則」という合法性の観点からしか見ようとしない。

これに対して擁護者は，「レグラ」を一度「生きかた」vitaの水準に引き戻した上で，正しい生き方と規範，徳の一致を語り，その最終的な到達点として福音と使徒的生活を語っている。そして，「持続」と「発展」によって正しく「継承」された「信仰」は，結局は（司教アルベルトによって）「明らかに」され，当然ながら諸教皇にも承認されることになる，と主張している。

　　誹謗者：お前はこれまでレグラ（会則）について何も言ってこなかった。次の３つのレグラの他に認可されたものは存在しない。聖ベネディクトと聖アウグスティノと聖フランチェスコの会則である。
　　擁護者：……お前はまだ幼い子供なので，揺り籠で泣きわめいたり，幼稚なことを喚き立てる。私は同じことを言うが，あらゆるキリスト教徒の信仰においては，どう曲解したところで，ただ一つのレグラ（掟）の他に掟は存在しないのである。発端まで遡るならば，このようなレグラは最初の人間の時代に始まったのである。…（中略）…それゆえ，神によって伝承されたモーセとイスラエルの子のレグラを生きる者は正しい者とされた。我々の先人たちはこのレグラを千年以上にわたって細部に至るまで遵守してきた。やがて，「この世が夕闇に沈む頃」，真と善が受肉し，最も

完全なレグラが与えられた。……
擁護者：完全な唯一のレグラなしには，あらゆるキリスト教の修道生活は完結しない。それこそが福音と使徒のレグラであり，まさに栄えある乙女の従ったレグラなのだ。そしてそれは聖アウグスティノのレグラでも聖フランチェスコのレグラでもその他でも同様である。…（中略）…聖アウグスティノのレグラは聖なる使徒のレグラでしかあり得ないであろう。聖フランチェスコのレグラにも同じことが言えるし，「エクシイト・クイ・セミナト」で次のように言われている。「小さい兄弟たちのレグラと生き方（regula et vita）はこのようなものである。財産を持たず貞潔に生きることで，われらの主イエス・キリストの聖なる福音に従うこと」と。……
誹謗者：誰がお前にお前が堅持しているレグラを課したのか。
擁護者：イェルサレム大司教のアルベルトが，我々の堅持しているレグラを最初に明文化した。そして我々に，罪の赦しのためにレグラに従うことを課した。これを最初に承認したのは教皇アレクサンデル3世で……[38]（16章）

　「擁護者」が，1章で述べたギリシア人の「幼さ」に対応するかたちで，「誹謗者」あるいは彼が所属する修道会の「幼さ」を揶揄していることに注目されたい。「聖ベネディクトと聖アウグスティノと聖フランチェスコの」レグラの正しさはあくまでも正しい生，それを完全なかたちで体現する使徒的な生につながるからこそ正しさが証明される。それゆえ，最も正しさに近い者は，その原初からの継承を正しく理解し，受け入れている者たちであると，「擁護者」は主張する。ここでもまた，時間的な「近さ」と「遠さ」の重層性が，カルメル会的な過去理解の鍵となっているのである。

---

[38] *MCH*, 380-384, col.895-897, 909-913, 920-924, 936-939, 942-947, 981-985.

おわりに

　M. リーヴスの言葉を借りるならば，ヨハネスの叙述は，「預言的な思惟様式」の典型的なあらわれとして理解することができるだろう[39]。預言は未来を知る方法であると同時に，過去を正しく解釈する方法でもあって，正しく過去を理解できる人々はまた，「摂理」，すなわち正しく現在を生きる道を知ることができる人々でもある。とはいえ，ヨハネスの「歴史」理解を単に，「救済史」「摂理史」の伝統として片づけてしまうこともまた適当ではない。古典的な「救済史」「摂理史」が，あくまでキリスト教世界全体の史的構造を語り，その上で単に編年史的に個々の修道院や都市の事件，「古い」出来事を語っているのに対して，14世紀のカルメル会系「歴史」叙述は，本来的には「創出」された伝統に立脚しているだけにかえって，自由奔放に歴史の果てに至るまで，自らの会が引き受けるべきこととして「預言的な思惟様式」のポテンシャルを最大限に活用することになった。過去の正しさを現在において表現できるものは，過去から「継承」され，現在においても過去と共鳴することができる「共同体＝団体」だけであって，その共同体の一員として共同体の「歴史」を受容することが，救済へと至る唯一の道なのである[40]。

　この観点からすれば，ヨハネスの「継承的」なカルメル会観は，それがどれほど極端であろうとやはり，14世紀半ば以降の，托鉢修道会が教会内団体として制度的に確立され，その団体としてのアイデンティティが，「会史」編纂というかたちで表現された時期を経て，はじめて出現しえたものだと考えることができる。そしてカルメル会以外でも托鉢修道会は，多かれ少なかれ似た傾向を抱えている，と考えることもまた可能である。けれども，カルメル会のこのような「伝統」は，それが

---

[39] Reeves, M., *The Influence of Prophecy in the Later Middle Ages: A Study in Joachimism*, Oxford, 1969.（リーヴス，大橋喜之訳『中世における預言とその影響：ヨアキム主義の研究』八坂書房，2006年.）

[40] 拙稿「ジョン・ベーコンソープのカルメル会史擁護：修道会の「正統性」と「継承」理念」『史観』160冊，2009年，65.

会内部での信仰実践にとどまらず，中世後期の終末論と預言の流行という背景のなかで積極的に会外部に対して表現されたとき，やはり大きな「誤読」と軋轢を生むことになった。この軋轢は，「現実の」托鉢修道会各団体が，創出された「伝統」とは裏腹に，実態としてはかなり均質化された組織だったために，容易に競合関係に陥ったこと，また従来は，普遍教会の「四肢」としての「職能的な」位置づけや，都市や地域の伝統と結びついていた団体のアイデンティティが，それらの縛りを外れて機能し始めたこととも関連しているだろう。ともあれ，教会の普遍信仰と修道会固有の伝統をいかに調和させるかという課題は，中世後期の托鉢修道会の時代をはるかに超えて，本報告の冒頭で挙げたように，17世紀，カトリック改革の時期まで持ち越されることになったのである。

3

イギリス中世末の教会改革と
ハッケボーンのメヒティルドの霊性

久木田　直江

はじめに

　中世末に北ヨーロッパの修道会やベギン会に現れた女性神秘家の著作は聖職者や平信徒の関心を集め，西洋ラテン世界の霊性や宗教文学に大きな影響を与えた。ビンゲンのヒルデガルト（1098-1129年），ヘルフタのゲルトルート（Gertrud of Helfta, 1256-1301/02年），ハッケボーンのメヒティルド（Mechthild [Mechtild] of Hackeborn, 1241/42-98/99年），ブラバントのベギン，ワニーのマリー（Marie d'Oignies, 1177頃-1213年），スウェーデンの聖ビルギッタ（1303-73年）等は神秘的経験を記録したり，口述写本に残し，鎖で絡み合ったように霊的影響を伝えている。女性神秘家たちは神を視るという神秘主義思想の持つカリスマ性を自己の内面に向けたが，その神秘的霊性に畏敬の念を抱く人々は多く，教会権威にも匹敵する霊的権威を誇った。彼女たちの著作は，多くの場合，ラテン語で流通した。しかし，俗語によって宗教文学が提供されるようになった14世紀末，イギリスでは中英語への翻訳も始まり，女性を中心とした俗語読者のあいだに広がった。本稿では，15世紀初頭に中英語に翻訳されたハッケボーンのメヒティルドの『霊的な恩寵の書』（*The Booke of Gostlye Grace*）を取り上げ，翻訳宗教文学としての歴史的・宗教的コンテクストを考察し，イギリス中世末の教会改革においてメヒティル

ドの啓示文学が果たした役割を検討する。

1　ヘルフタ修道院と『特別な恩寵の書』の成立

　13世紀のドイツ，ザクセン地方のヘルフタでは，「ドイツ修道院の冠」と称えられたヘルフタ女子修道会が栄えた。その栄華の時代を担ったのは，中世後期のヨーロッパを代表する女性神秘家ヘルフタのゲルトルート，ハッケボーンのメヒティルド，ベギン出身のマクデブルクのメヒティルド（Mechthild of Magdeburg, 1207頃―82年頃）であった。シトー会を母体として創設されたこの修道院は，後にベネディクト会とドミニコ会の指導を受け，典礼と学問によって霊的生活を磨く修道女たちを育成した。その活動のなかでも，書物をとおした女子教育の充実は刮目に値する。メヒティルドの実姉でもあるハッケボーンのゲルトルート修道院長（1231-91年）が推進したリベラル・アーツ教育はつとに知られているが，ヘルフタ修道院には宗教書から世俗作品に及ぶ数多くの書物が所蔵され，同時代に創設されたパリ大学に比肩する教育センターを目指したヘルフタ修道院の勢いを物語っている[1]。

　また，ヘルフタ修道院の教育におけるドミニコ会の貢献も極めて大きい。ドミニコ会は13世紀中葉から同会以外の女子修道院においても霊的教育に従事し，ヘルフタ修道女の教育も担っていたが，13世紀末には，ドミニコ会士が修道女たちの聴罪司祭も務めていた。彼らはおそらくマクデブルクやハレからヘルフタに送り込まれ，霊的指導を行ったと考えられる[2]。ヘルフタの修道女たちは，アウグスティヌス（354頃-430年），教皇グレゴリウス1世（在位590-604年）等の偉大な教父たちの神秘主義思想を受け継ぎ，ベルナルドゥスの霊性に親しみ，ドミニコ会のネットワークをとおしてトマス・アキナスの思想を学んだ。トマスが説いた黙想による知的な内省とスコラ学的教義を身に付けたヘルフタの修

---

[1] Prudence Allen, *The Concept of Woman, vol. II: The Early Humanist Reformation* (Grand Rapid, MI and Cambridge: William B. Eerdmans, 2002), pp. 331-38.

[2] Caroline Walker Bynum, *Jesus as Mother: Studies in the Spirituality of the High Middle Ages* (Berkeley: University of California Press, 1982), p. 175.

道女たちは，後世に残る神秘的幻視を体験したのである。後述するように，メヒティルドにおいては，トマス・アキナス，アルベルトゥス・マグヌスのスコラ学やアリストテレス哲学の伝統を学んだことで，彼女の知性と幻視に光彩が添えられた[3]。最盛期のヘルフタでは，学問の追求，静寂な黙想，教会典礼によって修道生活のリズムが作られ，修道女たちは霊的修練に勤しんだ。このような恵まれた教育環境のなか，霊性や聖性に敏感な修道女たちは神から受けた啓示をうち明け，語り合い，ヘルフタに独特の神秘的霊性が育まれることとなったのである。

　メヒティルドは1241/42年に，ヘルフタ修道院を支援した男爵家のひとつであるハッケボーン家に生まれ，7歳のとき，後にゲルトルート修道院長としてヘルフタの全盛期を支えることとなる実姉（ハッケボーンのゲルトルート）が生活していたヘルフタ修道院に入り，長じては先唱者として修道院の典礼を指導した。メヒティルドの霊性を今に伝える書物である『特別な恩寵の書』（*Liber specialis gratiae*, 1298/99年）は，彼女が得た啓示をヘルフタのゲルトルート等，同僚の修道女たちがラテン語で筆記した書物である[4]。同書は非常に長いテクストであったため，完成後まもなく短縮・編集された[5]。しかし，メヒティルドの神秘的霊性に対する人びとの関心は依然衰えず，『特別な恩寵の書』は中高ドイツ語，中英語，中世オランダ語，古フランス語，イタリア語などのヨーロッパ諸言語に翻訳され，全ヨーロッパに展開した。多くの写本や初期印刷本がラテン語や俗語翻訳で残ることから，同書は汎ヨーロッパ的影響力を持っていたと考えられる[6]。中英語テクストは『霊的な恩寵の書』と題され，ロンドン近郊のビルギッタ会・サイオン修道院の修道女たちから，読み書きの能力を身に付け，宗教書への関心を高めつつあった貴

---

　3) Allen, *The Concept of Woman*, p. 333.

　4) *Revelationes Gertrudianae ac Mechtildianae* (hereafter *Revelationes*), ed. Dom Ludwig Paquelin, 2 vols (Paris: H. Oudin, 1875-77), II, pp. 1-422. Paquelin 版には，参照された写本の表記の不統一などの問題がある。近年，マルガレーテ・フブラト (Margarete Hubrath) 等，ドイツの研究者による新校訂の計画があったが，これも当面延期となっている。第2巻（ラテン語版）の邦訳は，ハッケボルンのメヒティルト「特別な恩寵の書」梅原久美子訳『女性の神秘家』中世思想原典集成15，平凡社，2002年，499-574頁参照。

　5) *The Booke of Gostlye Grace*, 'Introduction', p. 7.

　6) ヘルフタ修道院の霊性と影響力については，Bynum, *Jesus as Mother*, chap. 5 参照。

族や裕福な女性平信徒へと広がった[7]。貴族の読者には、ヨーク公妃セシリー・ネヴィル（1415-95年）等が含まれる[8]。

　ヘルフタ修道院では、ゲルトルートの『神の愛の使者』（*Legatus Divinae Pietatis*, 1301年以降）などの優れた著作が生まれたが[9]、中英語に翻訳されたのはメヒティルドの啓示の短縮版のみであり、二つの類似した写本（London, British Library MS Egerton 2006 と Oxford, Bodleian Library MS Bodley 220）が現存する[10]。この他に、『特別な恩寵の書』（ラテン語）や『霊的な恩寵の書』（中英語）から抜粋したテクストが多数あり、平信徒の読者のために制作された宗教書やコンピレーションに含まれる[11]。

　7）　中英語に翻訳された際、The Booke of Gostlye Grace（『霊的な恩寵の書』）と題された。

　8）　サイオン修道院から広がった『キリストのまねび』（*Imitatio Christi*）やシエナの聖カタリナの『対話』などの宗教書については、Jeremy Catto, 'Religions Change under Henry V', in *Henry V: The Practice of Kingship*, ed. Gerald L. Harriss (Oxford: Oxford University Press, 1985), pp. 97-115 (pp. 110-11) 参照。

　9）　Gertrude d'Helfta, *Le Héraut* [*Legatus divinae pietatis*], *Oeuvres Spirituelles*, vol. 2, ed. Pierre Doyère, Sources chretiennes 139 (Paris: Éditions du Cerf, 1968)。

　10）　*The Booke of Gostlye Grace of Mechtild of Hackeborn*, ed. Theresa A. Halligan (Toronto: Pontifical Institute of Mediaeval Studies, 1979). *The Booke of Gostlye Grace* (以下、*The Booke* と省略)からの引用は Halligan 版とし、巻、章、頁を示す。本稿では、中英語校訂本（Halligan 版）とラテン語校訂本（Paquelin 版）に加え、2 つの中英語写本をできる限り比較しながら論考する。イギリスにおけるラテン語写本、中英語写本の流通と分布については、*The Booke of Gostlye Grace*, 'Introduction', pp. 7-8 を参照。Halligan は The British Library, MS Egerton 2006 を校訂したが、媒体は不鮮明なマイクロフィッシュのみである。現在、筆者は Dr Anne Mouron とともに MS Bodley 220 の校訂を行っている。

　11）　Rosalynn Voaden, 'The Company She Keeps: Mechtild of Hackeborn in Late-Medieval Devotional Compilations', in *Prophets Abroad: The Reception of Continental Holy Women in Late-Medieval England*, ed. Rosalynn Voaden (Cambridge: D. S. Brewer, 1996), pp. 51-69. コンピレーションなどでは、聖マチルダ（Seynt Maude）に由来するテクストとして伝わることで、平凡な祈りに権威が付与されたため、メヒティルドの名は、「浮遊する護符」のような性格を帯びた。Voaden, 'The Company She Keeps', p. 60 参照。15世紀後半の写本に残る抜粋の受容については以下を参照。Voaden, 'The Company She Keeps'; Rosalynn Voaden, 'Mechtild of Hackeborn', in *Medieval Holy Women in the Christian Tradition, c. 1100-c. 1500*, ed. Alastair Minnis and Rosalynn Voaden (Turnhout: Brepols, 2010), pp. 431-51; C. Annette Grisé, 'Continental Holy Women and the Textual Relics of Prayers in Late-Medieval England', in *The Medieval Translator*, vol. 10, ed. Jacqueline Jenkins and Olivier Bertrand (Turnhout: Brepols, 2007), pp. 165-78.

2 アランデル教令と宗教書の翻訳

『特別な恩寵の書』が訳出された15世紀初頭のイギリスは，中世末のカトリシズムが瓦解していく過程で，異端ロラードや教会改革を求める知識人の動きが拡大し，宗教文学に対する新たな期待が膨らんだ時代である。これは，スウェーデンの聖ビルギッタの『啓示』(*Revelationes*) やシエナの聖カタリナの『対話』(*Dialogo*) などがカルトゥジオ会やビルギッタ会の修道僧によって翻訳された時期と重なる。確かに，大陸の宗教書が中英語に翻訳された背景には，14世紀末から15世紀初めのイギリスにおける政治的・宗教的緊張がある。これらの書物は，カンタベリー大司教トマス・アランデル（1353-1414年）がラテン語聖書の英訳を禁じる教令を発布し，宗教書の厳格な検閲を断行した1409年前後に，教会当局の保証する権威ある宗教書として翻訳され，流通した。このことは文学史の観点から大きな意味を持つ。アランデル教令の影響力を論じたニコラス・ワトソンの論文が発表されて以来，俗語による神学的議論の停滞・断絶・継続が議論されてきた[12]。ワトソンの主張に対する修正主義的研究は数多く刊行され，15世紀の神秘主義文学，説教集，聖史サイクル劇の多くがアランデルの検閲をすり抜け，独自の思想を展開したことを指摘しているが[13]，重要なことは，翻訳や編纂によって神学や神秘主義思想を論じる「地下水脈」が存在していたことである[14]。この点について Vincent Gillespie は，アランデル教令の予期せぬ結果のひとつに，申し分のない出自と非の打ちどころがない正統性を誇る，数世代前のラテン語テクストが英語に翻訳されたことがあると指摘し，文学

---

[12] Nicholas Watson, 'Censorship and Cultural Change in Late-Medieval England: Vernacular Theology, the Oxford Translation Debate, and Arundel's Constitutions of 1409', *Speculum* 70 (1995), 822-64.

[13] Fiona Somerset, *Clerical Discourse and Lay Audience in Late Medieval England* (Cambridge: Cambridge University Press, 1998)；井口篤「心の扉を開ける─中世後期イングランドの俗語神学」西洋中世研究 5（2013），139-54 頁などを参照。

[14] Watson, 'Censorship and Cultural Change', p. 836.

史上で起きた新たな動きに目を向けている[15]。この文脈で捉えると,『霊的な恩寵の書』は正にこの時代が生んだ翻訳宗教書であると言えよう。

　最近の研究では,メヒティルドの中英語テクストは 14 − 15 世紀のイースト・アングリアで神秘的啓示を著したノリッジのジュリアン,自伝的黙想の書を残したマージェリー・ケンプ,煉獄に滞在する修道女マーガレットの苦しみを描いた『煉獄の啓示』(*A Revelation of Purgatory*) の著者等の俗語神秘主義文学に影響を与えたと報告され[16],同書が,英語で神秘的経験を論じる言説空間を欲した俗語読者に向けて安全な書物として供給され,教会の正統な教えの普及に寄与したことが検証されつつある。さらに,『霊的な恩寵の書』は,ほぼ同時期に翻訳されたスウェーデンの聖ビルギッタやシエナの聖カタリナの著作に加え,15 世紀前半に翻訳された,ブラバントのベギン,ワニーのマリーの『伝』(*Vita Mariae Oignaiacensis*) などとともに,新たに翻訳された神秘主義テクストとして,15 世紀前半の神秘を綴るコミュニティーを形成したと言える[17]。

　13 世紀のドイツに生きたメヒティルドは,生前の記憶が新しいビルギッタやカタリナのような身近な聖女たちとは異なる神秘家として 15 世紀初頭の読者の前に現れた。しかし,大陸での高い評判を背景に,メヒティルドは権威ある模範として受けとめられたと考えられる。12-13 世紀のドイツには,ヒルデガルトをはじめ,神の恵みに与り,確固たる信念と力強い主張をとおしてカリスマ性を得た修道女が輩出し,グレゴリウス改革や第 4 回ラテラノ公会議 (1215 年) 後の教会の再生を支えたが,神の道具となって活動した女性たちの霊性,霊的権威が 15 世紀のイギリスにおいて再び注目されることとなったのである。大陸の女性神

---

15) Vincent Gillespie, '1412-1534: Culture and History', in *The Cambridge Companion to Medieval English Mysticism*, ed. Samuel Fanous and Vincent Gillespie (Cambridge: Cambridge University Press, 2011), pp. 163-93 (p. 174).

16) Liz Herbert McAvoy, '"Flourish like a Garden": Pain, Purgatory and Salvation in the Writing of Medieval Religious Women', *Medieval Feminist Forum* 50,1 (2014), 33-60 参照。

17) ジャック・ド・ヴィトリが著したマリーの『伝』の英訳は,Elizabeth of Spalbeek や Christina mirabilis の『伝』の英訳とともに Oxford, Bodleian Library MS Douce114 のなかに含まれている。*Three Women of Liège: A Critical Edition of the Middle English Lives of Elizabeth of Spalbeek, Christina mirabilis, and Marie d'Oignies, with Three Essays of Commentary*, ed. Jennifer Brown, Medieval Women: Texts and Contexts 23 (Turnhout: Brepols, 2008) 参照。

秘家たちは正統な教義と信心の模範となり、ジョン・ウィクリフやロラード派との争いで疲弊したキリスト教会の再出発に際し、新たな始まりを告げる権威ある「声」となった[18]。

『特別な恩寵の書』の翻訳には、ヘンリー5世の教会改革の中枢としてロンドンに程近いテムズ川のほとりに創建されたビルギッタ会・サイオン修道院とカルトゥジオ修道会が関わったと考えられる。両修道会は観想生活によって霊的充溢を求める知的修道者の集団であり、神秘主義的経験への関心が高かった。特に、神秘主義テクストの翻訳をはじめとするサイオン修道院の活動はイングランドの教会刷新というアジェンダを体現し、教会改革の「メトニミー」とも評され、15世紀初頭には国王直属の修道会として揺ぎない地位を築いていた[19]。そして、サイオン修道院にあっては、アランデルの後継者であるヘンリー・チチェリ大司教（在位1414-43年）の時代に翻訳宗教書の生産センターに成長したのである。

このように、中英語の『霊的な恩寵の書』は教会当局の認める権威ある翻訳神秘主義文学として受容された。これは、12世紀の教会改革に連動して大陸で開花した女性神秘家の啓示文学が、教会大分裂で衰弱した西洋ラテン世界の西端に位置するイギリスにおいて、翻訳宗教書というかたちで再生したことを意味する。なかでも、中世末の教会改革における教会典礼の重要性に鑑みると、典礼を通して涵養されたヘルフタ修道院の神秘的霊性は、15世紀のイギリスで時宜を得て吸収されたと言える[20]。メヒティルドが啓示を得る環境は教会暦の祝日や日々の典礼の

---

18) Vincent Gillespie, 'Chichele's Church: Vernacular Theology in England after Thomas Arundel', in *After Arundel: Religious Writing in Fifteenth-Century England*, ed. Vincent Gillespie and Kantik Ghosh (Turnhout: Brepols, 2011), pp. 3-42 (pp. 4-5). 『霊的な恩寵の書』の抜粋は、1414年、テムズ川の南（現リッチモンド）にヘンリー5世が創設したカルトゥジオ会・シーン修道院の修道士が著した *The Speculum Devotorum* に含まれる。同修道士はメヒティルド、テスのエリザベト（Elizabeth of Töss）、シエナの聖カタリナ、スウェーデンの聖ビルギッタを、教会当局公認の女性神秘家と呼んだ。*The Idea of the Vernacular: An Anthology of Middle English Literary Theory, 1280-1520*, ed. Jocelyn Wogan-Browne, Nicholas Watson, Andrew Taylor and Ruth Evans (Exeter: University of Exeter Press, 1999), pp. 76, 288; Gillespie, 'Culture and History', p. 184 参照。

19) Gillespie, 'Culture and History', p. 173.

20) ヘルフタの典礼は、サイオン修道院のために編纂された典礼註解、『聖母の鑑』(*The Myroure of oure Ladye*) などに影響を与えた。*The Myroure of oure Ladye*, ed. John Henry Blunt,

なかにあり，聖体拝領を軸とした神秘的霊性は霊的・身体的アレゴリーが織り込まれた啓示によって浮き彫りになる。以下の頁では，教会公認の宗教的・神秘的・教訓的テクストとして15世紀のイングランドで流通したメヒティルドの中英語テクストを，キリストの聖心(心臓)に関するアレゴリーに代表される身体的・霊的比喩表現の分析をとおして検討する[21]。

3 ヘルフタの霊性と聖心崇拝

中英語『霊的な恩寵の書』は全5巻からなり，教会典礼に触発されてメヒティルドが得た幻視や彼女の共感的信仰に由来する幻視を中心にまとめられている[22]。翻訳者がラテン語短縮版を忠実に翻訳したと冒頭で述べているように[23]，ラテン語の原著と中英語訳との間に構造的に大きな違いはない。しかし，中英語訳ではラテン語テクストが章ごと削除されたり，比喩表現や逸話が省かれている場合がある[24]。第1巻は典礼暦の祝日などにおいてメヒティルドが得た幻視が，第2巻ではメヒティルドに与えられた特別の恩寵が記されている[25]。第3巻では人々の魂の「健康」に資する指南が，第4巻では修道士や修道女に対する助言が与えられ，第5巻には死せる魂のための祈りや煉獄の魂についての幻視が書き記されている[26]。

EETS ES 19 (London: N.Trübner, 1873; repr. Milwood, NY: Kraus, 1981). 『聖母の鑑』には『霊的な恩寵の書』からの抜粋が二箇所含まれる。Voaden, 'The Company She Keeps', pp. 54-57 参照。

21) Gillespie, 'Culture and History', pp. 172-73.
22) Halligan, *The Booke of Gostlye Grace*, 'Introduction', p. 38.
23) *The Booke*, I, [translator's prologue], 65.
24) 章ごと削除している例のひとつに，*Revelationes*, 2, II, xxiii, 165-66: 'De coquina domini'(主の厨房について)がある。また，ラテン語版の筆記者が同僚の修道女たちであるのに対し，中英語版では聴罪司祭が筆記者として介在した設定となっている。Courtney E. Rydel, 'Inventing a Male Writer in Mechtild of Hackeborn's *Booke of Gostlye Grace*', *The Journal of Medieval Religious Cultures* 40, 2 (2014), 192-216 参照。
25) Voaden が述べるように，同書を型にはめて分類すると，メヒティルドの啓示が醸し出す文学的な美しさが損なわれるかもしれない。'Mechtild of Hackeborn', p. 436.
26) 第5巻については，拙論 Naoë Kukita Yoshikawa, 'Post-mortem Care of the Soul:

3 イギリス中世末の教会改革とハッケボーンのメヒティルドの霊性　181

　『霊的な恩寵の書』に通底するのはヘルフタ修道院の霊的教育が涵養した神秘的霊性であり，その最も顕著な特徴は，キリストの聖心の具象化，肉体化をとおして繰り広げられる聖心の崇拝にある[27]。聖心崇拝はヘルフタ独自の現象ではない。しかし，聖心のイメージがゲルトルートの著作をはじめ，ヘルフタ修道女の神秘的黙想のなかに頻繁に現れるように，中世末の聖心崇拝はヘルフタ修道院で育まれ，ヘルフタを主な発信地としてヨーロッパ各地に伝播したと考えられる。
　聖心崇拝は，中世末の霊性の中心的表象である聖体（ミサでキリストの身体に実体変化するパンと葡萄酒）への敬心と密接に関連している。聖体崇拝は，十字架上で苦しむキリストを想起させる血，心臓，傷口などを聖体の象徴と考え，それらを畏れ敬う信心である[28]。たとえば中世では，十字架上のキリストを，「神秘の葡萄搾り」と呼ばれる圧搾機のなかで踏み搾られる葡萄と考える伝統があり，聖書釈義においても，「わたしはただひとりで酒ぶねを踏んだ」（「イザヤ書」63章3節）という旧約聖書の一節がキリストの受苦に結びつけられた[29]。アウグスティヌスも「詩編」第55篇について[30]，キリストは葡萄搾りに入れられた約束の地の葡萄であると註解している[31]。このイメージは説教や祈りを通して広がった。12世紀に制作された写本の挿絵では，十字架上で流された聖なる血が圧搾機から搾り出される葡萄の果汁として表現されている[32]。
　ところで，中世末に女性による聖体への崇拝が盛んになった背景に

Mechtild of Hackeborn's the *Booke of Gostly Grace*', in *Literature, Science and Medicine in the Medieval and Early Modern English Periods*, ed. Rachel Falconer and Denis Renevey (Tübingen: Narr, 2013), pp. 157-68 に詳しい。

27)　Voaden, 'Mechtild of Hackeborn', p. 431.

28)　Caroline Walker Bynum, *Wonderful Blood: Theology and Practice in Late Medieval Northern Germany and Beyond* (Philadelphia: University of Pennsylvania Press, 2007).

29)　Nicholas Vincent, *Holy Blood: King Henry III and the Westminster Blood Relic* (Cambridge: Cambridge University Press, 2001), p. 175.

30)　ウルガタ聖書。

31)　St Augustine, *Enarratio in Psalmum* LV, *Patrologia Latina*, XXXVI, 649.

32)　'Christ in Winepress'(c. 1108), The cloister church of Kleinkomburg, Germany, in James H. Marrow, *Passion Iconography in Northern European Art of the Late Middle Ages and Early Renaissance: A Study of the Transformation of Sacred Metaphor into Descriptive Narrative* (Kortrijk, Belgium: Van Ghemmert, 1979), p. 83.

は，11世紀のグレゴリウス改革以来，聖職者の権能が拡大し，教会権力が以前にもまして父権的になったことがある。実際，聖職に就いたり，ミサ聖餐を執り行うなどの重要な役割を担うのは男性に限られていた。修道女や女性信徒は直接聖体に触れたり，関わることを禁じられ，鬱屈した思いが沈潜していたと考えられる。やがて，女性たちは聖職者の介在に頼らず，神秘的なディヴォーション[33]によって，神との直接的な交わりを模索するようになるが，その最も具体的な経験は，聖体を手にし，食し，神の愛に触れる聖体拝領であった。女性神秘家は頻繁に聖体を愛しみ，神を直接知ろうとした。そのなかには神から親密な啓示を受け，エクスタシーを経験する聖女もいた[34]。

聖体崇拝と同様に，キリスト教徒は神の愛の象徴である心臓，即ち，聖心を崇拝した。この信心は，十字架上のキリストの脇腹が槍で突き刺されたとき，心臓も貫かれ，尊い血が流れたという伝えに由来する。キリストの聖心は心臓そのものを意味すると同時に，愛の象徴である「心」という理念に結びつけられた[35]。ヘルフタの修道女たちは聖体とキリストの心臓を重ね合わせ，聖心を崇拝した。キリストの心臓はミサの葡萄酒が象徴するキリストの血が溢れ出る源であり，神の愛の比喩であったからだ。中世末の神秘家は，人間の魂がキリストの脇腹の傷に口を寄せ，心臓から溢れ出る血を飲むことによって，神と人間の最も親密な結びつきが成就するとさえ考えたのである[36]。爾来，聖心崇拝は16世紀の宗教改革を乗り越えて，カトリック世界に深く浸透している。

---

[33] 本稿では「ディヴォーション」(devotion)という言葉を，賛美と感謝のうちに自らの意志を神に捧げ，内的平安や歓喜の情という霊的慰めを感じる経験に使う。

[34] Caroline Walker Bynum, *Holy Feast and Holy Fast: The Religious Significance of Food to Medieval Women* (Berkeley: University of California Press, 1987) に詳しい。

[35] 『新カトリック大事典』第1巻，研究社，1996年，「イエスのみこころ」，372-73頁。

[36] 神秘家は人間の魂を霊的に捉えると同時に，それが身体性を有するものであると考えている。

4　霊的治癒の言説

『特別な恩寵の書』で語られるメヒティルドの幻視は，神秘的合一への期待と予感に溢れている。メヒティルドとキリストの霊的交わりの場は聖心であり，具体的には心臓という臓器において繰り広げられる[37]。メヒティルドにとって，心臓は神と人間の魂が出会う場所であり，神との内的な結びつきは，さまざまな空間のアレゴリーを駆使して語られる[38]。そこには，豊かな想像力と伸びやかな感性による自己の内面の言語化に加え，聖体のシンボリズムに代表される神学的言説と 12 世紀以降，ギリシャ医学の再発見を機に言語空間に躍り出た医学言説との複雑な相互作用が見られる。もとより，中世の文学・文化における宗教と医学の共生的関係は宗教文学，医学書に表象的に散見し，特に，聖体の表象が表出する霊的治癒の言説のなかに著しく現れる。この言説は神秘主義文学において顕著に見られるが[39]，聖体の表象が鏤められたメヒティルドの啓示では，霊的治癒の伝統が医学的知識と交差・接合し，神との神秘の合一を霊的健康によって理解する中世末の心性を見ることができる[40]。

---

[37]　後述するように，メヒティルドの比喩表現には，15 世紀初頭のイギリスで教会が公認した宗教文学 The Doctrine of the Hert に現れる比喩表現との共通性が見られる。The Doctrine of the Hert: A Critical Edition with Introduction and Commentary, ed. Christiania Whitehead, Denis Renevey and Anne Mouron (Exeter: Exeter University Press, 2010) 参照。

[38]　神秘的著作では，キリストの心 (cor) はしばしば抽象，具象の区別なく想起される。身体と魂の共生的関係を前提とする中世キリスト教世界の心性に鑑み，本稿では，身体性と霊性を重ね合わせ，聖心（心臓）と表して論じるが，強調される観点に応じて，心（聖心）・心臓を使い分けて表記する場合もある。

[39]　たとえば，13 世紀の初めのイギリスで，庵室 (anchorhold) と呼ばれる小部屋に独りで暮らし，祈りと黙想に生涯を捧げた隠修女のために著された『隠修女の手引き』(Ancrene Wisse) では，身体よりも魂の健康が優先され，病が内包する宗教的な意味合いが色濃く現れる。拙著『医療と身体の図像学　宗教とジェンダーで読み解く西洋中世医学の文化史』知泉書館，2014 年，5-7 頁参照。

[40]　中世における宗教と医学の共生的関係については以下に詳しい。Medicine, Religion and Gender in Medieval Culture, ed. Naoë Kukita Yoshikawa (Cambridge: D. S. Brewer, 2015), 'Introduction'; Naoë Kukita Yoshikawa, 'Heavenly Vision and Psychosomatic Healing: Medical Discourse in Mechtild of Hackeborn's The Booke of Gostlye Grace', in Medicine, Religion and

確かに，メヒティルドの啓示の特徴のひとつに，中世末における心身の不可分性に根差した医学言説と宗教言説の相互作用がある。たとえば，復活の月曜日の幻視では，「医師キリスト」('Christus medicus')がメヒティルドの前に姿を現し，心身の癒しと両者の強い絆を約束する[41]。この背景には，病気がちだったメヒティルド自身の経験があるだろう。ある時，キリストはたくさんの穴が開いた赤い上着をメヒティルドに着せ，十字架上のキリストの身体は足の裏から頭の先まで穿たれ，健やかなところが全く残らぬほどの苦痛を受けたと打ち明ける。神秘家は十字架上のキリストの苦しみに己の心身の病苦を重ねるが，メヒティルドもこの啓示を自身の病の予兆と捉えるのである[42]。

医師キリストの比喩やそれに関連する言説も中世末の宗教文学，教化文学に頻繁に現れる[43]。キリストを魂と身体を癒す「医師」と見做す思想は共観福音書に由来するが，初期教父時代にアウグスティヌスが行った「医師キリスト」の解釈は後世に大きな影響を与えた。アウグスティヌスは十字架上のキリストの犠牲を，医師が献身的に行う医療行為に喩え，キリストが味わった「苦い盃」(「マタイによる福音書」26章42節)は病人に処方される苦い薬であり，医師キリストは患者の恐怖を取り除くために，自ら苦い薬を最初に飲んだと説いた[44]。このような解釈をとおして，キリストの受難は人間の霊的・身体的健康を回復させる最良の薬となったのである[45]。

Gender, pp. 67-84.

41) *The Booke* I, 43, 196-97. ビンゲンのヒルデガルトも『スキヴィアス』において，キリストを「偉大な医師」('magnus medicus') と呼んだ。Hildegard of Bingen, *Scivias*, trans. Columba Hart and Jane Bishop (New York: Paulist Press, 1990), I, 3, p. 104 参照。

42) *The Booke* II, 13, 343-44.

43) ランカスター公ヘンリーの『聖なる治癒の書』における「医師キリスト」については，拙論 Naoë Kukita Yoshiawa, 'Holy Medicine and Disease of the Soul: Henry of Lancaster and *Le Livre de Seyntz Medicines*', *Medical History* 53 (2009), 397-414 (p. 399) 参照。

44) R. Arbesmann, 'The Concept of *Christus Medicus* in St Augustine', *Traditio* 10 (1954), 1-28 (p. 15); *Sources for the History of Medicine in Late Medieval England*, ed. and trans. Carole Rawcliffe (Kalamazoo, MI: Medieval Institute Publications, Western Michigan University, 1995), p. 4.

45) 『キリストの生涯についての黙想』(*Meditationes vitae Christi*) などの宗教書がヨーロッパ各地に流布し，キリストの人間性が尊ばれるようになると，治癒力を有す，十字架上のキリストの身体への期待が高まった。

身体的健康と霊的健康のつながりはグレゴリウス改革と第4回ラテラノ公会議を経て強化された。教会改革はあらゆる階層に属する個々人に影響を与えたが，特に教令第21号（*Omnis utriusque sexus*）はすべてのキリスト教徒に年1回の告解と聖体拝領を求め，人びとの罪の意識や悔悛のあり方を大きく変えた。翻って，教会改革が推進したのは，キリスト教徒の生活におけるミサの中心的な役割であった[46]。これは中世の医療現場に大きな影響を及ぼすこととなる。神学者は，ミサは霊的・身体的な病の予防や治療に効果があると解釈したが，ミサは「聖なる薬」（'*medicina sacramentalis*'）となり，オカルト的な力に満ちていた[47]。聖体の実体変化では，聖体を見つめるだけで，信徒の体中に電流のような刺激が走った。14世紀のイギリスで説教集を著したアウグスティヌス会聖堂参事会員のジョン・マークは，聖体奉挙の瞬間を目にすれば，その日は失明や頓死などの難から免れ，平穏無事に過ごせると説明している[48]。

病を癒す聖体への畏怖・畏敬の念が高まると，十字架上のキリストから連想される血，心臓，傷口などの聖体の象徴も含め，ミサのパンと葡萄酒は薬と重ねられた。特に，葡萄酒は同時代の医学においても「薬」と位置づけられている。葡萄酒は身体に滋養を与え，体液のバランスを整えると考えられた。また，消毒作用もあったので，外科治療に広く用いられた。外科医として名を馳せたドミニコ会士ボローニャのテオドリクス（Theodoric of Bologna, 1298年没）はガレノスに依拠しながら，「葡萄酒はあらゆる傷を癒す最良の薬である。内服すればよい血液を造り，外用すれば，傷を洗い清め，乾燥させる効果がある」と述べている[49]。

『霊的な恩寵の書』では，十字架上のキリストの身体が負った傷は

---

46) 第4回ラテラノ公会議は南フランスに勢力を広げたカタリ派の問題を議論する場でもあり，教令第21号には聖体の秘跡を否定するカタリ派の反秘跡主義を反撃する目的もあった。Dyan Elliott, *Proving Woman: Female Spirituality and Inquisitional Culture in the Later Middle Ages* (Princeton: Princeton University Press, 2004), p. 11.

47) Carole Rawcliffe, *Leprosy in Medieval England* (Woodbridge: Boydell, 2006), p. 339.

48) John Myrc, *Instructions for Parish Priests*, ed. Edward Peacock, EETS OS 31 (London: Oxford University Press, 1868), p. 10.

49) Theodoric, *The Surgery of Theodoric, ca. A. D. 1267*, trans. Eldridge Campbell and James Colton, 2 vols (New York: Appleton-Century-Crofts, 1955), I, p. 49.

「魂の健康のための真の薬」[50]と解釈され，特に，キリストの手足と心臓に刻まれた五つの傷口は健康と安寧の源となった。左足の傷口から罪の汚れを洗い清める血が流れ，右足の傷口からは平和の水が溢れ出る。また，左手の傷口は豊かな恩寵の，右手の傷口は魂の薬の湧き出る場所だった。さらに，キリストの祝福された胸の傷口から「命の水と霊的潤いを与える葡萄酒」が迸り出る。キリストの血と水は傷口への崇拝や敬虔な祈りの報奨であり，神秘の合一に至る霊的健康に欠くことのできない水分と理解された[51]。

　五つの傷口のなかでも，キリストの心臓（聖心）を病の癒しに結びつけるイメージや言説は，聖心崇拝とともに中世末の宗教書のなかで著しく拡大した。この現象は聖心への信心のみならず，人体の解剖学的・生理学的知識やボディー・ポリティックに対する関心の高まりを反映していると言えるだろう。後述するように，心臓に関する医学的知識を用いた比喩表現は，正統・異端の区別なく知識人のあいだに広がった。その意味で，聖心（心臓）を中心的表象に据えたメヒティルドの比喩表現は，生理学的・解剖学的主題が医学，自然哲学，神学，神秘主義思想などにおいて盛んに議論された中世末の文化的状況を反映している[52]。

　メヒティルドが自在に操る心臓に関する比喩表現を，中世末の知的コミュニティーが形成した言説空間のなかで捉えると，「中世の心臓」という実に複雑な臓器とその特徴が浮かび上がる。今日，心と身体の働きやその関係は脳を中心に説明されるが，中世では心臓が魂の働きと身体の機能を支配すると考えられ，心臓と魂や精気との関係について独特の理論が展開された[53]。特に，生命を維持するための魂の働きや，魂が身体のどこに宿るかをめぐってさまざまな解釈があったが，その主流はアリストテレスとガレノスの学説だった。しかし，両者の主張は大きく異

---

50) *The Booke* I, 38, 183.

51) *The Booke* I, 35, 178-79. 命の水と葡萄酒は洗礼や聖餐を想起させた。

52) Heather Webb, *The Medieval Heart* (New Haven and London: Yale University Press, 2010), p. 5.

53) 中世の医学では，人間の体内には自然精気，動物精気，生命精気という三種類の精気があり，それぞれ，肝臓，心臓，脳に宿っていると考えられた。三つの精気は外部からの刺激を受けつつ，人間の思考や行動に影響を与えた。久木田『医療と身体の図像学』，50-51頁参照。心臓で作られる動物精気と魂の関係については，Webb, *Medieval Heart*, p. 21 参照。

なった。アリストテレスは，身体を支配するのは心臓であると唱え，他方，ガレノスは心臓の他に，血液を造る肝臓や運動と感覚の源である脳を含めた多極的モデルを提唱した[54]。しかし12世紀以降，アヴィセンナの『医学典範』(Canon) がラテン語に翻訳されると，アリストテレスの自然哲学が医学者や神学者のあいだに伝播し，心臓を中心とするアリストテレスの学説が勢いを得た。アルベルトゥス・マグヌスは『動物論』(De animalibus, 13世紀) のなかで，身体に生命を与える根源に関するアヴィセンナの主張に依拠し，次のように述べた。「ガレノスは誤解していたに違いない。（略） 魂はあらゆる力の根源であり，（魂の宿る）臓器（心臓）は必然的にすべての臓器の始原である。そこで，生命の働きと力については，心臓に魂が存在するという見解で一致する。よって，心臓はあらゆる神経と血管の根源で，魂の働きは（心臓から）それらを経て身体の諸器官，四肢に行き渡るのだ」[55]。つまり，魂が住まう心臓は血液の湧く泉で，魂から放たれる力は心臓から脈管を通って身体全体に届けられるのである[56]。魂が心臓に宿るという認識は知識人の著作に速やかに吸収され，中世末の文化のなかに浸透した。イギリスでは，異端思想を唱えて教会当局を悩ませたジョン・ウィクリフ（1384年没）の著作にもその一端が窺える。ウィクリフはモーゼの「十戒」を註釈した『神命論』(De mandatis divinis) のなかで，神を求める人間の心について説明する際，アリストテレスの『動物論』(De animalibus) に依拠しつつ，「身体の生来の特徴に関して言えば，人間のあらゆる状態は心臓に由来する。たとえば，心臓が大きく，血液が足りなければ臆病になり[57]，よい血液が溢れればこれと正反対になる」[58]と述べ，心臓と人間の

---

54) Webb, *Medieval Heart*, p. 19.

55) Albertus Magnus, *De animalibus*, 3.1.4, par. 41, in *On Animals: A Medieval Summa Zoologica*, trans. Kenneth F. Kitchell and Irven Michael Resnick, 2 vols (Baltimore, MD and London: Johns Hopkins University Press, 1999), 1, p. 363.

56) Webb, *Medieval Heart*, p. 21. Webbによると，心臓は血液を造り，熱を発散し，生殖機能においては精子を作り，精気を生み出すと考えられた（p. 17）。

57) アリストテレス『動物部分論』，666aでも，心臓が大きい人間は臆病であるとされている。

58) John Wycliffe, *De Mandatis* 16, in *Tractatus de mandatis divinis, accedit Tractatus de statu innocencie*, ed. Johann Loserth and F. D. Matthew (New York: Johnson Reprint; Frankfurt am Main: Minerva, 1966; repr. of London: Wyclif Society, 1922), p. 182; *Wycliffite Spirituality*, ed. and trans. J. Patrick Hornbeck II, Stephen E. Lahey and Fiona Somerset (New York: Paulist Press,

心の密接な関係を指摘している。

　心臓中心説が主流となるなか，ボディー・ポリティックにも大きな変化が起こる。中世末の自然哲学が心臓を中心に身体と魂の機能の中央集権的構造を確立させるのに伴い，心臓をものごとの中心に据える思想は聖書解釈における代表的ボディー・ポリティックに変化を与えた。つまり，教会を身体に，キリストをその頭に喩えるパウロの教階制度的比喩は，頭部ではなく心臓に生命の始原を見る，中世末のボディー・ポリティックに移行したのである[59]。この変化は，キリストの心臓が教会という神秘体の中心をなし，キリストの心臓とそこから流れ出る血と水によって共同体のすべての構成員が養われるという思想を支えることとなる。

5　聖心と空間のアレゴリー

　それでは，キリストの心臓をものごとの中枢に据える中世末の心性は，メヒティルドの啓示にどのように映し出されるのだろうか。復活祭に続く水曜日の幻視のなかで，メヒティルドはキリストの心臓という空間に神とともに住まう恵みを与えられる[60]。キリストは，「そなたが（天上で）我が声を聞く祝福された者の一人であると信じるように。その保証に，我が心を与えよう。この聖心をいつも携えなさい」[61]とメヒティルドに命じ，メヒティルドが永遠の休息を得る日まで聖心のうちに向かい，その心から決してそれることがないと確信させる。メヒティルドはこの啓示を「初穂の賜物」のひとつと理解した。このときから，彼女の心に湧き上がるすべての愛はキリストの心に向けられ，またこれを契機に，メヒティルドの目の前にキリストが現れるたびに，聖心から特別な賜物を受け取ることとなる。賜物は惜しみなく与えられた。メヒティル

2013), pp. 120-21.
　59)　Webb, *Medieval Heart*, p. 34.
　60)　*The Booke* II, 22, 364-66. キリストとともに住まう空間としての心臓については，Voaden, 'Mechtild of Hackeborn', p. 438 参照。
　61)　*The Booke* II, 22, 365.

ドは，もし賜物についてすべて書き綴らなければならないのなら，その量は修道女が日々の勤めで手にする時祷書[62]を凌ぐことだろうと記している[63]。

　キリストの聖心が与えられると，聖心を神と人間の魂が住まう空間に見立てた数々のアレゴリーがメヒティルドの幻視に登場するようになる。キリストの心臓という空間は，家屋，食堂，新婚の寝室，閉ざされた庭，薬箱などに千変万化し，さまざまな象徴的空間が創造される。メヒティルドの空間のアレゴリーは，アンリ・ルフェーヴルの「表象の空間論」をとおして解釈することができるだろう。ルフェーヴルは，経験される現実の空間はイメージやシンボルをとおした連想や想像力の働きによって変わり得るものと考える。表象の空間は比喩やメトニミーによって立ち上がる，想像された空間である。この空間はさまざまな事物を象徴として利用しつつ，物理的空間をすっぽり覆い尽くすことさえできる[64]。象徴には常に感情が付与されるが，宗教的アレゴリーは感情移入をとおして，心的空間を完全なまでに支配しうるのである。

　この意味で，空間のアレゴリーはメヒティルドの魂を支配し，キリストとメヒティルドとの神秘的なつながりを深化させる[65]。たとえば，復活祭の八日目の幻視のなかで，メヒティルドは主の美しい家に招かれる。主の御前に立ったメヒティルドは先ず足元にひれ伏し，真紅の傷口に接吻し，続いて胸の傷口に近寄った。すると，その傷は彼女の目の前で大きく口を開き，燃え盛る炎のような熱気を発した。主はメヒティルドを抱き上げて，「我が聖心のなかに入り，縦に横に隅々まで見て回る

---

62) 中英語版では，'any booke þat we vse' (II, 22, 365) と訳されている。
63) *The Booke* II, 22, 365.
64) Henri Lefebvre, *The Production of Space*, trans. Donald Nicholson-Smith (Oxford: Blackwell, 1991), pp. 39-40, 140-41. 観点は異なるが，ルフェーヴルを援用した議論には以下がある。Vincent Gillespie, 'Meat, Metaphor and Mysticism: Cooking the Books in *The Doctrine of the Hert*', in *A Companion to* The Doctrine of the Hert: *The Middle English Translation and its Latin and European Contexts*, ed. Denis Renevey and Christiania Whitehead (Exeter: University of Exeter Press, 2010), pp. 131-58.
65) 修道院の建築構造は霊的・比喩的に解釈されてきた。空間のアレゴリーは，個々人が内面の充溢を強く求めるようになった中世末のイングランドで広く受容された。メヒティルドの啓示の読者は心臓の比喩表現を建物の比喩と重ね，身近に感じたのであろう。中世末の文学における建物のアレゴリーについて以下に詳しい。Christiania Whitehead, *Castles of the Mind: A Study of Medieval Architectural Allegory* (Cardiff: University of Wales Press, 2003).

ように」[66]と言った。神の聖心は縦横に延びた広い空間で，その長さは永遠の善を，幅はメヒティルドの魂の「健康」を願う神の愛と希望を意味した[67]。聖心のなかを巡ったメヒティルドは輝ける聖霊の陽の光を全身に受ける。次に，聖体を拝領し，神との霊的合一を希求すると[68]，メヒティルドの心の目には，いくつもの金の塊りが溶けてひとつになるように，己の心臓が神の聖心と溶け合うのが視えた。幻視の終わりに主は言った。「こうして，そなたの望みと喜びは叶い，そなたの心は我が聖心から永遠に離れることはないだろう」と[69]。

　魂の健康の源であるキリストの心臓は，魂の薬を作る空間にもなる。メヒティルドは，神への熱い愛を失い，彼女に助言を求めたヘルフタ修道女のエピソードを回想するが，この助言には薬のイメージが鏤められている。メヒティルドはその修道女に対し，心を神に向け，ラテン語で'Trahe me post te in odorem vnguentorum tuorum'（「あなたの香油の芳しさのなかにわたしをお誘いください」「雅歌」1章4節）[70]と唱えるように助言する。続いてメヒティルドは，'trahe'という言葉の意味について，キリストが「わたしが地上から上げられるとき，すべての人を自分のもとに引き寄せよう」（「ヨハネによる福音書」12章32節）と弟子たちに約束した聖書の一節を沈思黙考し，修道女の心がキリストに引き寄せられ，主の身体から放たれる三種類の膏薬の香りに溶け込まれんことを願うように指導した[71]。

　膏薬の香りとは，キリストの聖心（心臓）という高貴な薬箱から天地を満たすほど惜しみなく溢れる香りである[72]。薬箱のなかには，第一の膏薬として，キリストの胸の傷を表す気高いバラから作られたバラ水があった。キリストの傷の治癒力は中世の家庭で広く用いられたバラ水

---

[66]　*The Booke* I, 44, 200.

[67]　*The Booke* I, 44, 201.

[68]　中世の女性神秘家は聖体拝領中に霊的合一の至福に与る感覚をたびたび得た。Bynum, *Holy Feast and Holy Fast*, pp. 117, 250 参照。

[69]　*The Booke* I, 44, 202.

[70]　ウルガタ聖書；*The Booke* IV, 25, 463.

[71]　中英語版の翻訳者は，'unguentum'（香油）を'oyntemente'と訳している。バラ水や葡萄酒に油分は普通含まれないが，ここでは塗り薬のように想像されたと理解し，膏薬と表記する。

[72]　*The Booke* IV, 25, 463-65. ここでは，'noble sellere' (464) を薬箱と訳す。

に喩えられた[73]。神の愛を象徴するバラは慈愛という炉のなかで煮出され，薬となる。その効能はくだんの修道女の魂の顔面を清め，罪の汚れをぬぐい去り，魂の病を癒すというものだ。第二の膏薬は，十字架上のキリストの心臓の傷から搾り出された赤い葡萄酒である。メヒティルドは，修道女の魂の顔面がキリストの血で赤く染まり，聖心のなかで催される天上の宴席に臨むにふさわしい姿となるよう，心こめて祈るように助言する[74]。第三の膏薬は，神の聖心から漂うこの上ない甘い香りである。「香膏」と呼ばれるこの膏薬はどの香油よりも甘く香り，霊的な病を癒す。修道女の魂は膏薬の香りと油分に包まれ，神との一体感を覚えるほどの充足感で満たされる[75]。これら三種類の膏薬がキリストの心臓から創製された薬であることは注目に値する。メヒティルドは魂の癒しを，キリストの聖心（心臓）という薬箱から取り出した膏薬を塗布する治療と理解したが，同時期にイングランドで流布した翻訳宗教書『心の教義』（*The Doctrine of the Hert*）のなかにも，メヒティルドの表現と類似した心（心臓）の比喩表現が見られる。同書では，修道女の心臓がキリストへの愛ゆえに調理されるという表現が使われる。しっかり焼き色のついた修道女の心臓には，苦難，悔悛という苦味を含んだ薬膳のソースと苦行の報奨である甘いソースが添えられる。この例は，薬の効能を有する心臓のイメージが15世紀の読者の心を捉えると同時に，そのようなイメージをとおしてイングランドの読者が内面の充実を深めたことを窺わせる[76]。

　キリストの聖心の治癒力が象徴的に現れる啓示は他にもある。ある主日，「主よ，我を清め給え」[77]と歌っていると，神はメヒティルドの心を洗い清め，徳を与えようと，神性の宝庫である聖心のなかに彼女を招

73）バラ水（rosewater）は，バラの花弁から絞り取られた滴とすり鉢で擂った花弁を水に浸した二種類の液体を意味する。後者は蒸留して薬などに用いられた。Terence Scully, *The Art of Cookery in the Middle Ages* (Woodbridge: Boydell, 1995), p. 164 参照。

74）天上の宴はメヒティルドの啓示のなかにたびたび現れるイメージである。*The Booke* II, 16, 347-50 参照。

75）*The Booke* IV, 24, 465.

76）*The Doctrine of the Hert*, p. 13. この点について，Dr Christiania Whitehead にご教示頂いた。記して感謝申し上げる。

77）主日のミサの「散水の儀」の先唱句の一節：'Asperges me domine . . .'（「詩編」第50篇9節，ウルガタ聖書）。

き入れた[78]。そこには葡萄園があった。メヒティルドが視たのは東から西に流れる川と 12 の実をつけた 12 の葡萄の木だった。12 の実はパウロが書簡のなかで挙げた諸徳を含む「平和，喜び，愛，寛容，忍耐，善意，優しさ，柔和，誠実，自制，節制，貞節」[79]を意味した。川のなかには数多くの魚が棲み，それらは俗世のあらゆる快楽を捨て，愛に満ちた泉であるキリストに身を投じた魂であった。

葡萄の木は聖体の伝統的な表象であるが，メヒティルドの幻視では，彼女自身の身体が葡萄の木に，また心が葡萄園に重ねられることがある。ある時，メヒティルドが神の御旨につき従う葡萄の木として，己の心を主に捧げようとすると，主が彼女の心のなかを歩き回る様子が視えた[80]。驚くことに，メヒティルドの心はキリストを迎える美しい葡萄園となっていた。つまり，この葡萄園のイメージをとおして，（キリストではなく）メヒティルド自身がミサ聖餐の葡萄酒の作り手として立ち現れるのである。メヒティルドの心の葡萄園のまわりには大勢の天使が立ち並び，石造りの壁を想像させる厚い囲いを造っていた。メヒティルドの心は「閉ざされた庭」(Hortus conclusus) のように天使たちに大切に守られていたのである[81]。葡萄園の中央には泉があった。泉は心身の健康に寄与する庭園の伝統的モチーフであるが，健康を促す庭のイメージは，泉の傍らに佇み，胸（心臓）の傷から迸る血と水を，霊的再生を願う者の上に撒きかけるキリストの姿をとおして，さらに鮮明になる[82]。キリストの血と水は聖餐の葡萄酒と洗礼の聖水の象徴であるが，医学言説とキリスト教神学の言説が接合することによって，メヒティルドの身体は霊的再生の場である「閉ざされた葡萄園」に変容する。そして，キリストとのこのような栄えある結びつきによって，メヒティルドは葡萄

---

78) 魂の病は罪の汚れに起因すると考えられた。
79) 「ガラテヤの信徒への手紙」5 章 22-23 節；*The Booke* II, 2, 329-30.
80) *The Booke* I, 51, 219.
81) *The Booke* I, 51, 219.「閉ざされた庭」の解釈について，拙論 Naoë Kukita Yoshikawa, 'The Virgin in the *Hortus conclusus*: Healing the Body and Healing the Soul', *Medieval Feminist Forum* 50, 1 (2014), 11-32 参照。
82) 楽園追放以来，人間は霊的・身体的治療が必要な存在となったが，芳しい庭園は病と死に脅かされることのない楽園を想起させ，そこから放たれる芳香は心身に活力を与えると考えられた。

酒という神の薬を人びとに施す媒体にもなるのである[83]。
　ところで，この葡萄園の四隅には四種類の葡萄酒があり，それぞれ「人生の四つの時代」と呼ばれる，人間の四段階の成長過程と呼応している[84]。

> 葡萄園の東には，甘い香りを放つ澄んだ葡萄酒があり，人間が子供時代に神に捧げたあらゆる善行の実りを意味した。北には，力強い赤葡萄酒があり，子供から大人への過程で，敵に抗して邪悪や誘惑に耐える苦難を表した。南には，神への熱い愛を表す上等な葡萄酒があり，青年期の神への愛の徳行を意味した。そして葡萄園の西には，最も気高い，薬草入りの甘い葡萄酒があり，老年期の人間が神や天上について精一杯喜びを持って願うように導くのである[85]。

　この教訓的イメージは，葡萄園が義人を表すだけではなく，人間が生涯をとおして神を崇め，善き行いに努めることが神の喜びであるとメヒティルドに教えている。神に選ばれし，美しい果樹園であるメヒティルドは，己の心を舞台とした幻視を解釈するなかで，健やかな魂の模範となっていく。もとより，聖書は心を「良心，記憶，意志を含む自己の内奥」とみなしたが[86]，中世の心臓は感情の座であるとともに，意志と願望の中枢である。メヒティルドは己の意志を神に向け，魂の内奥において御旨を理解することによって霊的模範となる。
　メヒティルドがヘルフタ修道女の模範として成長する啓示をもう一つ挙げよう。ある時，祈りを捧げていると，「どの魂も私のもとから離さない」と語るキリストの声が聞こえた。すると突然，キリストの聖心か

---

[83] ミサを司る聖職者にも匹敵するメヒティルドのアイデンティティは，ヘルフタ修道院で培われた伸びやかな感性の表れと解釈できる。

[84] 「人生の四つの時代」という考え方はコンスタンティヌス・アフリカヌスに由来する。J. A. Burrow, *The Ages of Man: A Study in Medieval Writing and Thoughts* (New York: Oxford University Press, 1986), p. 22; Elizabeth Sears, *The Ages of Man: Medieval Interpretations of the Life Cycle* (Princeton: Princeton University Press, 1986) 参照。

[85] *The Booke* I, 51, 219-20.

[86] Eric Jager, *The Book of the Heart* (Chicago and London: University of Chicago Press, 2000), pp. xv. アウグスティヌスの『告白録』における心の捉え方はこの伝統を引き継いでいる。Jager, *The Book of the Heart*, p. 29 参照。

らメヒティルドの魂に向かって縄が降りてくるのが視えた。その縄は，すべてのヘルフタ修道女を神のもとに引き寄せるためにメヒティルドが用いる縄であった[87]。縄は神の愛の象徴である。メヒティルドは，この縄によって神と修道女たちはへその緒でつながれたように絶ちがたく結びつくと理解し，彼女の模範に倣う修道女たちがしっかりと神に引き寄せられる様子を思い描くのである[88]。

　このような啓示は聖心の大いなる働きを知らせる恵みであるが，ある復活祭の朝，メヒティルドは魂の住まいである神の心を視る。その住まいは美しく大きな家で，なかに小さな家が納まっていた。大きな家は聖心を，小さな家はメヒティルドの魂を意味し，小さな家の中心にキリストが座していた。小さな家には聖心に入る門があり，金の棒と鎖がかけられ，門が開くと鎖が動き，聖心を揺り動かす仕組みとなっていた。メヒティルドは，門は己の魂の願望を，門にかかった棒は意志を，また，小さな鎖は神の願いを表していると考え，神の願いは遙か古から人間の意志や願望を刺激し，人間を神へと向かわせていると理解した[89]。人間の意志についての教訓的比喩表現に加え，魂を建築物に喩える空間のアレゴリーは，メヒティルドがキリストに内包されると同時に彼女自身もキリストを内包するというイメージを生み，「こうして，そなたの魂は私の聖心に常に包み込まれ，そなたの心のなかに私も包み込まれる」[90]，という神の言葉に結実する。互いを心（心臓）という場所のなかで包容するイメージは，神とメヒティルドの相互の結びつきを具現化し，神との一体感に歓喜するメヒティルドの類まれな感性と表現力を際立てる。聖心を神と人間の魂の住まいに重ねる表現は，メヒティルドの幻視の随所に現れるが[91]，特に，互いを内包するという幻視はメヒティルドの霊

---

　　87)　*The Booke* I, 22, 127.

　　88)　*The Booke* I, 22, 127-28. ヘルフタの修道女をキリストの聖心に引き寄せるメヒティルドは，神から延びる紐で修道女たちと神のあいだの仲立ちをする聖母マリアにも匹敵する役割を果たしている。The *Booke*, I, 68, 273 参照。

　　89)　*The Booke* I, 39, 184. これと類似する，魂の家を守る扉と鍵の寓意表現はスウェーデンの聖ビルギッタの『啓示』にも現れる。Whitehead, *Castles of the Mind*, pp. 133-34 参照。

　　90)　*The Booke* I, 39, 184.

　　91)　婚姻の寝室としての聖心（心臓）のイメージは，*the Booke*, III, 1, 411-12 などを参照。聖心を家に喩えるイメージは，1500 年頃に St Walburg, Eichstätt（ドイツ）のドミニコ会修道女のために制作された書物の挿絵に多数見られる。たとえば，キリストの心臓は小さな

的・道徳的権威を高め，神の恩寵に与る神秘家としての彼女のアイデンティティを揺るぎないものとし，神との親密なつながりによって，霊的婚姻の喜びに至るメヒティルドの栄えある姿を予感させるのである[1]。

　この幻視に続いて，メヒティルドは己の心が聖体を拝領するにふさわしいものとなるようキリストに希った。キリストはここでも建物のアレゴリーを用い，メヒティルドの心の壁が病に感染していないかよく調べるように命じる。即ち，心の西側では，メヒティルドがヘルフタ修道院の修道規則を守っているか，また心の北側では，いかに教会に対して忠実であるかが吟味される。さらにキリストは，メヒティルドがいかに同胞のキリスト教徒に仕え，彼らに慈愛を注ぎ，同胞の逆境を知るに及び，我がこととして，憐み，受けとめたかを問うのである。この霊的会話の後，メヒティルドは神の聖心という家のなかに足を踏み入れる許しを得，キリストの足許に跪く。キリストがメヒティルドを抱き上げ，平和の接吻を与えると，復活祭のミサが始まる[92]。復活祭の典礼をとおしてメヒティルドに与えられた聖心をめぐる幻視は，ここにひとつのクライマックスを迎えるのである。

5　結　び

　メヒティルドの幻視や啓示には，教導的メッセージと観想的霊性が縦横無尽に織り込まれている。メヒティルドは比喩やアレゴリーを用いてキリストの聖心（心臓）を物質的・精神的空間として展開させながら，キリストとの神秘的つながりが己の魂のなかで深化する過程を綴っている。また，これと並んで重要なのは医学と宗教の言説の交差と接合である。医学言説を軸とした比喩表現をとおして，メヒティルドはキリストとの霊的合一を霊的健康の最高段階の経験と理解する。メヒティルドに

家として描かれ，花嫁として聖三位一体に抱擁された修道女は心臓のなかで安らかに憩う。また，小部屋のなかの祭壇で聖体拝領の準備が整えられ，キリストと人間の魂との霊的婚姻が聖体拝領をとおして成就する予感が表現されている。Jeffrey F. Hamburger, *Nuns as Artists: The Visual Culture of a Medieval Convent* (Berkeley: University of California Press, 1997), pp. 137-41, figure 85, plate 12 参照。

92) *The Booke* I, 39, 185-86.

とって，キリストの聖心（心臓）は，悔悛する魂が神との一致を待ち望む場所であり，魂の癒しが可能となる根源的な舞台となるのである。

　中世末，イギリスの教会は異端運動によって信仰の基盤を揺さぶられ，血の気を失った。衰弱した教会が再生への歩みを進めるなか，正統な出自と権威を有するメヒティルドの『霊的な恩寵の書』は，教会の御墨付きの書物として，名だたる大陸の女性神秘家たちの著作と並んで中英語に翻訳された。聖心を中心的表象に据えるメヒティルドの身体的・霊的比喩表現は，魂の健康を模索し，教会の改革と再生を求める15世紀初頭のイギリスの読者にふさわしい翻訳宗教文学であったと言えるだろう。ハッケボーンのメヒティルドは霊的手本，権威として15世紀の読者の前に姿を現した。神の特別な恩寵に与る修道女という恵まれたアイデンティティによって，メヒティルドの啓示は信徒の再教育の道具となり，祈りから観想へと霊的昇華を切望する読者の鑑となったのである。

4

宗教改革百周年記念ビラにおけるルターの復活
――宗教改革の図像学的トポスの継承と変容――

高 津 秀 之

はじめに

　1617年にフライベルクで出版されたビラ,『マルティン・ルター博士の奇跡,教皇の玉座』(以下『ルター博士の奇跡』)の挿絵には,空を飛ぶルターの姿が描かれている(図1)[1]。1517年の「95か条の論題」の発表から100年後,彼は天使として復活した。再びローマ教皇を倒すために。ルターの視線の先には,ローマ教皇が玉座に座っている。いささか安定感に欠ける玉座だが,助太刀にはせ参じたカトリック聖職者にも支えられて,戦闘態勢を整えたようだ。彼の足元には巨大なハサミがある。これでルターの翼を切り落としてしまう作戦らしい。

　1617年に神聖ローマ帝国のプロテスタント地域で宗教改革百周年を記念する祝祭が開催された際,ルターを主役とする挿絵を掲載したビラが多数出版された。ルターは生前から現在に至るまで,修道士,神学博士,説教師,聖人,使徒,預言者,天使など様々な姿で描かれてきたが,そうしたイメージに付与された意味合いは,時代とともに変化してきた[2]。例えば1817年には,彼は「市民」と「愛国者」として描かれた

---

[1] 『ルター博士の奇跡』は解説とともに,以下の資料集に収められている:Harms, Wolfgang / Kemp, Cornelia: Deutsche illustrierte *Flugblätter* des 16. und 17. Jahrhunderts, Bd. 2, Tübingen 1980, S. 232–233.

[2] Scribner, Robert W.: For the Sake of Simple Folk: Popular *Propaganda* for the German

図1　Harms, Wolfgang / Kemp, Cornelia: Deutsche illustrierte *Flugblätter* des 16. und 17. Jahrhunderts, Bd. 2, Tübingen 1980, S. 233.

が，この姿は，フランス革命を契機としてはじまった，ブルジョワジーとナショナリズムの時代に相応しい[3]。1617年には，ルターはどのように描かれたのだろうか。そこには三十年戦争勃発の直前の時期ならではの特徴があるだろうか。本論文の課題は，1617年に出版されたビラの挿絵の検討を通じて，17世紀初頭におけるルターのイメージの特徴を明らかにし，その意味を当時の政治的・文化的状況との関連において考察することである。

1　1617年のビラにおけるルターのイメージ

(1)　「ルターと教皇の一騎打ち」再び

1524年にヴォルムスで出版された木版ビラ『ルターの首引き猫』には，ルターとローマ教皇による「首引き猫」遊びの様子が描かれている。森田安一によれば，この絵の主題は「ルターと教皇の一騎打ち」で

Reformation Oxford 2004, pp. 14-36; Scribner, Robert: Luther Myth: a Popular Historiography of the Reformer, in: Scribner: *Popular Culture* and Popular Movements in Reformation Germany, London/ Ronceverte 1987, pp. 301-322.

　　3) Winckler, Lutz: Martin Luther als Bürger und Patriot: Das Reformationsjubiläum von 1817 und der politische Protestantismus des Wartburgfestes, Lübeck/ Hamburg 1969.

ある[4]。そのおよそ100年後に出版された『ルター博士の奇跡』において，ルターは再び教皇との宿命の一騎打ちに臨むのである。

　ルターの武器は聖書である。聖書の頁には，「あなたたちは聖書を探り，その聖書は私を証明している」（『ヨハネの福音書』第5章第39節）と記されているが，これはルターの聖書主義の端的な表明である。また彼の喇叭の口から湧き出ている雲のようなものは，吹き鳴らされる轟音の表現であろう。この喇叭の側には *Esai. 57* と記されているが，旧約聖書の『イザヤ書』第57章ではイザヤが偶像崇拝を非難しているから，響き渡る喇叭の音は，カトリックの聖画像崇敬に対する攻撃の合図ということになる。さらに，彼が右手に持つ灯は「福音の光」である。『マタイによる福音書』第5章第14―16節に由来する「福音の光」は，ハンス・ホルバインによる木版画ビラの挿絵以降，繰り返し描かれてきた[5]。さらに画面左の教会は，ルターが「95か条の論題」をその扉に掲示したとされるヴィッテンベルクの城教会であろう。その側には，贖宥状を吊るした竿を肩に乗せ，金の詰まった袋を背負う修道士テッツェルがいる。これらの人や物は，宗教改革の図像学的トポス（定型表現）とも言うべきものであり，100年前のルターの宗教改革の記憶を見る者に想起させる。

　しかし，この絵が伝えるのは過去の記憶だけではない。仲間の天使の頭上に *Apoc. 14* と記されているように，復活したルターは人間ではなく天使，『ヨハネの黙示録』第14章に登場する天使である。1522年にミヒャエル・シュティーフェルがルターを黙示録の天使に擬えて以来，これは彼に与えられた役柄の定番であり[6]，1617年には片面にルターの胸像，片面に聖書と喇叭を持った，空を飛ぶ天使の彫刻のある記念メダルが，ルターの故郷アイスレーベンで発行された。このメダルの縁には，「倒れた。倒れた。大バビロンが」（『ヨハネの黙示録』第14章第8節）と彫られている[7]。

　4）　森田安一『ルターの首引き猫　木版画で読む宗教改革』山川出版社，1993年，140-178頁。

　5）　Scribner, *Propaganda*, p. 46.

　6）　Harms / Kemp: *Flugblätter*, Bd. 2, S. 232; Clemen, Otto (Hg.): Flugschriften aus den ersten Jahren der Reformation, Bd. 3, Nieuwkoop 1967, S. 282 -342.

　7）　Scribner, Robert W.: Incombustible Luther: the Image of the Reformer in Early Modern

復活したルターが黙示録の天使であるとすれば，ローマ教皇はこの都市に誕生した反キリストということになる。このことは，教皇の玉座の肘掛に彫られた悪魔的な顔によって暗示されている。また彼の頭上には，*Daniel. 12* と記されているが，旧約聖書の『ダニエル書』第12章に登場する「清い民の勢力を打ち砕くもの」は，反キリストを指すと考えられてきた。

　反キリストとしてのローマ教皇も，宗教改革の図像学的トポスに属する[8]。ルターは，1520年に刊行された著作『教会のバビロン捕囚』の中で，「教皇庁とは，バビロンの王国であり，反キリストそのものの王国にほかならない」と記したのを皮切りに，晩年の1545年に刊行された著作『悪魔によって築かれたローマ教皇庁に反論する』や『教皇の座について』に至るまで，教皇，それも教皇個人ではなく教皇制度全体を，反キリストとして攻撃した[9]。この見解はルター派の正統信仰を定めた1577年の和協信条と1580年の信仰告白にも受け継がれている[10]。また図像としては，ルーカス・クラーナハが，ルターのドイツ語訳新約聖書の『ヨハネの黙示録』の獣やバビロンの大淫婦にローマ教皇の象徴である三重冠を被らせ，『受難のキリストと反キリスト』の反キリストをローマ教皇の姿で描いた。さらに『教皇の座について』には，三人の復讐の女神から教皇＝反キリストが誕生する場面などを示した，9枚の木版画が収められている。

　1617年にライプツィヒで出版された『神聖なる指導者マルティン・ルターの福音の光のもとに』（以下『福音の光』）の挿絵にも，ルターと教皇の一騎打ちが描かれている（図2）[11]。『ルター博士の奇跡』と同様に，この絵の舞台もヴィッテンベルクの城教会であり，その扉から現れ

Germany, in: Scribner: *Popular Culture*, p. 342; Schnell, Hugo: Martin Luther und die Reformation auf Münzen und Medaillen, München 1983, S. 342.

　8）バーナード・マッギン（松田直成訳）『アンチキリスト　悪に魅せられた人類の二千年史』河出書房新社，1998年，270-275頁。

　9）Schönstädt, Hans-Jürgen: Antichrist, Weltheilsgeschehen und Gottes Werkzeug: Römische Kirche, Reformation und Luther im Spiegel des *Reformationsjubiläums* 1617, Wiesbaden 1978, S. 124-125.

　10）マッギン『アンチキリスト』280頁。

　11）『福音の光』は解説とともに，以下の資料集に収められている：Harms / Kemp: *Flugblätter*, Bd. 2, S. 224–225.

4 宗教改革百周年記念ビラにおけるルターの復活　　　201

図 2　Harms / Kemp: *Flugblätter*, Bd. 2, S. 225.

たルターも，聖書と福音の灯を手にしている。また，この聖書の頁にも，「聖書を探りなさい」という聖書主義の宣言が記され，贖宥状を吊るした竿と賽銭箱を背負ったテッツェルがすごすごと退散する。道化帽を被った彼の頭の周りには，狂信者を意味する蜂の群が飛び交い[12]，イエズス会の帽子を被ったネズミ――異端者の象徴――が彼の後を追っている[13]。

『ルター博士の奇跡』のルターとは異なり，このビラのルターは普通の人間の姿をしているが，今度はローマ教皇が怪物として描かれている。三重冠を被った怪物は，ライオンの胴体に竜の頭，鉤爪，翼と尻尾を備えているが，口から水が噴き出している様子が，『ヨハネの黙示録』第 12 章に登場する竜を想起させる。この竜は，「太陽を身にまとう女」，すなわち聖母マリアと，彼女の子供であるイエスの敵として登場し，「悪魔またはサタンと呼ばれ」ているが，大天使ミカエルと戦っ

　　12）　カトリック側がルターを黙示録の獣として攻撃したビラ，『七つの頭をもつ獣としてのマルティン・ルター』でこの表現が用いられている。岡田温『黙示録　イメージの源泉』岩波書店，2014 年，187 頁。
　　13）　Kastner, Ruth: Geistlicher *Rauffhandel*: Illustrierte Flugblätter zum Reformationsjubiläum 1617, Frankfurt a. M. / Bern, 1982, S. 311.

て敗れる[14]。したがって，ここで竜と戦うルターも，翼こそないけれども，天使——大天使ミカエル——ということになる。対抗宗教改革期のカトリックの聖画像には，竜を踏みつける大天使ミカエルの姿が，異教徒やプロテスタントに勝利するカトリック教会の象徴として，盛んに描かれた。『福音の光』の挿絵の作者は，これに対抗しようとしたのかもしれない。

　これら二枚のビラの挿絵は，見る者に重ね合された二つの戦いの光景を提示する。すなわち，宗教改革の記憶を想起させると同時に，将来の黙示録的な終末の戦いを予告している。そのために使用されている「ルターと教皇の一騎打ち」，「黙示録の天使としてのルター」，「反キリストとしての教皇」，「聖書主義を示す聖書」，「『福音の光』を意味する灯」などの表現は，16世紀以来の宗教改革の図像学的トポスである。しかし，1617年の二枚のビラでは，そうした既存の要素をこれまでにない仕方で組み合わせることによって，黙示録的な危機感，不安感を強烈に漂わせる戦闘シーンが描き出されている。ここに，16世紀のビラとは異なる新しい特徴を指摘できよう。16世紀のビラでは，例えば先の『ルターの首引き猫』のように，すでにルターが教皇に勝利している。また，恐ろしい怪物が登場する場合でも，これも森田が紹介している，1521年に出版された『怪獣ムルナー，俗にいう欲深阿呆あるいはガチョウ説教師』の表紙の木版画のように，「図の中央には，勝ち誇ったように聖書を胸にいだいたルターがすっくと立ち，その足元に猫の頭をもった竜が尻尾を巻いて苦しそうに倒れている」[15]。これを見る者はルターの強さに驚嘆するであろうが，戦闘の緊迫感，不安感は伝わらない。これに対して，1617年の二枚のビラで展開されているルターと教皇の一騎打ちの勝敗は——黙示録の読者には予測可能ではあるとはいえ——まだついていないのである。

　この変化の背景に，三十年戦争直前のドイツ，そしてヨーロッパを覆っていた危機意識や不安感を読み取ることは容易である。それはグスタフ・ルネ・ホッケやアンドレ・シャステルなどの美術史研究者が，ミケランジェロ・ブオナローティの『最後の審判』に代表される16世紀

---

14) 岡田『黙示録』165-169頁。
15) 森田『ルターの首引き猫』229-232頁。

後半以降の後期ルネサンス美術，マニエリスム美術の背後に読み取ったのと同じ心理状態である[16]。そして岡田温司は，レヴィ＝ストロースの神話論に基づきながら，混乱した現実の諸問題をそれに重ね合わせることで緩和させる装置としての黙示録の機能について述べたが[17]，1617年の二枚のビラは，正にそうした装置として作成されたのである。

(2) ルターの復活と千年王国の到来

したがって不安の後には希望がなければならず，黙示録的終末の戦いの後には，キリストの再臨と千年王国の到来がなくてはならない。『ヨハネの黙示録』第20章第4-6節によれば，最後の審判に先立つ1000年間，再臨したキリストが，黙示録の「獣もその像をも拝まなかった」，すなわち偶像崇拝を拒否した者たちの王国を統治する。そしてこれも1617年に出版された，出版地不明のビラ『いとも神聖なる神学博士マルティン・ルターの復活』（以下『ルターの復活』）の挿絵は，この光景を示している（図3）[18]。画面は左右に分けられ，左側にはカトリックの聖画像崇敬を批判したプロテスタント，右側には偶像崇拝者，すなわちカトリックの運命が，対比的に示されている。

ますはプロテスタントの様子から見てみよう。画面上部の喇叭を吹く天使と最後の審判に臨む神の姿がこの光景の意味を明らかにする。そして中央には，復活したルターの後姿がある（図4）。彼は両手に棕櫚の枝を持ち，信者の一群を先導し，キリストの磔刑像――黙示録で約束された新しいイェルサレムの象徴であろうか――に向かって歩を進めている。人びとは画面下部にある「生命の扉」を通っているが，これは彼らの復活を意味している。ルターの左手の棕櫚の枝には「神の御言葉」，右手の枝には「平和の道」と記されている。行進する一団の左右には，跪く諸侯と聖職者と殉教者の一団の姿が見える。さらに画面の左隅では，勝利者として旗を掲げるキリストが，教皇を示す狼を踏みつけ，羊

---

16) グスタフ・ルネ・ホッケ（種村・矢川訳）『迷宮としての世界』（上）（下）岩波書店，2010年；アンドレ・シャステル（小島久和訳）『ルネサンスの危機 1520－1600年』平凡社，1999年。

17) 岡田『黙示録』75頁。

18) 『ルターの復活』は解説とともに，以下の資料集に収められている：Harms / Kemp: *Flugblätter*, Bd. 2, S. 230-231.

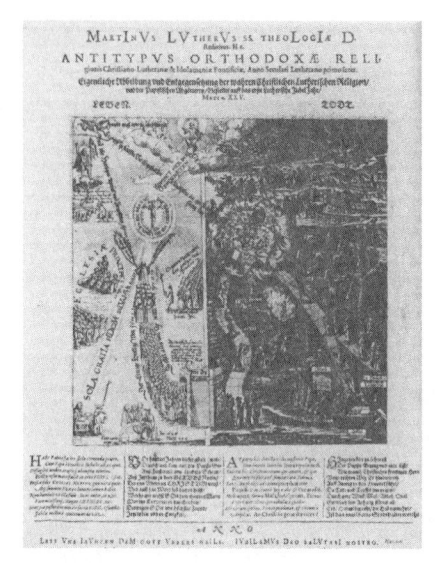

図3　Harms / Kemp: *Flugblätter*, Bd. 2, S. 231.　　図4　Harms / Kemp: *Flugblätter*, Bd. 2, S. 231.

たちの群れを従えている。また画面下部では，聖書と思われる書物を開いた人物と十字架を掲げた人物が向かい合っているが，これは神の言葉に対する信仰，すなわち聖書主義を表している。その隣では，プロテスタントの秘跡の一つである洗礼の光景が描かれている。画面全体は，キリストの磔刑像から発散する光で明るく照らされている。

　これと正反対に，カトリックは，画面下部の「死の扉」から，板張りの通路を通って，煉獄へと歩を進める。周囲には暗黒の世界が広がり，異端審問官が見守る中，火刑や絞首刑，斬首刑，車裂き，串刺し刑が執行される。終着点の煉獄——煙に囲まれた穴の縁に沿って *FEGEFEVR* と記されている——は炎が燃え盛り，まさに教皇と悪魔を呑みこもうとしている。両者の姿は「生きながら，硫黄の燃えている火の池に投げ込まれた」（『ヨハネの黙示録』第19章第20節）黙示録の獣とにせ預言者を想起させる。さらに画面下部には，聖体拝領や贖宥状の販売など，プロテスタントの批判や疑義の対象となったカトリックの行為を行う聖職者と信徒たちが描かれ，画面の最上部には，黙示録の獣に跨るバビロンの大淫婦としてのローマ教皇が，四人の聖俗の権力者と信者の一団の祈り

の声に迎えられて再登場する（図5）。獣の七つの頭は「尊大」,「冒瀆」,「虚栄」,「暴虐」,「放蕩」,「貪欲」,「怠惰」の罪の象徴である。また,教皇と獣の下にある都市は, テヴェレ川と思われる川と聖天使城のような建物によってローマと同定されるが, 城壁の側には「バビロン」と記され, ローマこそが黙示録

図5　Harms / Kemp: *Flugblätter*, Bd. 2, S. 231.

の虚栄の都, 反キリストの棲む町バビロンであることを主張している。

(3)　宗教改革者ルターと黙示録的終末論

以上の三枚のビラの挿絵は, 宗教改革の図像学的トポスを用いて, 生前のルターの宗教改革を記念するだけでなく, 反キリストやサタンと戦う黙示録の天使, 千年王国に信者を導く指導者という, 復活したルターが果たすべき役割を予告している。仮にルター本人がこれらのビラを目にしたならば, きっと困惑したに違いない。確かに, 彼は生前から黙示録の天使に擬えられたし, そもそも黙示録の歴史的解釈を提言して人びとの黙示録への関心を促したのはルターであった[19]。しかし, ルター本人はアウグスティヌス以降の正統的教理を受け継ぎ, 黙示録の記述を心的寓話と見なし[20], その内容にもほとんど共感することなく, 1522年のドイツ語訳聖書には「この書は私の心にしっくりこない。なぜなら, キリストのことに触れず, 教えることもしないから」という注釈を記している[21]。宗教改革者ルターは世界の終末の到来を強く意識していたが,

---

19)　岩井淳『千年王国を夢みた革命　17世紀英米のピューリタン』講談社, 1995年, 30頁。
20)　岩井『千年王国を夢みた革命』24, 28頁。
21)　マッギン『アンチキリスト』265-266頁。

これに対して能動的,積極的に行動を起こすことはなかった[22]。

こうしたルターの態度に対して,トーマス・ミュンツァーは,千年王国の実現を目指して農民戦争の精神的指導者となり,これに反対するルターを反キリストと見なしさえした[23]。さらにルターの協力者フィリップ・メランヒトンも,1530年の『アウクスブルク信仰告白』において,「死者の復活に先立って聖人と義人だけがこの世の国を立て,神なき者をすべて駆逐するであろう」という千年王国論を,メシアによるユートピアの実現を希求する「ユダヤ教的な教え」として退けたが[24],説教と教育を反キリストの支配を打ち破る手段と見なしていた点で,ルターよりも積極的に黙示録的な終末に備えていた[25]。17世紀初頭のビラでルターに与えられた役割は,ルターよりもむしろ彼らにこそ相応しい。1617年のビラに描かれたルターは,16世紀の宗教改革者ルターとは異なる人物,あるいは天使だったのであり,このことは,17世紀初頭の人びとが,復活したルターに生前とは異なる役割を求めていたことを示唆している。

2　薔薇十字運動と「全般的改革者」ルターの肖像

(1)　薔薇十字団の「原宣言」

この役割が何かを考えるための手掛かりとして,三十年戦争直前のドイツに起こった薔薇十字運動について述べたい。テュービンゲン出身の神学者,ヨハン・ヴァレンティン・アンドレーエの手によると推定される三つの文書——薔薇十字団の「原宣言」と呼ばれる——によって世に知らしめられた薔薇十字団の運動は,学識者を中心に,人びとの大きな関心を集めることになる。

---

22)　木塚隆志『トーマス・ミュンツァーと黙示録的終末観』未来社,2001年,30頁;Oberman, Heiko A.: Die Reformation: Von Wittenberg nach Genf, Göttingen 1986, S. 162-188.

23)　ノーマン・コーン(江河徹訳)『千年王国の追求』紀伊國屋書店,1978年,253頁。

24)　徳前他訳『宗教改革著作集』第14巻,1994年,43頁;ゲルショム・ショーレム(石丸昭二訳)『サバタイ・ツヴィ伝　神秘のメシア』(上)法政大学出版局,2009年,119頁。

25)　木塚『トーマス・ミュンツァーと黙示録的終末観』34頁。

最初の文書『友愛団の名声』（以下『名声』）は，1614年にカッセルで出版された。この文書は，架空の人物クリスティアン・ローゼンクロイツの生涯を伝えている[26]。彼は「ドイツ人であり，またわれらが友愛団の指導者で創始者であるが［中略］全般的な改革のために，長い間尽力してこられた」[27]。この「全般的改革」（Die allgemeine Reformation）とは，『名声』に記された表現を用いるならば，「神の子イエス・キリストと自然に関する完璧な知識」の中から，「自然の書を編み出し，すべての技術の完璧な方法を引き出すこと」を通じて実現される，「神に関する事も人間に関する事もふくむ全般的改革」を意味する[28]。

ローゼンクロイツの生涯は，この全般的改革の実現に必要な知識の獲得と普及のために捧げられた[29]。1378年に貴族の息子として生まれたローゼンクロイツは，修道院で学んだ後，16歳のときに聖地巡礼を企てた。しかし，旅の途中で計画を変更し，東方世界を遍歴し，数学や魔術や医術を習得し，植物や動物に関する知識を深めた。やがてヨーロッパに帰還した彼は，ドイツで友愛団，すなわち薔薇十字団を創設する。仲間たちは「聖霊の家」と呼ばれる館で共に暮らし，師から知識を学び，発展させるとともに，多くの病人を治療した。やがて仲間たちはヨーロッパ各地に散らばり，正体を隠して活動を続けた。この間，創設者ローゼンクロイツは1484年に死去したが，その120年後の1604年，仲間たちが彼の納骨堂を発見した。『名声』の作者は，この事件が「全般的改革がやって来る」ことを示す「きざし」であると断言する[30]。

---

26) 『名声』は，以下の文献で読むことができる：ヨーハン・V・アンドレーエ（種村季弘訳・解説）『化学の結婚』紀伊國屋書店，2002年，185-212頁；フランセス・イエイツ（山下知夫訳）『薔薇十字の覚醒』工作舎，1986年，i - xxi頁。なお，本論文の執筆に当たってはイエイツの文献に収められた日本語版を参照した。またその内容については，以下の文献も参照：Edighoffer, Roland: Die *Rosenkreuzer*, München 1995, S. 17-27；クリストファー・マッキントッシュ（吉村正和訳）『薔薇十字団』筑摩書房，2003年，26-27, 76-84頁；ロラン・エディゴフェル（田中義廣訳）『薔薇十字団』白水社，1991年，18-27頁；イエイツ『薔薇十字の覚醒』70-74頁。

27) イエイツ『薔薇十字の覚醒』iv頁。

28) イエイツ『薔薇十字の覚醒』72, 74, iii, xviii頁。

29) ローゼンクロイツの架空の生涯については，以下の文献を参照：Edighoffer: *Rosenkreuzer*, S. 17-19；マッキントッシュ『薔薇十字団』26 – 27, 76 – 84頁；エディゴフェル『薔薇十字団』18-27頁；イエイツ『薔薇十字の覚醒』70-74頁。

30) イエイツ『薔薇十字の覚醒』xviii頁。

この文書に対する反響は大きかった。1614年から1620年の間に，薔薇十字運動に関連する200以上の文書，18世紀初頭までに約900の文書が出版された[31]。そしてこの反響に応えるように，1615年に『薔薇十字友愛団の告白』(以下『告白』)が，カッセルで出版された[32]。

　『告白』は『名声』ではほとんど表面化していなかった，反ローマ教皇の態度を鮮明にする[33]。すなわち作者は，「今やわれわれは，まったく自由かつ安全に，何の危害も怖れることなく，ローマ教皇を反キリストと呼んではばからない。これまで死罪にあたいすると見なされた反キリストである。実際その罪のためにあらゆる国の人びとが死に至らしめられてきた」と宣言し[34]，さらに以下のように述べている。

　　「これまでのやり方においてさえ，多くの信心深い人々はひそかに，そしてまったく絶望的に，教皇の圧政を打ち破ろうとしてきたのである。おかげで，教皇は後にドイツで，偉大にして真面目な，かつまた特別な熱意をもって，その座からひきずり降ろされ，踏みにじられたが，その最終的な失墜は先送りとなり，現代の課題として残されたのである。今こそ教皇は鉤爪でずたずたにかきむしられる時であり，新たな声によって，そのろばのような鳴き声は終わりを見るだろう。」[35]

　宗教改革という「これまでのやり方」によって，ドイツでは，教皇は「その座からひきずり降ろされ，踏みにじられた」。しかし改革はまだ十分ではなく，「現代の課題」，すなわち全般的改革によって完成されなくてはならない。しかも早急に。なぜなら，「神は，今すぐにもやってく

---

31) エディゴフェル『薔薇十字団』12頁。
32) 『告白』は，以下の文献で読むことができる：アンドレーエ『化学の結婚』213-236頁；イエイツ『薔薇十字の覚醒』xxii - xxxiii頁。なお，本論文の執筆に当たってはイエイツの文献に収められた日本語版を参照した。またその内容については，以下の文献も参照：Edighoffer: *Rosenkreuzer*, S. 28-29；マッキントッシュ『薔薇十字団』26- 27, 76-84頁；エディゴフェル『薔薇十字団』18-27頁；イエイツ『薔薇十字の覚醒』74-81頁。
33) イエイツ『薔薇十字の覚醒』79頁。
34) イエイツ『薔薇十字の覚醒』78頁。なお引用の際，「アンチクリスト」を「反キリスト」に改めた。
35) イエイツ『薔薇十字の覚醒』xxvii頁。

る終末のまえに」,「最初の人アダムがかつて持っていたのに, 楽園で喪失してしまったもの」を,「世界に贈り授けられる決意を, しっかりと固められた」からである[36]。

翌1616年には,『1459年のクリスティアン・ローゼンクロイツの化学の結婚』(以下『化学の結婚』)が, シュトラースブルクで出版された[37]。これは前二書とは異なり, 薔薇十字団の創設者と同名の人物ローゼンクロイツを語り手とする幻想的な冒険譚であり, 彼の不思議な城への旅と, そこでの王と王妃の結婚式の様子が語られる。その内容は, 神聖な秘密結社への加入儀礼, あるいは錬金術の象徴的な解説のようでもある。また物語の中で七幕物の劇が演じられるが, この劇には反カトリック的なプロパガンダとして解釈できる場面がある[38]。すなわち, 主人公の王子は自分の花嫁をモール人から救出した後「自分の宮廷長と宮廷牧師に花嫁の保護を命じた」が,「宮廷長は彼女をしたたか虐待した」。さらにその後「情勢はガラリと一変し, 宮廷牧師の坊主のほうが悪意たっぷりに天下を乗っ取ろうとした」が,「王子は急遽さる騎士を送って坊主の暴虐を打ち破った」。この「宮廷長」は皇帝,「宮廷牧師」はローマ教皇,「騎士」はルターを暗示している[39]。また本編の間に挟まれる幕間狂言では, 救世主を象徴する獅子がサタンを象徴するグリフィンや反キリストを象徴する「ダニエル書の四頭の獣」と戦うが[40], こうした場面はビラ『ルター博士の奇跡』や『福音の光』の黙示録的な戦闘シーンを髣髴とさせる。

以上, 本論文の内容と関連する範囲において, 薔薇十字団の「原宣言」の内容を紹介した。薔薇十字運動とは改革運動であり, それは反キリストであるローマ教皇の打倒という目的をルターの宗教改革と共有しているが, 改革の対象を宗教の領域に限定していない。17世紀初頭に

---

36) イエイツ『薔薇十字の覚醒』xxviii頁。

37) 『化学の結婚』は, 以下の文献で読むことができる:アンドレーエ『化学の結婚』3-183頁。またその内容については, 以下の文献も参照:Edighoffer: *Rosenkreuzer*, S. 34-57; エディゴフェル『薔薇十字団』33-60頁。

38) エディゴフェル『薔薇十字団』46-47頁。

39) アンドレーエ『化学の結婚』111頁。

40) アンドレーエ『化学の結婚』107, 109頁;なおグリフィンは種村の日本語版では「キリン」と訳されている。これについてはエディゴフェル『薔薇十字団』47頁も参照した。

おいては，宗教ばかりでなく自然科学，特に錬金術の領域における知識を総動員した，社会の全般的改革が求められていた。多くのルターのビラが出版された1617年には，薔薇十字団の「原宣言」に刺激されて，この全般的改革に対する期待が高まっていたのである。

(2) 薔薇十字団とルターの薔薇

『名声』には，この全般的改革の担い手に相応しい人物として，「テオフラストゥス」，すなわちテオフラストゥス・ボムバスト・フォン・ホーエンハイム，通称パラケルススの名前が登場する。彼は「友愛団の一員ではなかったが，Mの書を熱心に読んでいた」[41]。この『Mの書』は『世界の書』（*Liber Mundi*）の略称である。パラケルススは，ガレノスなどの医学書の研究に没頭する医師たちを批判して，神が創造した自然の書物を学ぶこと，すなわち自然を経験すべきことを主張していた[42]。したがって『Mの書』とは，大いなる書物ともいうべき「自然」を意味していると考えられる。こうして「書物」に喩えられた自然は，ルターの宗教改革の基盤であった書物，すなわち聖書の対応物として，全般的改革の基盤として位置付けられている。

一方，「原宣言」にルターの名前は一度も登場しない。しかし，すでに多くの研究者によって，ルターと薔薇十字運動の関係が論じられてきた。そしてその根拠として必ず引き合いに出されるのが，ルターの紋章である。ルターは1516年頃から，青地に白い花弁をもち，中央に赤い心臓と黒い十字架のある薔薇を描いた図柄を自分の紋章に採用し，彼の著作にも掲示した。この通称「ルターの薔薇」("Luther Rose")は，薔薇十字団という名前の由来の一つと考えられてきた。また「原宣言」の作者アンドレーエの紋章も薔薇と十字架であり，ここに名前の由来を見ることもできるが，アンドレーエ家の紋章は，ルター派の神学者であったヨハン・ヴァレンティンの祖父，ヤーコプがルターの紋章を模範として考案したものであるから，これも間接的にルターとの関係を示していることになる[43]。

---

41) イエイツ『薔薇十字の覚醒』vii 頁。
42) 菊地原洋平『パラケルススと魔術的ルネサンス』勁草書房，2013年，218頁。
43) ルターの薔薇については，以下の文献を参照：Kastener: *Raurfhaudelk*, S.186. また

図6 Kastner, Ruth: Geistlicher Rauffhandel: Illustrierte Flugblätter zum, Reformationsjubiläum 1617 Frankfurt a. M. / Bern, 1982, S. 173.

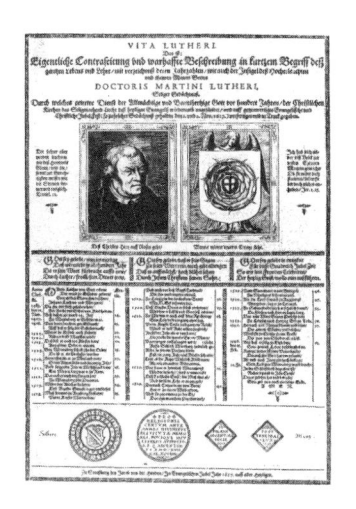

図7 Harms / Kemp: *Flugblätter*, Bd. 2, S. 213.

　加えて，ルターと同じく薔薇と十字架の図柄を紋章とするクリスティアン・ローゼンクロイツと，ルターの関係を見逃すことはできない。ローゼンクロイツは1484年に死去するが，この年はルターの誕生年，正確には，ルーカス・ガウリクスやメランヒトンなどの「占星術政治家たち」がそのように見なし続けた年である。彼らは，1483年11月10日を自らの誕生日とするルターの主張にもかかわらず，ルターの誕生日を，土星，木星，火星の大合という天体異変の起こった年である1484年の10月22日と見なしていた[44]。ローゼンクロイツの死亡年とルターの誕生年の一致が示唆しているように，後者が前者の生まれ変わりのような存在であるとすれば，1617年に復活したルターは，復活したローゼンクロイツでもあることになる。

ヤーコプ・アンドレーエについては，以下の文献を参照：マッキントッシュ『薔薇十字団』68頁；エディゴフェル『薔薇十字団』61頁；イエイツ『薔薇十字の覚醒』56頁；ロベルト・シュトゥッペリヒ（森田安一訳）『ドイツ宗教改革史研究』ヨルダン社，1984年，328頁。
　44）菊地原『パラケルススと魔術的ルネサンス』182頁；アビ・ヴァールブルク（伊藤博明監訳）『ルター時代の言葉と図像における異教的＝古代的予言』ありな書房，2006年，19-31頁。

この点を踏まえながら，以下の二枚のビラを検討したい。1617年にシュトラースブルクで出版されたビラには，ルターの全身像が描かれている（図6）[45]。彼の周囲には，誕生から死に至るまでの生涯の重大事件についての記述が並び，彼の顔の横には薔薇の紋章がある。また同じく1617年にシュトラースブルクで出版されたビラ（図7）には，左側にルターの胸像，右側に薔薇の紋章を抱えた天使が描かれている[46]。

　1617年にはルターの肖像を示すビラが多数出版されたが，このルターの肖像は，16世紀以来幾度もビラの挿絵として用いられてきた，ルーカス・クラーナハの肖像画に基づく。またそうしたビラには，しばしばルターの紋章である薔薇と十字架が描かれた。これらのルターの肖像も紋章も，16世紀以来繰り返し用いられてきた，宗教改革の図像学的トポスに属する。

　しかし，ルターの全身像を描いたビラは，実は1616年にウルムで出版されたビラの複製である[47]。もっとも，ウルム版では薔薇の紋章がなく，シュトラースブルクの印刷所が独自に付け加えたことが分かる。そしてシュトラースブルクは，『化学の結婚』の出版地であり，この文書の著者であるアンドレーエは彼の著作をここで印刷，出版していた[48]。シュトラースブルクは薔薇十字運動の発信地であり，ここで出版された版に新たにルターの薔薇が付け加えられたことに意味があるとすれば，このビラのルターが宗教改革者であると同時に，ローゼンクロイツと同じ全般的改革者として描かれた可能性を指摘できよう。そしてもう一枚のビラに描かれたルターの薔薇を抱えた天使は，ヴォルフガング・ハームスとコルネリア・ケンプによれば黙示録の天使である[49]。したがってこの天使も前章で紹介したビラに描かれたのと同様の，ルターの肖像画といえるのであり，さらには薔薇十字団の「原宣言」と同質の，黙示録

　45）　このビラは次の文献に掲載されている：Kastner: *Rauffhandel*, S. 173.
　46）　このビラは解説とともに，以下の資料集に収められている：Harms / Kemp: *Flugblätter*, Bd. 2, S. 212–213.
　47）　Kastner *Rauffhandel*, S. 172.
　48）　「名声」と「告白」が出版されたのはカッセルであるが，この二文書は，アンドレーエの意図とは無関係に，恐らくはそれに反して，別の人物，恐らくはヘッセン＝カッセル方伯モーリッツの意向によって出版された。またアンドレーエは，『化学の結婚』以降の彼の著作も，シュトラースブルクから出版している。
　49）　Harms / Kemp: *Flugblätter*, Bd. 2, S. 212.

的終末の雰囲気を表現していることになる。

　この点を踏まえるならば，前章で検討した『ルター博士の奇跡』と『福音の光』に描かれた天使ルターの像に，もう一つの意味を追加できよう。確かに，ここでルターが手にしている灯は「福音の光」である。しかし，薔薇十字団によって全般的改革の担い手に相応しい人物とされたパラケルススは，人間が自然を理解し，神の創造行為を解明するために与えられた——魔術的知を含む——認識能力あるいは理性を，「自然の光」と呼んでいた[50]。この光の源は二つあり，その一つは死すべき人間や動植物のもの，もう一つは彼のいうところの「天使」のものである[51]。黙示録の天使ルターが掲げる「福音の光」は，この「自然の光」でもあるのではないだろうか。

3　宗教改革百年祭と三十年戦争

　以上の検討の成果を，17世紀初頭の政治的コンテクストの中で考察したい。

　冒頭にも述べたように，これまで検討してきたビラは，宗教改革百周年を記念する祝祭をきっかけとして出版された。この宗教改革百年祭の主導者は，プファルツ選帝侯フリードリヒ5世とザクセン選帝侯ヨハン＝ゲオルグの二人であった[52]。このうちフリードリヒ5世は，後にボヘミアの「冬王」と呼ばれる人物である。周知のように，ハプスブルク家出身の皇帝フェルディナント2世のボヘミア王位継承に反対するボヘミアの貴族たちが彼をボヘミア国王に選出したことが，三十年戦争勃発

---

[50]　ヨラン・ヤコビ編（大橋博司訳）『パラケルスス　自然の光』人文書院，1984年，83頁，149-150頁；カール・グスタフ・ユング（松田誠思訳）『ユング　錬金術と無意識の心理学』講談社，2002年，171頁；クルト・ゴルトアンマー（柴田・榎木訳）『パラケルスス　自然と啓示』みすず書房，1986年，78–82頁。

[51]　ユング『錬金術と無意識の心理学』19頁。

[52]　宗教改革百年祭の開催に至る経緯については，以下の文献を参照：Zika, Charles: The Reformation Jubilee of 1617: Appropriating the Past through Centenary Celebration, in: Zika: Exorcising our Demons Magic, Witchcraft and Visual Culture in Early Modern Europe, London/Boston 2003, pp. 200-211; Schönstädt: *Reformationsjubiläums*, S. 10-85; Kasther: *Rauffhandel*, S. 23-29.

の原因となった。またフランセス・イエイツは，彼と薔薇十字運動の関係を指摘し，「薔薇十字の出版物は，ファルツ選帝侯をめぐる運動，つまりボヘミアの冒険にむけて彼を担ぎ上げようとする運動の一環であるということが示唆できるだろう」とまで述べている[53]。フリードリヒを中心として，宗教改革百年祭におけるルターの復活，薔薇十字団の全般的改革，そして三十年戦争が結びつくことになる。

彼は宗教改革百年祭の構想を，1617年4月11日にハイルブロンで開催された「同盟」（Union）の会合で提案した。「同盟」は，神聖ローマ帝国のプロテスタント諸侯・帝国都市が，皇帝を頂点とする帝国のカトリック勢力に対抗するために，1608年に結成した軍事同盟であり，フリードリヒはこの「同盟」の頭目である。ルター派が排除されたわけではなかったが，彼をはじめとする構成員の多数派はカルヴァン派であった。祝祭を提案した彼の目的は，ルター主義とカルヴァン主義の同質性を強調することで，当時顕在化しつつあったプロテスタント勢力の内部対立を抑え，彼らの結束を内外に知らしめるとともに，1555年のアウクスブルクの宗教和議の対象から除外されたカルヴァン派の公認を実現させることにあった。4月23日，「同盟」は，11月2日の日曜日に祝祭を開催することを，「追加事項」として決定した[54]。

他方，ザクセン選帝侯ヨハン＝ゲオルグは，1577年の和協信条によって正統とされたルター主義を信奉するとともに，帝国におけるカトリックとルター派の二宗派共存体制の維持を政治的基本方針としていた。彼はフリードリヒと「同盟」の動向には批判的であり，ザクセン選帝侯領の宗教改革百年祭は「同盟」の決定とは関係ない。1617年4月22日にヴィッテンベルク大学神学部が彼に祝祭の開催を提案し[55]，ルターが「95か条の論題」をヴィッテンベルクの城教会の扉に掲示した日とされる10月31日から11月2日までの3日間を，宗教改革百周年を記念する祝祭日とすることが決定された。選帝侯はこの決定を領内の諸身分に命じるとともに，彼の味方，すなわち当時和協信条を受け入れていた諸

---

53)　イエイツ『薔薇十字の覚醒』67頁。
54)　この会合の詳細については次の文献を参照。Schönstädt: *Reformationsjubiläums*, S. 13-15.
55)　詳細については次の文献を参照。Schönstädt: *Reformationsjubiläums*, S. 15-19.

侯と帝国都市に通達した。

　このように，1617年の祝祭の発案者二人の立場や意図は大きく異なっていた。宗派的にはフリードリヒがカルヴァン派，ヨハン＝ゲオルグがルター派であり，政治的には前者が体制反対派，後者が体制維持派であった。しかし，こうした立場の違いは，本論文で論じたルター・イメージのあり方には，大きな影響を与えなかったようだ。すなわち，フライベルクとライプツィヒはザクセン選帝侯領内の領邦都市であるのに対し，シュトラースブルクは「同盟」の一員である。しかし全般的改革者という復活したルターのイメージは，本論文で検討したビラの全て，すなわち三都市で出版されたビラの全てにおいて確認できる。もっとも，本論文で検討しなかったビラの検討からは，両者に由来するビラの相違を明らかにできる。しかし，これについては別稿で論ずることとしたい。

おわりに

　ルターの「95か条の論題」の発表から100年後の1617年に出版されたビラの主人公として復活したルターは，宗教改革者であるばかりでなく，迫りくる黙示録的終末に備えて達成されるべき，全般的改革の指導者でもあった。この新しいルターのイメージを構成する要素のそれぞれは，16世紀以来の伝統的な宗教改革の図像学的トポスであり，目新しいものではない。しかし，1617年において，これらの構成要素は，伝統的な図像のいわばデータベースの中から取り出された後，薔薇十字運動と宗教改革百年祭に高揚する，三十年戦争直前のヨーロッパの政治的・文化的状況に適合的な，当時に独特の仕方で組み合わされ，新しいルター像を誕生させたのである。

　薔薇十字運動によって湧き上がった全般的改革に対する希望は，次第に消えていく。そしてそこから，敬虔主義という新しい宗教的潮流が誕生することになる。「敬虔主義の父」フィリップ・ヤーコプ・シュペーナーは，かつてシュトラースブルクでヨハン・シュミットに学んだが，

このシュミットはアンドレーエの友人であった[56]。シュペーナーは彼らの影響のもとで全般的改革を夢見たが，やがてこうした改革は，ただ社会の規律化と見せかけのキリスト教に導くことができたに過ぎなかったと考えるに至る[57]。こうして彼の関心は，もはや「神に関する事も人間に関する事もふくむ」全般的改革ではなく，宗教生活の個人化と内面化を主張する敬虔主義運動に向う。こうした17世紀後半の変化の中で，ルターはまた別のイメージを身にまとうことになろう。しかし，それはまた別の話である。

　（本研究は2015年度の東京経済大学個人研究助成費（研究番号15-20）を受けた研究成果の一部である。）

　56）　ヨハネス・ヴァルマン（梅田與四男訳）『ドイツ敬虔主義　宗教改革の再生を求めた人々』日本キリスト教団出版局，2012年，66頁。
　57）　ヴァルマン『ドイツ敬虔主義』71頁。

5

ロシア正教会の刷新とその挫折
―― ロシア古儀式派の源流 ――

三 浦 清 美

1　17世紀ロシア正教会の分裂

　ロシア正教会の分裂は，ロシア史上でもっとも不幸な事件の一つである。

　ツァーリ，アレクセイ・ミハイロヴィチ（在位 1645-76）は，敬虔派 боголюбцы の有力者であったニーコンを篤く信頼して総主教に任じた。敬虔派とは，17世紀中葉にロシア正教を精神的支柱として，スムータで破綻した国家の再建を図ろうとしたグループで，ツァーリ，アレクセイとその聴罪司祭のステファン・ヴォニファティエフを中心に，ニーコン，フョードル・ルティシチェフ，イワン・ネロノフ，アヴァークムら，当時のロシアの最高の識者たちが集っていた。ニーコンは総主教に登極すると，ギリシアをモデルにした儀礼と典礼テクストの改変を実行に移そうとしたが，一見些細なことに見える宗教儀礼の変更が，ネロノフ，アヴァークム，モロゾワ夫人ら，かつての敬虔派の同士から，死に狂いの抵抗を惹起した。これがロシア正教会分裂の発端である。

　結末は悲惨としか言いようがなかった。儀礼改革派と儀礼非改革派（古儀式派 старообрядцы / староверы）の論争は30年の長きにおよび，ロシア古来の宗教儀礼に忠実であるべきことを主張した古儀式派は，最終的に，ツァーリ，アレクセイによって異端と宣告され，モロゾワ夫人が土牢で餓死させられ（1675），長司祭アヴァークムは焚刑に処せられた

(1682)。1685年には，古い信仰を捨てない古儀式派教徒は焚刑に処すという特別令がくだされている[1]。「火の洗礼」と呼ばれる古儀式派集団焼身自決の犠牲者は，19世紀までに二万人におよんだ[2]。

『アヴァークム自伝』によれば，教会を分裂させた儀礼の改変とは，従来二本の指できっていた十字を以後三本の指で切ること，聖堂内での礼拝は膝をつかず腰までにとどめることの二点であった[3]。中村喜和はそのほかに，「ハレルヤ」を二度ではなく三度繰り返すこと，十字架行進の向きを従来と反対にする（時計回りにする）ことをあげている[4]。クリュチェフスキイはさらに二つの変革の事例をあげている[5]。儀礼改変の命令は何回かにわたって出されているが，大略は以上のとおりであった。

多くの敬虔派メンバーが，この些細に見える，ギリシアの典礼様式への変更を重大な宗教的逸脱と見た。その理由は，宗教上のあらゆる儀式はある種の象徴と結びついており，その改変はただちに信仰の本質にかかわると意識されたためである[6]。たとえば，古儀式派は，二本指はキリストの神性と人性とが結びつくがゆえに，十字を二本指で切ることが正しいと主張し，儀礼改革派は，三本指が父なる神，子なる神，聖霊の三者を指すがゆえに三本指で十字を切るよう指示した。形式には，何らかの内実がともなっていたと考えざるをえない。

17世紀ロシアの宗教儀礼にまつわる議論は，決疑論 casuistry/казуистика[7]と呼ばれるジャンルに属する。決疑論とは，宗教や道徳上の一般的な規範を特殊で個別な事例に適用し，行為の適否を判定する実践的な類推法のことで，もともとはキリスト教の聖職者が告解のさいの

---

1) 丸山由紀子「17世紀ロシア古儀式派文献『貴族夫人モロゾヴァの物語』- 試訳および註 -」,『古代ロシア研究』第20号，2000年，127頁。

2) *Романова Е.* Массовые самосожжения старообрядцев в России в XVII-XIX веках. С П б ., 2012. С .7.

3) 中村喜和『ロシア中世物語集』128頁。

4) 中村喜和『増補 聖なるロシアを求めて』18頁。

5) *Ключевский В.О.* Сочинения в девяти томах III. Курс русской истории. М., 1988. С .276; クリュチェフスキイ『ロシア史講話3』恒文社，1982年，340-341頁。

6) 中村喜和『増補 聖なるロシアを求めて』平凡社ライブラリー，2003年，18頁。

7) 「決疑法」『世界大百科事典』日立デジタル平凡社 ; «Casuistry» // Encyclopaedia of Religion and Ethics, ed. J. Hastings (Edinburgh: T. & T. Clark); «Казуистика» // Энциклопедический словарь в 86 томах. Брокгауз и Ефрон.

指針をえるために形成された。信仰の本質がやどる儀式的行為や生活習慣の当否を決めるこうした議論は，古代ロシア以来，繰り返し問題にされ，相応の蓄積があった。ロシア正教会分裂という悲劇は，古代ロシア以来の決疑論の伝統の 17 世紀におけるリヴァイヴァルにほかならない。本論は，古儀式派がロシア古来のいかなる思潮のなかで出現したかを考察するために，中世ロシア史における決疑論の系譜を概観するものである。

2 ノヴゴロド人キリクの『質問状』——12 世紀

最初に取り上げるのは，12 世紀前半のノヴゴロド人，キリク（1110-1156/58）による『ノヴゴロド大主教ニーフォントへの質問状』（以下,『質問状』）である。キリクは，ノヴゴロドのアントーニエフ修道院の輔祭でその聖母生誕教会の合唱団の指揮者であり，これが執筆されたと考えられる 1147 年に修道司祭となり，ノヴゴロド教会で枢要な地位を占めていた。『質問状』は，キリクがニーフォントと交わした百一項目の質問とそれにたいする答えからなる。教会法的な性格をもったこの作品では，規範と相反する当時のノヴゴロド社会の生々しい現実があぶりだされている。ここでは，宗教儀礼と性の営みにかんする記述に絞って見ることにする。

> 29 項：もしも司祭が日曜日ないしは火曜日にミサを挙行しようとしている場合，この二日の間，月曜日の朝早くに交わりをもってもよい。自らの妻といたその日には，至聖所にのぼってはならない[8]。

> 57 項：私はたずねた。大斎期に自らの妻と交わりをもった男に聖餐をあたえるべきか。ニーフォントは怒った。彼は言った。「斎の

---

8) «Се и есть въпрошание Кюриково, неже въпраша иепископа ноугородьского Нифонта и инех» / *Подг. А.С. Павлов*. В кни.. Памятники древнерусского канонического права. СПб., 1880, ч.1 (РИБ, т.6), стл.31.

とき女性との交わりをひかえるように，汝らはほんとうにそう教えているのか。これは汝らの罪である。」わたしは言った。「猊下，白衣の聖職者の規則には，キリストの斎なのだから，規則を守ることができればよいが，もしもそれができないならば，最初の週と最後の週に禁欲しなければならないと書かれています。また，フェオドスも府主教から伝え聞いたこととして，同じように書いています。」ニーフォントは言った。「府主教もフェオドスもそのように書いていない。スヴェトラヤ・セドミツァ（復活祭の翌週）の日曜日だけが祝日であるが，スヴェトラヤ・セドミツァは毎日祝日のようなものである。誰かがそのようにするならば，それはふたたび禁じよ。もしも誰かが日曜日に聖餐を受けようとするならば，土曜日の朝から穢れを洗い流し，月曜日の晩からふたたび妻と交わりをもつがよい[9]。」

69項：私は彼にたずねた。「猊下，もしも妾をおおっぴらにもち，かの女と子どもをもうける者と，多くの女奴隷どもとひそかに暮らす者と，どちらがよいですか。」ニーフォントは答えた。「どちらも悪い。」[10]

　29項，57項では，司祭がどのような条件のもとで妻との性行為をおこなってよいか，性行為におよんだのちは何を控えなければならないかが論じられている。司祭は行動の規範を示されたことで安心したであろう。69項は，あらためて問うまでもないが，キリクによるノヴゴロド社会の現状報告であると捉えれば筋が通る。
　とくに57項は，問題がデリケートであるゆえに考察に値する。ここで論じられるのは，一般信徒が大斎期に性行為をもつことの是非である。大斎期は復活祭に先だつ七週間にわたる精進期であるが，現実問題として，夫婦，とくにかれらが若く心身とも健康な場合，7週間ものあいだ性行為なしで過ごすことはむずかったのではないだろうか。こうした素朴な質問を一般信徒からされた教区教会の司祭は，最初の週と最後

---

9)　Там же, стл.37-38.
10)　Там же, стл. 41-42.

の週に禁欲すればよいと教えていたはずである。実現不可能な理想論よりも実現可能な妥協案のほうが，一般信徒を教会に引き寄せておくために有効だからである。しかしながら，高位聖職者でおそらくは生涯不犯を建前とする黒衣の修道士出身であった大主教ニーフォントは，修道司祭の妥協案に激怒したのである。

キリクの『質問状』には，異教的な風習にたいするロシア正教会側のねばりづよい戦いも垣間見えられるが，このテーマはほかにも『舵の書』をはじめとする，中世ロシアの教会法的な文献においてさかんに展開された。こうした教会法文書はあきらかに，決疑論の系譜に属している。次に，その例を教会法文書『舵の書（コルムチャヤ・クニーガ）』で見ることにしよう。

3　決疑論の担い手としての『舵の書 Кормчая книга』

『舵の書』はロシア国家の黎明期からピョートル大帝の改革までのおよそ700年間，ロシアの法文化において恒常的に大きな役割を果たしていた。それは，現代国家における憲法にも似て，生活全般に関連するさまざまな問題を規定していたからである。

『舵の書』は，ビザンツ帝国の法文書である『ノモカノン』のスラヴ語への翻訳である。『ノモカノン』は，ビザンツ皇帝の教会にかんする法令（ノモス）と教会法（カノン）の集成であり，クリュチェフスキイによれば，東方正教会世界において「教会の運営はこの集成にもとづいておこなわれてきたし，部分的には現在にいたるまで，ことに宗教的な事柄にかんする裁判においてこの集成は大きな役割を果たしているのである[11]。」

『舵の書』には多くの編纂本があり，D. H. カイザーが系統樹にして整理している[12]が，多様性がある『舵の書』編纂本のなかから，クリュ

---

[11]　*Ключевский В.О. Сочинения в девяти томах* I. *Курс русской истории.* М., 1988. С .217; クリュチェフスキイ『ロシア史講話1』，恒文社，1982 年，248 頁。

[12]　Kaiser D.H. *The Growth of the Law in Medieval Russia.* Princeton University Press.

チェフスキイはモスクワ歴史博物館宗務院図書館集成 132 番（ノヴゴロド, 1282 年）を取りあげてその構成を明らかにしている[13]。そこには，モーセの律法，使徒規範，教父規範，公会議決議，キリスト教の色彩の強いビザンツ・ローマ法である『エクロゲー』，従来のローマ法にちかいビザンツ法である『プロケイロン』，スラヴ語化したビザンツ法である『人民裁判法』，世俗君主による教会法規，そして，『ルースカヤ・プラウダ』が含まれる。世俗的な要素がつよい『ルースカヤ・プラウダ』でさえ，教会司法の領域から生まれてきたことは注目に値する。中世のロシアでは世俗と宗教の境界があいまいで，一般信徒の生活を規制する法は，教会法でなくても宗教者の手によりなったのである。

　この『舵の書』の一部の編纂本のなかでは，民衆の異教的な習慣が槍玉に挙げられ，難詰されている。たとえば，ウスチューグ版『舵の書』（13 世紀）の一節がそうした例である。

　　ウスチューグ版『舵の書』
　　素朴な人々を慰んだり，喜ばせたりするために，熊やそのほかの動物を連れ歩く者，偶然の辻占，運命，魔術を信じる者，雲を払う魔術を使う者らは断罪されるべきである[14]。

リャザン版『舵の書』（1284 年）からほぼ同じ事柄を難詰した文章を引く。

　　リャザン版『舵の書』
　　何らかのことを聞き出そうとして，魔術師に近づいた者は 6 年間の教会禁足措置を受ける。同様に，熊を連れ歩く者，魔術師，雲を払う魔術を使う者に近づく者，運命や偶然の辻占を信じる者は教会から遠ざけられる。

1980. P.22.

　13) *Ключевский В.О.* Сочинения в девяти томах Т. I. Курс русской истории. М., 1988. С .217; クリュチェフスキイ『ロシア史講話 1』, 249 頁。

　14) *Срезневский И.И.* Обозрение древних русских список Кормчей книги // СОРЯС. СПб. 1897. Т.65. Ч.2. С.132-133; *Гальковский Н.М.* Борьба Христианства с остатками язычества в Древней Руси. Т.1. Харьков. 1916. С .156-157.

解釈：素朴な人々を慰んだり，喜ばせたりするために熊やそのほかの動物を餌づけしたり，飼ったりする者，辻占を信じる者，運命をロジャニツァといって信じる者，魔術を信じる者も同様である[15]。

　両者とも，民間の呪術にたいする警戒感があらわになっている。この二つの『舵の書』の原典となっているのは，ビザンツのノモカノンであるが，そこでは次のように規定されている。

　大典礼書に付属する『ノモカノン』。
　15条：もしも誰かが，魔術師のところに通い，魔術をほどこされたならば，……トゥルロ公会議決議61条の規定によって6年間聖体拝領ができない[16]。

　20条：マタイの一章で言っている。ある者たちは熊やそのほかの動物を見世物やふつうの人々を害するために連れまわし，またある者たちは雲を払ったり，お守りをあたえたり，幸運や，この日に生まれたものはよい，この日は悪いと占い暦を信じたりしている[17]。

　『舵の書』の条項は，ビザンツのノモカノンを踏まえているものの，じっさいに難詰されているのは，スカマロフとよばれる中世ロシアの旅芸人たちである。スカマロフは異教的性格をもった見世物＝祭祀をおこなった。『舵の書』は，キリクの『質問状』と同様に，中世ロシアの現実，すなわち，異教的な風習を間接的に証言している。『舵の書』は教会による生活規定として，一般信徒の生活を決疑論的な側面からコントロールしようとしていた。こうした議論は，一般信徒をスラヴ人の伝統的宗教（＝異教）から引き離し，キリスト教に帰依させるためにある程度有効だった。

---

15) РНБ（ロシア国民図書館）所蔵写本 F. п .II. № 1.156-157 葉。
16) Павлов А.Н. Номоканон при Большом Требнике. М., 1897. С .128.
17) Там же, С .136.

4　プスコフのエフロシンの場合 ①
──コンスタンティノープル巡礼

　17世紀のロシア正教の分裂に先だつことおよそ250年，儀礼改革派と古儀式派が対決するのとほぼ同じ問題に頭を悩ませた人物があった。プスコフ近郊救世主エレアザロフ修道院の開基者エフロシンである。エフロシンは祈祷の最後にハレルヤを二回唱えるのが正しいか，三回唱えるのが正しいのかという問題を悩みぬき，コンスタンティノープル総主教のもとを訪れて二回唱が正しいという回答を得た。17世紀にロシア社会を動揺させた決疑論的問題を，ほとんどそれに匹敵する熱心さで追究した人間が15世紀前半のロシアにいたのである。
　興味深いことは，はるかな巡礼の旅のすえエフロシンがギリシアの慣行としてもち帰ったものが二回唱のハレルヤだったことである。17世紀には，二回唱のハレルヤは土着化したロシアの慣習として改革の対象となったが，じっさいに儀礼変更をおこなったのはギリシアのほうで，おそらくは西欧の影響を受けていた。この事例からわかるとおり，ロシアが正教世界の盟主となるためにギリシアを模範として儀礼改革する必然性はなかった。むしろ遅れてキリスト教を受容したロシア人が，古い正教の儀礼に忠実だったところに，ロシア古儀式派の凄みがある。この節では，クリュチェフスキイの記述[18]にしたがってエフロシンの生涯を概観する。
　15世紀の初頭，エフロシンという名のひとりの修道士がプスコフ郊外のスニエトゴラ修道院を出た。人跡の絶えた奥地に身をひそめ，そこで「もしも主のお気に召すならば」自らの修道院を開基するためである。そのころ，ロシアのさまざまな修道院ではまだ荒野，すなわち，人跡未踏の森林地帯に修道院を創建する荒野修道院運動がたけなわであった。プスコフから25キロほど離れた荒野，トルヴァ河畔に居をさだめたエフロシンは身辺に荒野の愛好者たちを集め，東方三博士の名を冠し

---

18) Ключевский В.О. Псковские споры. В кн. Сочинения Т.VII. М., 1959. С .76-79.

た教会のある修道院を創設した。救世主エレアザロフ修道院である。

　このエフロシンという修道士は，聖なるハレルヤについての疑問に苦しんでいた。それは，教会の祈祷歌をうたうとき，最後にハレルヤを二回繰り返すのが正しいのか，三回繰り返すのが正しいのかという問題である。エフロシンは同時代の大部分の修行者たちとは異なり，神学的な用心深さをもたなかった。彼の聖者伝作者は，神学的な用心深さに徹した，ある修行者のことを記している。この修行者は，教義の問題に大いなる怖れと熱意をもっていたので，誰かが聖書以外の書物の話をはじめると，耳を傾けようとせず，その人を修道院から追い出したのであった。

　エフロシンはハレルヤ問題の解決をもとめて「聖書以外の」教会運営にかんする史料を博捜した。聖者伝に書かれたエフロシン自身の言葉によれば，「私よりも年長の教会人から解答を賜ろうと」教会の長老たちにたずねた。しかしながら，プスコフの教会人たちは誰も，神学的な叡智のこの重大な事柄について解釈することができなかった。彼ら自身がこの問題に動揺して，キリスト教会のなかで意見が対立して分裂するありさまであった。聖なるハレルヤを二回唱する者もいれば，三回唱する者たちもいた。そこで，エフロシンはもっと離れたところにいるが，より期待のもてる教会の権威に解釈してもらうことを決心した。彼は自らの修道院の修道士たちを呼び集めていった。

　　兄弟たちよ，私はツァリグラード（コンスタンティノープル）に行こうと思う。なぜならば，若年のころから私は聖なるハレルヤについて多くの労力を割いてきたが，限りない悲しみに嘆くことになったからである。私は正しく栄えある信仰の照り輝くツァリグラードの聖なる総主教のもとにゆく。そして，神のハレルヤについてそこで真実を知りたいと思う。もしもそこで二回唱しているのなら，わたしも二回唱しよう。もしもそこで三回唱しているのなら，私も三回唱しよう。

　エフロシンは兄弟たちと別れて，教義をもとめるはるかな巡礼に旅立った。ツァリグラードに着くと，ミサのおこなわれている時間に大聖

堂教会に入った。こののち総主教ヨシフは彼を自らの僧坊へと招いた。総主教はロシアからの巡礼者を祝福し，聖なるハレルヤを二回唱することを命じた。こののちにエフロシンは大聖堂教会の歌にじっと耳を傾け，ツァリグラード周辺の聖なる場所と修道院を巡りあるき，荒野の沈黙行者のもとを訪れた。彼はどこの場所でも，ハレルヤの歌い方にかんする総主教の弁が正しいことを確認した。

　祖国への帰路につこうとヨシフと別れを惜しんでいると，エフロシンは彼から祝福のしるしにイコンと聖なるハレルヤの神の秘儀にかんする書物をもらった。総主教は彼を次のような言葉ではなむけした。

　　　　子よ，荒野での生活を律し，平安あれ。心の安らぎをもってゆき，自らの魂を救えよ。神が汝とともにあれ。われらの祝福が汝とともにあれ。敵たちは，海の波が堅い巌にぶつかって砕け散るように，汝の足もとに倒れ伏すがよい。巌は砕けないが，波は砕ける。

　自らの修道院に戻り，兄弟たちに総主教のイコンとともにハレルヤにかんする書物を兄弟たちに手わたすと，エフロシンは「全地教会総主教の伝えのとおり」自らの修道院のために二回唱のハレルヤを教会の祈りの歌に導入した。エフロシンの考えでは，この儀式はたんなる儀式なのではなく，教義にかんする思想がこめられていた。その思想とは，「ひとつの唇で神性とともに人性を祝福し，生をもたらすハレルヤで唯一なる神をほめたたえること」であった。

　クリュチェフスキイは，この巡礼行がじっさいにおこなわれたと考えている。コンスタンティノープルに模範を求めているところから，エフロシンのギリシア行きは正教会がローマ教会への合同を認めたフェラーラ・フィレンツェ公会議以前のことである[19]。

　クリュチェフスキイはまた，エフロシンの聖者伝が十分に現実を反映していることを立証する過程で，「14世紀の終わりから15世紀のはじめにかけて，プスコフ地方だけではなくノヴゴロド大主教区のほかの地域でも，二回唱のハレルヤがおこなわれており，この習慣はビザンツま

---

[19] *Ключевский В.О.* Псковские споры. С.81.

たは南スラヴに起源を持っていた可能性がある」ことをいくつかの事例をあげて指摘している。さらに，15世紀から16世紀のはじめにかけてのモスクワで，二回唱のハレルヤも存在したことの証左として，ワシーリイ2世が臨終の床で詩篇を歌い，二回唱のハレルヤのあと「汝に栄光あれ，神よ」と祈りを締めくくった事実を挙げている。この報告者は，モスクワ宮廷内の人物であるとクリュチェフスキイは考えている[20]。教会文学の史料的価値を論じることで自らのキャリアをはじめたこの歴史家は，エフロシン伝の史料的価値を十分に認めたのである。

5　エフロシンの場合②——論争

ところがここで重大な事件が起こる。

エフロシンが自らの修道院で二回唱のハレルヤの習慣を定着させたころ，プスコフにそのすぐれた学才で町中に知られた，ヨブという司祭がいた。エフロシンの聖者伝は，この人物はきわだった学識をもっていたばかりではなく波乱のある生活を送ったと述べている。彼は妻を亡くしたのち，僧籍を捨ててふたたび結婚し，この二度目の結婚でも妻を亡くしてから三度目の結婚をした。しかしながら，プスコフの人々からの敬意と名誉を失わず，プスコフのご意見番として評判を博していた。

このヨブという男が，プスコフの大部分の教会や修道院の習慣とは反対に，二回唱のハレルヤをとなえる修道士がトルヴァ川の河畔にいることを聞きつけて，この自分勝手なふるまいを咎めだてしようと決心したのである。「司祭のみなみなとキリストを愛する人々よ，トルヴァ川のほとりにエフロシンという名の長老が住んでいる。大いなる善行と禁欲，断食の行によって，私たちはこの男を神の人であると考えてきたが，この男は知恵の足りない人間で空しい生活を送るにすぎないことがわかった。自らの修道院でハレルヤを二回唱する習慣を定着させ，私たちが一致して守っている教会の規則と習慣を紊乱させたからである。」

---

[20]　Там же, C.82-85.

そして，彼は二回唱のハレルヤゆえにエフロシンを異端者であると決めつけた。

　この演説は当初，プスコフの町の人々の共感を呼ばなかった。そこで，ヨブはエフロシンを難詰するために，弁舌に長けた二人の論客に自らの書いた書簡をもたせ，トルヴァ河畔に送ることに決めた。この二人の論客は修道院につくと，エフロシンの僧坊に通された。彼らはエフロシンの斎戒で憔悴した顔を見ると，何と議論を切り出せばよいのか戸惑い，しばらくのあいだ沈黙していた。しかしながら，ヨブの書簡を携えていることを思い出し，勇気を出してたずねた。

　　父よ，そなたは神の教会を動揺させ，至福をもたらす神の法をかき乱しています。私たちは激しい嵐に翻弄され，そなたの逸脱行為のために波のなかに沈もうとしてます。……どこからそなたは聖なるハレルヤを二回唱する習慣を持ちこんだのですか？……私たちはハレルヤを三回唱することで，唯一の神の三位一体においてキリストを賛美します。父へのハレルヤ，子へのハレルヤ，聖霊へのハレルヤ，三回ハレルヤをとなえることで三位一体を崇敬しているのです。……あなただけがハレルヤを二回唱することで神の尊さを敬っていません。あなたはキリストを低め，神性と人性とから誉れを減じさせているのです。

　エフロシンは，二回唱のハレルヤで神を低めているという批判に鋭く反応した。彼の心は神への熱い思いで燃えたち，反論の火蓋を切った。

　　わが愛する兄弟たちよ，……誰も髪の毛を黒くしたり，白くしたり，自分の身長を高くしたりすることはできません。クモの巣は炎にふれると燃えあがり，光は闇と交わりません。まして，万能の神の生きたる，叡智の焔はなおさらのことです。……神の偉大さと誉れに何かをつけくわえたり，キリストの三位一体の誉れから何かを差し引いたりすることは誰にもできません。……そなたたちは神に栄光を加えたり，差し引いたりできるかのようにいっている。そのような馬鹿げたことはいうものではない。……神はキリストの肉体

とともに朽ちることのない言葉であり，そのなかに生命があり，生命は人間の光であり，光は闇のなかで輝き，闇は光を抱擁することはできないのである。

エフロシンはこう語ったのち，二回唱のハレルヤの習慣はコンスタンティノープルにならったものであることを論争者に語る。

コンスタンティノープルの偉大なる教会がおこなっているように，魂が私の身体を抜けでるそのときまで，神のハレルヤを二回唱することに邁進したいと思う。

二人の論客は論難に屈しないエフロシンに最後の切り札であるヨブの書簡を見せるが，エフロシンは書簡の著者であるヨブをあからさまに非難し，神の罰がくだるだろうと呪う。論客たちは反論する。

彼は私たちの高き町の誉れ高い雄弁家であり，教会の頭柱である。

エフロシンは答える。

いいや，信仰の頭柱などではない。悪臭に満ちた頭柱だ。かの男は神への勤めの世界から去り，自分からキリスト教会を去り，光よりも闇を愛し，三人も妻をめとり，恥ずかしいことにあれこれ智恵をめぐらせた。彼は以後，たんなる頭柱ではなく，糞便の柱と呼ばれるであろう。

論客たちはほうほうの体で修道院からヨブのもとにもどり，委細を報告する。ヨブは「糞便の柱」と呼ばれたことに，歯噛みして烈火のごとく怒り，プスコフの町じゅうに，エフロシンは邪悪な異端であり，神の敵であると吹聴してまわる。今回は，ヨブの誹謗がはるかに効果的に広まった。人々はエフロシンが神を低めているというヨブの言葉を信じ，この経験をつんだ修道士を異端と見なしはじめた。エフロシンの修道院

とその修道士たちは多くの人々から侮辱を受けた。トルヴァ川の修道士たちはいたたまれなくなり，町に姿をあらわさないようになった。こいつらは異端者の修道士だ，ハレルヤを二回唱しているとまるで怒った蜂が襲いかかるかのように，非難と残酷な言葉が雨霰と彼らに襲いかかった。プスコフの人々は，エフロシンの修道院のそばを通りかかるとき，ここが異端修道士のいる修道院だ，私たちはその教会に跪拝したりすまい，異端者はハレルヤを二回唱しているのだからといい，修道院の教会のまえで帽子を取らなかった[21]。

　以上のように，15世紀中葉におけるハレルヤをめぐる決疑論的論争は，17世紀中葉の儀礼改革派と古儀式派の論争にも比肩できる激しさで展開されたことがわかる。

6　都市異端──ストリゴーリニキとユダヤ異端

　15世紀前半プスコフにおけるハレルヤをめぐるエフロシンとその反対者との論争は，自由に考えや意見を交換しあう都市という環境のもとではじめて実現可能であった。おりしも，プスコフにおいてハレルヤをめぐる論争がおこなわれた同時代か，その直前に，ノヴゴロド，プスコフでストリゴーリニキという異端が隆盛していた。ソビエトの研究者クリバーノフによれば，ストリゴーリニキは14世紀後半ノヴゴロドで現れ，プスコフで隆盛した[22]。ロシアにおける異端の源流の一つは，中世ロシア共和政都市の自由の気風であると考えられるので，ここで都市異端について触れる。

　ストリゴーリニキにかんする年代記の記述は，いたって簡潔でむしろ素っ気ないものである。たとえば，『ノヴゴロド第四年代記』に「6883（1375）年……ストリゴーリニキが殺された。輔祭ミキータ，輔祭カルプ，そして第三の人物である。そして，橋の上から落とされた[23]」と書

---

21) Ключевский В.О. Псковские споры. C.87-94.
22) Клибанов А.И. Реформационные движения в России в XIV-первой половине XVI вв. М.,1960. C 118.
23) ПСРЛ. Т.IV. Ч.I. Новгородская четвертая летопись.М., 2000. C.305. ほかに，ПСРЛ.

かれているだけであるが，ここでは異端運動を指導し，処刑された人物が下級聖職者であったことが暗示されている。

　年代記の記述は多くを語っていないが，ウラルのペルミ地方のキリスト教への改宗に手柄のあった学僧ステファン（1354頃 – 1396）がストリゴーリニキを論難する長文の告発文を書いており，彼らの実態をある程度知ることができる。ペルミのステファンによれば，ストリゴーリニキによる活動の一端は以下のとおりであった。

引用1

　聖職者が聖務をなすときは，あなたたちはそれを受けとりなさい。キリストがシオン山でその使徒たちとともに夕食をとったように。また，キリストの手からとるかのように，聖職者の手から聖体を受けるのが最もよいのである。そのさいに神の司祭について調べたり，司牧する資格があるのかそれともないのかを根ほり葉ほり問いただしてはならない。もしキリストが誰からも財産を受け取らなかったのであれば，キリストが井戸に座っていたとき，使徒たちはサマリアの町でどうやってパンを買いにいったのだろうか。また，ユダはかばんに誰の銀貨を入れていたのだろうか。……使徒は，彼らへの捧げものからとり，求めるものにはあたえ，自分たちでそこから自分たちのために食物と衣服を得たではないか。

引用2

　誰かが大地に痛悔しても，その痛悔は痛悔とはいえない。なぜなら大地は魂をもたないし，痛悔を聞かないし，答えないし，罪人を鞭で打つことがないからである。神は大地に痛悔をする者の罪を許すことはない。あなたがたのストリゴーリニキは大地へ痛悔することを人々に命じているが，一方で「自分に罪を痛悔せよ，たがいに祈りなさい，そうすれば回復するでしょう」という主の言葉を聞いていない。この言葉に基づいて，教父たちは聖職者に位階を授け，キリスト教徒は彼らに痛悔するのである。

Т.VI. Вып.1. Софийская первая летопись старшего извода.М., 2000. с т л .449.

引用 3
　あなたたちストリゴーリニキは福音書を読んでいるが,「使徒に服従せよ」といわれている言葉を犯し,また聖職者に対する非難を読んでいるけれども,福音書のなかで言われている「兄弟の目のなかのちりには注意するが,自分の目のなかの梁には気づかないのか。偽善者たちよ,まず自分の目から梁をとりなさい」というキリストの言葉を理解していない。

引用 4
　福音書には「断食するときには,偽善者たちのようにやつれた顔をしてはならない。彼らは断食していることが人に見えるようにその顔をやつすのである。しかし,あなたが断食するときには,断食しているのが人に見られることなく自分の頭に油を塗り,顔を洗いなさい」と書かれている。同様にキリストは秘密裡に祈るように命じ,あらゆる虚栄心の強い傲慢な人々に町の通りや町の広場で祈らないように,そして,本の言葉を人々に示さないように教えた…いかなることも秘密のうちに隠れておこないなさい。[24]

　ステファンの論難から窺えるのは,ストリゴーリニキが都市の空気を吸いこみながら自ら福音書をひも解き,大地崇拝などスラヴ人の伝統的な宗教感覚を取りこみつつ,独自の教説を展開し,都市の人々がそれに雷同し,騒乱的な雰囲気が醸成されるさまである。
　時代はくだって,15世紀後半から16世紀にかけて隆盛したノヴゴロド,モスクワの異端,いわゆる「ユダヤ的に思考する異端 ересь жидвствующих」も,やはりはじまりは都市ノヴゴロドにあった。異端を告発し,モスクワ大公に断固たる処分をするように迫ったヨシフ・ヴォロツキイは,それがノヴゴロドからモスクワへと飛び火したと証言している。

---

24) 宮野裕「14世紀のストリゴーリニキ「異端」と正統教会」,『スラヴ研究』46号,1999年,71-78頁。

当時，スハーリヤという名のユダヤ人がいた。この者は悪魔の器であり，あらゆる悪行の才に長け，魔術と妖術，占星術と天文術に秀でており，キエフの町に住んでいて，ミハイルと呼ばれる当時存在していた公に知られていた。ミハイル公はキリスト教徒であり，キリスト的に思考する人であり，アレクサンドルの息子であり，アルギルダスのひ孫であった。1470年に大公イワン・ワシーリエヴィチの時代に，ミハイル公が大ノヴゴロドにやってきたときに，スハーリヤも公とともにノヴゴロドにやってきた。彼は最初に司祭デニスを魅了し，ユダヤ教に引き込んだ。デニスはスハーリヤのところに，当時まだミハイロフ通りの司祭であった長司祭アレクセイを連れてきた。またこの者も同様に，申し分のない真のキリストの背教者であった……。[25]

　モスクワ大公イワン3世は，教会，修道院による土地と財産の領有を批判する異端と結託して，その国有化を進めようとしたが，異端が一般人を巻きこむ反封建闘争へ展開する可能性をもっていたので，無制限に異端と結びつくわけにはいかなかった。やがて，治安を乱す怖れのある異端に警戒心を感じるようになったモスクワ大公と，異端の殲滅は大公の助力がなければ不可能だと判断した修道院勢力の妥協がなり，異端の撲滅へと舵が切られるが，最後の段階でモスクワ大公イワン3世が異端の処断をためらう。イワン3世は，異端を処刑することが罪になるのではないかと恐れていたのである[26]。

　広く東方世界を見わたしても，異端は寛容に扱われるという伝統があった。古代教会の権威者，金口ヨハンネスが異端を処刑すべきではないと述べ，次のように言っている。

　　何者をも，それがたとい不信の徒であっても異端であっても，憎

---

25) 「長司祭アレクセイ，司祭デニス，フョードル・クーリツィン，そのほか同様にユダヤ的に思考するノヴゴロドの異端者たちの，新出の異端についての物語」，宮野裕『「ノヴゴロドの異端者」事件の研究　ロシア統一国家の形成と「正統と異端」の相克』風行社，2009年，280頁。

26) 栗生澤猛夫「ヨシフ・ヴォロツキーの政治理論 (II)」，『スラブ研究』17号，1973年，218頁。

んだり裁いたりすべきではない。そして，異端は殺すべきではない。たとい異端ないしは背教者を裁かねばならないときでも教会と都市の法にしたがって裁きが行われるのであって，僧侶によって裁きがおこなわれるのでも俗人によっておこなわれるのでもない[27]。

ヨシフ・ヴォロツキイは東方教会のこの伝統にくみせず，異端の処刑をためらうイワン3世に，新約聖書『ヘブライ人への手紙』10章28-29節，「モーセの律法を破る者は，二,三人の証言に基づいて，情け容赦なく死刑に処せられます」を引用して異端弾圧を迫っている。ヨシフのこの努力は功を奏して，1504年の宗教会議の決定にもとづき，フョードル・クーリツィン，イワン・ヴォルク・クーリツィンら三人がモスクワで檻に入れられたまま火刑に処され，ほかのひとりは舌を切り取られたあとノヴゴロドで処刑された。さらにしばらくののちユーリエフ修道院の掌院カシアンを含む多数がノヴゴロドで処刑された[28]。

ストリゴーリニキやユダヤ的に思考する者の異端をめぐるこれら事件の顛末は，決疑論がロシアの歴史ではじめて生命をかけて争われ，宗教にかかわる問題で残酷な処刑法が導入される契機になったことを示している。

7　モスクワ大公国勃興期の決疑論の流行

コンスタンティノープルがオスマン帝国の手に落ちて，ビザンツ帝国が滅亡する1453年以降，ロシアではいよいよ『ヨハネ黙示録』で鮮烈に描かれた世界の終末とキリストの再臨が近づいているという狂騒的な雰囲気につつまれた。世界の創造が，西暦紀元前5509年9月から5508年8月までにおこったとされるビザンツの暦において，七千年紀にあたる1492年8月末，世界の終末が訪れ，キリストが再臨すると信じられていたのである。たとえば，初期ビザンツ帝国の神学者であるシリア

---

[27]　栗生澤猛夫「ヨシフ・ヴォロツキーの政治理論(I)」,『スラブ研究』16号, 1972年, 112頁。

[28]　栗生澤猛夫「ヨシフ・ヴォロツキー(II)」, 222-223頁。

の聖エフライム（306-73）は，七千年に世界が終末を迎え，キリストが再臨すると予言した。また，12世紀のトゥーロフ主教キリルは，七千年の3年前にアンチ・キリストがあらわれると記した。

　このことを象徴的にあらわすのはパスハーリヤにかかわる問題である。パスハーリヤとは復活祭日取りの一覧表で，ロシア正教会当局が各主教区に権威をもって通達していた。このパスハーリヤが世界創造暦七千年，すなわち，西暦1492年の8月末日までしか作成されていなかったのである。このとき，世界の終末が訪れてキリストが再臨とするということが，ロシア正教会の公式見解として承認されていた。

　七千年世紀末説は15世紀の後半を特徴づける終末的な思想であった。たとえば，ヤロスラヴリ地方の年代記では，1489/90年の項目に，「この年，蛇にしてサタンであるアンチ・キリストが到来することになっている。そして，主の再臨までは，一, 二年を残すばかりとなった……」と記されている。また，一部のパスハーリヤにも1489/90年の項目のあとに，「このあと，アンチ・キリストが目を覚まし，エルサレムにて三年半支配する」と記されている。また多くのパスハーリヤには七千年の項のあとに「この後に何が起こるのか，神だけが知っている」という書き込みがある。

　さらに七千年終末説は聖職者ばかりではなく，俗人のあいだでも強い影響力をもっていた。イワン3世の母親マリア・ヤロスラヴナは1477年9月1日にキリル・ベロゼルスキイ修道院に金銭を寄進したさいに，大公家のために十五年間祈りつづけるように条件をつけた。それは，終末が到来する最終期限たる1492年8月末日までということになる。また，府主教ゾシマやゲンナージイは庶民が終末論で動揺していたことを書き記している[29]。

　こうした西暦1492年終末説にたいし，世界開闢を紀元前3761年とするユダヤ暦を根拠にキリストの再臨を否定する動きがあり，終末が到来しないことが明らかになる1492年以降は，七千年世界終末を予言した聖エフライムを誹謗する言説があらわれ，いずれも異端として告発された。

---

29) 宮野裕『「ノヴゴロドの異端者」事件の研究』90-97頁。

しかしながら，その後，ロシア正教会も1492年終末説を放棄せざるをえなくなった。西暦1492年秋（天地創造暦7001年）の教会会議のあとでモスクワ府主教ゾシマは，同年11月27日，次のような通告をすべての主教区に通達した。

　　　全ルーシの府主教である穏和なゾシマは，第八の千年紀に対応するパスハーリヤを書くことにする。このなかで，我々はキリストの全世界的到来を待つ。ただしその日時についてはだれも知らない。神の福音書執筆者は「天上の天使も知らない，父だけが知っている」と言っている。

終末の到来を予感したこうした混乱した時代状況のなかで，決疑論的論争がさかんにおこなわれるようになる。クリュチェフスキイはその原因を「教会が独立を志向したこと，聖職者階層の教養が下落したこと，聖職者階層の活力が落ちていたこと」としている[30]が，それはロシア正教会が政治的にも精神的にも，コンスタンティノープル教会から自立する過程で必然的におこった現象であった。クリュチェフスキイは15世紀後半の決疑論的論争について次から次へと例を挙げている。

　　　1455年ロストフ大主教フェオドーシイをめぐってある教会にまつわる事件が捲き起こった。フェオドーシイが日曜日にあたった，キリスト洗礼祭の前夜に，世俗人たちには肉を食べることを，修道士たちには牛乳と魚を食べることをゆるしていたというのである。
　　　このフェオドーシイ自身が府主教位にあるとき，聖職者たちの礼儀作法を復活させる自らの熱心さの犠牲になった。1482年府主教フェオドーシイは，チュードフ修道院典院ゲンナージイに対してある責任の追及をおこなったが，この責任追及が教会の大きな騒乱に発展しそうになった。ゲンナージイは祈祷歌を歌いおわったあと神現祭の水を飲むことを修道士たちに許していたというのである。この事件に先だって，のちにノヴゴロドの異端者の恐ろしい鞭とな

---

30)　*Ключевский В.О.* Псковские споры. С.44.

り，聖職者たちの学校を創設するために奔走するこのゲンナージイは，ロストフ大主教とともに，太陽の回転方向の（時計回りの）十字架行進を支持した（これはのちに古儀式派が支持する儀礼のやり方である－三浦注）。

　1478年，モスクワ・ウスペンスキイ聖堂の奉献式のさい，府主教は「太陽が昇るのとは反対方向に」十字架をもって行進した。これがイワン3世を驚愕させたのである。イワン3世は神の怒りを招くことを怖れた。教会での審理が開始され，教会の書物がくまなく調べさせられ，社会のなかで尽きることない議論が繰り広げられ，その府主教との討論のなかで，大公の意見を擁護する者たちは日が暮れるまで深遠な理論を展開させた。

　ここで，重要なことはモスクワ大公イワン3世が，教会の儀式のやり方にまで容喙していることである。それは，聖俗界に君臨するというビザンツ・ロシア的な君主の在り方を示している。さらにクリュチェフスキイは列挙をつづける。

　　フィロフェイは先に述べた書簡のなかで，ロシア人が間違ったやりかたで十字を切っていると言っているが，それが具体的にどのようなことなのかは述べていない。しかしながら，まさにこの時期，16世紀初頭に，ロシアの文献，何よりもまず府主教ダニールのある説教において，二本指で十字を切るやり方が正しいというすでにかなり広まっていた意見があらわれ，教会の論争の新たな火種になる。別のフィロフェイの書簡からは，15世紀終わりから16世紀はじめにかけて，世界創造から数える年代の数え方とキリストの誕生から数えるそれの二つの数え方があることに，信徒たちが動揺していることがわかる。年代記の記述によれば，1476年，ノヴゴロドの学識者のあいだで，「主よ，憐れみたまえ」の歌の歌い方にかんして論争が起こる。……
　　16世紀になると，ロシアの文筆家のあいだで古写本の文字にたいする盲目的な畏敬が露呈された。マクシム・グレクはロシアの典礼書のなかの誤りを直したことによって，論争を巻き起こした。マ

クシム・グレクは，どこか得体の知らないところからやってきたよそ者であると捉えられた。古き世にたいする尊敬の気持ちがない，自分勝手な考えとおりに勤行をおこなって，あらゆる私たちの聖なる書物を貶め，否定していると。

さきに取りあげたプスコフにおけるハレルヤ論争もこうした決疑論的論争のひとつである。クリュチェフスキイはこうした例を引いたのち，これら一連の動きを次のように総括している。

いまや彼らは自分たちが，以前は沈黙していたり，教師たちにしたがってなんとか決着していた多くのことについて，いまや自由に判断できるし，そうした権利があると感じはじめていた。彼らは，自らの祖国のかつての慣習にしたがって，自分流に人の指図なしで判断できるし，その能力があると考えたのである。

終末の騒擾的雰囲気と決疑論的議論の流行とは同じコインの裏表の関係にある。それは，もはやコンスタンティノープル教会を頼れなくなった，15世紀後半のロシア正教会の孤独な不安の表現であったといえるかもしれない。

8　イワン雷帝のストグラフ会議（百章会議）

こうした決疑論的論争に最終的な決着をあたえるべく，のちに雷帝と呼ばれる21歳の青年君主が召集したのがストグラフ（百章）会議であった。彼はその四年前，壮麗な戴冠と塗油の儀式をへてロシア史上はじめてツァーリとして即位していた。この会議にはおもに聖職者たち，すなわち，府主教マカーリイをはじめ，九人の大主教と主教，数多くの修道院長，名声のある修道士，司祭らが招集され，さらにツァーリの指名した世俗人たちが参加していた。このストグラフ会議は，若き君主の鋭気にあふれた格式高い会議だったのである。

この会議では，(1) 教会儀礼の規範，典礼書のあるべきすがた，イコ

ンの描きかた，十字の切りかた，ハレルヤの唱えかたなど，種々の教会典礼のありかたの規定，(2) 聖職者にたいする新しい監督組織の創設による主教区の統治，裁判システムの整備，教会裁判への世俗人の関与の排除，(3) 修道院の生活規律の厳正化と世俗からの干渉の排除，(4) 世俗風俗の向上，魔術や異教的風習の矯正，以上が主な議題となり，これらは百一章におよぶ条項に分けてまとめられた。

クリュチェフスキイの言葉によれば，「16世紀の諸事件はフィロフェイのプログラム（モスクワ＝第三のローマ）を実現した[31]」が，15世紀後半からおこった決疑論の混乱を収拾し，帝国の信仰生活を安定化させることも，フィロフェイのプログラムの一環だったと考えることができる。

この会議決議『ストグラフ』のなかで，十字を切るときの指の組み方（31章）とハレルヤの唱えかた（42章）について次のように規定されている。

31章：ほかに十字の切り方については，いとも尊きわれらが師父メレティオス[32]とテオドーレス[33]が正しく賞賛に値することを書いている。「キリストのなしたとおり二本の指で十字を切らない者がいれば，その者は呪われるであろう。上方の二本の指で十字を切って祝福し，三番目の上方の指は下方の二本の指につけること。また指を曲げることについては『主はわれらの救いのため天を傾けてくださった』と解釈される。上方の二本とは，まさにこの二本の指によって神性と人性を示すものとして，十字を切り祝福するのである。また三本の指を下方で一つにし二本の指を上方であわせ，それによって神性と人性の名において祝福し十字を切るのである[34]。」

42章：プスコフとプスコフ地方の多くの修道院や教会において，

---

31) *Ключевский В.О.* Псковские споры. С.42.
32) 381年没。アンチオキアの主教。アリウス派と闘った。
33) 386年頃-457年。教会史の著者。
34) Российское законодательство X-XX веков. Законодательство периода образования и укрепления Русского централизованного государства. Т. 2. С.294-295;「百章」試訳 (2),『一橋大学研究年報　人文科学研究』30, 1993年, 33-35頁。

またノヴゴロド地方の多くの場所においては，聖使徒と聖教父の聖伝に違反してハレルヤを三唱してきた。このことは新奇跡成就者であるわれらの尊師プスコフのエフロシンの聖者伝作家によってわれらの知るところとなった。すなわち，彼の聖なる祈りのおかげでいと清き聖母がハレルヤの三唱を禁じ，ハレルヤは二唱し三度目には「神よ，汝に栄光あれ」と唱えるべきことを正教キリスト教徒に命じられたのである[35]。

このように，ロシア正教会の聖職者たちが青年ツァーリのもとに集って決議した百一章の教会法令集は，「モスクワ＝第三のローマ」説によって鼓吹された若き帝国ロシアの自信の発露にほかならなかった。

イワン雷帝末期のいわゆる大荒廃時代，モスクワの総主教座への昇格，スムータなどの重大事件をへておよそ百年の時が過ぎていたが，ストグラフ会議の決議は，ロシア正教会の分裂の時代にも重大な意義をもちつづけたと考えるべきであろう。決疑論をめぐる歴史を概観してきた私たちは，クリュチェフスキイが古儀式派の分離の背景に「モスクワ＝第三のローマ」説の深刻な影響があった[36]と説くとき，これに同意せざるをえない。

9　底流にある西欧キリスト教会への怖れ

ロシア古来の決疑論の伝統が，「反乱の世紀」の現実と逢着したとき，混乱を引き起こさないでいるほうがふしぎだった。17 世紀ロシア正教の分裂がそれ以前のノヴゴロド，プスコフ，モスクワにおける決疑論的論争とくらべて異なる点は，混乱が国家規模となり，異端と認定された者たちへの処罰もいっそう過酷になったことである。

その最大の原因は，ルネサンス，宗教改革と対抗宗教改革，大航海時

---

35) Российское законодательство X-XX веков. Т. 2. С .313;「百章」試訳 (2), 72-73 頁。

36) Ключевский В.О. Сочинения в девяти томах Т. III. Курс русской истории. М., 1988. С .273-276; クリュチェフスキイ『ロシア史講話3』恒文社，1982 年，337-340 頁。

代を経験して飛躍的に力を伸ばした西欧の影響力が，以前に比べて著しく大きくなったことである。じっさい，スムータの時代に，モスクワはポーランドに，ノヴゴロドはスウェーデンに占領されているが，西欧勢力に首都を占領されるなどという事態は，ロシア史上はじめてだった。モスクワ公国勃興期にビザンツから精神的に独立したことに高揚していたロシアは，イワン雷帝期の大荒廃，スムータを経て，西欧に決定的に後れをとったという苦い自覚をかみしめざるをえなかった。西欧の有形無形の圧力にたいして国家規模の対応が迫られていた。

　スムータ後のロシアには，二つの傾向があった。一つは，西欧にたいして警戒的で彼らを蛇蝎視し，引きこもりの様相を呈する志向性で，モスクワのかなり多くの人々がこうした層に属していた。彼らは西欧人を異端者と見なして握手さえ交わさなかった[37]。クリュチェフスキイは次のように述べている。

　　17世紀初めころまでに，ロシアの教会共同体にはある宗教的自負が浸透していた。……この自負の基本的な動機は，正教ルーシが世界で唯一の，キリスト教的真実と清らかな正教の保有者であり，保存者であるという思想であった。この思想から，……ルーシの有するキリスト教が，そのあらゆる地方的な特性とその土地のキリスト教にたいする理解の度合いまで含めて，世界で唯一の真のキリスト教であり，ルーシのそれをおいてほかに清らかな正教はありえないという確信が導き出されたのであった[38]。

　ロシア正教会分裂の引き金になった儀礼にかんしていえば，たとえそれが土着化して変形されたものであっても，ストグラフ会議で全ロシアの聖職者の聖別をうけた聖なるものであると考える多くの人々がいた。かれらの考えにしたがえば，ロシアのキリスト教こそほんものキリスト教であり，少しの変更も許されず，正教を裏切ってローマと合同したギリシアの習慣を標準にして改変することなどもってのほかだった。

---

37) 土肥恒之『よみがえるロマノフ家』講談社メチエ叢書，2005年，56-57頁。
38) *Ключевский В.О.* Сочинения в девяти томах Т. III. С .276; クリュチェフスキイ『ロシア史講話3』，340-341頁。

もう一つは、西欧の力を率直に認め、その技術や学術の力を受け入れて、国家の安定を快復しようとする動きで、ピョートル改革につながっていく。17世紀にはいると、モスクワの伝統にとらわれずカトリック・ヨーロッパの精神的富を受容しつつ正教を建て直そうとするあらたな思潮がウクライナに生まれた。彼らは、キエフ府主教ピョートル・モギラが創設したキエフ神学校（アカデミー）を中心に、西欧の学芸を受けいれはじめた。キエフ神学校は、ポーランドのカトリック文化に対抗しつつ、その精神的富を正教に導きいれることを究極の目的としていた。敵陣営であるイエズス会系コレギウムのカリキュラムに則り、カトリック・ヨーロッパの共通語であったラテン語が重視された。神学、聖書文献学、スコラ哲学のほか、修辞学、詩学などの西欧的学識が教授され、正教を知的に擁護する学問分野で高い学術的水準を保った。17世紀中葉のロシア正教分裂のさい、古くからのロシアの典礼書の改訂にあたったのは、西欧の学識を身につけたキエフ神学校出身の聖職者であった。

　この二つの潮流は、ロシア正教会の分裂という事件において、正面衝突した。注意すべき点は、ツァーリ、アレクセイ・ミハイロヴィチと総主教ニーコンが西欧を志向していたわけではないことである。彼らといえども、あくまでロシア正教の枠のなかでの改革を望み、古儀式派を懸命に説得した。伸張著しい西欧に対抗するため、ロシアを正教世界の盟主に位置づけるという政治プログラムにおいて、儀礼改革派も古儀式派も一致していた。が、自らを正教世界の盟主に位置づける過程で、両者のあいだに齟齬が生じた。

　すなわち、儀礼改革派はロシア正教の儀礼を国際（ギリシア正教会）標準によって再編し、その統合のもと、正教勢力を糾合して最終的にはコンスタンティノープル支配を狙う夢を追っていた。この夢は、18世紀、エカチェリーナ2世のもとで「ギリシア計画[39]」というかたちで再燃する。

　それにたいして、古儀式派にとってギリシア風に儀礼を改変することは西欧化にほかならないと映った。古儀式派のロジックを言説化すると次のようになる。

　　39）　*Ключевский В.О.* Сочинения в девяти томах. T.V. Курс русской истории. М., 1989. С.42-45; クリュチェフスキイ『ロシア史講話5』（八重樫喬任訳）恒文社、1983、59-64頁。

第四回十字軍によるコンスタンティノープル遠征という西欧の非道な振る舞いによって，ビザンツ帝国は滅び去った。その無道をゆるしたのはローマ教皇であり，それにすり寄ったギリシア正教会は滅びて当然だ。ギリシアを模範に儀礼を改変することは，正教のあるべき姿を守った自らの祖先への裏切りである。

　こう考えて，古儀式派は命をかけてロシア古来の宗教儀礼を守るべく，ニーコンの改革に反対することになった。

第Ⅲ部

美術における復興

1

ボッカッチョ・リヴァイヴァル
──『デカメロン』仏語写本に描かれた
「クライマックス・シーン」──

伊 藤 亜 紀

1 『デカメロン』発見

　挿絵入りの本を繙くのは，いつの時代も変わらず，楽しいひとときをもたらしてくれるものである。
　物語世界に入っていくとき，ひとはそれぞれの経験にしたがって無意識に脳裏に登場人物の姿かたちを思い浮かべ，周囲の事物を，風景を描き込んでいく。逆に言えば，それらを具体的にイメージできなければ，物語を本当の意味で楽しんでいることにはならない。
　しかしひとの想像力には，限界がある。最も像を結ばせるのが難しいのは，いうまでもなく登場人物の「顔」であるが，背恰好や服装も，たとえ文章で長々と説明されたとしても，それを眼前に描き出すのは至難の業であり，ましてそれらの情報を組み合わせて，ひとりの人間をかたちづくるのは容易ではない。
　それでも挿絵があれば──たとえ一枚でもあれば，読者はそれを基にして，前後の場面をつなげ，与えられた容姿の登場人物を動かすことができる。挿絵を見る幸福感とは，頭のなかに映像を流す手掛かりを得た喜びにほかならない。

　ヴァティカン図書館所蔵のパラティーナ文書ラテン語写本1989番

図1 「サラディーノに三つの指輪の寓話を語るメルキゼデク(左)と両
　　者の和解(第1日第3話)」1414-19年頃(ヴァティカン図書館,
　　ms. Pal. lat. 1989, 18r)

(以下,ヴァティカン写本)。1419年にパリでつくられた最初のフランス語訳『デカメロン』挿絵入り写本で,1421年までブルゴーニュのジャン無怖公(サン・プール)の図書室にあった[1]。縦30,横22.5センチメートルのフォリオの半分ほどを占める長方形の画面に,二つの場面があらわされ,これが百話すべてにつけられている(図1)[2]。

　実際のところ,この写本は『デカメロン』図像化の歴史上,画期的な試みであったと言ってよい。それまでの『デカメロン』の挿絵入り写本というと,作者ボッカッチョの自筆稿(ベルリン国立図書館所蔵写本ハミルトン90番)と,14世紀末のフィレンツェでつくられたフランス国立図書館所蔵イタリア語写本482番しかなく,いずれも全物語をヴィジュアル化したものではなかったからである。しかもその後イタリアでは,1420年代まで『デカメロン』彩色写本が制作された形跡がない。ヴァ

---

1) ボッカッチョ写本の全容に関しては,*Boccaccio visualizzato: Narrare per parole e per immagini fra Medioevo e Rinascimento*, a cura di Vittore Branca, 3 voll., Einaudi, Torino, 1999 を参照。

2) この写本の挿絵は,Giovanni Boccaccio, *Decameron*, a cura di Vittore Branca, Le Lettere, Firenze, 1999 にすべて掲載されており,またヴァティカン図書館のサイト内でも見ることができる(http://digi.vatlib.it/view/bav_pal_lat_1989)。

ティカン写本は、そのような「空白の時期」に成立したのである。

　この写本の挿絵を担当したのは、主にクリスティーヌ・ド・ピザンの作品をヴィジュアル化したことで知られる、通称「女の都の画家（Maître de la Cité des dames）」である[3]。当代一流の人気挿絵画家が関与したおかげで、この写本自体の価値が上がり、後世のフランス語写本挿絵の手本となったのはいうまでもない。事実、フランドルで「ジルベール・ド・メッスの画家」と「ジャン・マンセルの画家」により制作されたというアルスナル図書館所蔵写本 5070 番は、ほぼヴァティカン写本のコピーの様相を呈しており（図 2）──ただし人物描写の巧みさ、抑制の利いた上品な色使いという点では、オリジナルには遠く及ばない──、その他、後世の写本も大なり小なり「女の都の画家」の作品の影響下にある。とりわけ「場面選択」については、ヴァティカン本のものがほぼそのまま踏襲され続ける。

　世俗の物語作品の挿絵は、内容についてまったく予備知識のない読者の「道しるべ」となる以上、挿絵画家にとっては、限られたスペースのなかで、どの場面をピックアップして描くかということがきわめて重要となる。その選択は、制作者、もしくは挿絵画家の作品に対する理解力のバロメーターとなり、さらにはその本がつくられた時代や国の価値観や倫理観、美意識をも反映する。加えてこの『デカメロン』仏語写本の場合、「翻訳」という作業を経たことにより、イタリア語原典にはない「味」が挿絵に与えられた可能性もあるだろう。フランスにおいて『デカメロン』に新たな生命を吹き込んだ「女の都の画家」の作画コンセプトとは、いったいなにか。またそれは、従来のイタリア語写本とどのよ

――――――――

　3）「女の都の画家」については、以下を参照。Millard Meiss, *French painting in the time of Jean de Berry : the Limbourgs and their contemporaries*, with the assistance of Sharon Off Dunlap Smith and Elizabeth Home Beatson, G. Braziller, New York, 1974, vol.I, pp.9-13; Gilbert Ouy, Christine Reno, Inès Villela-Petit, *Album Christine de Pizan,* Brepols, Bruxelles, 2012, pp.154-168; 小林典子「クリスティーヌ・ド・ピザン『著作集』と貴婦人の都の画家──大英図書館 Harley 4431 写本のミニアテュールにおける構想と制作 [I]」『大谷女子短期大学紀要』42, 1998 年, 160-184 頁;「クリスティーヌ・ド・ピザン『著作集』と貴婦人の都の画家 [II]」『大谷女子短期大学紀要』47, 2003 年, 94-116 頁;「クリスティーヌ・ド・ピザン『著作集』と貴婦人の都の画家 [III]」『大谷女子大学文化財研究』5, 2005 年, 39-90 頁; 拙稿「青を着る「わたし」──「作家」クリスティーヌ・ド・ピザンの服飾による自己表現」『西洋中世研究』第 2 号, 2010 年, 50-61 頁。

図2 「サラディーノに三つの指輪の寓話を語るメルキゼデク(左)と両者の和解(第1日第3話)」1430-50年頃(パリ,アルスナル図書館, ms. 5070, 21r)

うに異なるのであろうか。

2 イタリアの『デカメロン』

　ヴァティカン写本の特色を知るためには,先行するイタリア語写本の作画傾向をみておく必要があるだろう。

　先に触れたベルリン国立図書館所蔵のボッカッチョの自筆稿は,現存する最古の『デカメロン』写本のひとつである。1362年にカルトジオ会修道士ピエトロ・ペトローニの代理人なる人物から死の警告を受けたボッカッチョは,動揺のあまり,危うく自らの作品をすべて焼き捨てそうになり——彼には,自分の書いてきたものに対する後ろめたさがあった——,ペトラルカから止められたという逸話はあまりにも有名であるが[4],その後は死の直前まで,自ら作品に手を入れていた。多少絵心

---

4) アンリ・オヴェット『評伝ボッカッチョ　中世と近代の葛藤』大久保昭男訳,新評論,1994年,349-352頁。

図3 「学者リニエーリ(第8日第7話)」
1370年代(ベルリン, 国立図書館,
ms. Hamilton 90, 87v)

もあった彼は[5]，縦37.2，横26.0センチメートルのフォリオの中央下に，茶色のインクと水彩を用いて登場人物の半身像を描き入れた。挿絵がつけられたのはわずか13人であり，名前の特定できない兵士などもいて，必ずしも作者本人の思い入れが特別深い重要人物というわけではなさそうだが，その小さな上半身からは，物語中での性格や役割が少なからず滲み出ている。第8日第7話——全話中，最大の長編——，自分を陥れた悪賢い未亡人エレナに数倍の報復をしてのけたリニエーリの横顔は，頭頂部を学僧らしく丸く剃り，赤い服をまとった姿で，嘲笑うような視線を左に投げかけている(図3)[6]。

---

5) ボッカッチョはダンテの『神曲』を自ら写したが(リッカルディアーナ図書館所蔵写本 Ricc. 1035)，そこに「地獄篇」第17歌までの挿絵を7枚入れている(『フィレンツェ——芸術都市の誕生』展カタログ，日本経済新聞社，2004年，74-75頁)。

6) その他，挿絵のある12人は，以下のとおり。修道士(I 4)，商人ランドルフォ・ルフォロ(II 4)，バビロニア王女アラティエル(II 7)，第3日の女王ネイフィレ(III intr.)，フィレンツェ貴族テダルド・エリゼイ(III 7)，フィレンツェ市民フィリッポ・バルドゥッチ(IV intr.)，ブレーシャのポデスタの兵士(IV 6)，武装した男(V 3)，ペルージャ人ピエトロ・ディ・ヴィンチョロ(V 10)，羊毛職人ジャンニ・ロッテリンギ(VII 1)，シチリア女性ヤンコフィオーレ(VIII 10)，司祭ジャンニ・ディ・バローロ(IX 10)。これらの挿絵については，

図4 「ギスモンダの物語（第4日第1話）」1370-90年
（パリ，フランス国立図書館，ms. It. 482, 82r）

　ボッカッチョは「場面」を描こうとはしなかったが，その作者の存命中につくられた可能性のある本が，フランス国立図書館所蔵イタリア語写本482番である。ジョヴァンニ・ダーニョロ・カッポーニなる写字生兼商人の署名があり，彼は個人的な趣味で『デカメロン』を筆写したらしい。100の物語の「枠」部分，すなわち「理想郷での10人の男女の語らい」，「ペストに斃れる人びと」，「理想郷からフィレンツェへの帰還」などが茶色のインクの素描であらわされた上で，原則として各日第1話のみ挿絵がつけられている[7]。

　第4日第1話，「心臓喰い」のテーマで有名なギスモンダの物語の挿絵は，左から右に，「葦の管に手紙を入れてグイスカルドに渡すギスモンダ」，「洞穴をくぐり，ギスモンダのもとを訪れるグイスカルド」，「父タンクレディの家来から，グイスカルドの心臓を入れた杯を受け取るギスモンダ」，「毒を入れた杯をあおるギスモンダ」という具合に場面が進行する（図4）。各物語，概ね3つから5つの場面が，さしずめ現代の漫画のように線でコマ割りされるか，あるいは建築物で区切られている。モノクロとはいえ，挿絵画家の物語解釈はきわめて正確かつ的確で，第4日と第10日の挿絵にあらわされたフィレンツェは，パラッ

以下を参照。ヴィットーレ・ブランカ「『デカメロン』初期手稿の挿画」郡史郎・池田康共訳，『イタリア学会誌』第31号，1982年，17-30頁；*Boccaccio visualizzato* cit., II, pp. 62-66.

[7] ただし例外として，第4日序文で語られる「フィリッポ・バルドゥッチとその息子の物語」が含まれ，さらに第6日は第1話ではなく第2話，そして第9日は第1話に加え，第9話の挿絵も描かれている。

ツォ・ヴェッキオや洗礼堂，ジョットの鐘楼がみえる街並となっている[8]。

3 翻訳者ローラン・ド・プルミエフェ

したがってヴァティカン写本は，初の仏語版『デカメロン』であるのみならず，この物語世界を最初にフルカラーで表現したものということになる。しかしフランス人がそれまでボッカッチョにまったく接しなかったわけではなく，すでに14世紀末から15世紀初頭にかけては，古代ギリシャやローマの神々についての百科全書的著作『異教の神々の系譜 (*Genealogia deorum gentilium*)』(1350-1368年) の写本がパリで成立している[9]。また膨大な量の歴史書や文学作品を基にして，古今の著名人の栄枯盛衰をラテン語で綴った『名士伝 (*De casibus virorum illustrium*)』(1355-1374年頃) や『名婦伝 (*De mulieribus claris*)』(1361-1362年頃) も，フランスでは俗語作品に先立って人気を博していた。ちなみに女性でありながらラテン語を解し，また母国イタリアの文学作品にも知悉していたクリスティーヌ・ド・ピザンの著名婦人伝『女の都 (*La Cité des dames*)』(1404-1405年頃) は，『名婦伝』106の物語のうち，じつに75編から題材を得てつくられている[10]。

さらに1400年に『名士伝』，翌年には『名婦伝』が仏訳されたのをきっかけに，挿絵入り豪華写本が，パリやブルゴーニュの宮廷で相次いで登場する。ラテン語の古典にいちいちあたらずとも，名の知れた人物の事績だけを簡単に読むことのできる俗語の伝記集成は，当時の多くの宮廷人たちが待ち望んでいたものであったのだろう。1403年，ルッカ商人ジャック・ラポンドからフィリップ豪胆公(ル・アルディ)に献じられた『名婦伝』写本には，婦人一人につき一枚挿絵が付されており，それぞれの本質や

---

8) *Boccaccio visualizzato* cit., II, pp. 66-72.
9) フランス国立図書館所蔵 ms. lat. 14636 と ms. lat. 14716。
10) マリア・ジュゼッピーナ・ムッツァレッリ『フランス宮廷のイタリア女性――「文化人」クリスティーヌ・ド・ピザン』伊藤亜紀訳，知泉書館，2010年，87, 92頁。

図5 「ピュラモスの亡骸の上で自害するティスベ」1402年
（パリ，フランス国立図書館，ms.12420, 20r）

生業，あるいは最も印象的な事件があらわされている[11]。例えばオウィディウスの『変身物語』が伝える有名なピュラモスとティスベの物語の挿絵には，恋人がライオンに喰い殺されたと勘違いして自害したピュラモス，後を追おうとして剣を胸に突き立てるティスベ，そして走り去るライオンが，縦7〜8×横6.5センチメートルという小さな画面にもかかわらず，きわめて精緻に，そして的確に描き込まれている（図5）。

そして『デカメロン』である。その仏訳者とは，先の『名士伝』翻訳を手がけたローラン・ド・プルミエフェ（1360年頃—1418年）であり，

---

11) この時期の重要な『名婦伝』仏語写本としては，他にフランス国立図書館所蔵 ms. fr. 598 や大英図書館所蔵 ms. Royal 20 C V，ブリュッセル王立図書館所蔵 ms. 9509，カルースト・グルベンキアン財団所蔵 ms. L. A. 143 がある。Brigitte Buettner, *Boccaccio's "Des cleres et nobles femmes". Systems of Signification in an Illuminated Manuscript,* University of Washington Press, Washington, 1996 をも参照のこと。

アヴィニョンの教皇庁で枢機卿秘書として働く傍ら，詩人としても活躍した人物である[12]。15世紀初頭のいわゆる「薔薇物語論争」でクリスティーヌ・ド・ピザンと熾烈な書簡を交わした国王秘書官ジャン・ド・モントルイユやゴンティエ・コルとも関わりがあったらしい。1398年にパリに移ると，キケロやスタティウスなどのラテン語作品の翻訳に精力的に取り組む一方，1400年に一度完成させた『名士伝』仏訳を改稿して，1409年にベリー公ジャンに献じている。1411年から1414年にかけておこなった『デカメロン』仏訳も，同じくベリー公のためであった[13]。

このローラン，仏訳序文で自ら語っているとおり，イタリア語を解さなかったために，「俗語フィレンツェ語とラテン語をよく識る」アントニオ・ダレッツォというフランシスコ会修道士に『デカメロン』をラテン語訳させ，それをフランス語に置き換えた[14]。アントニオ修道士が果たして学問的に信頼のおける人物であったかは不明であり，そもそも彼のパリでの活動自体，よくわかってはいないのだが[15]，二重翻訳という回りくどい作業をおこなったにしては，ローラン訳は原文から大きく逸脱はしていない[16]。しかしわずかな誤訳でもあるとしたら，それが必然的に挿絵にも影響を及ぼす可能性があることは否定できない。

---

12) ローラン・ド・プルミエフェの生涯と業績に関しては，以下を参照。Henri Hauvette, *De Laurentio de Primofato qui primus Joannis Boccacii opera quaedam gallice transtulit ineunte secolo XV*, Apud Hachette et Socios Bibliopolas, Parisiis, 1903; *Un traducteur et un humaniste de l'époque de Charles VI Laurent de Premierfait*, sous la direction de Carla Bozzolo, Publications de la Sorbonne, Paris, 2004; 平手友彦「仏訳『デカメロン』研究 I ──ローラン・ド・プルミエフェ，翻訳者又は教訓家」『名古屋短期大学研究紀要』第35号，1997年，93-117頁。

13) Giuseppe Di Stefano, "Il *Decameron* da Boccaccio a Laurent de Premierfait", *Studi sul Boccaccio*, vol.29, 2001, pp.105-136.

14) Boccace, *Decameron*, traduction (1411-1414) de Laurent de Premierfait par Giuseppe Di Stefano, CERES, Montréal, 1998, p.5.

15) アントニオ・ダレッツォに関する近年の研究動向は，Vittore Branca, "Prime proposte sulla diffusione del testo del *Decameron* redatto nel 1349-51", *Studi sul Boccaccio*, vol.28, 2000, pp.35-72, とりわけ p.40, n.6 及び p.67, n.16 に詳しい。

16) アントニオ・ダレッツォによるラテン語訳は現存しない。ローランの仏訳に関しては，特に Giuseppe Di Stefano, "La traduction du *Decameron*", *Un traducteur et un humaniste*... cit., pp.281-305 を参照。

4 「女の都の画家」の選択

　ヴァティカン写本の挿絵を担当した「女の都の画家」は，ボッカッチョ作品ときわめて縁が深い。1409 年のローランによる『名士伝』改訳は，いずれ劣らぬ華麗な彩色写本を立て続けに生み出すこととなったが，「女の都の画家」は，そのうちの少なくとも 6 つに関わっている[17]。その挿絵は，先に見た『名婦伝』同様，概ね縦横 7, 8 センチメートルの画面にひとつの場面があらわされたもので，そこに可能な限り沢山の情報が詰め込まれている。ところがヴァティカン本の挿絵は，クリスティーヌ・ド・ピザン作品においてもしばしば用いられていた横長の長方形の判型となっている[18]。

　物語の挿絵として，二つの場面を選ぶのは，存外難しい。ピュラモスとティスベの心中シーンのように，ひとつに絞り込んでしまったほうが，余程簡単なのである。しかも『デカメロン』のように，ひとつひとつの物語の長さにかなりの差がある場合は，どうしても無理が生じてしまう。それでも画家は，物語に応じて場面の数を調整するよりも，「すべての物語に二場面」という全体的な統一感を優先した。

　第 1 日第 3 話，バビロニア王サラディーノがユダヤ人メルキゼデクから金をまきあげるべく，「ユダヤ教，イスラム教，そしてキリスト教のいずれが真か」と謎かけをして困らせようとしたところ，メルキゼデクは三つの指輪の寓話を語って難を逃れる。このきわめて短く，場面転換もない物語に，「女の都の画家」は，左に黄色い服を着て奇妙な帽

---

[17] オーストリア国立図書館所蔵 ms. S.N. 12766，アルスナル図書館所蔵 ms. 5193，フランス国立図書館所蔵 ms. fr. 131, 226, 16994，大英図書館所蔵 ms. Royal 20 C IV。ローラン訳『名士伝』とその写本については，以下を参照。*Boccaccio visualizzato* cit., III, pp. 67-201; Anne D. Hedeman, *Translating the Past. Laurent de Premierfait and Boccaccio's «De Casibus»*, The J. Paul Getty Museum, Los Angeles, 2008.

[18] 『全訳　マルコ・ポーロ　東方見聞録『驚異の書』fr.2810 写本』月村辰雄，久保田勝一他訳，岩波書店，2002 年，205 頁。例えば「女の都の画家」は，クリスティーヌの『女の都』第一之書の挿絵として，左にクリスティーヌと徳の三婦人，右に「女の都」を建設するクリスティーヌと〈理性〉を横長の画面で描いている。前掲『フランス宮廷のイタリア女性』の口絵 19, 24 を参照。

子をかぶったサラディーノとメルキゼデク——胸には，当時のヨーロッパでユダヤ人に課せられた赤と白のマークを付けている[19]——との問答を，右には戸外で両者が手を携えて歩く光景を描いた（図1）。本来ならば「問答」の一場面でじゅうぶんなところだが，この物語においてはさして重要でもない「サラセン人とユダヤ人の友好」という結末を敢えて付け加えたのである。

　むろん話が複雑であれば，二場面では足りなくなる。第5日第8話は，ラヴェンナの青年ナスタジョ・デリ・オネスティが，偶然，松林のなかで目にした「失恋の痛手から自殺した男と，彼の愛を拒絶した女とが受ける永遠の劫罰」の幻を，自分につれなくあたったトラヴェルサーリ家の娘に見せて，彼女の過ちを悟らせ，最終的に結婚にこぎつけるという物語であり，のちにボッティチェッリ工房が四枚連作の板絵（うち三枚はプラド美術館，一枚は個人蔵）を制作したことでもよく知られている。ここで「女の都の画家」は，黒ずくめの騎士が薄情な女に斬りかかるという幻視を中央に据え，これを左右の異なる時間帯で共有させた（図6）。この物語で最も重要な鍵となる幻視の場面を，限られたスペースのなかで二度描くのを避けるための工夫である。

　挿絵は，常にテクストに忠実であるとは限らない。ナスタジョの物語で，黒騎士に追い回されるのは「裸の髪を乱した美人（giovane ignuda, scapigliata）」[20]であるはずだが，ここに描かれているのは，青いコタルディ（身体に密着する上衣）と赤い髪飾りをつけた女性である。ローラン訳でも「娘は裸で髪を（結わずに）流していた（la jouvencelle estoit nue et a cheveulx pendens）」[21]となっているので，翻訳に起因する間違いというわけではない。もちろん写本制作者から画家への指示が抜け落ちた可能性もないとはいえないが，それよりも裸，それも女性の裸体を描

---

19) ユダヤ人の目印としてのマークについては，以下を参照。阿部謹也「黄色いマーク：ユダヤ人差別のシンボル」『panoramic mag. *is* 増刊号「色」』ポーラ文化研究所，1982年，90-97頁；マリア・ジュゼッピーナ・ムッツァレッリ『イタリア・モード小史』伊藤亜紀・山﨑彩・田口かおり・河田淳訳，知泉書館，2014年，97頁。

20) Giovanni Boccaccio, *Decameron*, a cura di Vittore Branca, in *Tutte le opere di Giovanni Boccaccio*, vol.IV, Mondadori, Milano, 1976, p.504.（ボッカッチョ『デカメロン』柏熊達生訳，ちくま文庫，1987-88年，（中），223頁）

21) Boccace, *Decameron* cit., p.661.

図6 「黒騎士が薄情な女を成敗するヴィジョンを見るナスタジョ（左）と，宴会の場でそのヴィジョンを見せつけられるトラヴェルサーリ家の人びと（第5日第8話）」1414-19年頃（ヴァティカン図書館，ms. Pal. lat. 1989, 171v）

くことは極力避けたいという節が，この写本からは感じとれる。

　艶笑譚の多い『デカメロン』のこと，ヴァティカン写本にも同衾の挿絵は少なくないのだが，それらはすべて「肩まで布団がかけられている」か，ギスモンダとグイスカルドの逢瀬の場面にみられるように，「着衣で共寝する」かのどちらかである（図7）。後述するようにイタリア人画家は裸体を描くのをためらわないが，「女の都の画家」は，明らかに挿絵に節度を求めている。

　そもそも『デカメロン』は，「かよわい女たちを助け，恋をする女たちを救い，これに逃げ場（rifugio）をあたえるために」[22]書かれたはずである。しかしローラン自身が，読者は物語のなかに「悦びよりも有益なものをより多く（plus profit que delict）」見いだすであろうと述べているように[23]，『名士伝』同様，ボッカッチョの「歴史家」としての側面を強調し，『デカメロン』を女性向け娯楽作品ではなく，道徳的・教訓

---

22) Boccaccio, *Decameron* cit., p.5（『デカメロン』（上），14頁）．訳語を一部改めた．
23) Boccace, *Decameron* cit., p.2.

1　ボッカッチョ・リヴァイヴァル　　259

図7　「ギスモンダとグイスカルドの逢瀬(左)と，父親の前で恋人の心
　　臓を入れた毒杯をあおるギスモンダ(第4日第1話)」1414-19年頃
　　(ヴァティカン図書館，ms. Pal. lat. 1989, 120r)

的作品として紹介しようとしていたらしい[24]。それでも翻訳の中身はさ
ほど「教訓的」になったわけではなく，それどころか原文のきわどく猥
雑な箇所もいっさい削られず，かなり忠実に訳されている[25]。「女の都の
画家」がテクストの内容をどの程度正確に把握していたかは定かでは
ないが，たとえくだらない滑稽譚としか思えないような話の挿絵でも，
けっして卑を許すことなく，典雅な画風を貫いている。

---

24)　前掲「仏訳『デカメロン』研究 I」99-101 頁。
25)　例えば第5日第4話「カテリーナは……左手であなた方が男子の前で口にするの
を一番恥ずかしがる，彼の一物をつかんでおりました (Caterina…con la sinistra mano presolo per quella cosa che voi tra gli uomini più vi vergognate di nominare)」(『デカメロン』(中), 186 頁; Boccaccio, Decameron cit., pp.475-476) の仏訳は "a la senestre main elle tenoit icellui par le membre que vous, dames, vous hontoiez plus nommer en la presence des hommes" となっており，ラテン語訳を介したとは思えないほど，正確に単語が移し替えられている。

5　貞女の表象

　ヴァティカン写本の挿絵は，むろんそれを見ただけで物語の内容をある程度把握できるようなものではない。物語を読んでいる最中の読者が見て満足すれば，それでいいのである。しかし画家は本当に，当時の読者が一番見たいと思う場面を描いてくれたのだろうか。

　第2日第9話は，とある人妻を襲った試練の物語であり，かつ「異装」というテーマをもつという意味で，『デカメロン』全話のなかでも人気の高いもののひとつである。パリの宿屋に集ったイタリア商人たちが，各々留守を預かる妻たちの浮気を心配するなか，ひとりジェノヴァのベルナボは，妻ジネーヴラの貞操堅固を力説し，それを嘲笑ったアンブロジュオーロと賭けをすることになる。ジェノヴァに赴いたアンブロジュオーロは，ジネーヴラのすこぶる高い評判を聞いて彼女に言い寄ることは諦め，その代わりに彼女の寝室に忍び込んでその身体的特徴を観察し，さらに所持品を数点盗んで，それを不貞の証拠としてベルナボに突きつける。逆上した夫は，下男に妻を殺させるよう仕向けるが，彼女は暗殺者に命乞いして故郷を去る。

　下男からもらった服をつくり直して男装したジネーヴラは，生来の「騎士や小姓に具わるべきあらゆる徳」を活かして商人の従者となり，シクラーノと名を変え，その後アレクサンドリアでサルタンに召し抱えられる。6年後，商人及び商品警備隊長を務めていたジネーヴラは，偶然知り合ったアンブロジュオーロが自分の巾着と帯をもっているのを見て，すべてを悟り，サルタンの前にアンブロジュオーロとベルナボを呼び寄せて詮議させ，悪事を明るみに出す。結果，アンブロジュオーロは日晒しの刑となり，女の姿に戻ったジネーヴラはベルナボとともにジェノヴァに帰る。

　「女の都の画家」がこの物語のために選んだのは，「糸巻きをするジネーヴラのもとに，長持ちに入れられたアンブロジュオーロが運び込まれる」場面と，「アンブロジュオーロの処刑，及びサルタンから多くの財宝を贈られるベルナボ夫妻」である（図8）。しかしこれでは，ひとり

1 ボッカッチョ・リヴァイヴァル　　　261

図8　「私室のジネーヴラ（左）と、アンブロジュオーロの処刑、及びサルタンからの贈り物を受けるベルナボとジネーヴラ（第2日第9話）」1414-19年頃（ヴァティカン図書館, ms. Pal. lat. 1989, 71v）

の女性が己の才覚ひとつで苦難を乗り越えたという、この物語の骨子はなんら伝わってこないし、第一、肝心の「男装」という要素はまったく無視されている。

　別の写本は、この物語をどのように視覚化しているのだろうか。ヴァティカン写本の完成から約10年後、フィレンツェでつくられた写本（フランス国立図書館所蔵イタリア語写本63番）は、ルドヴィーコ・ディ・サルヴェストロ・チェッフィーニという、商人階級の人物が筆写したものである。イタリア語写本としては初めて全話に挿絵が付けられ、2〜5人の画家が関わっていると考えられる[26]。水彩とテンペラによる簡素な挿絵は、「女の都の画家」のもつ気品あふれる画風とはまったく異質のものであるが、かえって『デカメロン』という作品が本来もっている庶民のしたたかさや狡さ、性のおおらかさを余すところなく伝えている。この写本の第2日第9話の挿絵は、長持ちから出てきたアンブロジュオーロが、眠るジネーヴラの寝具を剥いで、彼女の「左の乳房の下

26）前掲「『デカメロン』初期手稿の挿画」22-23頁; *Boccaccio visualizzato* cit., II, pp. 104-114.

図9 「アンブロジュオーロはジネーヴラの寝室に忍び込む(第2日第9話)」
　　1427年頃(パリ，フランス国立図書館，ms. It. 63, 78r)

の黒子」を認めたところをあらわしている（図9）。子どもが母親にまとわりついているようにしか見えない稚拙な絵だが，ともあれ画家にとって，この物語で最も関心があったのは，「窃視」の場面であった。63番写本には，これとほぼ同じ間取りの寝室があらわされた挿絵が多数含まれ，そこに裸の男女，特に女性の裸身があからさまに描かれている。

　同じイタリアでも，時代が下ると，その場面選択はかなり違ってくる。1492年にヴェネツィアのデ・グレゴーリから出た『デカメロン』印刷本の第2日第9話の木版挿絵は[27]，下男に命乞いするジネーヴラを左に，そして右にベルナボとアンブロジュオーロの詮議を示している（図10）。サルタンの傍らに控えるのは男装したジネーヴラ（シクラーノ）であり，まさにこの物語のクライマックス・シーンを的確に押さえてい

　27）　なお，『デカメロン』の挿絵入り印刷本は，すでにフランスで1485年，ドイツでは1490年に出ている。しかしいずれも全話をヴィジュアル化したわけではなく，仏語版の挿絵は1種類のみ，それが各日の冒頭に繰り返し置かれている。一方独語版の挿絵は88枚である（*Boccaccio visualizzato* cit., III, pp. 291-318; 平手友彦「仏訳『デカメロン』研究II――アントワーヌ・ヴェラール，印刷書籍商又は戦略家」『言語文化研究』第25号，1999年，107-132頁）。

図 10 「下男に命乞いするジネーヴラ（左）と，サルタンの前での詮議（第 2 日第 9 話）」1492 年
（フィレンツェ，国立中央図書館，Banco Rari 365, 31r）

ると言えよう。

　話をヴァティカン写本に戻そう。「女の都の画家」は「異装」を描きたくなかったわけではない。第 2 日第 3 話は，年老いたスコットランド王との結婚を避けるべく，修道院長に変装してローマへ向かったイングランド王女が，ブリュッヘ近郊で出会った高利貸しの青年と結ばれるという物語である。ヴァティカン写本の挿絵の画面左には，膝下丈の男性用胴着と大きめの頭巾を付けたイングランド王女（左から二人目）と高利貸しアレッサンドロが馬上で語らう場面が，右には教皇の前での婚約の儀があらわされている（図 11）。王女の姿は「修道院長（ung abbé）」[28]にはほど遠いが，聖職者の長い衣よりは，「男装」であることが読者にわかりやすかったかもしれない。「女は男の着物を着てはならない。また男は女の着物を着てはならない」（「申命記」22 章 5 節）という聖句に縛られ，実社会での異装が禁じられた時代でも，そのタブーが

28)　Boccace, *Decameron* cit., p.137. ちなみにイタリア語原文では「白衣の修道院長（uno abate bianco）」となっている。

264　第Ⅲ部　美術における復興

図11 「旅するアレッサンドロと男装したイングランド王女（左），及び教皇の立ち会いのもとでの婚約（第2日第3話）」1414-19年頃
（ヴァティカン図書館, ms. Pal. lat. 1989, 40r）

フィクションのなかにまで及んでいたわけではない[29]。

　再度ヴァティカン写本の第2日第9話の挿絵を見ると，アンブロジュオーロの入った長持ちが運び込まれてきた部屋で，ジネーヴラは立って糸巻きをしている。しかしテクストには，その場にジネーヴラが居合わせていたとは書かれておらず，まして彼女が「糸巻き」をするくだりは物語中のどこにもない。ただしベルナボは妻が「絹細工など（lavorii di seta e simili cose）のような女の仕事を他のだれよりも上手にやってのける」[30]と自慢しており，しかもこの箇所は仏訳で「麻や絹細工などの手仕事（labour manuel en lin, en saie et en telz aultres mestiers de mains）」[31]となっている。このわずかな語句の追加がラテン語訳者のアントニオ・ダレッツォによるものか，それともローランによるものなの

　　29)　『デカメロン』の異装と，その象徴性については，以下を参照。拙論「『デカメロン』の異装」横川公子編『服飾を生きる――文化のコンテクスト』化学同人，1999年，111-116頁。
　　30)　Boccaccio, Decameron cit., p.205.（『デカメロン』（上），270頁）。訳語を一部改めた。
　　31)　Boccace, Decameron cit., p.256.

かは不明だが,なにはともあれ,ヒロインが「女の手仕事」に優れている——それは「貞淑な女性」のイメージに直結する——ということが,訳者にとっても,画家にとっても,そしてジャン無怖公をはじめとする当時のパリの読者にとっても重要であったことを示している。加えて画面右では,すでに女の服に着替えたジネーヴラが,ベルナボの後ろに慎ましく控えて主役の座を譲るかたちになっている。すなわち「女の都の画家」が描こうとしたのは,「男装の麗人」でも「賢女」でもなく,まさしく「貞女の鑑」であった[32]。

ローランの仏訳が完成する十年ほど前に,クリスティーヌ・ド・ピザンは『女の都』のなかで,このジネーヴラを絶賛し,ベルナボとアンブロジュオーロの口論の内容を大幅に削った以外は,物語の筋を正確に追っている。しかし大団円の場でクリスティーヌのヒロインは,この長所のひとつも見当たらないベルナボに対し,「わたしはあなたの忠実な伴侶 (ta loyal compaigne)です」と呼びかけ,ふたりは「この上ない喜びに満たされて」抱き合う[33]。女性擁護論者クリスティーヌでさえ,良妻が愚鈍な夫から解放されることを望んだわけではないのである。

6 華麗にして慎ましく

ヴァティカン写本の魅力は,なんといっても「女の都の画家」の卓越した技量によって生み出される華やかな画面にある。その後もこれを元にした写本がいくつもつくりだされたが,人物,服装,家具調度,建築物などの描写の巧みさと優美さ,そしてなにより画面全体から匂い立つ気品という点で,「女の都の画家」の作画を凌ぐものはない。

『デカメロン』は庶民から王族,イタリアから周辺諸国,中東,果ては中国,そして古代ローマから当代までの多様な階級と地域,時代の

---

32) ちなみに 1420-1425 年頃にジョヴァンニ・トスカーニによって制作されたカッソーネの装飾画《ジネーヴラの物語》連作(エディンバラのスコットランド国立美術館蔵,及び個人蔵)においても,ヒロインの「冒険」は描かれず,彼女の「知性」は無視されている(Ellen Callmann, "Ginevra of Genoa", *Studi sul Boccaccio*, vol.29, 2001, pp.141-143)。

33) Christine de Pizan, *La Città delle Dame,* edizione di E. J. Richards, a cura di Patrizia Caraffi, Carocci, Roma, 1997, pp.360-371.

物語を含むが,「女の都の画家」は,身分に応じた服装の描き分けはもちろんのこと,非ヨーロッパ圏の人物にはターバンもしくは円錐形の帽子,ユダヤ人には胸の上にマークをつけるなど,むろん知識は乏しいながらも,可能な限り「異国」を表現しようとする。この点,風俗考証をほぼ完全に放棄しているフランス国立図書館所蔵イタリア語写本63番と比べると,ヴァティカン写本は翻訳とはいえ,はるかに原作に「忠実」であろうとし,未知の物語世界へと読者を導いてくれたと言えるだろう。

　そして「女の都の画家」がなにより重んじるのは,秩序である。イタリア語写本では必ずと言っていいほど描かれるペストの惨状や,話者となる10人の紳士淑女の図像は省き,100話の視覚化のみに集中する。加えてすべてを二場面ずつあらわすという原則を貫いたため,全体として非常に統一感のとれた写本となった。

　絵の内容も,じつに秩序が守られている。貴人を美しく描くのは言うまでもないが,庶民の情事や痴話言も,けっして軽薄な画面にはしない。いかなる階層の,いかなる性分の女性もひとしく麗しく,そして慎ましく描き,裸体表現は極力避ける。そのため画面から笑話的要素はほとんど失われることになるが,それはこの写本の読者にとっては,さして重要な問題ではない。

　すでに指摘されているとおり,この仏訳『デカメロン』が,1410年代のパリやブルゴーニュの宮廷で教訓的作品としての役割を担わされたのであれば,それを後押ししたのは,他ならぬ「女の都の画家」による挿絵であった。華やかだが節度に満ちた挿絵は,単なる猥談としか思えないような物語をも,宮廷人にふさわしい高貴な訓話へと昇華させ,徳の実践へといざなってくれる。

2

神聖ローマ皇帝フェデリーコ2世のカプア門彫刻
――ルネサンスの曙光――

児　嶋　由　枝

はじめに

　カプア門（Porta di Capua）は，シュタウフェン朝神聖ローマ皇帝でシチリア王のフェデリーコ2世（1194-1250年）が都市カプアに建造した城門である[1]。1557年，スペイン王フェリペ2世によって破壊されるまでは，堂々たる威容と中世には似つかわしくない純粋に古典主義的な彫刻によって名声を誇っていた（図1～9）。
　ジョルジョ・ヴァザーリは『芸術家列伝』の中で，彫刻家ニコラ・ピサーノ（1220頃-1280頃）がこのカプア門造営に関与したと記述している[2]。ヴァザーリは，ニコラ・ピサーノとともにルネサンス彫刻が始まると考えていたが，その源流が神聖ローマ皇帝フェデリーコ2世治下の南イタリアにおける古典主義であると論じたのである。ヴァザーリは1544年から1545年にかけてナポリに滞在しており，トスカナとナポリ

　1）　シチリア王，ドイツ王，エルサレム王で神聖ローマ皇帝であった彼の名は日本では，ラテン語でフレデリクス，ドイツ語でフリードリヒと称されることも多い。しかし，本稿はイタリアでの事績を論じており，イタリア語名のフェデリーコを用いることとする。中世シチリア王国に関する最新の邦語研究は，高山博『中世シチリア王国の研究――異文化が交差する地中海世界』東京大学出版会，2015年．
　2）　http://vasari.sns.it (Scuola Normale Superiore 編，オンライン版，最終アクセス：2015年9月19日)：Giorgio Vasari, *Le vite de' più eccellenti pittori scultori ed arhichitettori*, Edizione Giuntina e Torrentiniana, vol. II, p. 60. ジョルジョ・ヴァザーリ『美術家列伝』森田義之監訳，中央公論美術出版，2014年，p. 150.

268　第Ⅲ部　美術における復興

図1　カプア門址

図2　アルド・マリアーノ作，〈カプア門復元図〉
（カプア，県立カンパーノ博物館，1928年）

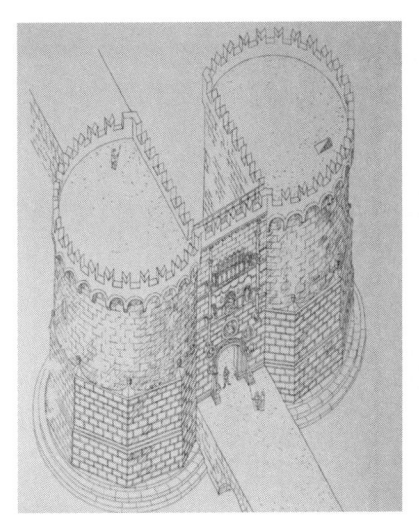

2　神聖ローマ皇帝フェデリーコ2世のカプア門彫刻　　　269

図3　〈カプア門復元図〉，カルロ・アルノルド・ヴィレムセンによる。1953年

図4　カプア門の〈皇帝フェデリーコ2世坐像〉（カプア，県立カンパーノ博物館）

図5　カプア門の女性頭部像（〈皇帝の正義〉の擬人像）（カプア，県立カンパーノ博物館）

図6　カプア門の〈伝ピエール・デッレ・ヴィーニェ像〉（カプア，県立カンパーノ博物館）

図7 カプア門の〈伝タッデオ・ダ・セッサ像〉（カプア，県立カンパーノ博物館）

図8 カプア門の円塔基部の頭部像（カプア，県立カンパーノ博物館）

図9 カプア門の持ち送りの頭部像（カプア，県立カンパーノ博物館）

の間を往復する際にカプア門を通過している。そこで，実際にカプア門の彫刻を目にしたはずである。

　ヴァザーリが様式的にニコラ・ピサーノの関与をカプア門に認めたのか，あるいはそういった史実を伝え聞いたのかは分からない。とまれ，今日ではニコラ・ピサーノがフェデリーコ2世治世下のプーリア地方

出身で，本来はニコラ・デ・アプーリア，すなわちプーリアのニコラと称していたことが明らかとなっている[3]。ルネサンス彫刻の嚆矢はフェデリーコ2世時代の南イタリアにもとめられるのである。実際，カプア門彫刻は古代彫刻の再利用とみまがうほど古典的である。

ところで，かつてパノフスキーは『ルネサンスの春』の中で，中世美術における古代風の造形は随意に古代美術を模倣したものであるのに対し，イタリア・ルネサンス美術は古代を古典として，すなわち規範として意識的かつ体系的に再現していると論じた[4]。そして，神聖ローマ皇帝フェデリーコ2世時代の美術は前者に属するとしている。これに対しサルヴァトーレ・セッティスは，イタリア中世後期における古代美術の模倣作品は単なる模倣にとどまらず，古代美術の図像内容や象徴体系を理解したうえでの再利用であり，中世美術からルネサンス美術への移行期に断絶は無いと反論している[5]。本稿はこうした議論をふまえて，カプア門彫刻に焦点をあて，その古代のリバイバルの様相について考察するものである。

1 カプア門と，古代・近代

都市カプアはシチリア王国のティレニア海側北端の教皇領と接する辺りに位置し，ローマとはアッピア街道によってつながっていた。このアッピア街道とヴォルトゥルノ川が交差する地点にカプア門はたっていた[6]。都市カプアの北側の城門として建造されたもので，両脇に巨大

---

[3] Giusta Nicco Fasola が Nicola de Apulia に言及する史料を 1941 年に出版した。Giusta Nicco Fasola, *Nicola Pisano: orientamenti sulla formazione del gusto italiano*, Roma: Palombi 1941, pp. 214-215.

[4] Erwin Panosfky, *Renaissance and Renascences in Western Art*, Stockholm: Almqvist &Wiksell 1960. アーヴィン・パノフスキー『ルネサンスの春』中森義宗他訳，思索社，1973年．

[5] Salvatore Settis, *Memoria dell'antico nell'arte italiana*, I, *l'uso dei classici*, Torino: Einaudi, 1984.; 小佐野重利『記憶の中の古代──ルネサンス美術にみられる古代の受容』中央公論美術出版，1992年．

[6] カプア門に関する文献は多数あるが，基本研究は Cresswell Shearer, *The Renaissance of Architecture in Southern Italy*, Cambridge: W. Heffer, 1935; Carl Arnold Willemsen, *Kaiser Friedrichs II. Triumphtor zu Capua: ein Denkmal hohenstaufischer Kunst in Süditalien*, Wiesbaden:

な円筒形の塔があることから塔の門（Porta delle Torri）とも呼ばれていた。神聖ローマ皇帝フェデリーコ2世がこの城門の造営に着手したのは1234年である。当時いくらか残存していた古代のヴォルトゥルノ川橋頭堡の遺構の上に，皇帝が自ら設計して建造させたと考えられている。1240年頃にはおおよそ完成していた。

中央の凱旋門風の城門の両脇に二つの堅牢な円筒状の塔を配すという，中世にあっては新機軸の形式は，古代の建造物を参考にしたものである。両脇の塔はローマのアッピア門やオスティア門など古代都市ローマの城門に倣い，中央の門の形状はリミニの凱旋門をはじめとする古代の建築を範にしているのである（図10, 11）。そして，かつてカプア門の彫刻自体も古代彫刻の造形を忠実に模したものである。

その背景には，すでにひろく議論されてきたように，イタリア半島全体を支配下に治めて古代ローマ帝国を再興しようとしていたフェデリーコの意図がある[7]。特に，古代ローマ法典を元に編纂した「皇帝の書 Liber Augustalis」（別名「シチリア王国勅法集成」もしくは「メルフィ法典」）を1231年に発布して以降，そうした意図は造形的も顕在化していく[8]。1230年代にはたとえば，古代ローマ皇帝アウグストゥスに擬したフェデリーコ肖像が表されたアウグストゥス金貨（Augustalis）が鋳造

Insel-Verlag, 1953; Ferdinando Bologna, "*Cesaris imperio regni custodia fio*: *la porta di Capua e la interpretatio imperialis del classicismo*", in *Nel segno di Federico II: unità politica e pluralità culturale del Mezzogiorno*, Atti del IV Convegno Internazionale di Studi della Fondazione Napoli Novantanove (Napoli 1988), ed. Mario Del Treppo, Napoli: Bibliopolis, pp. 159-189. 近年の研究としては Silvia Tomei, "La porta di Capua, Nuova ipotesi di ricostruzione", in *Rivista dell'Istituto Nazionale d'Archeologia e Storia dell'Arte*, 3ser. 25, 2002, pp. 259-277; Luciana Speciale, Giuseppina Torriero Nardone, "Epifania del potere: Struttura e immagine nella Porta di Capua", in *Medioevo: immagini e ideologie*, Atti del Convegno Internazionale di Studi, (Parma 2002), ed. Arturo Carlo Quintavalle, Milano: Electa, 2005, pp. 459-474; Luciana Speciale, *Immagini per la storia: ideologia e rappresentazione del potere nel mezzogiorno medievale*, Spoleto: Fondazione Centro Italiano di Studi sull'Alto Medioevo, 2014.

7）神聖ローマ皇帝フェデリーコ2世に関する研究の蓄積は膨大である。エルンスト・カントローヴィチの名著『皇帝フリードリヒ二世』小林公訳，中央公論新社，2011年（Ernst Hartwig Kantorowicz, *Kaiser Friedrich der Zweite*, Berlin: Georg Bondi, 1927）の他，基本研究は David Abulafia, *Frederick II. A Medieval Emperor*, Oxford: Oxford University Press, 1988.

8）Cf. Andea Romano, *Liber Augustalis. Le costituzioni melfitane di Federico II di Svevia ; riproduzione ed edizione del codice Qq. H. 124 della Biblioteca Comunale di Palermo*, Lavello: Consiglio regionale della Basilicata, 2001.

2　神聖ローマ皇帝フェデリーコ2世のカプア門彫刻　　273

図10　ローマ，オスティア門，161-180年

図11　リミニ，アウグストゥスの凱旋門，27年

され，さらに古代ローマ皇帝像そのものといえるフェデリーコの胸像が制作されているのである（図12, 13）。

　フェデリーコ2世治世下に制作された古典主義的な造形は，こうした政治的意図にくわえて，フェデリーコ自身の美的嗜好も関係している。学芸に秀で科学を愛好したことで知られ，中世で最も進歩的な君主とされたフェデリーコ2世は，古代美術に個人的に深い関心を持っていた。なかでもフェデリーコ2世の古代のカメオのコレクションは有名で，量

274　第Ⅲ部　美術における復興

図12　皇帝フェデリーコ2世のアウグストゥス金貨
銘文左「C[a]ESAR AVG[ustus] IMP[erator] ROM[anus]」
銘文右「FRIDE RICVS」.

図13　〈皇帝フェデリーコ2世胸像〉
　　　（バルレッタ市立博物館）

図14 アルノルフォ・ディ・カンビオ作〈シャルル・ダンジュー1世像〉（ローマ，カピトリーノ美術館，1277年頃）

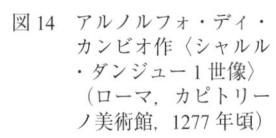

図15 ナポリ，ヌォーヴォ城の城門，15世紀中葉

質ともに非常に充実していた[9]。これらフェデリーコ2世が蒐集した古代のカメオはその後，メディチ家，ハプスブルク家やフランス王家のコレクションとなったことは周知の通りである。カメオが公共のモニュメントなどとはまったく性格を異にする造形作品であることは興味深い。掌にのせて，その繊細な美しさを楽しむカメオは，公共ではなく個人的な愉みのためにある。フェデリーコ2世は彫刻家たちに古代の彫刻を研究するよう命じたと考えられているが，このことと彼自身の個人的な嗜好も無関係ではないのである。

　フェデリーコ2世が建造したカプア門が後世の人々にとって特別なモニュメントであったことは，シュタウフェン朝滅亡後にシチリア王国を支配した君主たちがカプア門の彫刻や建築を模倣したことから推測できる。シュタウフェン朝を倒して1266年にシチリア王の座に就い

---

9) フェデリーコ2世の古代のカメオのコレクションについては，以下の論文集に掲載された論文をはじめとして，Antonio Giuliano が一連の優れた研究を発表している。*Studi normanni e federiciani*, ed. Antonio Giuliano, Roma: L'Erma di Bretschneider, 2003.

276　第Ⅲ部　美術における復興

図16　フランチェスコ・ディ・ジョルジョ・
　　　マルティーニ作〈カプア門〉
　　　（フィレンツェ，ウフィツィ美術館）

たシャルル（カルロ）・ダンジュー1世は，カプア門に設置されていた，後述するフェデリーコ2世像を模した自身の坐像を，アルノルフォ・ディ・カンビオに制作させている[10]（図4，14，18）。そして，1416年にシチリア王位を獲得したアラゴン王アルフォンソ5世がナポリに建造したヌォーヴォ城の城門は，カプア門の形式を踏襲して，二つの堅牢な円筒状の塔が中央の凱旋門風の門を挟む構造となっているのである[11]（図15）。また，16世紀を代表する建築理論家で芸術家のフランチェスコ・ディ・ジョルジョ・マルティーニはカプア門をスケッチしており，このモニュメントがルネサンス人の関心を惹いていたと想像できる[12]（図16）。

---

10)　Martin Weinberger, *Arnolfo und die Ehrenstatue Karls von Anjou*, in *Studien zur Geschichte der europäischen Plastik, Festschrift Theodor Müller zum 19. April 1965*, ed. Kurt Martin et al., München: Hirmer 1965, pp. 63-72.

11)　George L. Hersey, *The Aragonese Arch at Naples: 1443-1475*, New Haven & London: Yale University Press, pp. 17-31.

12)　Giustina Scalia, "La «Porta delle Torri» di Federico II a Capua in un disegno di Francesco di Giorgio Martini", *Napoli nobilissima*, 3ser. XX, 1981, pp. 203-221, XXI, 1982, pp. 123-134.

今日，このフランチェスコ・ディ・ジョルジョの簡単なスケッチは，1557年に破壊される以前のカプア門の威容を伝える貴重な造形史料となっている。文書史料としては，16世紀のカプアの年代記作者シピオーネ・サンネッリが残したカプア門の描写が重要である。建築や彫刻の説明の他，彫られていた銘文も紹介しているのである[13]。また，幸いなことに，かつてはカプア門に設置されていた彫刻群の主要なものは，破損は被っているものの現存しており，今はカプアにある県立カンパーノ博物館に所蔵されている（図4〜9）。

これらをもとにアルド・マリアーノは1928年に想像復元図を制作している（図2）。完全に正確な復元図とは言えないが，大体の構成と彫刻の配置については参考となる。この復元図も参考にしながら，次の章では彫刻図像について検討していく。

2　カプア門の彫刻

16世紀の年代記作者サンネッリによると，カプア門全体は大理石および白色の石灰岩で覆われ，白く美しく輝いていたという。このカプア門の北側，すなわちアッピア街道を通ってカプアに至る人々が目にする外壁に，堂々たる古代風の彫刻が設置されていた。入口アーチ上部とその両脇にある，円形枠組みの中に頭部の彫刻を配するという形式は，リミニにアウグストゥスが建てた凱旋門を想起させる（図11）。その上方にある，坐像や立像が置かれた壁龕やアーチ列についてはラヴェンナのテオドリック帝宮殿址と考えられてきた建造物との関係を指摘する研究者もいる[14]。

中央のひときわ大きな壁龕に座す彫像は皇帝フェデリーコ2世である（図4）。先に言及したアウグストゥス金貨やバルレッタの胸像と同様に古代ローマ皇帝の上衣をまとっている。今や頭部は失われているが，17世紀末に歴史家フランチェスコ・ダニエーレが制作させた出来が良

---

[13] Scipione Sannelli, *Annali della Città di Capua*, Ms., 1571, Biblioteca Apostolica Vaticana, Vat. Lat. 1042.

[14] Shearer, *The Renaissance of Architecture in Southern Italy*, 1935, cit., pp. 35-36.

第Ⅲ部　美術における復興

図17　カプア門の皇帝フェデリーコ2世胸像頭部の石膏コピー（カプア県立カンパーノ博物館，17世紀末）

図18　セルー・ダジャンクール作〈カプア門の皇帝フェデリーコ2世〉（ヴァチカン図書館，19世紀末）

いとはいえない石膏コピーと19世紀末に活躍した考古学者，美術史家，歴史家のセルー・ダジャンクールによる素描から，本来の姿を想像することは可能である（図17，18）。真っ直ぐに正面を向く皇帝の頭部は若々しく髭は無い。この坐像の上の銘文に「定まらないものを我は惨めな状態に陥れる」[15] と記されていたように，皇帝フェデリーコ2世像は門のはるか上方から，カプアを訪れる者を睥睨し，威圧していたはずである。その両脇，および上部の壁龕にも坐像もしくは立像があったはずであるが，いずれも散逸してしまった。後世の文書史料にもこれらの図像内容に関する言及は見当たらない。

　一方，皇帝フェデリーコ2世像の下，すなわち門のアーチのすぐ上とその両側にある円形内の胸像はいずれも現存している（図5〜7）。さらにシピオーネ・サッネッリがそれぞれに刻まれていた銘文を年代記に書き残している。

15）　"Quam miseros facio quos variare scio".

2　神聖ローマ皇帝フェデリーコ2世のカプア門彫刻

　中央のひときわ大きい円形枠組みの中にあった古代の女神像をおもわせる女性の頭部上方の銘文には，「皇帝の指示によって我は王国内に調和をもたらす」[16]と記されていた（図5）。この女性頭部は，16世紀のシピオーネ・サッネッリ以降ずっと，カプアの歴史家達によって「都市カプア」の擬人像であると考えられてきた。これに対し，歴史家エルンスト・カントローヴィチは，「皇帝の正義（Justitia Augusti）」の擬人像であると提唱し，現在に至るまでこの説がほぼ定説となっている。そもそも，「都市カプア」の擬人像であるとの解釈は，16世紀のサッネッリのカプア年代記以降，その女性像の両脇にある円形枠組み内の胸像が，皇帝フェデリーコ2世の宮廷で活躍した著名な知識人であると信じられていたことと関係している（図6，7）。これらの胸像は，歴史家，著述家であったピエール・デッレ・ヴィーニェ（1190頃-1249年）と，法律家タッデオ・ダ・セッサ（1200頃-1247年）であると考えられてきたのである。都市カプアの擬人像と皇帝フェデリーコ2世の重臣という，より具体的なイメージをカプアの人々がカプア門の胸像に投影していたといえよう。

　しかしながら，カントローヴィチならびにシェアラーの研究以降，こうした図像理解に疑問が呈せられている[17]。実際，二つの胸像の上に刻まれていた銘文からは，ピエール・デッレ・ヴィーニェやタッデオ・ダ・セッサを想起することは難しい。向かって左のピエール・デッレ・ヴィーニェ像と呼ばれる胸像の上には「清らかに生きようとする者は，心安らかに入り来たれ」[18]と，そして向かって右の伝タッデオ・ダ・セッサ像の上には「強欲でよこしまな者は，追放され，牢獄に繋がれることを恐れよ」[19]と記されていたのである。これらの銘文からは，都市カプア，ひいてはフェデリーコ2世の王国には正しき者しか入ることが赦されないという強い意志を読みとることができる。同時に，二つの胸像の図像を正確に同定することは史料の不足によって難しいにせよ，「裁く者」を表していることは間違いない。

---

16)　"Caesaris imperio regni custodia fio".
17)　Shearer, *The Renaissance of Architecture in Southern Italy*, 1935, cit.
18)　"Intrent secure qui querunt vivere puri".
19)　"Invidus exclude timeat, vel carcere trudi".

すなわち，門のアーチのすぐ上とその両側にある三つの円形内の胸像のうち，中央は「正義」を，そして両脇は「裁く者」を表していると理解することができる。そして中央上方の大きな壁龕の中に座す皇帝フェデリーコ2世は，これら「正義」と「裁き」を統べ，門を通る人々を畏怖させているのである。すでに繰り返し指摘されてきたように，カプア門が建造される少し前の1231年に古代ローマ法典を元に編纂された「皇帝の書」が発布されたことと，カプア門彫刻図像は無関係ではない。中央の「正義」の擬人像については，近年，レッチェの州立美術館蔵のものをはじめとするいくつかの古代のミネルヴァ像との類似が指摘されている[20]。ミネルヴァは知恵と学問の女神であり，「皇帝の正義」図像にふさわしいと考えられたとも推測することができる。

このように見ていくと，カプア門彫刻においてフェデリーコ2世は，古代美術の様式を模倣したばかりでなく，古代ローマ皇帝像やミネルヴァ像などの古代図像についても，その意味を理解したうえで，概念的に再解釈し再生させようとしたと言うことができる。そして，その背景には，フェデリーコ2世自身の古代美術への個人的な嗜好のみならず，古代の法典の再生という政治的意図もあったと考えられる。ローマからアッピア街道を南下してシチリア王国内に入ってから最初に出会う都市がカプアであることも，カプア門彫刻図像と無関係ではないだろう。教会法が支配する教皇領を出てシチリア王国の都市カプアに入るまさにその地点に，かつてカプア門は聳え立っていたのである。

3　カプア門と中世キリスト教美術

カプア門は城門であり，純粋に世俗建築といえる。事実，カプア門彫刻装飾のなかにキリスト教図像は見当たらない。しかし筆者は，アーチ上部の「正義」と「裁き」の彫刻は，キリスト教美術図像の伝統を踏まえたものであると考えている。特に，聖堂扉口周辺の図像との関連が指摘できると推測している。結論から先に述べると，カプア門では，聖堂

---

20) Speciale, Torriero Nardone, "Epifania del potere", 2005, cit., pp. 468-470.

扉口における世俗の世界と聖なる空間の境界という機能から宗教的要素が排除され，皇帝の法と正義が支配する世界とそうではない世界の境界という機能に置き換えられたと考えられるのである。

聖堂の扉口が聖なる空間と世俗の世界との境界であることは，すでに5世紀に生きたノラの司教パオリヌスの時代から認識されている。ノラ旧司教座聖堂入口に彼が残した銘文には，「神キリストのふところに入らんとする，安らかな心をもった清らかな汝に平和があらんことを」と，さらには「ふさわしき者が扉口を通って神聖な天国へと行く」と記されている[21]。こうした聖堂扉口が有する意味ゆえに，ロマネスク期に入ると，扉口の上に最後の審判図像が登場する。コンクのサント・フォア聖堂やオータンのサン・ラザール聖堂など著名な例を挙げるまでもないだろう。ここで注目されるのは，こうした最後の審判図像では，キリストから見て右にいる正しき人々が天国へ迎えられ，キリスト左手の罪人たちは地獄に落とされることである。すなわち，向かって左に天国行く人々が，そして向かって右に地獄に行く人々が表されるのである。

先に論じたカプア門の銘文のうち，アーチの上の両脇の胸像の銘文はこうした図式に倣っていると考えられる（図6，7）。あらためて引用すると，向かって左の胸像の上には「清らかに生きようとする者は，心安らかに入り来たれ」と，そして向かって右の胸像の上には「強欲でよこしまな者は，追放され，牢獄に繋がれることを恐れよ」と記されているのである。

北イタリアのフィデンツァ大聖堂扉口彫刻と銘文は，カプア門の彫刻や銘文と直接的に対応している[22]。同聖堂中央扉口両脇の壁龕には，

---

21) «Pax tibi sit quicunque Dei penetralia Christi, pectore pacifico candidus ingrederis»; «*Ingressus unde sacrum* mentis datur exitus in paradisum». 現在のチミティーレにある初期キリスト教時代のバシリカ聖堂に刻まれた銘文である。Joseph Sauer, *Symbolik des Kirchengebäudes und seiner Ausstattung in der Auffassung des Mittelalters*, Freiburg: Herder 1924 (II ed.), pp. 308-309; Maria Carolina Campone, "Architettura cristiana delle origini: pia sacramenta lavacro ; iconografia trinitaria e valenze liturgiche nella basilica paoliniana di Cimitile (Nola)", *Arte Cristiana*, 101, 2013, pp. 53-64. 児嶋由枝「北イタリア後期ロマネスク聖堂扉口における"悔悛"と"赦し"――中世自治都市国家と聖堂扉口彫刻図像」『上智史学』59号，2014年，pp. 59-79.

22) Yoshie Kojima, *Storia di una cattedrale: il Duomo di San Donnino a Fidenza: il cantiere medievale, le trasformazioni, i restauri*, Pisa: Edizioni della Normale, 2006.

第Ⅲ部　美術における復興

　　図19　ベネデット・アンテーラミ作　　　　図20　ベネデット・アンテーラミ作
　　　　　〈ダヴィデ像〉，フィデンツァ　　　　　　　〈エゼキエル像〉，フィデンツァ
　　　　　大聖堂ファサード，1170年頃　　　　　　　大聖堂ファサード，1170年頃

　1170年頃の作と考えられる預言者像が立っている（図19，20）。向かって左のダヴィデ像の銘文には「これは主の扉口である。正しきものはここを入る」（詩編118.20）[23]とあり，向かって右のエゼキエル像の銘文には「主の家の扉が閉じられているのを見た」[24]（エゼキエル書44.1）と記されているのである。フィデンツァ大聖堂では預言者が，カプア門では裁く者が，入るべき者と排除されるべき者を峻別している。
　ところで，フィデンツァ大聖堂彫刻の様式が，12世紀としては際立って古典的であることも興味深い。都市フィデンツァは一貫して皇帝派であり，皇帝フェデリーコ2世は1226年以降，幾度もフィデンツァを訪れている。その際に，古代美術を愛好していた皇帝フェデリーコ2世が大聖堂の彫刻に関心を持ったとしても不思議ではない。フィデンツァ大聖堂扉口彫刻図像が，カプア門彫刻図像に直接の影響を与えたと考えてもあながち間違いではないかもしれない。ただし，カプア門ではキリ

23）　"Haec porta Domini iusti intrant per eam".
24）　"Vidi portam in domo Domini clausam".

スト教的要素が排除され，同時に古代美術が意識的に再利用されている点で全く性格を異にしているといえる。

おわりに——カプア門におけるルネサンス

　本稿の最初に述べたように，サルヴァトーレ・セッティスは，パノフスキーの説に異をとなえて，イタリア中世後期における古代美術への回帰は，古代美術の図像内容や象徴体系を理解したうえでの意図的な再利用であり，中世美術からルネサンス美術への移行期に断絶は無いと論じた。皇帝フェデリーコ2世のカプア門彫刻も，こうした文脈のなかに置くことができる。

　しかし，当然のことながら，15世紀イタリア・ルネサンスの建築家ブルネレスキやアルベルティのように，遠く切り離された過去を考古学的に調査し，体系化して再生させたものではない。また，ボッティチェッリやラファエロの作品のように，古代の新プラトン主義思想や神話体系を消化し，独自に再構築したものでも決してない。一方で，伝統的なキリスト教聖堂装飾図像を，意図的に意味を完全に置き換えて再利用している点で，カプア門は中世美術とも15世紀イタリア・ルネサンス美術とも異なる独特の造形となっている。まさにルネサンス黎明期に現れた，中世と古代をつなぐ特別なモニュメントといえる。

3
ジョルジョーネと古代美術

高 橋 朋 子

1 ジョルジョーネが育った土壌

　ジョルジョーネ研究における難題は，残された資料が圧倒的に少ないということに尽きる。生没年すら明確には分からない。しかしそれ故に魅力的だともいえる。つまりジョルジョーネ研究は西洋美術史研究における禁断の美味なる果実であると言っても過言ではない。これまであまたの碩学たちが積み上げた研鑽は，その目録だけでも一冊の厚い著作となる。しかしこうした奮闘にもかかわらず，なお多くの問題（謎）は未解決のままなのである。

　ジョルジョーネはジョルジョ・ダ・カステルフランコと呼ばれるが，実際カステルフランコで生まれたのかは不明である[1]。しかしカステルフランコのドゥオーモのために有名な祭壇画《カステルフランコの聖母》を制作しているし，またこのドゥオーモに隣接するカーサ・ペリッツァーリと呼ばれていた家（現カーサ・ジョルジョーネ美術館）の壁には

---

　1) ジョルジョーネに残された数少ない同時代資料の中で最初期のものは，《ラウラ》と通称されるウィーン美術史美術館所蔵の女性肖像画で，この作品の裏には1506年という年記とともに，zorzi da chastel fr[ancho] との画家の名前の記述があり，すでにこの時点から「カステルフランコのゾルチ（ジョルジョーネ））」と呼ばれていたことが分かる。以降1507のヴェネツィア政府との契約でも Zorzi da Chastel franco と書かれており，したがってジョルジョーネは少なくともカステルフランコと深い関わりのある出自であったことは間違いない。

謎に満ちた有名なフリーズ装飾を残している[2]。従ってジョルジョーネはカステルフランコかその近辺で青年期を過ごしたであろうことは間違いない。カステルフランコは風光明媚な，城壁に囲まれた小さな町で，現在はトレヴィーゾ県に属している。ヴェネツィア，トレヴィーゾ，パドヴァ，といった経済的，文化的拠点のどこからもほぼ30キロ圏内といった位置関係にある。

例えばトレヴィーゾでは，14世紀にトンマーゾ・ダ・モデナという画家がこの地で活躍し多くの作品を残している。神聖ローマ皇帝カール4世は1354-55年にかけてイタリアを訪問した。その時トレヴィーゾに立ち寄り，トンマーゾ・ダ・モデナに造営中のプラハの宮殿の祈祷所（現在のプラハ，カールシュタイン城，聖十字架礼拝堂）に三連祭壇画を依頼し，このことが契機となってドイツにイタリアのゴシックの様式が伝わったことはよく知られた出来事である。またトンマーゾ・ダ・モデナがトレヴィーゾのサン・ニコロ聖堂内，あるいは修道院参事会室に描いた《40名のドメニコ会士の肖像画》[3]はその後の学者像の出発となる作品であり，この図像を源泉として14世紀末にパドヴァで《書斎のペトラルカ》が描かれ，それがその後の「書斎のヒエロニムス」というルネサンス期に流行した学者像の典型的な図像へと受け継がれていったことも周知の事実である[4]。つまりトレヴィーゾは14世紀には北イタリアのゴシック絵画の中心であったといっても過言ではない。

一方パドヴァは，1300年初頭にジョットがこの地に招かれ作品を残した。その中でもスクロヴェーニ家礼拝堂の装飾はあまりにも有名な作

---

2) カステルフランコのドゥオーモに隣接するCasa Marta Pellizzariの2階 (primo piano) の部屋にモノクロームで描かれたフレスコ装飾に関してもジョルジョーネ作と認めない研究者も大勢いる。ジョルジョーネ没後500年を記念して2009年12月から2010年4月にかけてカステルフランコで開催された展覧会のカタログに，これまでの経緯が記されている。*Giorgione*, a cura di Enrico Maria Dal Pozzolo,Lionello Puppi, Castelfranco, 2009, 420-21. 又この装飾をトレヴィーゾ文化圏の知識人，天文学者と関連付けて精緻な論考が提示されており，Augusto Gentili,'Fregio di Castelfranco'exh.cat. *Giorgione"Le Maraviglie dell'arte"*, 2003,Venezia, 102-111. こうした論考を踏まえて，論者もまたこの部屋の装飾のうち東の壁面はジョルジョーネが描いたとするのが妥当だと考える。

3) 40名のドメニコ会士の肖像画の中で特に有名なのが，眼鏡をかけたプロヴァンスの枢機卿ユーグ・ド・サン・シェールで，眼鏡をかけて描かれた最初の人物像とされる。

4) 小佐野重利「デトロイトの《書斎の聖ヒエロニムス》をめぐる心性史および受容史的な考察」，『西洋美術研究』，三元社, No.1 (1999), 8-32。

品として現在に伝えられるし，その後ジォットの様式を受け継いだ，あるいは強く影響を受けた画家たちがパドヴァのゴシック絵画を洗練させていった。現実的な感情を自然な身振りで表現するという，ジォットが西洋美術史上にもたらした美的効果を，この地で活躍した画家たちは吸収し，中央イタリア（フィレンツェを中心とする）のジォット派の画家たちよりはるかにジォットの精神に近い作品を展開させていた。その意味でパドヴァは，イタリアにおけるゴシック絵画の中心地であり，情報発信地であった。

　カステルフランコは当然のことながらこうした強力な絵画伝統の影響下にあった。従ってジョルジョーネが画家として成長する過程では，トレヴィーゾ圏での文化動向，さらにパドヴァ圏での絵画状況を意識せざるを得なかったに違いない。もちろんヴェネツィアは強大な文化的磁場であった。故にジョルジョーネも最終的にはヴェネツィアに活躍の場を見出し，それによって単なる地方画家からインターナショナルな画家へと飛躍することになるのであるが，その一方で，ヴェネツィアの目の肥えたパトロン達が注目するまでに彼を育てた土壌に目を向けることも肝要であろう。

　これまでジョルジョーネ研究は主として，ヴェネツィアという巨大な国際都市での彼の活躍に目がとまり，彼をジョヴァンニ・ベリーニの工房で学んだあと，その「技」（「スフマート」）の新しさで次世代の画家たち（ティツィアーノ，セバスティアーノ・デル・ピオンボ，パルマ・イル・ヴェッキォ，等）の心を奪い，ヴェネツィアにマニエラ・モデルナ（盛期ルネサンス様式）を導入した画家として位置付け，この立場から彼を語ることにどちらかというと偏りがちであった。こうしたジョルジョーネ評価に多大な影響と論拠を与えたとするなら，それはヴァザーリの『美術家列伝』であろう。特にヴァザーリは，フィレンツェ美術の優位性を暗に主張するために，戦略的にジョルジョーネをレオナルド・ダ・ヴィンチと関連付けて記述した。つまりジョルジョーネは，レオナルドを通してフィレンツェが生み出したルネサンス様式を理解し，ヴェネツィアにおいてマニエラ・モデルナを発展させた最初の画家として位置

付けられることになったのである[5]。

　ジョルジョーネ没後 500 年を迎えた 2010 年前後に，ヴェネツィア，ウィーン，カステルフランコ，パドヴァで次々に大きな展覧会が開催され，特にカステルフランコやパドヴァの展覧会ではジョルジョーネをカステルフランコやトレヴィーゾ，パドヴァの文脈に置いて考察する試みがなされた。こうした観点はそれまでにも散発的に論じられていたけれど，ここにきて総括的な枠組みを見据えた試みが展開しているように思われる。その中で，トレヴィーゾやパドヴァにおける知識人や有力市民たちの古代趣味とジョルジョーネを関連付けて考察する論考も出てきた。この当時トレヴィーゾやパドヴァでは，何より古代に対する興味が隆盛していたのである。また 15 世紀後半古代彫刻に対する関心は，中央イタリアにおけるより北イタリアの方が先んじていたといっても過言ではない[6]。

　本稿ではこうした展覧会で得た新知見に基づき，ジョルジョーネが知り得たであろう「古代」，それはより直接的には「彫刻」ということになるのだが，それらを再考し，ジョルジョーネが「古代」（古代彫刻）を自身の作品にいかに取り入れたかを推測する。そしてその結果として，ジョルジョーネをこの当時の最先端の美術理論であった「彫刻」と「絵画」の優劣比較論争（「パラゴーネ」）に対する果敢な挑戦者として評価する伝統がその後に形成されたのではないかと指摘する。

[5) ヴァザーリが『列伝』第 2 版で，ジョルジョーネとレオナルド・ダ・ヴィンチを戦略的に結び付けて語るにあたって，フィレンツェのコジモ 1 世の文化戦略と深いかかわりがあったのではないとの視点から論者はかつて論じた。高橋朋子「ヴァザーリとジョルジョーネのマニエラ・モデルナ」，『地中海学研究』地中海学会，XXXI (2008), 55-72。

6) パドヴァでは，スクアルチョーネの工房における古代彫刻のコレクションが有名であったし，そこからマンテーニャの「古代風」絵画が誕生する。Cristina De Benedictis, *Per la storia del Collezionismo Italiano*, Firenze,1995,67-78. また，ヴェネツィアの画家ヤコポ・ベッリーニはすでに彼の素描帳（ルーヴル美術館所蔵）に古代の墓碑を写し取っていた。一方トレヴィーゾでは何よりロンバルド一族の活躍，とりわけトゥッリオ・ロンバルドを通して「古代風」が大流行していた。

2　トレヴィーゾと「古代」

　15世紀の末のトレヴィーゾにおいて「古代」とは何より彫刻であった。しかも，当時最新の流行の目玉といえば，彫刻家ロンバルド一族が制作にかかわったトレヴィーゾのドゥオーモの司教ツァネット（ジョヴァンニ・ダークレ）の墓廟であった。というのも，ポンポニオ・ガウリコが1503年にパドヴァで執筆した De Sculptura [7]（「彫刻について」）の第8章, Gli Scultori Illustri（「著名な彫刻家たち」）のなかで，トレヴィーゾでロンバルド一族の作品が熱狂的に迎えられたこと，またピエトロ・ロンバルドの息子トゥッリオの卓抜なる才能を称賛していることからわかる。

> 　現代の大理石彫刻で重要だと思われるは，ニーノ（ミーノ・ダ・フィエーゾレ[8]），私は彼の姓を知らない，というのもいつも「ニーノ作」という署名しか残さないからである。それからあなた方の友人であるアントニオ・リッツォ，そしてピエトロ・ロンバルドと彼の息子たち，トゥッリオとアントニオなどであろう。しかしトゥッリオについては，その作品をほめることなくして彼を語ることなどできようか。実際私の称賛が友情のために発せられたもので，作品の良さからではない，などと思われることを恐れないなら，彼こそこれまでどの時代にも見ることができなかった，あらゆる彫刻家の中で最も力量のある人であり，そうほめたからと言って言い過ぎにはならないであろうことははっきりと申し上げられる。それに昔の才能やかつての名作が戻ってくるわけはないのだから。トレヴィーゾでは人々がアーキトレーヴ・コーニス[9]をまるで凱旋のようにたたえ

---

[7]　ガウリコによる論集 *De Sculptura,* は1503年にパドヴァにて構想され書かれた。そして翌年の1504年にフィレンツェから出版された。Pomponio Gaurico, *De Sculptura,* a cura di Paolo Cutolo, Napoli, 1999, 引用箇所は251. 尚シャステルによるフランス語訳もある。Pomponius Gauricus, *De Sculptura,* (ed.) André Chastel et Robert Klein, Genève, 1969.

[8]　*De Sculptura,* ibid, 294.

[9]　ラテン語の原文では epistylionrum coronae と書いてある

て運んだが，それはトゥッリオが若い時から様々な木の葉を彫って装飾してきたものであった。リッツォはトゥッリオの父に対するライヴァル心から[10]，また彼らの素晴らしい斬新な作品に対する名声にも動かされこの地に来ていた。これほど本物と見まがうような作品を作るにはどうすれば可能になるのであろうか，と人々は驚いたが，一方リッツォは，自分が可能にする前にすでにトゥッリオが，鑿1本で大理石のコーニスを成し遂げていたことを称賛した。この作品と比較できるような卓抜した作品はどのようなものなのか？　どんな賢明な芸術家もトゥッリオの彫刻には（本物と）惑わされるであろう。[11]

　この引用で確認すべきは，トレヴィーゾで古代風の趣味がロンバルド一族によってもたらされたこと，そしてガウリコはトゥッリオ・ロンバルドという彫刻家を多大に評価している点である。トレヴィーゾに古代趣味の隆盛をもたらしたのは，ドゥオーモの司教でドゥオーモの内陣建設と自身の墓の制作をロンバルド一族に依頼した司教ツァネットであった。ガウリコの記述から，木の葉が彫られたアーキトレーヴ・コーニスがトレヴィーゾで熱狂的に迎えられたことがわかる。しかもトレヴィーゾでは，「古代」と「彫刻」は一体化しており，ロンバルド一族，とりわけトゥッリオがもたらしたとの評判が広がっていた。ガウリコの記述

10）　Antonio Rizzo と Pietro Lombardo はどちらもヴェネツィアで大きな工房を運営しており，パラッツォ・ドゥカーレやヴェネツィアの大聖堂での大規模な仕事を請け負っていた。

11）　"Nostris vero temporibus scalpendo marmore insignes habiti:Ninus,cuias nescio, nam semper hoc tantum usus est inscriotionis titulo, Nini opus; Antonius Crispus, quiqum vobis familiaritas, Petrus Insubres, Tullius atque Antonius eius filii. Sed ne ego Tullium praeterierim? Equidem ni vererer visum iri amicitiae, non verae laudi datum indicium de illo meum, dicerem profecto sculptor omnium, quos ulla unquam viderit aetas praestantissimum, neque indignis ornarectur honoribus. An quid? Non priora ingenia, priora et miracula rediere? Circumferebantur in pompae morem Tarvisii epistyliorum coronae,quas ille iunior variis intercalarat foliorum ornamentis. Aderat Crispus partim aemulatione, quam cum patre Tullii gerebat, partim et tantae novitatis fama permotus. Cunctis igitur admirantibus, qui tanta veritate fierri potuerit, nunquam prius e marmore coronas factas fassus est quam gladiolo id ita esse deprehenderit.Quod mirius miraculum huic comparari poterit? prudentissimum artificem Tullii caelatura deceptum." *De Sculptura*, ibid. 250-251. なお本文を訳するにあたって，ラテン語と対訳になっているイタリア語を参考にした。

にあるトゥッリオが制作した「木の葉」の彫りこまれたアーキトレーヴやコーニスを特定することは難しいけれど，ロンバルド一族が制作にかかわった墓廟は現在もトレヴィーゾのドゥオーモの内陣の左壁に見ることができる（図1）。この墓廟は，多分1488年頃には完成していたと考えられているが，例えば中央のトリトンと「豊穣の角」（図2）の部分などは，当時の人にとってまさに「古代」のモチーフとして，最新流行のスタイルに見えたことであろう。

トレヴィーゾでの「古代」がドゥオーモの司教ツァネットの墓廟に端を発し，急速に浸透していったと考えられる証拠として，同じくトレヴィーゾのサン・ニコロ聖堂内陣の左壁に設置されたアゴスティーノ・オニーゴの墓廟モニュメント（図3）を興味深い参照例として挙げることができる。この墓廟はツァネットの墓廟完成の直後に制作されたもので，こちらの方では絵画と彫刻が一体化している点が斬新である。現在彫刻はジョヴァンニ・ディ・アントニオ・ブオラ，絵画部分はジョヴァンニ・ボンコンシリオ（マレスカルコ）[12]が手掛けたと考えられている。注文者はアゴスティーノの3人の息子で，1490年にローマで彼らの父アゴスティーノが亡くなったときに注文された。彼はトレヴィーゾの古くからの有力市民で，インノケンティウス8世によってローマの元老院議員に任命されていた。

---

[12] この墓廟に関しては，Morena Abiti, *Il Tempio di San Nicolo,* Treviso,2004,68-71. を参照した。またこの墓廟のフレスコ画の部分を描いた画家に関しては，これまでにアントネッロ・ダ・メッシーナ，ジョヴァンニ・ベリーニ，ロレンツォ・ロット，など高名な様々な画家の手に帰された。Giorgio Fossaluzza, "Treviso", *La Pittura nel Veneto, Il Quattrocento(Tomo secondo),* Milano, 1990, 566. 現在ではこの当時，トレヴィーゾで工房を経営していたPennacchiの下で絵画を学んだGiovanni Bonconsiglio detto il Marescalco が描いたとの見解で大方一致している。Morena Abiti, loc.cit.: Giorgio Fossaluzza, "Pittura nella Marca trevigiana fra Quattro e Cinquecento", *Giorgione,* Castelfranco, 2009,71-86. また，Bonconsiglioという画家に関しては，パドヴァ県に属するモンタニャーナという町のドゥオーモ内の装飾，《ユディト》と《ダヴィデ》の作者同定を巡って，ジョルジョーネとの間で帰属の問題が論じられている。ジョルジョーネに帰するのは，Enrico Maria Dal Pozzolo, *Giorgione,* Milano, 2009, 180-194, またBonconsiglioの可能性を指摘するのは，Giuliana Ericani,"Osservazioni a margine dell' intervento di restauro di Giudittae Oloferne e David e Golia", *Giorgione a Montagnana,* Atti del convegno di studi a cura di Enrico Maria Dal Pozzolo, 65-76. 本論考ではこの問題に立ち入らないが，稿者はいくつかの点からモンタニャーナの作品は，若きジョルジョーネの手に帰するのが妥当との考えに至っている。いずれにせよ，Bonconsiglioという画家は，ヴェネツィアで有名になる前のジョルジョーネを考察するうえで極めて重要である。

292　第Ⅲ部　美術における復興

図1　司教ツァネットの墓廟　トレヴィーゾ，ドゥオーモ

図2　図1の部分

　墓廟モニュメント（図3）の中央部分には花綱，プットなど古代を想起させるモチーフが散見されるが，特に下段の石棺部分には古代ローマの皇帝のメダイヨンが彫られており，それらは多分ティトゥス帝とハドリアヌス帝だと考えられている[13]のだが，まさに古代石棺のようである。しかし何より興味深いのは中央の墓廟を取り囲むように描かれたフレスコ画であろう。左右には台座の上に立つ2人の若い兵士が描かれている（図4）。この兵士に関しては本稿であまり詳しく言及できないが[14]，

　　　13）　Morena Abiti, loc.cit.
　　　14）　この墓を守る2人の若き兵士に関しては，ジョルジョーネの《カステルフランコの

3　ジョルジョーネと古代美術　　　293

図3　オニーゴの墓廟　トレヴィーゾ，
　　　サン・ニコロ聖堂

図4　図3の部分

　その他の部分に目を向けると，四角形のプレート，トロフィー，甲冑，リボン，樹木の枝，などがぎっしりと中央の石棺の周りを取り囲んで描かれている。当時のトレヴィーゾの人たちには，こうした装飾こそ古代風に見えたことであろう[15]。まさにサン・ニコロ聖堂のオニーゴの墓廟

聖母》の前景に描かれた2聖人と，ポーズ，表情などに共通する雰囲気を感じ取ることができる。ジョルジョーネとの直接的な関連性を論じるには資料不足ながら，《カステルフランコの祭壇画》も，傭兵隊長トゥッツィオ・コスタンツォの戦死した息子の墓のために描かれたものであった。また，さらにもう一歩進んで，ジョルジョーネの謎に満ちた作品《テンペスタ》の前景に描かれた若者（兵士）とも，ポーズや当世風の衣装等に共通点を見出すことができる。こうした兵士に関しては，また機会を改めて考察してみたい。
　15）　フォッサルッツァは，オニーゴの墓廟のフレスコ装飾をした Bonconsiglio がカステ

は，トレヴィーゾで流行していた「古代」の典型といえるであろう。さらにこの墓廟は，ロンバルド一族の彫刻がトレヴィーゾに浸透していたことの証拠となるモニュメントでもある。

また先に指摘したように，ガウリコはトゥッリオ・ロンバルドのことを破格の扱いでほめている。というのもガウリコは，Gli Scultori Illustri において，古代以来の彫刻家を羅列し，どちらかというと客観的で距離をおいた記述に始終しているのに対し，トゥッリオに関してだけはその褒めようが特別で，しかも極めて身近な視点から語っているのがわかるからである。ガウリコは多分パドヴァにいてトレヴィーゾでのこの出来事を知ったのであろうが，15世紀末のトレヴィーゾ・パドヴァ文化圏（カステルフランコはその中間に位置する）では，トゥッリオは古代を最も体現する彫刻家として名を馳せていたことがわかる。したがってジョルジョーネがトゥッリオの名を知っていたのは確かだし，それどころか，若い時から相当に意識していたと考えられる。ジョルジョーネとトゥッリオの直接的な競合関係は1506年ころ，すなわちジョルジョーネがヴェネツィアに移った後になるとされるが，彼がトゥッリオを意識し始めたのは，カステルフランコ時代からであったと考えうる[16]。

ルフランコ近郊のアルティーヴォレにあるカテリーナ・コルナロのバルコ（Barco）と呼ばれる宮廷跡の装飾にも何かかかわった可能性を指摘したうえで，主として建物上部のフリーズ部分の木の葉を用いた装飾に注目している。さらに加えて，カステルフランコにあるこの当時の建造物に残っている壁画装飾のフリーズ部分などと詳しく比較検討している。この論考で重要だと思われる点は，植物模様を組み合わせたフリーズがトレヴィーゾやカステルフランコ周辺で流行していたらしいことが確認できる点である。というのも，ガウリコに従うなら，トレヴィーゾの人達が称えたのはトゥッリオ・ロンバルドが彫った木の葉模様のコーニスであったからである。ジョルジョーネを取り巻くトレヴィーゾ周辺の画家たちのトゥッリオ・ロンバルドに対する反応が，このあたりの建物の外壁の装飾に表れていることがわかる。Giorgio Fossaluzza, "Pittura nella Marca trevigiana fra Quattro e Cinquecento",exh.cat., *Giorgione, op.cit.*

16) 一般的にジョルジョーネとトゥッリオ・ロンバルドの影響関係は，ジョルジョーネがヴェネツィアに来て後に焦点が当てられている。トゥッリオ・ロンバルドが制作した夫婦像と思われる二重肖像のレリーフ（ヴェネツィア，カ・ドーロ，ジョルジョ・フランケッティ美術館所蔵）の女性が，ジョルジョーネの《ラウラ》（ウィーン美術史美術館所蔵）と呼ばれる，若い女性を描いた作品に与えた影響について，さらにジョルジョーネが描いたメランコリックな表情の男性像から，今度はトゥッリオ・ロンバルドに与えたとされる影響を，トゥッリオのレリーフ《バッコスとアリアドネ》（ウィーン美術史美術館所蔵）に指摘する論考がなされている。 Alison Luchs, *Tullio Lombardo and Ideal Portrait Sculpture in Renaissance Venice, 1490-1530,* Cambridge University Press, 1995, 51-80.

3 パドヴァとジョルジョーネ

　ジョルジョーネとパドヴァを直接的に結び付けるのは何と言っても彼の有名な作品《テンペスタ》(図5)である。この作品の解釈に関してはこれまであまりにも多くのページが割かれてきた[17]。しかし最近,《テンペスタ》をパドヴァの社会的, 政治的文脈に重ねて読み取り解釈する論考が立て続けに提示されている。最初に《テンペスタ》とパドヴァを関連付けて論じたカプランは[18] 1500年初頭のパドヴァとヴェネツィアの政治的状況と, この作品の注文主であるガブリエーレ・ヴェンドラミンの立場を考慮して斬新な解釈を提示した。その後《テンペスタ》に描かれた背景を16世紀初頭のパドヴァの眺望であるとし, トロイから落ち延びたアンテノールが築いた都市パドヴァの誇りを暗示しているとの解釈がグィドーニによって提示された[19]。この説で注目すべきは,《テンペスタ》の遠景に描かれたクーポラのある聖堂や建造物を, パドヴァのサンタ・マリア・デル・カルミネ聖堂のクーポラやエッツェリーノの塔などと具体的に特定した点であろう。その後ボスカルディンやヴェルディによって, 作品に描かれた場所の特定が, 当時の地図や発掘調査をもとに詳細になされている[20]。さらにジョルジョーネのその他の作品もパド

---

[17] 《テンペスタ》の作品解釈に関して2000年までの分については, 高橋朋子「テンペスタの主題解釈」,『日伊文化研究』XXXVIII (2000), 55-65を参照。

[18] もともと《テンペスタ》を, ヴェネツィアの危機的政治状況であるカンブレー同盟戦と結びつけたのは, デボラ・ハワードであった。Deborah Howard, 'Giorgione's Tempesta and Titian's Assunta in the Context of the Cambrai Wars', *Art History,* vol.8 (1985), 271–289. それを受けてカプランはより直接的にこの作品をパドヴァと関連付けた。Paul H. D. Kaplan, 'The Storm of War : the Paduan Key to Giorgione's Tempesta', *Art History*, vol.9 (1986), 405–427.

[19] Enrico Guidoni, "Il luogo della Tempesta ", *Studi su Giorgione e sulla pittura del suo tempo*, Roma, 1995.

[20] Antonio Boscardin , "Padova nella "Tempesta"", *Arte Veneta,* 62(2005), 87-98. この論文ではCodalunga門でパドヴァが真二つに割れているところが描かれており, それはヴェネツィとパドヴァの政治的状況を憂慮する《テンペスタ》の注文主でヴェネツィアの貴族であり, パドヴァに土地を所有していたガブリエル・ヴェンドラミンの個人的な思いが描かれたとし, Kaplanの解釈と同じ立場から論じている。またVerdiはCodalunga門から見た景色とする説をさらに補強している。 Adriano Verdi,"Padova nella Tempesta?", exh.cat. *Giorgione a Padova,* Padova, 2010, 87-98.

図5　ジョルジョーネ《テンペスタ》（ヴェネツィア，アカデミア美術館）

ヴァと関連付けて論じる試みがなされている。例えばウフィツィ美術館所蔵の《モーセの火の試練》には，パドヴァの以前の領主カッラーラ家の末裔たちがヴェネツィア政府によって1406年に虐殺されたことが暗示されている，との解釈が提示されている[21]。したがってこうした近年の研究成果から，ジョルジョーネが若いころからパドヴァに対し親密な感情を持っていたらしいことがうかがえる。

　しかもパドヴァにはジョルジョーネのパトロン達が多く住んでいた。例えば《テンペスタ》の注文主ガブリエーレ・ヴェンドラミンの一族の邸宅，《3人の哲学者》（ウィーン美術史美術館所蔵）の注文主タッディオ・コンタリーニの邸宅，《眠れるウェヌス》（ドレスデン国立美術館）の注文主ジローラモ・マルチェッロの邸宅などがあった。彼らはヴェネツィアの貴族であり，当然ヴェネツィアに館（パラッツォ）を構えてはいたが，パドヴァに在住し，パドヴァの新しい学問に接していた人文主

---

21)　ジョルジョーネをパドヴァやローマと関連付けて解釈する試みは先に取り上げた《テンペスタ》同様 Guidoni によって手がつけられた。Guidoni, "Giorgione: la Prova di Mosé e il Giudizio di Solomone", *Studi su Giorgione e sulla pittura del suo tempo*, Roma, 1995. また Guidoni の解釈を含むその他のジョルジョーネの作品とパドヴァの関連については，以下にまとめられている。Ugo Soragni,"Giorgione a Padova (1493-1506)", exh.cat. *Giorgione a Padova,* Padova, 2010, 19-48.

義者でもあった。こうしたジョルジョーネの作品の注文主が特定できるのはマルカントニオ・ミキエルの『美術品消息』[22]の記録があるからだが，ミキエルもまたパドヴァに住まいを持っていた。ミキエルの『美術品消息』は，残された資料が圧倒的に少ないジョルジョーネ研究において第１級の資料である。

　こうしたパドヴァの知的エリートの中にピエトロ・ベンボもいた。彼こそ教養ある，ヴェネツィアの有力貴族の典型例といえよう。彼はまた新プラトン主義の哲学を理解した人文主義者として有名であり，著述家として『アゾラーニ』他を著し，ペトラルカの詩集の編集も行い，1500年初頭にヴェネツィアにペトラルキズモと呼ばれる文化現象を引き起こした人物でもあった[23]。しかも彼は美術に対しても深い理解と洗練された趣味を持っていた[24]。興味深いことにベンボのコレクションにはジョルジョーネとの関連性を窺わせる作品が含まれている。ミキエルはベンボが，ジュリオ・カンパニョーラの手になる小さな作品を２枚所有していたとし，そのうちの１枚は「ゾルジ（ジョルジョーネ）が制作した裸婦の向きを変えて横たえたもの」[25]と記している。ベンボが所有していた作品は，ジュリオ・カンパニョーラのエングレーヴィング《風景の中で横たわる裸婦》（図6）であったと考えられており，ジョルジョーネが描いた裸婦というのは《眠るウェヌス》（図7）であったこと

---

22) 『美術品消息』は，1521-43にかけて，パドヴァ，クレモーナ，ミラノ，パヴィア，ベルガモ，クレーマ，ヴェネツィアの諸都市の私邸，公邸に所蔵される美術コレクションを記したものである。Marcantonio Michiel, *Notizia d'opere del disegno,pubblicata e illustrate da D. Jacopo , Morelli, seconda edizione riveduta ed aumentata,* per cura di G.Frizzoni,Bologna,1884; *Der Anonimo Morelliano (*Marcanton Michiel's, *Notizia d'opere del disegno)*, T.Frimmel, Wien, 1888; Marco Antonio Michiel, *Notizia d'opere del disegno,edizione critica di Theodor Frimmel, ,Vienna 1896,* saggio introduttivo di Cristina De Benedictis, Firenze, 2000. また抄訳として，「マルカントニオ・ミキエル『美術品消息』（1521-43）」芳野明，池田亨，越川倫明訳，『西洋美術研究』No.8所収，192-215，三元社，2002。

23) ジョルジョーネがベンボの『アゾラーニ』からヒントを得て《ラウラ》と呼ばれる女性像を描いた可能性については，高橋朋子「ジョルジョーネ作《ラウラ》の主題の再解釈」，『地中海学研究』, XX (1997), 83-102; 高橋朋子「現に生きる女を描くということ——ジョルジョーネ作《ラウラ》」，『美學』, 193 (1998), 25-35. 又「マゾラーニ」の邦訳は，仲谷満寿美訳『アーゾロの談論』ありな書房，2013。

24) Vittoria Romani, "Pietro Bembo tra cultura figurativa cortigiana e "maniera moderna", exh.cat.,*Pietro Bembo e L'invenzione del Rinascimento,* Padova, 2013, 32-47.

25) "Iuno é una nuda tratta da Zorzi, stesa e volta …", Michiel, De Benedictis, op.cit., 31.

図6　ジュリオ・カンパニョーラ《風景の中の裸婦》　エングレーヴィング，ウィーン，アルベルティーナ

図7　ジョルジョーネ《眠るウェヌス》（ドレスデン国立絵画館）

はほぼ間違いない[26]。ジュリオ・カンパニョーラはパドヴァで工房を経営していたジローラモ・カンパニョーラの息子で，画家，版画家として活躍した。しかも，ジュリオ・カンパニョーラとジョルジョーネは相当に親密な関係であったらしいことが最近の研究でより詳細に論じられており[27]，その意味でもベンボのコレクションは大変興味深い。つまりジョルジョーネの《眠るウェヌス》は，注文主のジローラモ・マルチェッロやベンボらによって，前向きの裸婦の姿として，一方ジュリオの銅版画の裸婦は後ろ向きの姿として鑑賞されていた可能性を指摘することができる。裸婦を「表向き」「後ろ向き」といった様々な角度から鑑賞する審美的な態度は，半世紀後の16世紀の半ばころ，ティツィアーノがフェリペ2世に送った作品に添えた書簡から我々は確認することができる[28]のだが，それよりもかなり前からこうした鑑賞態度がヴェネツィ

---

26)　ミキエルが記述する作品の特定に関しては，現在多くの研究者がこの2作品であるということで一致している。以下でその経緯がくわしくまとめられている。　exh.cat.*Pietro Bembo, op.cit.*, 328-330.

27)　Guidoni によってジョルジョーネとジュリオ・カンパニョーラが一緒に中央イタリア，ローマを旅して回った可能性が指摘されている。また，ジュリオの父ジローラモの死に際しオマージュをささげるジョルジョーネとジュリオ，という視点からの論文も提示されている。Guidoni,"Omaggio a un poeta "Ritratti"di Giorgione e Giulio Campagnola"; *Ricerche su Giorgione e sulla pittura del Rinascimento,* Roma,1998, 77-90. また以下の論文も参考にした。Franca Pellegrini, "Giulio Campagnola, l'amico padovano di Giorgione", exh.cat., *Giorgione a Padova,* Padova, 2010,49-56.

28)　ティツィアーノはフェリペ2世のために晩年ポエジアと呼ばれる幾作かの神話画を描いた。それらはすべて裸体女性の様々なポーズが主題であった。最初の作品は《ダナエ》で，続けて《ウェヌスとアドニス》を1554年にフェリペ2世に送るのだが，そのとき添えた

3 ジョルジョーネと古代美術

アの目の肥えたパトロンたちの間で共有されていたとするなら，大変に興味深い。

一方パドヴァは元々トロイのアンテノールが築いた町であるとの自負心が強く，パドヴァの人々の古代に対する関心は深かった。したがってパドヴァにおける古代コレクションは充実していた。マンテーニャの師であったスクアルチョーネや，パドヴァ大学の哲学者で，目利きでもあったニコロ・レオニコ・トメオのコレクション，またピエトロ・ベンボのパドヴァの自宅でのコレクションなどは有名である[29]。さらに興味深いのは，1400年代後半に，2人の兄弟，アンニバーレとアレッサンドロ，マッジ・ダ・バッサーノによって古代の碑文が収集されたことである。彼らはパドヴァ大学の人文主義的文化環境の中に身を置き，チリアッコ・ダンコーナやフェリーチェ・フェリチアーノらから影響を受けていた。そして，1502年にはCasa degli Specchi（「鏡の家」）と呼ばれる新しい家を完成させ，そこに系統だった古代コレクションを収納した。これは「古代風の庭園」をなぞらえたもので，こうしたコレクションの展示方法はヴェネト地方で最初の例であったと指摘されている[30]。またヴェネツィアの貴族達も古代美術に関心を示していた。その中でも特にガブリエーレ・ヴェンドラミンの古代コレクションは充実していた[31]。

おそらくジョルジョーネは，パドヴァの友人や人文主義者，またパドヴァに邸宅を構えるヴェネツィアの貴族達のもとを訪問するために度々パドヴァに出かけたであろう。であったとすればパドヴァでジョルジョーネは，画家としての経歴に磨きをかけ，ヴェネツィアという巨大な舞台に立つ足がかりを築いたのだといっても過言ではないのである。

書簡で《ダナエ》は正面向きなので，今度は反対側を陛下にお見せしたいと書いている。この箇所は，16世紀半ばの女性裸体像（エロティックな絵画）の鑑賞の仕方を教えてくれる絶好の証拠として度々言及される。

29) Giulio Bodon, "Giorgione e la cultura antiquaria: qualque spunto in chiave iconografica", exh.cat., *Giorgione a Padova, op.cit.*, 99-104; Cristina De Benedictis, *Per la storia del Collezionismo Italiano, Fonti e documenti,* Firenze, 1995, 67-69,159,216-219.

30) Bodon,loc.cit. さらにBodonは，この"Casa degli Specchi"が1509年にカンブレー戦でヴェネツィア軍によって略奪されたと指摘している。こうした出来事がジョルジョーネやあるいは若きティツィアーノに何か影響を与え，ヴェネツィアによって地位や財産を奪われたパドヴァの人々に対して，哀悼や共感を抱かせることになったと考えることは可能である。この視点からジョルジョーネやティツィアーノのいくつかの作品を再考察してみたい。

31) Michiel, *De Benedictis, op.cit.*, .57-58.

図8 マンテーニャ《ヘロデ・アグリッパによる大ヤコブの審判》(パドヴァ, エレミターニ聖堂 オヴェターリ礼拝堂)

図9 マンテーニャ《聖クリストフォロスの殉教と遺体の運搬》部分(オヴェターリ礼拝堂)

しかもそのパドヴァでは,古代美術のコレクションが大流行していたのである。したがってジョルジョーネもこうした時代の流れや好みに目を向けざるを得なかったであろうことは間違いない。トゥッリオ・ロンバルドによって隆盛したトレヴィーゾ圏内での古代風装飾,そしてパドヴァでの古代美術のコレクションの体験など,彼は古代趣味にどっぷりつかった文化環境の中にいたのである。

しかもパドヴァには,古代美術に直接的に反応した「古代風」(all'antica)の絵画作品がすでに存在していた。それはマンテーニャやその他の画家たちによって,1450年代にエレミターニ聖堂のオヴェターリ礼拝堂に描かれた大ヤコブと聖クリストフォロスの殉教伝の場面であった[32]。例えば《ヘロデ・アグリッパによる大ヤコブの審判》(図8)の古代の凱旋門を想起させるアーチやローマ兵士の正確な描写,《聖クリストフォロスの殉教と遺体の運搬》の場面の正面に描かれたトリトンのフ

---

32) オヴェターリ礼拝堂は1944年に連合軍の空爆によって破壊された。偶然空爆以前に壁面から剥がされていて難を逃れた場面は,《聖クリストフォロスの殉教と遺体の運搬》と《聖母被昇天》のみで,その他の場面は《聖ヤコブの殉教》をはじめとして,空爆後の断片を集めて欠落部分を残したままでのモザイク状の復元が現在残っている。しかし,空爆以前の写真が残されている。

図10　図8の部分　　　　　　図11　ヤコポ・ベリーニ《古代遺物便覧》 部分（ルーヴル美術館）

リーズやその下に描かれた2つの墓碑（図9）などは，マンテーニャがそれまでに学んで，目に焼き付け頭に叩き込んだ古代美術の断片を再構成した「古代風」であった。興味深いのは殉教場面であったせいか死を暗示する墓碑が多く描きこまれている点で[33]，こうした墓碑に対する関心は，先にあげたマッジ・ダ・バッサーノの碑文のコレクションからの影響を指摘する人もいる[34]。また《ヘロデ・アグリッパによる大ヤコブの審判》の背後の記念門に描かれた T. Pullio の碑銘（図10）は，マンテーニャの岳父ヤコポ・ベリーニの素描帖の中の「古代遺物便覧」の頁に写された碑銘（図11）と一致している。マンテーニャがヤコポの素描帖から借用したという証拠はないが，古代の碑文や墓碑が古代風の演出に欠くことのできない要素であったことは確かである。

　その一方でマンテーニャの古代風の絵画は，まるで大理石のように硬く冷たく，まさに彫刻そのものの絵画化であった。このことを後にヴァ

---

[33]　マンテーニャと古代に関しては小佐野重利『記憶の中の古代』中央公論美術出版，1992, 206-297 を参照。またオヴェターリ礼拝堂装飾における古代モチーフの借用や，そこに象徴的な意味を読み取ることに関しては，同書 211-226。

[34]　マンテーニャの作品にみられる古代美術に関しては Irene Favaretto, Guilio Bodon, "Cultura antiquaria e immagine dell'arte classica negli esordi di Mantegna", exh.cat., Mantegne e Padova, 2006, Milano, 51-61. なお Maggi da Bassano に関する指摘は ibid. 58.

図12 ジョルジョーネ《モーセの火の試練》部分（フィレンツェ，ウフィツィ美術館）

図14 ヒュプネロトマキア・ポリフィリ

図13 ジョルジョーネ《レダと白鳥》（パドヴァ市立美術館）

ザーリは「マンテーニャ伝」の中でマンテーニャの師スクワルチョーネの言葉として，マンテーニャの描いた絵画は「古代の大理石彫刻を模して描いたためによくないものになっている。絵画は彫刻からすべてを学び取ることはできない。というのも石にはそれ自体の硬さがあるために，人間の肉体や自然の生物が有する柔らかで優しい感じがない。」[35]と書いている。このスクワルチョーネのマンテーニャ批判は大変に有名で

---

35) *Le Opere di Giorgio Vasari,* (ed.) Milanesi, 9vols, Firenze, 1878 – 85. III, 389.

よく言及される。確かにヴァザーリの記述は100年も後のことである。しかしながらマンテーニャの描いた作品に対するこうした評価は、ジョルジョーネのパトロン達やパドヴァの目利き達のものであったが故に、ヴァザーリが後に書き留めることができたのだ、とも考えうる。すなわち1500年前後、マンテーニャの「古代風」はすでに時代遅れとなっており、ジョルジョーネが古代美術を作品に取り入れる際に、こうした審美眼が何か影響を与えなかったとは考えにくいのである。

4 ジョルジョーネと古代彫刻

　ジョルジョーネが古代美術を意識したモチーフを作品に取り入れたのは若い頃からであったと考えられる。たとえばカステルフランコのカーサ・ジョルジョーネ美術館のフリーズには古代のメダル風のものを描いているし、また《モーセの火の試練》でファラオが座す大理石風の王座の側面浮彫（図12）も古代の石棺を想起させる。しかしジョルジョーネが古代のモチーフに直接的に反応した作例といえば、パドヴァの市立美術館に所蔵される小さな板絵《レダと白鳥》（図13）である。多分彼が若い頃、1498-99年頃に制作したということで大方の研究者の意見が一致しているものである[36]。この主題自体まさに古代の神話から取材されているのだが、このレダと白鳥のポーズについては、フランチェスコ・コロンナの『ヒュプネロトマキア・ポリフィリ』（「ポリフィロの狂恋夢」）の挿絵（図14）が直接の源泉であろうと考えられている[37]。しかしこのポーズはすでにヤコポ・ベリーニの素描帳に描かれている、[38]（図15）、また1500年に入るとニコレット・ダ・モデナの版画（図16）で見ることができる。さらに興味深いことに、1445年頃にすでにフィラレーテがサン・ピエトロ大聖堂のブロンズ扉の細部でこの《レダと白鳥》（図

---

36) Franca Pellegrini, *Giorgione a Padova, op.cit.* 197-199.
37) Bodon, *Giorgione a Padova, op.cit.*,102.
38) ニコレット・ダ・モデナはモデナ出身の版画家であるが1506年頃パドヴァで仕事をしていた。この《レダと白鳥》はニエロで、その制作年は不明であるが、この当時レダと白鳥のこのポーズが北イタリアで流布していたことの証となる。

304　第Ⅲ部　美術における復興

図15　ヤコポ・ベリーニ　古代モチーフの素描　部分（ルーヴル美術館）

図16　ニコレット・ダ・モデナ　挿絵〈レダと白鳥〉ニエロ版画　《レダと白鳥》

図17　フィラレーテ　ローマ，サン・ピエトロ聖堂ブロンズ扉　部分

図18　古代のカメオ（ナポリ，考古学博物館）

17)のポーズを取り入れている。したがってこのレダと白鳥のポーズは，当時古代美術として皆が認識し大流行していたことは間違いない。

　この《レダと白鳥》のポーズは，古代のカメオ（図18）がその源泉であったと考えられている。しかもこのカメオはこの当時ヴェネツィアの貴族ピエトロ・バルボが所有していた[39]。彼は1464年に教皇パウルス2世として登位している。つまりジョルジョーネは，この地域での最新流行の古代モチーフを取り入れ《レダと白鳥》を描いたのである。しかしながら彼はこの神話の出来事を，誰もが親和感を抱く田園ののどかな風

---

[39]　現在ナポリの国立考古学博物館所蔵のこのカメオは，ピエトロ・バルボからロレンツォ・メディチの所有となり，その後ファルネーゼ家のコレクションにはいったらしい。Maria Agnese Chiari Moretto Wiel, exh.cat., *Giorgione, op.cit.*, 484-485.

3　ジョルジョーネと古代美術　　　　　　　　　　　　　305

図19　ヒュプネロトマキア・ポリフィリ　挿絵《泉のニンフ》（ヴェネツィア，コッレール美術館）

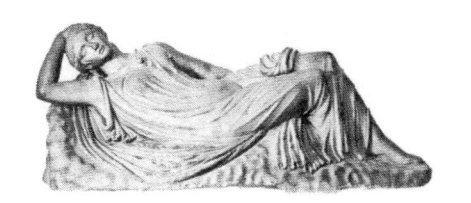

図20　《横たわるニンフ》（ルーヴル美術館）

景の中での出来事に変換している。しかもレダは彫刻のように冷たく硬い女性ではなく柔らかな肉を持った女性として描かれているのである。

　ジョルジョーネの《眠るウェヌス》（図7）も古代に題材をとっている。このウェヌスのポーズの源泉に関しても，ヒュプネロトマキア・ポリフィリの挿絵（図19）が指摘されているが，このポーズに関しても元々は古代の彫刻を源泉としている可能性があるとの指摘がある。というのも，ジョルジョーネのパトロンであったガブリエーレ・ヴェンドラミンのコレクションに《横たわるニンフ》（図20）という古代の彫刻があったからである[40]。このニンフの彫刻に関してはミキエルがヴェントラミン家で見たと記録する「大理石像，横たわって眠る着衣のニンフ」と一致するとされる。従ってこの《眠るウェヌス》もまた《レダと白鳥》同様，ジョルジョーネや『ヒュプネロトマキア・ポリフィリ』の挿絵画家によって，横たわる裸婦のポーズとして共有されていた可能性を指摘することができる。しかも《眠るウェヌス》の所有者ジローラモ・マルチェッロやガブリエーレ・ヴェントラミンは親しい間柄で，学問や文化的な趣味を共通としていた。さらに先述のごとく《眠るウェヌス》には，反対側から見た姿がジュリオ・カンパニョーラによって制作され，それがベンボのパドヴァの邸宅にあったことがわかっている。彼

---

40)　Bodon, *Giorgione a Padova, op.cit.*,102.

図21 ジョルジョーネ《ユディット》　図22 ジョルジョーネ 《日没》, 部分
　　　（エルミタージュ美術館）　　　　　　　（ロンドン・ナショナルギャラリー）

図23 《とげを抜く少年》 古代作品の模刻
　　　（ヴェネツィア, コッレール美術館）

らはこれらの作品を最新の審美眼で，つまり女性の裸体を「前から」と「背後」から眺めたり，あるいは石のような硬さのない柔らかな肉を持つ女性裸体として鑑賞したりしていたと考えられる。であったとするなら，ジョルジョーネはまさに，新しい時代に適した古代美術からの引用を絵画で表現できたのである。

　ジョルジョーネの《ユディット》（図21）やフォンダコ・デ・テデスキの壁面装飾として描いた裸体女性像なども，そのポーズが古代の彫刻

作品を源泉としている可能性が大きい。また《日没》(図22)と呼ばれる作品には、画面向かって左に地面に座る2人の男が描かれている。若い方の男は足をけがしているのであろうか、もう一方の年配の男が若い男の左足に手を添えている。この作品の意味内容はさておくとして、この2人のポーズもまた何か古代のモチーフを源泉にしているのではないかと考えたくなる。この作品に関しては今後もう少し考察すべきであるが、ヴェネツィアのコッレール美術館に1500年頃パドヴァの工房で制作されたと考えられる古代彫刻の模作《とげを抜く少年》(図23)が所蔵されている。この彫刻のポーズが足を差し出す若い青年のポーズに応用されているのではないかと稿者は考えている。この作品では裸体女性の柔らかな肌ではないが、若い当世風の青年の丸みを帯びた身体や、体を少しねじり両手で支える柔軟性、俯きかげんで陰影を帯びた頭部など、完全に絵画化され、それらが夕暮れ時を思わせる薄紫がかった琥珀色の空気の中に閉じ込められている。ジョルジョーネが《とげを抜く少年》から影響を受けたかどうかは今後もう少し慎重に検討したい。

5　おわりに

　ロンバルド一族を通じてのトレヴィーゾにおける古代の隆盛、それはカステルフランコやその近郊のアルティーヴォレといったジョルジョーネの身近にまで届いていた。しかも彼はパドヴァでの目の肥えた芸術愛好家たちの最新の審美眼を体験していた。従ってジョルジョーネが若い時から古代美術に反応を示すのは必然であった。しかもジョルジョーネが画家を目指していた頃、特にパドヴァの目利き達の古代コレクションは充実しており、古代風絵画への評価の目も先鋭化していたと考えるのが妥当であろう。こうした環境にあってジョルジョーネの古代美術からの引用は「彫刻」の痕跡を完璧なまでに消すことであった。その意味でジョルジョーネは「彫刻」に対して見事なまでに挑戦的であった。
　後にパオロ・ピーノ[41]によって、そしてヴァザーリ[42]によって、ジョ

---

41)　Paolo Pino, *Dialogo di Pittura,* a cura di Susanna Falabella, Roma, 2001, 126-127.
42)　*Le Opere di GiorgioVasari,* (ed.) Milanesi, *op.cit.* vol. IV., 98.

ルジョーネは「絵画」を「彫刻」より優れた表現芸術だと主張するために，捻った身体を泉の面に，あるいは左右に置いた鏡の面に映すことによって，一瞥で一人の人物をあらゆる方向から見ることができる絵を描いたとされる。実際この作品は残っていないので事の真相は不明であるが，たとえば《眠れるウェヌス》とジュリオ・カンパニョーラの版画の鑑賞のされ方，あるいはもし古代の模刻《とげを抜く少年》を，違った角度から様々に応用している可能性などが指摘できたら，ジョルジョーネが「彫刻」に対して「絵画」で挑んだというエピソードが，実はピーノやヴァザーリの頃には，ジョルジョーネのパトロンや美術愛好家達によって，彼の画家としての功績の物語として語り伝えられており，それがピーノやヴァザーリによって，あのように書き留められたのではないかと考える余地ができ，ジョルジョーネ研究に別の局面を付け加えることができると考える。

　一方ピーノやヴァザーリがわざわざこうしたエピソードを16世紀の半ばに記述した裏には，この頃真の意味で「絵画」と「彫刻」の優位性に対する議論が沸き起こっていたからであり，しかもその議論は，「彫刻」を代表するフィレンツェのミケランジェロと，「絵画」を代表するヴェネツィアのティツィアーノの対立構造を背景としていたのである。であったとするならジョルジョーネは，「彫刻」に対して「絵画」の優位性を主張した先駆的画家であったということになる。

　なお最後に本稿ではトゥッリオ・ロンバルドとジョルジョーネについて論じることができなかった。それはまた稿を改めて考察したい。

4

ヴェネツィア神話画の再生とフェラーラ宮廷文化

塚 本 博

序

　ルネサンス美術におけるフィレンツェ絵画とヴェネツィア絵画を比較したとき，16世紀になると，際立ってヴェネツィア絵画に詩情ある神話画が豊かに展開する様相を見出すことができるであろう。もちろん，フィレンツェ絵画では1480年代にすでにボッティチェリが《プリマヴェーラ》や《ヴィーナスの誕生》を描いてはいたが，その後修道僧サヴォナローナの登場により古代神話画の系譜は寸断され，華々しい発展を見ることはできなかった。また，フィレンツェにはアルベルティが提唱するようなストリア（物語画）を好む背景があり，神話画を抒情的に膨らませるような芸術的趣向もヴェネツィアのように活発であったとは言えない。

　しかし，ヴェネツィア共和国内部でヴェネツィア絵画の主題選択を探索してみると，公的絵画の場合，そのほとんどが聖書に基づく聖母子や宗教画，あるいは祖国の歴史画に限定され，容易には神話画を見出すことはできない[1]。事実，ヴェネツィアに現存する教会やアカデミア美術館では，聖母子やピエタなどの宗教画を目にすることが多く，純粋な神話画はそれほど目につかないのである。ジョヴァンニ・ベッリーニ

---

1) P. F. Brown, *Venetian Narrative Painting in the Age of Carpaccio*, New Haven, 1988. ブラウンは，初期ヴェネツィア物語画を総合的に分析し，その主題を網羅的に紹介している。

の《神々の饗宴》はワシントンのナショナル・ギャラリーに，またティツィアーノの《アンドロス島の人々》はプラド美術館に所蔵され，ヴェネツィア以外の都市や美術館に神話画の名作が多い。

そこでどのような状況下でどのような芸術に関わるパトロンと画家たちが，15世紀の宗教画に代わる新たな神話画を生み出したかを具体的に探り出すことが本論のひとつのねらいである。この課題は，16世紀のヴェネツィア絵画発展の基盤と言ってよいほどの美術史的意義を持ち，その核心にティツィアーノの活動があったことは明白である。ティツィアーノは，師匠にして先達であるジョヴァンニ・ベッリーニの後を受け，ジョルジョーネの抒情性も幾分かは継承し，ドラマティックな数々の神話画を手懸けた。

こうしたヴェネツィアの有能な画家たちは，確かに宗教画と神話画の双方を巧みに描き出すことが出来たが，しかし16世紀初頭にあってはまだ宗教画の趣向に縛られることが多く，画家自身が神話画そのものを着想して，描き出すことは容易ではなかった。そこで彼らが，情趣に富んだ神話画を完遂するには，古代のエクフラシス（修辞的描写）や神話の文学作品などを参照する契機が必要であった。本論では，このヴェネツィアの画家たちと古代神話を要請するパトロンとの接点を，ヴェネツィアではなくフェラーラ宮廷に探求して，その美術上の相互補完的状況を明らかにしたい。さらに，神話画の視覚的表現と文学的典拠の関係性を，画家によるテキストからの離脱，独立という観点から見極め，テキストの絵解きではない絵画の創造性が増幅する過程も追跡するつもりである。

1　エステ家の宮廷文化

ヴェネツィアの画家たちと16世紀前半に緊密な関係を保つことになるエステ家は，すでに13世紀初頭から，フェラーラで権力を掌握していた。フェラーラは元来，ポー河流域に形成された文化や交易の要衝であり，その起源は5世紀に遡る。6世紀にはビザンティン帝国支配下のラヴェンナの属領となり，8世紀には北方から進出したランゴバルド王

国領に組み込まれていた。

　1208年，土地の豪族の資産を受け継いだエステ家が権力を持ち始め，以後フェラーラは歴代のエステ家領主が統治することになった。芸術上のパトロネージが活発になるのは，ニッコロ3世（1383-1441）の治世からで，彼の母親の異なる三人の息子たちの時代に初期ルネサンスの画家たちが活動を開始し，海外からも有力な画家が招かれた。まずリオネッロ（1441-50）の治世下に，1441年肖像画のコンペティションが開催され，ヴェネツィア派のヤコポ・ベッリーニが僚友ピサネッロに勝利した。

　次にフランドルから1450年，ローマ巡礼に来ていたロヒール・ファン・デル・ウェイデンが到来して，油彩画の技法とキリスト哀悼の悲劇的主題をフェラーラに伝えた[2]。さらに中部イタリアからはピエロ・デッラ・フランチェスカ，北イタリアからはマンテーニャが次々に当地に来て，活動した。その痕跡は消失してしまったが，クァトロチェントの様々な作風がフェラーラで混淆していったことは確かである。

　神話画の再生という観点から見ると，リオネッロを継いだボルソ（1450-71）の治世において，注目すべきスキファノイア宮殿の連作壁画が制作された[3]。この連作画に携わった画家の書簡から，制作年代は1470年頃と判明している。これはフィレンツェにおけるボッティチェリのヴィーナス図が1480年代であることを考慮すると，初期ルネサンス美術におけるきわめて早期の神話画と言えるだろう。壁面の上段には，オリンポスの神々の凱旋，中段には天体の運行と寓意像，そして下段にはボルソ公の出来事が中世以来の伝統に基づき季節の推移に合わせて描写されている。

　ボルソを継いだエルコレ1世（1471-1505）の治世になると，ルネサ

---

2) S. Campbell, *Cosmè Tura of Ferrara*, New Haven, 1997. コスメ・トゥーラは特に，フィレンツェ派に先立ち，フランドル絵画に影響され油彩技法とピエタの主題を早くから導入している。

3) R. Varese. ed. *Atlante di Schifanoia*, Ferrara, 1989. この文献は，スキファノイア宮殿の壁画全体について詳しい。画家たちについては以下を参照。R.Molajoli, *L'opera complete di Cosmè Tura e i grandi pittori ferraresi del tempo: Francesco Cossa e Ercole de' Roberti*, Milano, 1974. 邦語文献としては，京谷啓徳『ボルソ・デステとスキファノイア壁画』中央公論美術出版，2003年. 参照。

ンス美術の基盤が出来上がり，徐々に都市計画が進行する。街区は中世の迷路のような町並みが整備されて，幅広い直線道路が貫くようになり，エステ家の城も堅牢な要塞と壮麗な宮殿の要素を併せ持つようになった[4]。エルコレ1世は，ナポリのアラゴン家からエレオノーラを妻として迎え入れて，何人もの後継者を育て挙げ，フェラーラ宮廷文化は最盛期を現出する。

　その豊かな人文主義と華やかな芸術趣味を誇る一族の筆頭を飾るのが，年長の娘イザベラ・デステであり，彼女が名門ゴンザーガ家に嫁ぎ，マンテーニャやレオナルドに絵を注文して芸術パトロネージのネット・ワークを紡ぎ出す。年少の娘ベアトリーチェはレオナルドが活動するミラノのスフォルツァ家ルドヴィコ・イル・モロと結婚したが，22歳の若さで病没した。エルコレ1世の嫡男アルフォンソ1世（1505-34）は，エステ家当主の座を継承したが，その頃ヨーロッパの政治情勢は極めて困難な局面にあった[5]。その都市国家間の戦略的な合従連衡にあって，アルフォンソが率いるフェラーラ宮廷の微妙な立場を理解することは，その後のヴェネツィア絵画との関係を読み解く上で深い意味を持つ。

　その当時にユリウス2世が教皇となり，彼はリミニやラヴェンナに進出したヴェネツィア共和国の勢力を如何にして抑制するか思案し，1508年ヴェネツィアを標的に諸国と連携してカンブレー同盟を結成した。その同盟には，神聖ローマ皇帝マクシミリアン，仏王ルイ12世，スペイン王フェルナンドなど列強君主が参画し，のちにフェラーラも加入した。この時点では，エステ家がヴェネツィアの画家に神話画を注文することはあり得なった。しかし，数年して情況は一変する。カンブレー同盟以後，敗北したヴェネツィアに代わり，フランス軍が北イタリアに進出して各所で勢力を伸ばした。

---

　[4]　Th. Tuohy, *Heraculean Ferrara, Ercole d'Este, 1471-1505, and the Invention of a Ducal Capital*, New York, 1996. この文献では，エルコレ1世時代における都市計画，建造物，モニュメントなどの具体的な例証を挙げている。

　[5]　R. Rimondi, *Estensi, storia e legende, personaggi e luoghi di una dinastia millenaria*, Ferrra, 2008. pp. 103-109. この文献では，エステ家歴代の当主や主要人物などの生涯が詳しく記述されている。フェラーラ宮廷の芸術文化全般については，以下を参照。Ch.M.Rosenberg, ed. *The Court Cities of Northern Italy*, New York, 2010.

教皇ユリウス2世は，一度手に入れたボローニャで，フランス軍に守られてベンティヴォリオが復活する様子を見て，1511年今度はフランスを標的に神聖同盟を発足させる。この同盟では，かつての敵ヴェネツィアと手を結び，スペインも参加した。この時，エステ家はフランス王家やベンティヴォリオと姻戚関係にあったので，フランス側に与した。こうしてフェラーラはついに教皇軍の敵となり，危機をむかえる。フランス軍は徐々にミラノ，ボローニャ，そしてラヴェンナを放棄して劣勢となった。

　しかし1512年のラヴェンナの戦いで，フェラーラ側の最新型大砲が炸裂して，エステ家は命脈を保った。その大砲の素材には，ボローニャでミケランジェロが制作したユリウス2世の銅像を，敵側が潰した金属も含まれていたと言われる[6]。翌年，1513年になると軍人教皇ユリウス2世はシスティーナ天井画の完成を見て，病没した。ここに錯綜を極めた政治情勢は一段落し，フェラーラのエステ家は生き残ったのである。こうして軍事的危機を脱却したアルフォンソは，次に実姉イザベラと同様に美術好きの様相を如実に見せ始める。

2　ヴェネツィア絵画の主題変遷

　ヴェネツィアの画家においては，15世紀という時代的枠組みの中で，古代的な主題に関心を抱く契機はほとんどなかった。フィレンツェでブルネレスキが大聖堂のクーポラを組み上げていた15世紀前半，ヴェネツィアではまだパラッツォ・ドゥカーレのようなヴェネチアン・ゴシック建築が造営され，15世紀後半では画家たちもヴィヴァリーニ一族に見られるような国際ゴシック様式に近い祭壇画を描いていた[7]。

　物語画の系譜を辿ってみれば，ヤコポ・ベッリーニは福音記者聖ヨハネ大同信会館の参事会員室に，15世紀半ば新約と旧約の聖書物語（消

---

[6]　R. Rimondi, op.cit., *Estensi*, p.106. 参照。

[7]　R. Palluchini, *I Vivarini, Antonio, Bartolomeo, Alvise*, Venezia, 1962. ヴィヴァリーニ工房は，はじめベッリーニ工房のライヴァルとして国際ゴシック様式に近い画風を見せ，15世紀後半にはバルトロメオがルネサンス様式に近づくが，次第にベッリーニ一族に凌駕される。

図1　ヤコポ・ベッリーニ《バッカスとサテュロス》（ルーヴル美術館）

失）を描いていたが，すべて宗教画である。パラッツォ・ドゥカーレの公的な連作画もほとんどが，宗教画か歴史画に限定され，神話画を見出すことはできない。元来，ヴェネツィアにはローマのように古代遺跡がなく，またフィレンツェのメディチ家のような古代カメオ浮彫の充実した収集もないため，古代芸術へのアプローチは極めて限られていた。

　そうした中にあって，ベッリーニ一族の古代彫刻の断片や石膏像の所蔵はめずらしいもので，そのモティーフはヤコポ・ベッリーニの《バッカスとサテュロス》素描（図1）に反映している[8]。この画面は酒神の仲間サテュロスたちを，精緻にしかも滑稽に描き出し，15世紀ヴェネツィア絵画ではまれな神話画になっている。しかしながら，この原型を父ヤコポも息子ジョヴァンニも単独の着彩画に仕上げることはなかった。

　15世紀後半にヴェネツィア派の旗手になったジョヴァンニ・ベッリーニの絵画主題を見ておこう。彼は哀切なピエタ図と情愛に満ちた聖母子

---

[8]　C. Eisler, *The Genius of Jacopo Bellini: the complete painting and drawing*, New York, 1989. pl. 82, Louvre 40. および B. Degenhart and A. Schmitt, *Jacopo Bellini, the Louvre album of drawings*, New York, 1984. Louvre 40. を参照。この素描は，きわめて古代ローマのディオニュソス石棺浮彫の構図に近似しているので，画家は周辺でそうした石棺を参照していると思われる。

図を多数描き，さらにサクラ・コンヴェルサツィオーネの形式を教会内部に設定して，サン・ジョッベやサン・ザッカリアの秀逸なパーラを完成した[9]。1490年代には，ヴィンチェンツォ・カテーナの家具装飾画で，初めて寓意像や裸体画を手懸けるが，その作品は30センチ程度の小型なものであり，スキファノイア宮殿の神話連作画やボッティチェリのヴィーナス図に匹敵するような対象ではなかった[10]。

　ベッリーニは16世紀初頭に，名家フランチェスコ・コルナーロのために古代ローマに取材した《スキピオの自制》を描いたが，これは義兄弟マンテーニャが連作画のひとつ《キュベレの崇拝》を制作して死去した後を受けて，手懸けた作品であった[11]。その主題は一見すると古代神話に見えるが，主人公はスキピオ・アフリカヌスであり，彼はコルナーロ家の祖先と言われて，名家の由緒ある系譜を誇示する内容であった。さらに，これらの連作画はグリザイユで描かれ，のちに述べるような華麗なる神話物語の絵画とは一線を画する。こうしてヴェネツィア絵画の主題変遷を考察して見ると，15世紀全体を通してはほとんどが宗教画か歴史画であったが，その世紀の終わりから断片的に神話画に近い主題が現れてくる様相がわかる。しかし，多様な主題に対応する十分な実力を持ちながら，ヴェネツィアの画家たちのメンタリティは，まだ聖書の主題につながる宗教的精神性に強く覆われていた。

3　ヴェネツィア神話画とフェラーラ宮廷

　公的な絵画でつねに宗教画や歴史画を要請されていたヴェネツィアの画家と，15世紀から古代神話画の美術遺産を内蔵していたエステ家の

---

9) R. Goffen, *Giovanni Bellini*, New Haven, 1989. 最近のベッリーニ展カタログ，研究書は以下を参照のこと。M, Lucco and G. C. F. Villa ed. *Giovanni Bellini*, Milano, 2008. O. Bätschmann, *Giovanni Bellini*, London, 2008.

10) T. Pignatti, *L'opera complete di Giovanni Bellini*, Milano, 1969. fig. 137 A, B, C, D. ヴェネツィアのアカデミア美術館所蔵。

11) R. Goffen, *Renaissance Rivals, Michelangelo, Leonardo, Raphael, Titian*, New Haven, 2002. p.19, fig.7. また，以下の目録も参照。T. Pignatti, op.cit.,fig. 190. ワシントン，ナショナル・ギャラリー（クレス・コレクション）所蔵。1507-8年頃。

フェラーラ宮廷は，どのような地点で出会うのだろうか。その接点を見極めておきたい。その発端は，エステ家でもっとも教養があり，なおかつ芸術パトロネージに熱心であったイザベラ・デステの動向である。

早くも15世紀末，1496年にはマントヴァ侯爵夫人イザベラ・デステは，ストゥディオーロ（書斎）のための世俗的な主題の作品について，ジョヴァンニ・ベッリーニに打診している。その最初の交渉では，ヴェネツィア最高位の画家はその要請に応じる姿勢を見せていた。マントヴァの宮廷では，すでにマンテーニャが軍神マルスと美神ヴィーナスのいる《パルナッソス》を手懸け，古代神話画を fantasia（幻想画）という呼称で甦らせていた。したがって，イザベラは北イタリアで高い名声を獲得していたベッリーニにもそのような古代風の幻想画を求めようとした。

ところが，ベッリーニ側ではパラッツォ・ドゥカーレの大評議会の間における公的で重要な仕事に忙殺され，16世紀初頭の頃になってもイザベラの要請に積極的には応じようとしなかった。その間の経緯は，ヴェネツィアに滞在していたイザベラの代理人ミケーレ・ヴィアネッロによる1501年の書簡から窺い知ることができる。その内容は「仕事を続けるようヴェネツィア政府に求められており」，イザベラの注文にはすぐに応じられないというものであり，「可能な時期が来れば」それに着手するはずで，画料についても具体的な金額を話し合っている。しばらくして，一部手付金が画家に送られた[12]。

こうして仕事は動き始めるかに見えたが，手付金を受け取りながら，ベッリーニは「その着手に気乗りがせず」，さまざまな条件を持ち出して交渉は難航する。しばらくして，イザベラは古代神話画に気の向かない画家の様子を見て取って，典型的なクァトロチェント的宗教画《キリストの降誕》に注文を切り替える[13]。この新たな要請に画家はすばやく応じて，画面内の人物数などの問題点をやり取りしたあと，作品に着手

---

12) R. Goffen, op.cit.,*Rivals*, p.11. M, Lucco and G. C. F. Villa ed. op.cit., p.345, Apparati, 61. これらの書簡から，イザベラがベッリーニ作品の獲得に執着している様子がわかる。

13) Lucco and G. C. F. Villa ed. op.cit., p.347, Apparati, 74. および，以下を参照。R. Goffen, op.cit.,*Rivals*, p.13. この画家とのやり取りで，イザベラは降誕図の中に聖ヨハネを描き入れることを求めたが，ベッリーニはそれを拒否したことがわかる。

した。
　この侯爵夫人イザベラと，「要塞」のごとき画家ベッリーニとの交渉過程には極めて興味深い背景を汲み取ることができるだろう。すなわち，マンテーニャに古代神話画を描かせたことを足掛かりに，彼女はアペレスをも凌ぐ画家と評価の高いベッリーニにエステ家伝統の神話趣味の作品を所望したのだ。しかしながら，様式や技量においてヴェネツィアで最高の画家と見なされたベッリーニは，前述したようにこれまで宗教画，歴史画，肖像画などを中心に描いてきて，本格的な幻想的古代神話画を受け容れる機会はほとんどなかった。そうであるから，《キリストの降誕》であればすぐに描くことができた。
　義兄弟マンテーニャがマントヴァの宮廷画家としてすでに幻想画を描いているため，ベッリーニが微妙な親族間の競争に加わり，未知の主題を手懸けることがためらわれたであろうことは十分に想像できる。その後1506年頃には，イザベラは人文主義者であり，かつ高位聖職者のピエトロ・ベンボを介して，ベッリーニに幻想画すなわち古代神話画を再度求めようとした。画家本人と親交のあるベンボは，「厳密な条件は彼の流儀には合いません。彼も申しておりますように，絵を描くときは，彼自身の意志に従って」描くことを強調し，侯爵夫人に主題や内容を画家に任せるようにむしろ譲歩を促している[14]。
　このような情況で，イザベラもまた「私（イザベラ）は，詩的な創案を着想する責務をあなた（ベッリーニ）に委ねるものでございます」と，画家宛ての書簡に記している[15]。イザベラの詩的な創案とは，すなわち従来の宗教画ではない詩想に満ちた古代神話画であろう。その当時の絵画主題を一望すれば，ごく一部の画家を除いてはまだほとんど本格的な神話画は出現していなかった。イザベラはエステ家の美術趣味の感性により，古代神話を当代最高のヴェネツィア画家が，フィレンツェ絵画とは異なる華麗な色彩で描き出したらどんな魅力的な作品が出来上がるか，限りない夢想を追っていた。その実現には，画家に主導権を与える

---

14) R. Goffen, op.cit., *Rivals*, p.16. ベンボの書簡を通して，パトロンであるイザベラ側が画家の意向に合わせる経緯が理解できる。
15) Lucco and G. C. F. Villa ed. op.cit., p.351, Apparati, 94,95. 上記のイタリア語原文と以下の英訳参照のこと。R. Goffen, op.cit., *Rivals*, p.17.

ことも厭わなかった。

　侯爵夫人による，画家側に絵の構想自体をも委任するような申し出に，ベッリーニがどれほど現実的に対応したかは定かではない。ヴェネツィアの画家が，相手の譲歩に応じて古代神話画を描き出したかもしれない[16]。しかし，この時点で彼は主導権を与えられたからと言って，自分自身で神話の幻想を着想できたであろうか。おそらく，もう一歩踏み込んだパトロン側からの神話題材への情報提供という要素がなければ，神話画の大作の経験のない画家にとって，行動に出るだけの余裕はなかったであろう。

　ここで舞台は，イザベラの出身地フェラーラ宮廷へと移る。ピエトロ・ベンボが仲介して，侯爵夫人によるベッリーニへの幻想画への要請が高まりつつあった頃，イタリア半島の政治情況は激変する。1508年，ヴェネツィアを標的としたユリウス二世の主導によるカンブレー同盟が結成され，フェラーラ宮廷もこれに加入したのだ。したがって，この時点でアルフォンソ一世は政局へ忙殺され，ヴェネツィアの画家への接近はあり得なかっただろう。しかし，1511年になるとローマ教皇の最大の敵はヴェネツィアから大国フランスへと変転していた。

　まさにこの時点から，フェラーラ宮廷の「アラバスターのカメリーノ（小部屋）」における一連の神話画が始まる[17]。そこにベッリーニやティツィアーノの名作が次々に掲げられ，ヴェネツィア本国では見ることのできない幻想画，詩想画の連作が登場する。その背後にはゴッフェンにより指摘されたように，イザベラの秘書であった人文主義者マリオ・エ

　16）　E. Wind, *Bellini's Feast of the Gods: a study in Venetian Humanism*, Harvard, 1948. ウィントはこの古典的な文献で，侯爵夫人イザベラがベッリーニにワシントンの《神々の饗宴》を委託したという仮説を，書簡などの情況証拠から提起した。

　17）　D. Goodgal, "The Camerino of Alfonso I d'Este." *Art History*, 1, 1978, pp. 162-90. エステ家のアルフォンソによるカメリーノの部屋と連作画については，数多くの文献がある。以下を参照。Ch. Hope, "The Camerino d'Alabastro of Alfonso d'Este." Part 1 and 2, *Burlington Magazine*, 113, 1971, pp.641-50, pp. 712-21. ロンドンのナショナル・ギャラリーでは2003年に，カメリーノの連作画が再構成された。D. Jaffé ed., *Titian*, exhib. cat. Natinal Gallery, London, 2003, pp.101-11. さらに近年も各種の文献がある。Ch. Hope, "The Camerino d'Alabastro: A reconsideration of the evidence." In *Bacchanals by Titian and Rubens*, Stockholm, 1987, pp.25-42. P. Humfrey, "Titian's Bacchanals for Duke Alfonso's Camerino: Re-examination of the Chronology." In *L'Età di Alfonso I e la pittura di Dosso*, Modena, 2004, pp.179-85.

4　ヴェネツィア神話画の再生とフェラーラ宮廷文化　　319

図2　ベッリーニ《神々の饗宴》（ワシントン，ナショナル・ギャラリー）

クイコラによる古代文献の画家への提示が介在しているだろう[18]。まずこのアラバスターの小部屋は明らかにアルフォンソの実姉イザベラの書斎に倣った空間であり，彼女同様にフェラーラの君主もそこを巨匠たちの神話画で飾ろうとした。その最初の作品が，ワシントンにあるベッリーニの《神々の饗宴》（図2）である。

　この作品には，画家の署名と1514年の年記があり，ベッリーニの真作であることは明白だが，のちにティツィアーノが背景を改変したことなど，いくつかの課題が残されている[19]。まず絵画の主題は，オウィディウスのFasti「祭暦」に取材した内容で，豊穣の神プリアポスが，貞淑な女神ロティスに近づき彼女に見惚れて関係しようとした瞬間，シレノ

---

[18]　R. Goffen, *Titian's Women*, New Haven, 1997, p.108. 邦訳『ティツィアーノの女性たち』塚本博・二階堂充訳，三元社，2014年参照。人文主義者エクイコラは，1511年10月にフェラーラ宮廷に滞在し，期日が延びたことをイザベラに弁明している。その際に，彼は古代文献「イマギネス」を指示して，小部屋の構想をアルフォンソに提言したと考えられる。

[19]　Ph. Fehl, "The Worship of Bacchus and Venus in Bellini's and Titian's Bacchanals for Alfonso d'Este." *Studies in the History of Art* (Washington National Gallery), 6, 1974, pp. 37-95. R. Goffen, op.cit., *Bellini*, pp. 242-47. 近年の研究では，ティツィアーノの加筆は風景要素に限定する傾向にある。

図3 《神々の饗宴》部分

スの驢馬がいなないて，神々は眠りから覚めて彼をからかったという物語である[20]。確かに神々はそれぞれのアトリビュートを持ってはいるが，神々らしき威厳は感じられない。

　かつてエドガー・ウィントは，この絵を1514年以前にイザベラのために描いた作品と推定したが，その可能性はあるものの，書簡など情況証拠しかない[21]。実際には，アルフォンソが実姉の意志を継いで，ヴェネツィア最高の画家に依頼した最初の神話画と言えるだろう。フェールは極めて詳細にこの絵の分析をしているが，その中でもっとも注目されるのは，ベッリーニは最初，オウィディウスのMetamorphoses「変身物語」の俗語訳を基にこの絵を描き始めたために神々はテーベ市民という設定になった，という指摘である[22]。のちに「祭暦」の内容を知り，市

---

20) P. Ovidius, *Fasti*, Venezia, 1479. Ovidius, *Fasti*, Ed and trans. J. G. Frazer, Loeb Classical Library, London, 1931. 邦訳『祭暦』高橋宏幸訳，国文社，1994年。新たな図像上の源泉としての議論は，以下を参照。A. Colantuono, " Dies Alcyoniae: The Invention of Bellini's Feast of the Gods." *Art Bulletin*, vol. 73, no. 2, 1991, pp. 237-56.

21) E. Wind, op.cit., *Bellini's Feast of the Gods*. ウィントは，画面中の神々をルネサンス時代の特定の肖像画として同定までしている。

22) Ph. Fehl. op.cit.," The Worship of Bacchus and Venus in Bellini's and Titian's Bacchanals," pp. 43-53. フェールはこの論文の付録にオウィディウスの俗語（イタリア語）訳を収録している。

民はやっと神々となる。

　この推論に立てば，ゼウスの鷲，メルクリウスの杖，ポセイドンの鉾などが，付け足しのごとく描かれているわけも理解できるだろう（図3）。シレノスは通常ビヤ樽のような腹の出た姿であるが，ここでは司祭のような身なりで，これもまた同様の推論で説明できる。神々のアトリビュートは，のちにティツィアーノが描き足したという可能性は否定されるだろう。酒樽からワインを器に入れる少年のバッカス（ディオニュソス）もまた，市民の子供が変じて出来た酒神と見なせる。

　ここで，この作品の主題をのちのティツィアーノの連作画と結び付けて見れば，そこにはバッカナーレ（バッカス祭）という通底した舞台設定が浮かび上がる[23]。姉イザベラがパルナッソスなどの優美な古代風寓意画を求めたのに対して，弟アルフォンソは軍事を動かす男性君主として酒神の官能性と凱旋，勝利を称揚しようした。その証左のひとつが，ティツィアーノ以前にアルフォンソが三大巨匠のひとりラファエロに依頼していた《インドでのバッカスの凱旋（勝利）》であるだろう。シーマンが詳細に文献探索してわかったように，すでにラファエロはこの作品に着手していたが，結局1520年に病没して，完成することはなかった[24]。その後，そうした主題の中のいくつかのモティーフを継承してティツィアーノの《バッカスとアリアドネ》が成立する。当時，ヴェネツィア共和国側においては，こうした酒神の祝宴性，戦いでの勝利という主題選択は，ほとんどあり得なかったと言える。したがって，フェラーラ宮廷を統括するアルフォンソの資質，体質が求めた主題や場面に，ヴェネツィアの卓越した技能を持つ画家が柔軟に対応して，アラバスターの小部屋の連作画が発展して行ったと認められる。

　そこで時系列に沿って，フェラーラにおけるベッリーニ登場（1514年）以後のティツィアーノの動向を見ておこう。ユリウス2世の没後（1513年），軍事と外交の両面において，ローマ教皇やヴェネツィアと敵

---

[23]　R. O. Rubinstein, " A Bacchic sarcophagus in the Renaissance." *The British Museum Yearbook*, 1, London, 1976, pp.103-56. 酒神バッカス神話図像全般については以下を参照。F. W. Hamdorf, *Dionysos, Bacchhus*, München, 1986.

[24]　J. Shearman, " Alfonso d'Este's Camerino." In *Il se rendit en Italie: Etudes offertes à André Chastel*, Roma, 1987, pp. 209-29. ラファエロのバッカス主題は，「凱旋」というモティーフがその中核にあった。

322　第Ⅲ部　美術における復興

図4　アラバスターの小部屋のあるコペルタ（通路）18世紀のフェラーラ
　　　案内図

対することがなくなったアルフォンソは，姉イザベラと肩を並べるような，あるいは巨匠への依頼という点では姉を上回る芸術パトロネージを一気に展開する。フェラーラの君主は，ラファエロへのバッカス作品と並行して，フィレンツェのフラ・バルトロメオにも《ヴィーナスへの奉献》を要請し，この修道僧画家は粗描きの素描を残して，1517年に死去した[25]。

　イタリアの各地方における最高の画家たちに，アラバスターの小部屋（図4）の連作画を描かせるというアルフォンソの芸術的な野望は，一瞬頓挫したかに見えた。しかし，その時フラーリ聖堂でアッスンタを描き終えたティツィアーノが君主の視界に入ってくる。さらにまた，1516年には長老ベッリーニもついにその栄光の長い生涯を終えていた。ティツィアーノの大作《聖母被昇天》の成功は，アルフォンソにも強くアピールしたにちがいない。こうして，フラ・バルトロメオに託された作品は，若いティツィアーノへと継承される。後継を指名された画家は，

------

[25] R. Goffen, op.cit., *Women*, pp. 110-14. ここでゴッフェンは，フラ・バルトロメオの素描とティツィアーノの完成作を比較して，フィレンツェ派の集中構図がヴェネツィアの画家により改変される過程を分析している。

初めての大画面による神話画ということで，古典古代のエクフラシス，すなわちフィロストラトスの「イマギネス」による絵画の修辞的描写を典拠として描き始めた[26]。このエクフラシスによる絵画の再現というプロセスは，フェラーラ宮廷におけるティツィアーノの連作画には一貫して見られる。しかし肝要なことは，エステ家側から提示された古典古代文献やそのイタリア語版という典拠の記述を厳密に探索することではなく，神話画という新奇なジャンルを手懸けた画家が，一作毎に原典から脱却し，視覚表現ならではの創造的芸術性を構築していく姿を見極めることである。視覚芸術ならではの特異な描写を，その特異性をもとに別の新たな文学的典拠を探索するというのは，美術史研究における本末転倒に思われる。

4 神話画の再生

　フィレンツェのフラ・バルトロメオとウルビーノのラファエロの相次ぐ死後，ティツィアーノに託されたアルフォンソの小部屋（カメリーノ）における神話の連作画は，ヴェネツィア絵画史にとって画期的な作品系列となった。それらは，《ヴィーナスへの奉献》《バッカスとアリアドネ》，そして《アンドロス島の人々（バッカス祭）》と続き，どれも祝祭的な雰囲気で，古代神話の美神と酒神に関わる主題である。この一連の作品を，フィロストラトスやオウィディウスの古代文学の典拠と比べるとき，徐々に典拠への依存度が変化していく様子が見て取れる。

　まず《ヴィーナスへの奉献》(1518-20)（図5）では，フィロストラトスの「イマギネス」における古代絵画のエクフラシス（修辞的記述）を，おそらくはエクイコラの翻訳によるテキストを画家が読み解きながら，典拠に深く依存して制作している様子が見える。ヴェネツィアで《聖母被昇天》を完成して，名声が確立したティツィアーノではあったが，古代の神話画を本格的には手懸けたことがなかったために，典拠の記述自体が絵画モティーフの源泉になったことは確かであろう。先行するフ

---

26) Philostratus the Elder, *Imagines*. ed and trans. A.Fairbancs, Loeb Classical Library, London, 1931. Book I, Book II. (ギリシア語原文と英語訳の対照)

図5　ティツィアーノ《ヴィーナスへの奉献》（プラド美術館）

ラ・バルトロメオの素描と比べて見ても，ヴェネツィアの画家が古代のエクフラシスを重要視していたことがわかる。

　それが顕著に表れるのは，数え切れないほどの幼児アモール（キューピッド）の活動的な情景である。これらの幼児たちは，言わば画面に登場するニンフたちの子供たちであるが，その母たるニンフたちがヴィーナスへの奉献をするというのが主題である。フィロストラトスの記述では，「でも，大勢だからといって驚くことはない。アモールたちは，ニンフたちの子供で，人間たちすべてを治めており，その人間たちがいろいろなものをたくさん愛するので，アモールたちが多いのだから」[27]。

　幼児たちが林檎を投げたりしながら，踊ったり，走り回ったり，眠りこけたりする様子（図6）は，まさに典拠のテキスト通りに，画面に展開する。ここにヴェネツィア絵画は，はじめて古代神話主題をドラマ

---

27) Ibid., Book I. pp.21-29. この古代のエクフラシスは，絵の情況を詳述するだけで，画風についての記載はまったくない。

図6 《ヴィーナスへの奉献》部分

ティックに表現する基礎的母胎を獲得した。こうして，ベッリーニ作品を起点とする神話画の再生という動向がフェラーラの宮廷文化の中で，根を下ろし始めた。そこで，視覚的にはティツィアーノは何に動機を得て，このアモールたちの氾濫を描き出すことができたのか。文学的典拠は「イマギネス」にあるとしても，それは記述であって画像そのものではない。ここに浮上してくるのが，1470年頃に制作されたスキファノア宮殿の古代神話モティーフを含む連作画である。

フランチェスコ・コッサやエルコレ・ディ・ロベルティらが参画したこの連作画の中に，ティツィアーノ作品によく似た構図の密集する幼児たち（図7）が見える。それは東面五月のアポロンの勝利に関わる情景である[28]。ここでは上段にアポロンの凱旋，中段に双子座とデカンの寓意像，そして下段に大きく破損した状態の季節の刈り入れと狩猟が配置されている。上段の凱旋する太陽神アポロンの右に，アポロンの幼児たちが「ヴィーナスの奉献」と同様に裸体で多数登場している。ウェゼイはフィレンツェのカントリア浮彫を類似例として挙げているが，スキファノイア壁画の方が，はるかに近似していることは明らかだろう[29]。

28) R.Molajoli, op.cit., *L'opera complete di Cosmè Tura e i grandi pittori ferraresi*, fig. 146-48. Tav. 62, A. フラ・バルトロメオの素描には，スキファノイア宮殿壁画の影響は見られない。

29) H. E. Wethey, *The Paintings of Titian, III, The Historical and Mythological Painting*,

図7 スキファノイア宮殿壁画 双子座5月 アポロンの幼児たち

しかも文脈もまた，古代神話で統一された連作画なのである。スキファノイア連作画とアルフォンソの小部屋連作画は，その他の面でももっと比較対照されるべきかと思われる。

次により完成度の高い《バッカスとアリアドネ》(1522-23)（図8）においては，オウィディウスとカトゥルスのふたりの作家による文学的典拠に基づいて構想されている。この画面では，同様の主題を求められた前任者ラファエロのモティーフも取り込まれた可能性がある。この作品のアルフォンソによる依頼は1520年頃と見られるが，画家が精力的に画面に向かうのは，制作費の一部が支払われた1522年と考えられる[30]。絵画の典拠は，まずオウィディウスの「愛の技術」にあり，恋人に置き去りにされた場面で，「ナクソス島にて，アリアドネはさまよい歩く……涙を流し，テセウスと呼ぶ。」と去っていく恋人に声をかける。そこに「バッカスの信女らが髪をなびかせつつ，やって来る……」，そし

London, 1975, pp. 34-35. ウェゼイは，1450年にドナテッロが制作したパドヴァのサンタントニオ聖堂祭壇のプットー浮彫からの影響も指摘している。その可能性は十分ある。

30) R. Goffen, op.cit., *Women*, pp. 117-20. テバルディが幾らかの金を画家に送ることを，公爵に進言し，支払いが行われた直後の1522年8月には絵は十分進行していた。

4　ヴェネツィア神話画の再生とフェラーラ宮廷文化　　327

図8　ティツィアーノ《バッカスとアリアドネ》（ロンドン，ナショナル・ギャラリー）

て第二の相手となる酒神が出現する。「折しも男神（バッカス）が，彼女に虎を恐れるなと言って，二輪戦車から跳び上がり，彼女のそばに来て，抱き上げて連れて行った」となって，アリアドネは酒神と結ばれる[31]。

　すでにパノフスキーらが指摘しているように，この絵では二輪戦車を引くのが，伝統的な虎や豹ではなくチーターで描かれている[32]。それはゴッフェンが指摘するように，オウィディウスの「祭暦」によるインドでのふたりの出会いを示そうとしているのだろう[33]。ここにラファエロに委託された当初の《インドでのバッカスの凱旋》という主題との重なりが見え，ティツィアーノはおそらく君主の指示で，この情景のモ

---
31)　Ibid., pp.118-19.
32)　E. Panofsky, *Problems in Titian, Mostly Iconographic*, New York, 1969. 邦訳『ティツィアーノの諸問題』織田春樹訳，言叢社，2005年，137頁。
33)　R. Goffen, op.cit., *Women*, pp. 118-19. また，アリアドネの頭上には，輝く幾つもの星が見え，神からの贈り物としての王冠を示している。

図9 古代ローマ石棺《バッカスの凱旋》(ボルティモア，ウォルターズ・アート・ギャラリー)

ティーフを継承したと考えられる。それでは，この作品で何故「バッカスの凱旋」のモティーフが重要視され，画面に組み込まれたのか。

　そこに，エステ家の芸術パトロネージの本領が浮かび上がってくる。教皇ユリウス2世との対立や戦いを乗り越えてフェラーラ宮廷を守り抜いたアルフォンソの立場は，戦勝，凱旋を希求する軍人君主特有のものであり，マンテーニャに徳の寓意画を要請するイザベラ・デステとは異なっている。自らの居室，書斎であるカメリーノを飾る連作画に通底するコンセプトや美術的趣向として，凱旋と酒宴を併せ持つバッカス神話は，もっとも相応しいものであった。しかもそれを華麗な色彩で実現できる画家は，当時ティツィアーノが最適任者であることは間違いない。これはヴェネツィア共和国の公的注文画では，画家が手懸けることがむずかしい分野であった。注文主の意向と画家の力量が，1520年代という絶妙な時点で，合流したのである。こうした君主好みの「バッカスの凱旋」は，異国の情景を再現するのがむずかしいが，古代ローマ石棺には豊富に戦車に乗る凱旋の酒神が見られ，ボルティモアにある作例(図

9) はその典型的な構図を伝えている[34]。同類の石棺の情景を画家がフェラーラ宮廷や周辺の古代収集品で見たことは十分推定できるだろう。

　この絵画のもうひとつの典拠と見なされるカトゥルスの「詩集」（64番）では，バッカスの従者サテュロスたちが「牛を切断して振り回し，……自分の体に蛇を巻き付けている」。また，バッカスの「信女たちは素早く手を動かしてタンバリンを叩き，シンバルで金属の響きをたてる……」[35]。こうして，《ヴィーナスへの奉献》では，フィロストラトス一辺倒であった文学的典拠は，第二作の《バッカスとアリアドネ》では，大枠をオウィディウスの著作群に負いながら，細部ではカトゥルスの詩編にも依拠するという多様な着想が見えてくる。さらに，体に蛇を巻き付けるという詩人の言葉を，当時発見されて話題になっていた《ラオコーン群像》に重ねて表現するところに視覚芸術ならではの創意工夫が発露している。この辺に典拠とは異なる画家自身の画面編成が顔を見せる。

　さて，この作品でもっとも印象に残るバッカスの跳躍については，その典拠はオウィディウスの「愛の技術」第一巻に求められる。そこには「戦車から跳び上がる」という文言があり，画家の着想の原点が見えてくる。しかしながら，典拠の中ではひとつのモティーフに過ぎなかった所作を，画面では中央に選択して大写しにしている。時間的経緯の中に述べられる物語と，一画面に一挙に物語を視覚化する絵画の根源的差異がここで問題になるであろう。つまりティツィアーノは，《バッカスとアリアドネ》の支配的かつ象徴的動作として，酒神バッカスの跳躍を選択したのである。

　このティツィアーノ独自のドラマトゥルギーは，パドヴァで描いた初期作品《嫉妬深い夫の奇跡》にも表れている[36]。この作品では，嫉妬深い夫が妻を打ち，瀕死の状態にしたところ，聖人がその死の床から彼女

　34）Walters Art Gallery, Baltimore. 著者による写真。A.D.180 年頃。D. E. Strong, *Roman Imperial Sculpture*, London, 1961, pl. 99. F. Matz, *Die dionysischen Sarkophage*, Berlin, 1969. no.95.
　35）Catullus, *Carmina*, 64, 257-65.
　36）R. Goffen, op.cit., *Women*, pp. 13-25, ティツィアーノは 1510-11 年にパドヴァで，「口を利く嬰児の奇跡」「嫉妬深い夫の奇跡」「癇癪持ちの息子の足を継ぎ直す聖アントニオ」の三点を描いた。

を蘇らせるという奇跡譚が表現されている。通常であれば，聖人が死者を蘇生させ，夫が聖人に赦しを請うところが選ばれるであろう。しかし画家は，そうではなく夫が妻を打つ物語上，もっともインパクトの強い情景を中央に据えた。画家は，物語の結末や教訓を伝えることより，観る者に物語を引き寄せる印象的な情景を大きく画面中央に配置することを選んだ[37]。

5　詩想画の成熟

　ヴェネツィア派絵画とフェラーラ宮廷文化が結び付いて誕生した神話画の系譜は，ベッリーニの作品を嚆矢とするが，その画面は古代の神話物語でありながらまだ，どこか宗教画のサクラ・コンヴェルサツィーネを変形したような静謐な雰囲気を帯びていた。それがティツィアーノの登場とともに，神話画に相応しいドラマティックで賑やかな構成に変貌する。それは，典拠に忠実であった《ヴィーナスへの奉献》から次の《アンドロス島の人々（バッカス祭）》へと移行するところで典拠から離れて，画家の言う創造的な詩想画（ポエジエ）に展開したと明白に言うことができる。

　エステ家の宮廷におけるカメリーノの第三作はティツィアーノによる《アンドロス島の人々（バッカス祭）》（1523-25）（図10）であった。この作品もまた，第一作の《ヴィーナスへの奉献》同様にフィロストラトス原作の「イマギネス」におけるエクフラシスを淵源としている。その主題は，「酒神バッカスにより，アンドロス島の人々のためにワインを含んだ大地が裂けて，川となりワインが溢れ出た」と言う内容である[38]。神話画の大枠は，この典拠の内容に基づいているが，随所に原書とは明

37）　ティツィアーノが晩年に描いた「ルクレティアの凌辱」でも同様の趣向が見える。この主題の作例は，ケンブリッジのフィツウィリアム美術館，ウィーンの美術アカデミー，ボルドー美術館などにある。F. Vacanover, *L'opera complete di Tiziano*, Milano, 1969, no. 504, 503, 497. ボルドーの作品は工房作。

38）　Philostratus the Elder, op.cit., *Imagines*, Book I, pp. 96-99. エクフラシスの記述が，「アンドロス島の人々」は「ヴィーナスへの奉献」の三分の一ほどで，絵の題材としては情報量が極端に少ない。

4 ヴェネツィア神話画の再生とフェラーラ宮廷文化　　331

図10　ティツィアーノ《アンドロス島の人々（バッカス祭）》（プラド美術館）

らかに異なる描写が認められる。

　画家の典拠に対する姿勢が，ここで明らかに方向を転換している。すなわち，神話画の初出であった《ヴィーナスへの奉献》では，出来るだけテキストに近い描写を心掛けていたが，《アンドロス島の人々》では，古代文献を参考程度に留め，視覚芸術として如何に詩想を盛り込むかと言う姿勢が出て来ている。典拠と画面とのもっとも大きな違いは，ワインの流れる川の源泉である。古代のテキストでは，その川の源は河神とされるが，絵画では河神は遠景に小さく描かれ，川の始まりには妖艶な裸体のニンフが配置される。画家は河神を説明的に挿入しているが，視覚的には明らかに眠れる裸婦に焦点を合わせている。

　画面左手で，弓型に体躯を曲げて着衣の美女にワインを注ぐ裸体の男を酒神バッカスに見立て，右隅の眠れる裸婦をアリアドネと見なす見解

図 11 《アンドロス島の人々》部分

もあるだろう[39]。しかし，先師ベッリーニの《神々の饗宴》をよく知っている画家にとって，神々のアトリビュートは既知のことであり，酒神と明示したければ，ルーベンスが模写でこの男に描き添えた葡萄の葉の冠を描けばよかった[40]。画家はそうはしなかった。それはつまり，画面上の人物群を文献に縛られた特定の物語性に合わせず，ときにフェラーラ宮廷の人々を想起させ，ときに古代の神々を思わせる，まさに想像力に満ちた詩的な視覚芸術を目指した結果である。古代文献に記述されたこのバッカナーレの音楽性は，古代世界から抜け出し，ルネサンスのフェラーラ宮廷に置き換えられる。中央の着衣の女性たちは笛を持ち，しかも楽譜にはフランス語で「酒飲みて酒杯かさねぬ者は，酒飲むことを知らぬ者」と言葉書きが添えられる。この辺りに，君主アルフォンソの趣味がティツィアーノの着想と交錯する背景が透けて見える。中央で杯を掲げる着衣の男がいるが，そのガラス杯はフェールが指摘したように，当時アルフォンソが手に入れた貴重な酒杯そのものを実写している[41]。

---

39) H. E. Wethey, op.cit., *The Paintings of Titian, III*, pp. 37-41. 中村俊春『ペーテル・パウル・ルーベンス，絵画と政治の間で』三元社，2006 年，228 頁。

40) G. Cavalli-Björkman, ed. *Bacchanals by Titian and Rubens*, Stockholm, 1987.

41) Ph. Fehl, op.cit.," The Worship of Bacchus and Venus in Bellini's and Titian's Bacchanals.", p. 76. . フェールは，神々の世界と地上の現実（エステ家の宮廷）が同居していることを論証している。

4　ヴェネツィア神話画の再生とフェラーラ宮廷文化　　　333

図12　古代ローマ石棺《バッカスとアリアドネ》（ボルティモア，ウォルターズ・アート・ギャラリー）

　さて絵の細部にこだわってこの画面の最大の課題を忘れてはならないだろう。それは何と言っても，アリアドネ風の眠れる裸婦（図11）が強烈に観る者を惹き付け，明白に画面全体を支配しているということである。このニンフは，《神々の饗宴》のロティスの発展形には違いないが，そこには別のいくつかの要素も合流している。その第一の前提条件は，先輩画家ジョルジョーネの《眠れるヴィーナス》に違いないだろう。裸婦と風景という基本的な構成をその原作から受け継ぎ，なおかつバッカナーレと言う酒宴に適応したより官能性の高いニンフを右隅に配置して神話画の物語性を一挙に詩想画の世界に転換した。
　次に忘れてならないのが，バッカス関連の古代ローマ石棺浮彫である。すでにミラード・ミースは古代石棺から眠れるアリアドネがルネサンス版画への転写される経緯を概略説明しているが，もう少し厳密にどのような古代ローマ石棺か問い詰める必要がある[42]。管見によれば，それはボルティモアにあるようなバッカス石棺（図12）がティツィアーノの画像の源泉と見られる[43]。この石棺浮彫では，まさに長方形画面の右

---

42) M. Meiss, " Sleep in Venice: Ancient Myths and Renaissance Proclivities." In *The Painter's Choice, Problems in the interpretation of Renaissance Art*, New York, 1976, pp. 212-29.
43) Walters Art Gallery, Baltimore. 著者による写真。A.D. 200 年頃。F. Matz, *Die*

隅にアリアドネが，テセウスに見捨てられ，その後バッカスに見出される様子が活写されている。しかも，この構成はジヒテルマンのローマ石棺集成にも，同種の浮彫がいくつも収載されていて，ルネサンスの宮廷人や美術家が接する機会は十分あった[44]。

　フィロストラトス原作の「イマギネス」を開くと，驚くべきことに《アンドロス島の人々》の前後に，サテュロスやアリアドネ，またバッカントなど酒神関連の記述が多数見られる[45]。画家は，単一のテキストに依存する姿勢から脱却して，このような同種の記述を混合しながら，エクフラシスとは異なる一画面の視覚芸術へと詩想をまとめ上げようとした。先師ベッリーニの艶笑譚でありながら静的な《神々の饗宴》を起点に，ティツィアーノは自らの《ヴィーナスへの奉献》で神話画の足掛かりを作り，その後《バッカスとアリアドネ》と《アンドロス島の人々》でついに複数の典拠を混淆し，やがて文献の束縛から逃れて視覚芸術にしか達成しえない，印象的な人物動作や人物配置を基軸とする革新的な詩想画を生み出したのである。

---

dionysischen Sarkophage, Berlin, 1969. no.216.

　44）　G. Koch, H. Sichtermann, *Römische sarkophage*, München, 1982, pl. 229, 235. 興味深いことに，こうしたバッカスの古代石棺に，アリアドネが背中を向けて寝ている作例がある。このモティーフは明らかに，のちのティツィアーノによる「ヴィーナスとアドニス」連作を思わせる。Ibid.,pl. 228. 参照。

　45）　Philostratus the Elder, op.cit., *Imagines*, Book I, Semele, p.59. Ariadne, p.61. Bacchantes, p.73. Satyrs, p.81. カメリーノの連作画には，これらのエクフラシスが混淆して反映していると推測できる。

5

「トラディティオ・レギス」図と
Cod. Vat. gr. 342 のヘッドピース
──「法の授与」の予型論的解釈とリヴァイヴァル──

辻　絵理子

はじめに

　イコノクラスムという重大な危機を乗り越えたビザンティン美術は，手本に倣うことで自らの正当性を保持した。何らかのかたちで聖性を備えた原型が存在し，それに忠実に従えば，イメージの制作も信仰に適うと考えられたためである。それゆえこれらを論じる際には，現存作例が極めて少ないことも踏まえて，突如現れたかのように見える他に類例のない図像にも常に失われた手本の存在を想定すべきであろう。結果として連綿と続く図像の伝統は，言わばサヴァイヴァルであって，リヴァイヴァルではない。ビザンティン美術研究においてリヴァイヴァルというテーマは非常に取り組みにくいものではあるが，本稿では，片手で開けるほど小さな写本の挿絵が，時，場所，及び表現方法の違いを超えた図像のリヴァイヴァルであるという仮説を呈示したい。
　ヴァティカン図書館所蔵ギリシア語写本第 342 番（Cod. Vat. gr. 342, 以降「342 番」）[1]は全 285 葉の挿絵入り詩篇写本である。本文は全 151 篇

---

1)　雑誌の略号は A. P. Kazhdan (ed.), *The Oxford Dictionary of Byzantium*, 3 vols., New York/ Oxford, 1991 に従う。A. Cutler, *The Aristocratic Psalters in Byzantium*, Paris, 1984, pp.78-79, 213-214; N. G. Wilson, "Scholarly Hands of the Middle Byzantine Period," *La paléographie grecque et byzantine*, Paris, 1977, p.223.

（外典を含む）の詩篇であり，その後に頌歌(オード)が収録されている。欄外に，エルサレムのヘシキオス（イシヒオス）の註解が書かれる[2]。縦 17.6cm，横 13.0cm の小さな写本である。ビザンティンの写本には署名や制作年，制作地等が殆ど記されておらず，いつ，どこで，誰によって，誰のために制作されたのか，断定するのはほぼ不可能と言えるが，この写本の場合 1087／88 年からパスカル・テーブルが始まっているため，少なくともその時点では完成していたと考えられる。本文は著名な歴史家ミハイル・アタリアティスが筆写したとされる[3]。大きくて質の良い羊皮紙を用意出来たかどうかは写本の豪華さを量る要素のひとつだが，この写本はかなり小型の部類に入るものの，羊皮紙の色は明るく，革の端ではなく中央の綺麗な部分を用いている。挿絵の数こそ少ないが，使われている顔料は非常に贅沢で，挿絵の質も大変良いものである。裕福な人間の個人的な利用を前提として制作されたものと思われる。この写本は挿絵のレイアウトとその大きさによって，いわゆる「貴族詩篇」に分類されている[4]。

本稿は，この写本に描かれた他に類例のないヘッドピースを取り上げ，写本の挿絵プログラムを論じ，図像の淵源を探る。前述の通り，342 番自体は小ぶりながらも大変美しく良質な写本であるが，挿絵の数が少なく，問題のヘッドピース以外の挿絵には一般的な図像を採用しているせいか，他の作例との比較対象として取り上げられることはあるものの[5]，この写本の挿絵プログラムを単独で論じた美術史の先行研究は

---

2) Cutler, p.78.
3) f.276v 他，各所にアタリアティスの名前が記されている。Loc.cit..
4) ティッカネンは挿絵入りのビザンティン詩篇写本を，全頁大の豪華な挿絵を有する Die aristokratische Psaltergruppe（貴族詩篇群），余白に挿絵を描き本文と直接結びつける Mönchisch-theologische Redaktion（修道院・神学的編纂）に分類した。J. J. Tikkanen, *Die Psalterillustration in Mittelalter*, Helsinki, 1895, pp.112-147. 貴族／修道院を対比させるこれらの用語が適切かどうかという問題についてはカトラーやラウデンが論じているが，現在も（「いわゆる」と括弧付きではあるが）「貴族詩篇」の語が用いられている。「修道院詩篇」に関しては，挿絵形式で表した「余白詩篇 Marginal Psalter」という用語が主流となっている。ケスラーは Fronticepiece Psalter という呼称を用いたが，定着しなかった。H. Kessler, "The Psalter," G. Vikan (ed.), *Illuminated Greek Manuscripts from American Collections. An Exhibition in Honor of K. Weitzmann*, Princeton, 1973, pp.31-33; Cutler, 1984, pp.7-9; J. Lowden, "Observations on Illustrated Byzantine Psalters," *ArtB* 70 (1988), pp.242-260.
5) S. Der Nersessian, "A Psalter and New Testament Manuscript at Dumbarton Oaks," *DOP*

5 「トラディティオ・レギス」図と Cod. Vat. gr. 342 のヘッドピース　　337

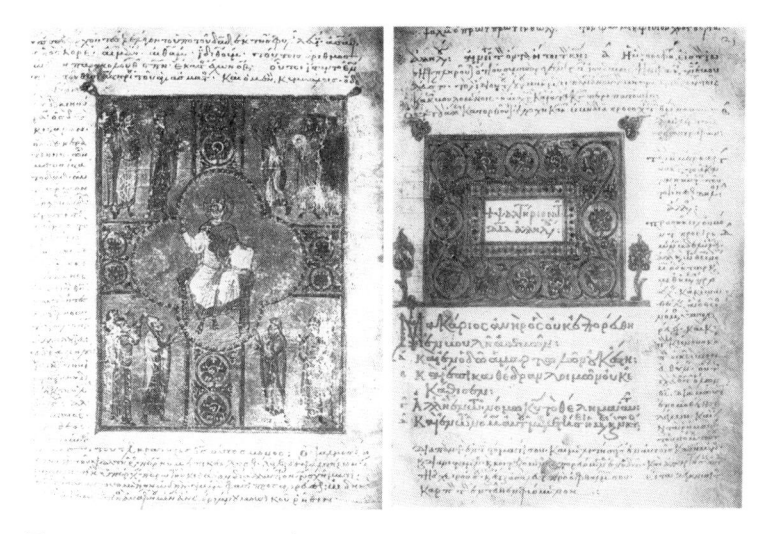

図 1　Cod. Vat.gr. 342, 24v-25（A. Cutler, *The Aristocratic Psalters in Byzantium*, Paris, 1984.）

なかった。まず全ての挿絵を確認しよう。

1　Cod. Vat. gr. 342 の全挿絵

　342 番 ff.24v-25（図 1）は，詩篇本文開始の見開きである。左に全頁大挿絵，向かい合う頁にヘッドピースがあり，その下から本文が始まる。細かい字で書かれた欄外註が，挿絵と本文の周りを囲む。f.24v の全頁大挿絵の中央には，四葉型の枠の中に坐像のダヴィデが描かれ，四方の枠内にアクラマティオの姿勢を取る人々や，楽器を持った人々が立つ。これらには銘がなく，特定の人物は示唆されていない。背景は金地で，枠には青や緑の顔料で植物文が施される。f.25 のヘッドピースは，ロの字型の装飾帯の中に金でタイトルが記される。金地の上に青と緑で植物文を描き，白のハイライトが入れられている。

---

19 (1965), pp. 164, 169; L. Nees, "An Illuminated Byzantine Psalter at Harvard University," *DOP* 29 (1975), pp. 207-224; R. S. Nelson, "The Discourse of Icons, Then and Now," *Art History* 12 (1989), pp.144-157.

338　第Ⅲ部　美術における復興

図 2　Cod. Vat. gr. 342, 133v-134（同上）

図 3　Cod. Vat. gr. 342, 133v 細部（同上）

5 「トラディティオ・レギス」図と Cod. Vat. gr. 342 のヘッドピース　　339

図4　Cod. Vat.gr. 342, 134　細部（同上）

　次に挿絵が施されるのは，詩篇第 77 篇，すなわち後半開始部の見開き（ff.133v-134，図 2）である。第 77 篇は詩篇全体を二分する区切りであり，全頁大挿絵を持つ他の写本においても，挿絵の描かれることが多い箇所である[6]。f.133v（図 3）にモーセへの「法の授与」が上下二段に分けて描かれ，本文が始まる f.134（図 4）にはヘッドピースが置かれている。このヘッドピースこそ問題の，類例のない挿絵である。順に見ていこう。
　まず f.133v のモーセへの「法の授与」は，長方形の枠を上下二段に区切って，連続するエピソードを並べている。上段に履物を脱いで石板を受け取るモーセ，下段にイスラエルの民に法を手渡すモーセが描かれる。どちらのモーセも画面の右，本の綴じ側に近い位置に立つ。この図像自体は第 77 篇開始部に置かれることの多い主題である[7]。挿絵が描

---

6)　H. Belting, "Zum Palatina-Psalter des 13. Jahrhunderts. Aus der Werkstattpraxis eines byzantinischen Malers," *JÖB* 21 (1972), pp.24-28; Cutler, passim.

7)　前出註 6。例えば，貴族詩篇の代表的な作例である『パリ詩篇』（Cod. Paris. gr. 139）f.422v（Cutler, p.203）は枠を分割せず，モーセを 2 回描く。ここではモーセと神のやり取りのみが絵画化され，イスラエルの民に法を与える場面は描かれない。BL, Add. 11836（f.267v, Cutler, p.175）のように，詩篇本文にある「我が法」をキリストの福音と解釈し，キリス

かれた，本文冒頭の第77篇1節「良く聞け，我が民よ，我が法を／我が口の言葉に耳を傾けよ」を受けて，モーセが「法」を受け取り，民に与えるという場面が選ばれたと考えられる。モーセの役割は，神の言葉を民に伝える媒介者ということになる。第77篇は出エジプト記のエピソードを語り，これ以降の詩篇でも同書の引照は続くため，詩篇後半に挿絵が施される場合はモーセ伝の図像が良く見られる。

　問題のヘッドピースを確認しよう。f.134には，金地背景に植物文を描いた長方形の枠の上三分の一強を区切って，キリストの半身像が描かれている。先の尖った釣鐘型の，光背のような枠が珍しい。黄色い衣に青のトーガを纏ったキリストは，胸の前に掲げた右手で祝福をし，左手を下に伸ばして書物を差し出している。下の区画は，中央を植物モティーフが区切る。左右の区画にはそれぞれ8人ずつ中央を向いた人々が立っており，右側はその容貌と服装から，使徒たちであることが判る。先頭に立って腰を折るのがパウロ，その後ろでキリストの差し出す本を受け取ろうと両手を挙げているのがペテロである。使徒がまとまって描かれる場合，通常先頭に立つのは筆頭たるペテロだが，ここではパウロが先頭にいる。全頁大の豪華な挿絵を持つことが特徴のひとつである，いわゆる「貴族詩篇」のカタログを著したカトラーは，パウロが中央の装飾モティーフを挟んで向かい合う人物と互いにお辞儀をしていると記述するが[8]，実見調査の結果，パウロは手にした白い巻物を向かい合う人物に手渡そうとしていることが判った[9]。図版では辛うじて判別出来る程度だが，オリジナルを見ても，植物文と金地背景の反射のために，ハイライトに用いる白で薄く塗られた巻物は判別が困難であった。同じくカトラーは，使徒たちと向かい合う人々の先頭に立つ人物を，モーセとし，使徒たちと，モーセ率いるイスラエルの民が礼を交わすことで，旧約聖書と新約聖書の融合を強調するとしている[10]。しかしオリ

トが直接人々に語り掛ける挿絵もある。他の解釈としては，BL, Add. 19352（f.100, S. Der Nersessian, *L'illustration des psautiers grecs du moyen âge II: Londres, add. 19.352,* Paris, 1970, planche.57）のように詩篇後半の著者とされているアサフを描く場合がある。余白詩篇写本に良く見られる例である。

　8）　Cutler, p.79.
　9）　ネルソンも同様に記述している。Nelson, p.146.
　10）　前出註8。

5 「トラディティオ・レギス」図と Cod. Vat. gr. 342 のヘッドピース　　341

図 5　Cod. Vat. gr. 342, 246v（同上）

ジナルの写本を確認した限り，この写本内でモーセとして描かれた人物と，問題の人物に共通点があるとは言えない。全ての挿絵を確認してから，具体的な違いを指摘する。

　342 番最後の挿絵は，頌歌の前に置かれた「モーセの紅海渡渉」である（f.246v，図 5）。詩篇の後には数篇の頌歌が収録されるが，通常モーセの頌歌（出エジプト記第 15 章）から始まるため，ここに紅海渡渉が置かれることは珍しくない[11]。画面手前が海で，奥にモーセとイスラエルの民が描かれる。既に人々は海を渡り終えた後だ。彼らの中央に立つモーセが海に杖を突くと，海の道が閉じてファラオの軍勢が呑み込まれる。

---

11)　Cutler, passim.

2　パウロから巻物を受け取る「モーセ」？

　先行研究で「モーセ」とされたヘッドピースの人物を，他の挿絵に描かれたモーセと比較してみよう。物語場面において，モーセはf.133v（図3）に二度，f.246v（図5）に一度，計三か所に描かれている。神から法を受け取るモーセ，民に法を渡すモーセ，そして紅海を閉ざすモーセ，どの場面においても，周囲の人物と異なって，モーセは水色の陰影が入った白い衣の上に薄紫色のトーガを纏い，古代風の服装をしている。履物も素足にサンダルで，黒や茶色で塗りつぶされた長靴を履く他の人物たちとは区別される。対してf.134のヘッドピース（図4）に描かれた人物は，赤一色のトゥニカに黒い靴で，後ろの群集に準ずる服装をしている。このヘッドピースでは，服装も配置も，左側の枠に収まる人々は使徒たちと明らかに区別されている。右枠に収まる使徒たちがトーガを纏いサンダル履きであるのに対し，左枠の人々は，全員が丈の長いトゥニカと黒い靴を身に着けている。衣の色も，使徒たちのそれは皆淡い色彩で塗られるが，左側の人々は，先頭に立つ人物が赤一色，他の人々は青と緑と，全員濃い単色の衣を纏っている。風貌も，くっきりと頬骨が高く長髪のモーセと異なり，「モーセ」とされた人物は滑らかな丸い頬を持ち，中央で分けた髪は耳の下辺りで切り揃えられている。三度描かれるどの場面でも，モーセの頬骨は非常に強調されているので，それだけでも同一人物とは言い難い。先に述べた通り服装の描写が明らかに異なっていることからも，この人物はモーセではないと考えるのが妥当であろう。

　何より，敢えてこの人物をモーセと見做してヘッドピースの中に新旧約の対比を持ち込まずとも，写本にはその形式上，見開きという単位が成立する。ff.133v-134の見開き（図2）では，ただ写本を開くだけで，左頁のモーセの「法の授与」と，右頁ヘッドピースのキリストによる福音が，並べて提示される[12]。ヨハネ福音書第1章17節に「律法はモーセ

12）　Nelson, p.146.

を通して与えられたが，恵みと真理はイエス・キリストを通して現れたからである」とあるような旧約聖書と新約聖書の対比は，見開きにおいて示されているのである。また旧約の預言者であるモーセにパウロが巻物を手渡しているのは不自然であることからも，やはりこの丸い頬をした赤い衣の人物をモーセと見做すことは不適切であろう。では，キリストの祝福のもと，パウロから巻物を受け取るこの人物は何者であるのか。手本に倣うことを是とするはずのビザンティン美術において，他に類例が残らないこのヘッドピースの意味するところは何なのか。

3 f.134の特殊なヘッドピース

　改めて，f.134のヘッドピース（図4）を確認する。大きく描かれた中央のキリストが，胸の辺りで右手を下に向けて祝福し，左手で下の枠にいるペテロに冊子本を授けている。キリストの下の枠では，向かって右側に使徒たち，左側に無銘の人々が収まっているが，キリストの左右のヒエラルキーという観点から考えると，使徒たちがキリストの左側に集まり，何者か不明である無銘の人々が，より重要度の高いキリストの右側に収まることに違和感を覚える。中央の装飾帯を挟んで，それぞれの先頭に立つパウロと赤い服の若者が向かい合い，パウロは枠を超えて巻物を手渡そうとしている。キリストが下に向けた右手で祝福しているのは，この二人であると考えられる。

　この図像が対応する本文は，第77篇1節「良く聞け，我が民よ，我が法を／我が口の言葉に耳を傾けよ」[13]である。向かい合う全頁大の挿絵にモーセへの「法の授与」が描かれることから，本文で語られる「我が法」は詩篇作者であるアサフのものではなく，神の法として解釈され

---

13) 文中引用する詩篇は全て，筆者によるギリシア語からの試訳である。詩篇番号は七十人訳(セプトゥアギンタ)によるが，ヘブライ語を底本とする邦訳聖書とは番号にずれがある。L. C. L. Brenton, *The Septuagint with Apocrypha: Greek and English*, London, 1851 (rep.1986); A. Rahlfs, *Septuaginta: Id est,Vetus Testamentum Graece iuxta LXX interpretes*, vol.1, Stuttgart, 1979; A. Pietersma and B. G. Wright (eds.), *A New English Translation of the Septuagint and the Other Greek Translations Traditionally Included under that Title*, Oxford, 2007; 旧約聖書翻訳委員会『旧約聖書IV』岩波書店，2005年。

ていることが解る。そしてこのヘッドピースにおいては，旧約の神の律法ではなく，キリストの福音の受け渡しが行われているのである。本文，及び向かい合う頁の図像を踏まえると，先行研究ではモーセとされていた人物と後ろの人々は，特に名を付される必要のない「民」，信徒である一般民衆を表していると考えるべきではないだろうか。向かい合う f.135v では，モーセが神から律法を受け取り，それを民に渡していた。ここでは使徒の筆頭たるペテロがキリストから冊子本を受け取り，パウロが巻子本を民に手渡す。異教徒たちへの布教者としてのパウロがその功績を強調されていると考えれば，巻物を渡す身振りにも一応の説明が付く。ペテロはキリストから直接コデックスを手渡されており，決して疎かにされているわけではない。しかしそれでも尚，キリストの右側，優位であるはずの位置に民衆が描かれること，使徒たちの中でパウロの後ろにペテロが立つという奇妙な配置が採用されたこと，キリストがペテロに渡すのは冊子本で，パウロが人々に渡すのは巻子本であることなど，不可解な点は残る。この図像を真に理解するためには，ビザンティン以外，西方の作例を参照する必要があるだろう。

4　「トラディティオ・レギス」図とラヴェンナ石棺

　4世紀ローマ，サンタ・コスタンツァ聖堂の北小アプシス[14]を見よう（図6）。大きな修復を受けたためオリジナルの部分は少ないが，大まかな図像配置は本来の形を残すとされている。中央に立つキリストが，右手をパウロの頭上に掲げ，左手で開かれた巻物をペテロに渡している。キリストの左にペテロ，右にパウロが立つ。左右に棕櫚の木，手前に羊たちの行列，足元には川が流れている。ペテロが受け取る開かれた巻物には「Dominus pacem dat（主は平和を与える）」と書かれているが，修

---

14)　H. Stern, "Les mosaïques de l'église de Sainte-Constance à Rome," *DOP* 12 (1958), pp.157, 159-218; D. J. Stanley, "The Apse Mosaics at Santa Costanza," *Mitteilungen des deutschen archaeologischen Instituts* 94 (1987), pp.28-42, pls.17-24; idem, "New Discoveries at Santa Costanza," *DOP* 48 (1994), pp.257-261; 名取四郎「コンスタンティナ廟堂の北側小アプシスのモザイク――『トラディティオ・レギス（法の授与）図』をめぐって」『別府大学紀要』18 (1977), 10-39頁。

5 「トラディティオ・レギス」図と Cod. Vat. gr. 342 のヘッドピース　　345

図6　サンタ・コスタンツァ聖堂　北小アプシス（筆者撮影）

　復前の記録及び他の図像との比較から，元来は「Dominus legem dat（主は法を与える）」であったとされる。他の作例にも見られるこの銘文から，この図像は「トラディティオ・レギス（法の授与）」と呼びならわされる[15]。巻物を受け取るのがペテロであることから，厳密には「ペテロへの法の授与」の表現ということになり，4世紀中葉から5世紀中葉にかけて，ローマを中心に現れる図像である。「トラディティオ・レギス」図は，失われた旧サン・ピエトロ聖堂のアプシスを飾っていたものではないかという説がある[16]。開かれた巻物をキリストから受け取るペ

15）F. Nikolasch, "Zur Deutung der 'Dominus-legem-dat' -Szene," *RQ* 64 (1969), pp.35-73; K. Berger, "Der traditionsgeschichtliche Ursprung der 'traditio legis',"*VigChr* 27 (1973), pp.104-122; Y. Christe, "Apocalypse et Traditio legis," *RQ* 71 (1976), pp.42-55; M. Rasmussen, "Traditio Legis?" *CahArch* 47 (1997), pp.5-37; idem, "Traditio Legis – Bedeutung und Kontext," J. Flrischer (ed. al.), *Late Antiquity Art in Context (Acta Hyperborea: Danish Studies in Classical Archaeology 8)*, Copenhagen, 2001, pp.21-53; B. Snelders, "The Traditio Legis on Early Christian Sarcophagi," *Antiquité Tardive* 13 (2005), pp.321-33; R. Hvalvik, "Christ Proclaiming His Law to the Apostles: The Traditio Legis-Motif in Early Christian Art and Literature," *The New Testament and Early Christian Literature in Greco-Roman Context : Studies in Honor of David E. Aune*, Brill, 2006, pp.403-435; M. Leone, "The Iconography of the Giving of the Law: A Semiotic Overview," A. Wagner, R. K. Sherwin (eds.), *Law, Culture and Visual Studies*, Dordrecht, 2014; pp.395-419; 山田香里「トラディティオ・レギス（法の授与）図再考　ミラノ，サンタンブロジオ教会蔵，スティリコの石棺を巡る考察」『神学研究』57（2010），95-109頁。

16）Hvalvik, pp.406-407; 山田，100-104頁。初期教会のアプシス図像については J.-M. Spieser, "The Representation of Christ in the Apse of Early Christian Churches," *Gesta* 37, n.1 (1998), pp.63-73.

346　第Ⅲ部　美術における復興

図7　十二使徒石棺，サンタポリナーレ・イン・クラッセ聖堂，ラヴェンナ（筆者撮影）

テロの優位性を視覚的に示すことによって，ローマ教会の優越を表象する図像であるとされてきたが[17]，今もなお議論が続いている。パウロがキリストの右側，すなわち優位であるはずの位置に居るのはなぜかについても，解釈が分かれている[18]。こうした「トラディティオ・レギス」図像自体の解釈は，主旨を外れるため本稿では行わない。

　ラヴェンナ型石棺と言われる一群の石棺には，キリストがペテロではなくパウロに対して巻物を与える作例[19]が残っている（図7，十二使徒石棺）[20]。キリストは正面観で玉座に坐し，右手で巻物をパウロに渡す。キリストが左手に載せているものの判別が付き難いが，開かれた書物のようにも見える。パウロが受け取るのは閉ざされた巻物であり，銘文は見られない。これはローマ教会を表象するペテロに対して，新しいローマたるコンスタンティノポリスの教会を代表するパウロを強調した図像であるという説がある[21]。巻物の授与はペテロでなくパウロに対して行われるが，両者のキリストに対する位置は「ペテロに対する法の授与」

17）この考え方には，疑問も呈されている。Hvalvik, pp.406-408.
18）R. W. Sullivan, "Saints Peter and Paul: Some Ironic Aspects of their Imaging," *Art History* 17, vol.1 (1994), pp.59-80, esp. pp.68-76.
19）M. Lawrence, *The Sarcophagi of Ravenna*, Roma, 1970, figs.2, 3, 20, 25, 26.
20）Lawrence, pp.6-10; fig.2.
21）E. Kitzinger, "A Marble Relief of the Theodosian Period," *DOP* 14 (1960), pp.34-35.

と変わらない。現在フェッラーラ大聖堂にあるチェルトーサ Certosa 石棺では、キリストが右手で開いた書物を示し、左手で祝福し、その右に立つパウロは閉じられた巻物を既に受け取っている状態で表されている[22]。キリストによる授与の場に、冊子本と巻子本の両方が表された作例があったことが窺える。しかしパウロに巻物を与える図像については、その後定着したとは言えない。作例は東西世界に残っておらず、巻子本と冊子本という形式の意味についても、定説はない。

5　ff.133v-134 の見開き

　問題のヘッドピースに戻ろう。現存するビザンティン世界の作例は非常に乏しく限られているため、直接の影響関係を示す作例が残っているわけではないが、ラヴェンナ石棺の存在が示すように、明らかにビザンティンにおいて受け入れられた「トラディティオ・レギス」図の系譜は存在していた。ビザンティンの画家は、図像の改変や移動、解釈における工夫は凝らすものの、新奇な図像を生み出すことには関心がなかった。そこに、このヘッドピースの淵源が窺えるのではないだろうか。実際、「トラディティオ・レギス」図を中心的なモティーフとする石棺においてモーセへの「法の授与」が共に表される例は多く、初期キリスト教時代においてさえも、モーセが授かる法とキリストの授ける法、両者の対照は意図されたものだったと思われる[23]。何より、「トラディティオ・レギス」図を想起すれば、他に類例のないこのヘッドピースが有する疑問点の幾つかが説明可能になることが重要である。「トラディティオ・レギス」図では、ペテロがキリストの左、パウロがキリストの右に

---

[22]　Lawrence, pp.8-10, fig.3. オリジナルは筆者未見。また、やはりパウロへの巻物の授与が行われるサン・フランチェスコの石棺では、各人物の間に円柱が並び、頭部はニッチに覆われている。342番ヘッドピースの特徴的なキリスト光背との関連を論じるには足りないが、記しておく。Lawrence, fig.26.

[23]　Hvalvik, pp.415-417. 先に見たサンタ・コスタンツァ聖堂においても、「トラディティオ・レギス」図のある北小アプシスと対になる南小アプシスに描かれていたのはモーセへの「法の授与」であったとされる。名取、11頁、註14参照。テサロニキに残る初期キリスト教時代の聖遺物箱にも同様の主題が見られる。M. Panayotidi, A. Grabar, "Un reliquaire paléochrétien récemment découvert près de Thessalonique," *CahArch* 24 (1975), pp.33-42.

描かれた。f.134 のヘッドピースではキリストが左手でペテロに書物を渡し，右手で人々を祝福している。左の区画に法を受け取る人々を挿入するために，パウロがペテロの前に移されたとすれば，両者の不自然な配置と，キリスト左右のヒエラルキー問題が説明される。ラヴェンナ石棺では，キリストがパウロに閉じられた巻物を手渡そうとし，あるいはパウロが既に受け取っていたが，ここでは，パウロは自ら手にした巻物を人々に渡そうとしている。このヘッドピースでは，神から法を受け取るだけでなく，それを人々に渡し，広めるところまでが語られているのである。

ペテロ，パウロどちらが受け取るにしてもキリストとの間に巻物がやり取りされていた「トラディティオ・レギス」図と異なり，ここではペテロが冊子本，パウロが巻子本という組み合わせである。キリストから受け取る冊子本は，素直に解すれば福音書であると考えられる。では，パウロが手渡そうとしている巻子本は何か。単独像で巻物を持っている例[24]を確認するまでもなく，彼が人々に渡す巻物として最も相応しいのは書簡であろう。とりわけ，この見開きにおいては，新旧約のどちらにおいても，民に法を教えるという文脈が強調されている。

もうひとつ注目に値するのは，本文である第77篇2節「譬えをもって，私は我が口を開こう[25]。太初（はじめ）からの謎を語ろう」（下線筆者，以下同様）が，マタイ福音書第13章34-35節「イエスはこれらのことをみな，たとえを用いて群集に語られ，たとえを用いないでは何も語られなかった。／それは，預言者を通して言われていたことが実現するためであった。『わたしは口を開いてたとえを用い[26]，天地創造の時から隠されてい

---

24) 例えばマケドニア，オフリドのパナギア・ペリブレプトス聖堂（1294／95年）ナルテクス東扉口に置かれたパウロ単独像は巻物の束を持っているが，それぞれに書簡の宛先の頭文字が書かれている。聖堂装飾に見られるペテロ，パウロが対になって表される単独像は，両者が巻子本を持っている場合と，ペテロが冊子本，パウロが巻子本を持っている場合のふたつのパターンに分類可能だが，本稿では指摘のみに留めておく。

25) ἀνοίξω ἐν παραβολαῖς τὸ στόμα μου, φθέγξομαι προβλήματα ἀπ᾽ ἀρχῆς·

26) ἀνοίξω ἐν παραβολαῖς τὸ στόμα μου, ἐρεύξομαι κεκρυμμένα ἀπὸ καταβολῆς· イエスの台詞前半は七十人訳を正確に引用しているが，後半は言葉遣いが異なる。φθέγγομαι（LXX：言葉を発する）に対してἐρεύγομαι（Mt：言う，Ps18:3 等に用例あり），προβλήματα（LXX：謎，Ps48:5 にも用例）に対してκεκρυμμένα（Mt：＜κρύπτω 隠す，隠されたもの，秘密），ἀρχή（LXX：初め）に対してκαταβολὴ [κόσμου]（Mt：[世界の] 基礎をつくること）として，全体として新約的な世界観を表明しているように思われる。

たことを告げる』」に引用されていることである。エウセビオスと偽アタナシオスとが，同詩篇章句をまさにマタイ福音書の当該引用箇所との関連で解釈している[27]。すなわち第 77 篇は，詩篇全体を二分する区切りであり，詩篇写本においてモーセの「法の授与」が描かれる場所であるだけでなく，新約聖書との予型論的な結びつきが存在する箇所でもあった。キリストは，世界の初めから隠されていた謎を，比喩の形で明らかにするというが，それは詩篇において既に語られている。

以上を踏まえて，ff.133v-134 の見開きを確認する（図 2）。カトラーは右頁のヘッドピースのみを取り上げて「新旧約聖書の融合」としたが[28]，前述の通り，それはこの見開き全体における対比で語られていると解釈すべきであろう。まず，f.133v でモーセに法を授ける旧約の不可視の神，そして，f.134 でペテロに書物を手渡すキリストすなわち受肉した神が，向かい合って表されている。等しく民に対して法を与えながらも，旧約の神＝父なる神は不可視であったが，新約の神＝キリストは人の目に見える姿になって地上に現れた。先にも引いた，ヨハネ福音書第 1 章 17 節「律法はモーセを通して与えられたが，恵みと真理はイエス・キリストを通して現れたからである」の対照が，視覚的に示されていると言えよう。この他にも，この見開きにおける左右の挿絵の照応は随所に見られる。モーセとペテロが，向かい合う頁でそれぞれの神から法を受け取っている。再び律法と福音が対になる。神から直接法を受け取ることの出来ない人々は，預言者や使徒の手を経て受け取ることになるが，f.133v 下段ではモーセが，f.134 ではパウロが民に法を手渡そうとしている。着目すべきは，使徒たちの中でパウロのみが，モーセのそれと配色が一致する，水色の陰影が入った白い衣の上に薄紫色のトーガを纏っていることである。両者の類似を強調する意図は明らかであろう。西欧世界における「トラディティオ・レギス」図の配置を想起すれば，パウロがペテロの前に立つ構図にパウロの優位性を無理に読み取る必要はないように思えるが，見開きにおけるモーセとの照応も加えると，この写本ではパウロの功績を積極的に称えている可能性を否定出来

---

27) Migne, *PG*, XXIII, col. 901 C; XXVII, cols. 349-357.
28) 前出註 8。

ない。古のモーセと同様，パウロは神の言葉を民衆に伝える役割を担っているのである。ここには現在の私たちには知り得ない，何らかの含意があったのかもしれない。

結びに

　342番については，これまで類例のないヘッドピースばかりが取り上げられ，あるいは装飾文様の比較など些末な点ばかり着目され[29]，写本そのものに対する分析は疎かにされる傾向があった。しかしこの挿絵は，冊子本の形態を利用した見開きという単位において読み解くべきである。そうすれば大雑把に新旧約聖書の融合とひとくくりに片付けることなく，本稿で確認したように，不可視の神と受肉した神が，律法と福音が，そして神から法を受け取り，それを民に授ける振舞いが，それぞれ見開きにおいて対置され，詩篇本文の内容に沿いつつ，同時に古い図像を参考にしながら，新しく構成されていることが解るだろう。先行研究において「モーセ」とされていた人物は，福音を授けられる民の代表であった。彼に巻物を手渡すパウロはラヴェンナ石棺の「トラディティオ・レギス」図の残り香を漂わせる配置と身振りで，向かい合う頁でやはり民に法を手渡しているモーセと同じ衣を纏っていた。見開きの中で反復される図像の対照が，旧約聖書の詩篇を記した書物の挿絵において実現されていることを思い返せば，予型論的な新旧約聖書の対比がここで強調されている意味が解るだろう。本文は旧約聖書の一部であり，描かれた挿絵も旧約聖書の物語である。そこにヘッドピースとして新約聖書で語られる人物たちが挿入され，旧約聖書本文及びその図像との結びつきが示唆される。例えば余白詩篇写本であったなら，旧約聖書である本文に対し，余白を利用して新約聖書をはじめとする他の出典に基づく挿絵を自在に描き，挿絵と本文の関係に予型論的機能を持たせることが出来たが[30]，選択可能な主題の種類と，何よりもレイアウトの制約によっ

---

29) Nees, pp. 208, 220-221, 224.

30) 拙稿「中期ビザンティン詩篇写本における『悔悛のペテロ』」『美術史研究』45 (2007), 21-40頁, 同「ストゥディオス修道院工房における『キリスト三態』」『地中海研究

て，限られた数の挿絵しか描くことの出来ない全頁大挿絵を持つ詩篇写本においては，予型論的機能を挿絵によって示し表すことは非常に困難であった。しかし 342 番のヘッドピースは，新約聖書のナラティヴな図像を採用しなかったことで，他の全頁大挿絵詩篇でも採用されている旧約聖書の物語図像であるモーセへの「法の授与」と，抽象的なレベルで新旧約聖書の対比を実現させた。そしてそれは，現在ではラヴェンナの石棺彫刻にしか残らない古い図像との関わりを示唆するものであった。言うまでもなく，現存作例の極めて乏しいビザンティン美術において，これが 4 世紀まで遡る図像のリヴァイヴァルなのか，それともサヴァイヴァルなのかを実証することは不可能である。ラヴェンナに残る石棺彫刻のような，キリストがパウロに巻物を渡す型の「トラディティオ・レギス」図がコンスタンティノポリスにおいても制作された可能性はあるが，それが継続して行われたか，大した流行を見ずに絶えたかを私たちに教えてくれる物証は存在しない。本稿で示し得たのは，片手に収められるほどの小さな写本に描かれたごく小さな挿絵が，時間も場所も隔たった古い図像との失われてしまった繋がりを，密やかに告げ知らせているということである。

所紀要』6（2008），89-98 頁，同「『ブリストル詩篇』の《苦難の穴》——「逐語的」挿絵の有する機能」『比較文学年誌』64（2010），136-150 頁，同「ストゥディオス修道院写本工房のペリカン図像」『美術史』171（2011），1-15 頁，同「神の足が立つところ——磔刑図像に描かれた礼拝者たちとその時間構造」『ヨーロッパ中世の時間意識』甚野尚志，益田朋幸編，知泉書館，2012 年，287-308 頁，同「オリーブ山というトポス——詩篇写本に描かれた使徒言行録サイクル」『エクフラシス』3（2013），16-29 頁，同「ユダの銀貨と慈悲の施し——詩篇第 40 篇の図像選択と改変」『Waseda Rilas Journal』2（2014），1-6 頁，同「陽の昇るところから沈むところまで——ビザンティン余白詩篇第 49（50）篇の重層的構造」『パトリスティカ』18（2015），63-83 頁，同「余白挿絵と本文の重層的な構造——ビザンティン詩篇写本」『聖堂の小宇宙』，益田朋幸編，竹林舎，2016 年，印刷中，E. Tsuji, "Peter's Repentance in the Theodore Psalter," *Patrimonium* 6 (2013), pp. 79-88.

［後記］本稿は第 12 回ビザンツ学会全国大会（於佛教大学，2014 年 4 月 5 日）における口頭発表を基に，加筆修正したものである。発表の折には，根津由喜夫先生，足立広明先生，中西恭子先生，大谷哲さん，反田実樹さんから貴重なご質問，ご感想を頂いた。また，井上浩一先生からは格別のご配慮を賜った。記して御礼申し上げます。

本研究は，平成 26 年度科学研究費（特別研究員奨励費 24・2899）の成果の一部である。

6
ティモテスバニ修道院（グルジア／ジョージア）と聖堂装飾における復古の問題

益 田 朋 幸

　首都トビリシと黒海岸ポチを結ぶ国道 E60 号線は，グルジア／ジョージアの東西を貫く幹線である。トビリシとクタイシのほぼ中間，ハシュリから幹線道路を南にそれると，間もなくボルジョミ＝ハラガウリ Borjomi-Kharagauli 国立公園に至る。ボルジョミは，ミネラルを多量に含むことで世界的に名高い炭酸鉱泉水の湧出地としても知られる。そのボルジョミ町の郊外 6 キロほどの山中に，パウロの弟子テモテに捧げられたティモテスバニ Timotesubani/ Timothesubani 修道院は佇む（図 1）。この修道院主聖堂壁画の装飾プログラムを概観し，グルジア等の作例と比較することによって，ビザンティン聖堂装飾における「リヴァイヴァルとサヴァイヴァル」の問題を考えたい[1]。

　タマル女王（位 1184-1213 年）はセルジューク朝トルコを撃退し，中世グルジア王国最大の版図を築いた。領土は南コーカサス全域に広がり，ラテン帝国の難を逃れて 1204 年に建国されたトレビゾンド帝国を助けた。使徒テモテに捧げられた修道院は 1185-1205 年に創建され，「聖母の眠り」に献堂された主聖堂のフレスコは，1205-1215 年の制作と考えられている[2]。つまり首都コンスタンティノポリスからトレビゾ

---

[1]　筆者によるグルジアの聖堂壁画の研究として，以下も参照。14 世紀のウビシ Ubisi/ Ubisa 修道院とバルカン半島の関係を巡る議論である。『ビザンティン聖堂装飾プログラム論』中央公論美術出版，2014 年，第 19 章（初出 2008 年）。

[2]　E.L. Privalova, *Rospis' Timotesubani. Issledovanie po istorii gruzinskoj srednevekovoj*

図1　ティモテスバニ修道院外観

ンド帝国に亡命してきたビザンティン画家から，最新の図像学，聖堂装飾に関する知識を得ることができた時期と言えよう[3]。建築史的に言えば，グルジア特有の尖ったドームを戴く聖堂のうちで，煉瓦造はこことキンツヴィシ Qintsvisi/ Kincvisi[4]のみである。キンツヴィシも興味深い壁画を有するが，本稿では触れない。以下，ティモテスバニの壁画をおおよそ記述した後に，プログラムの特徴を検討しよう[5]。

---

monumental'noj zivopisi, Tbilisi 1980.

　3）　N. Chikhladze, "Images of St Eugenios in Georgia and Cultural and Political Ties with the Empire of Trebizond," *Caucasus Journal of Social Sciences*, 2009, pp.59-70 は，ティモテスバニをはじめとするグルジアの壁画に聖エウゲニオスがしばしば採用されるのは，トレビゾンド帝国の影響とする。

　4）　O.D. Piralishvili, *Rospis' Kincvisi (Quintsvisi Murals)*, Tbilis 1979（グルジア／露／英併記の簡単なモノグラフ）。

　5）　Index of Christian Art 内の Tomekovic によるビザンティン美術の画像データベースに，ティモテスバニも収録されている。http://ica.princeton.edu/tomekovic/main.php? country=Georgia&site=&view=country&page=10（2015.6.25 最終閲覧）

1　壁画のプログラム

　ティモテスバニのフレスコ最大の特徴は，西壁全面に加えて，南北壁にも及ぶ巨大な構図の「最後の審判」が描かれることであろう（図2）[6]。聖堂西壁に「最後の審判」を描くのは，ビザンティン世界に始まったプログラムであると考えられる[7]が，大型聖堂の現存作例はほとんどない。ビザンティンの影響下にあったロマネスクからゴシックにかけてのイタリアにそのプログラムは拡がり，カプア近郊サンタンジェロ・イン・フォルミス修道院（11世紀末），ヴェネツィアのトルチェッロ島サンタ・マリア・アッスンタ大聖堂（12／13世紀），ローマのサンタ・チェチーリア・イン・トラステヴェレ聖堂（ピエトロ・カヴァリーニ作，13世紀末），パドヴァのスクロヴェーニ家礼拝堂（ジョット作，14世紀初頭），ブリンディジのサンタ・マリア・デル・カザーレ聖堂（14世紀初頭），ポンポーザ修道院（14世紀中葉）などに大構図の「最後の審判」図が残っている。

　ビザンティン世界では，クレタ島の小さな単廊式バシリカ聖堂（14-15世紀）に，少なからぬ数の「最後の審判」が描かれる[8]。11世紀後半の四福音書写本 Cod.Paris.gr.74 に定型化した完成形の「最後の審判」が描かれていることから考えれば，11世紀の首都コンスタンティノポリスをはじめとする少なからぬ聖堂の西壁に「最後の審判」が描かれてい

---

　　6)　N. Thierry, "Le jugement dernier d'Axtala. Rapport préliminaire," *Bedi Kartlisa: Revue de Kartvelologie* 40 (1982), pp.147-68; L. Brubaker and K. Linardou (eds.), *Eat, Drink, and Be Merry (Luke 12:19): food and wine in Byzantium*, Papers of the 37th annual spring Symposium of Byzantine Studies, in Honour of Professor A.A.M. Bryer, Aldershot 2007. ゲデヴァニシュヴィリは地獄の光景中の「ハデスの顔」が「聖顔布（マンディリオン）」に描き直された現象を論じる。E. Gedevanishvili, "Encountering the Resurrection: the Holy Face at the Timotesubani Murals," A.R. Calderoni Masetti, C. Dufour Bozzo, G. Wolf (eds.), *Intorno al Sacro Volto. Genova, Bisanzio e il Mediterraneo (secoli XI- XIV)*, Venezia 2007, pp.181-86.

　　7)　辻佐保子「中期ビザンティン世界における『最後の審判』図像の定型化と多様化」『ビザンティン美術の表象世界』岩波書店，1993年所収（初出1980年）参照。

　　8)　クレタ島の聖堂装飾についての文献は，以下の拙稿参照。「アンドレアス・リゾス（リッツォス）作「キリスト昇天」イコンの図像プログラム」『早稲田大学大学院文学研究科紀要』59-3 (2014), p.54, n.33.

356　　第Ⅲ部　美術における復興

図2　ティモテスバニ修道院西壁「最後の審判」

たはずであるが，ビザンティン世界にそういった作例は残っていない。1世紀半を経たグルジアのモニュメンタルなフレスコが，ビザンティン帝国往時の様を想像させてくれる[9]。特記すべきモティーフとしては，南壁の天国に迎えられた動物たちが，生前に食した人間の体を吐き戻している様子を挙げることができるだろう（図3）。

　西壁は4段に分割されている。最上段は窓を挟んで左右に分割され，

---

9) プリワロワ（Privalova, *op.cit.*, pp.223-28）はティモテスバニ以外のグルジアに残る「最後の審判」壁画を論じている。私が実見したのは Betania と Vardzia, Ateni Sioni であるが，いずれも西壁全面の配置ではなく，ティモテスバニとのプログラム上の比較はできない。

図3 「最後の審判」細部

「中風者の治癒」(マタ9:1-8 他)[10]と「シロアムの池での盲者の治癒」(ヨハ9:1-7)が描かれる。「最後の審判」には第2・3段が充てられ、もっとも広い第2段は、中央に「デイシス」を置く。坐像のキリストの足元にはセラフィムが描かれて、今日我々が言うところの「マイエスタス・ドミニ」型となっている。左右には十二使徒がベンチ状の座席に坐し、天使の軍勢が控える。十二使徒のうち、西壁面に描かれるのは4人のみで、以下8人は南北壁に互っている。第3段には、左から「天使によって天国の門に導かれるペテロら選民たち」(一部南壁)、「ケルビムが守る天国の門」、「善き泥棒」、「空の御座(エティマシア)を礼拝するアダムとエヴァ」、「玉座の聖母」、「救われた者の魂を抱くアブラハム」の各モティーフが連なる。いずれも中期以降の「最後の審判」図でお馴染みのものである。

アプシスのコンクには、巨大な玉座の聖母子が場を占め、大天使ミカエルとガブリエルに囲まれている。その下のフリーズには、キリストを中心に十二使徒の立像が配される(図4)。ペテロがキリストの右、パ

---

10) プリワロワ (p.89) は「中風者の治癒」とするが、病人がベッドを背負うこの図像は「ベトザタの池の治癒」(ヨハ5:2 - 9) の可能性もある。

図4　ティモテスバニ修道院アプシス

ウロが左である[11]。この位置に「キリストと十二使徒」が描かれるのは極めて稀である[12]。このフリーズにやや食い込みながら、その下部には三連の窓が穿たれる。窓の側壁面には二人ずつ計6人、そして窓の間に二人で、総計8人の輔祭(ディアコン)の姿が描かれる。これは「最初に叙任された7人の輔祭(助祭)」[13]に加えて、修道院の献堂聖者であるテモテ(使

---

11) ビザンティン美術におけるペテロ・パウロの左右の問題については、本書所収の以下参照。辻絵理子「「トラディティオ・レギス」図と Cod. Vat. gr. 342 のヘッドピース—「法の授与」の予型論的解釈とリヴァイヴァル」。

12) 聖堂装飾のコンテクストによって、「キリストと十二使徒」図像がいかなる意味をもち得るかに関して、以下の拙論参照。『プログラム論』第11章 (初出2011年)。

13) 「一同はこの提案に賛成し、信仰と聖霊に満ちている人ステファノと、ほかにフィリポ、プロコロ、ニカノル、ティモン、パルメナ、アンティオキア出身の改宗者ニコラオを選んで、使徒たちの前に立たせた」(使徒6：5-6)。Archimandrite Silas Koukiaris, "The Depiction of the Acts' Passage 6, 1-6," *Zograf* 32 (2008), pp.23-28 参照。ビザンティン聖堂にこの主題が描かれるのは稀であるが、有名な作例としてはカッパドキア、ギョレメ地区トカ

徒16：1-3）を配することによって，十二使徒に次ぐ位置を与えたものと考えられる。

　ドームには，宝石で飾られた大十字架が君臨する。十字架の背景は数色の赤系統の色で，金色の星が煌めく表現もなされている（図5）。ガッラ・プラチーディア（ラヴェンナ）やカサラネッロのサンタ・マリア・デッラ・クローチェ（南イタリア）（図6）等，初期キリスト教時代の十字架は，星の浮かぶ青い背景にとり囲まれていることが多い。赤い空は，きわめて印象的である。十字架のメダイヨンを囲む部分には，立像の大天使が並ぶが，東側には坐像のキリストを中心に「デイシス」が配される。鼓胴部の窓間には，定型通りに旧約の預言者立像が描かれる。

　キリスト伝の説話図像は，アプシスを挟む東壁面と，南北壁面に描かれる（図7）。いずれも保存状態はよくないが，主題のみ述べよう。南北壁はそれぞれ4段に分割され，上から第3段目に二つずつ，南壁のみ最上段にも一つ，窓が穿たれる。ただし北の窓は当初から塞がれており，採光は南壁からのみとなる。北壁第1段は聖母伝である。半円形区画を三分割して，左から「荒野のヨアキム」，「アンナへのお告げ」，「聖母誕生」と続く。この部分に隣接する天井ヴォールトに「捧げものを拒否されるヨアキムとアンナ」（第1主題），「聖母神殿奉献」（第5主題）が描かれていた可能性は否定できないが，漆喰が剥落して，図像はまったく判別できない。

　物語は東壁南側の「受胎告知」に続くが，図像はほとんど剥落している。ただし大天使の足が判別できるので，ここと対称の東壁北側に分割して「受胎告知」を描いたものではない。東壁北側の図像は不明である。続いて南壁第1段に進む。この区画には中央に明かり採りの窓が開く。斜めに切った窓の側面にも説話図像の及ぶのが，ティモテスバニの特徴である。窓の左に「降誕」，右に「神殿奉献」が選ばれている。ここでも北壁同様，接する天井ヴォールトに「洗礼」等の場面があった可能性がある。

　北壁第2段の西側には「変容」のかすかな断片が看てとれる。続いて順当に「ラザロの蘇生」，「エルサレム入城」と続く。これに接する東

ル・キリセ新聖堂を参照。A. Wharton Epstein, *Tokalı Kilise. Tenth-Century Metropolitan Art in Byzantine Cappadocia*, Washington D.C. 1986, p.76.

図5 ティモテスバニ修道院ドーム

図6 カサラネッロ,サンタ・マリア・デッラ・クローチェ聖堂,5世紀

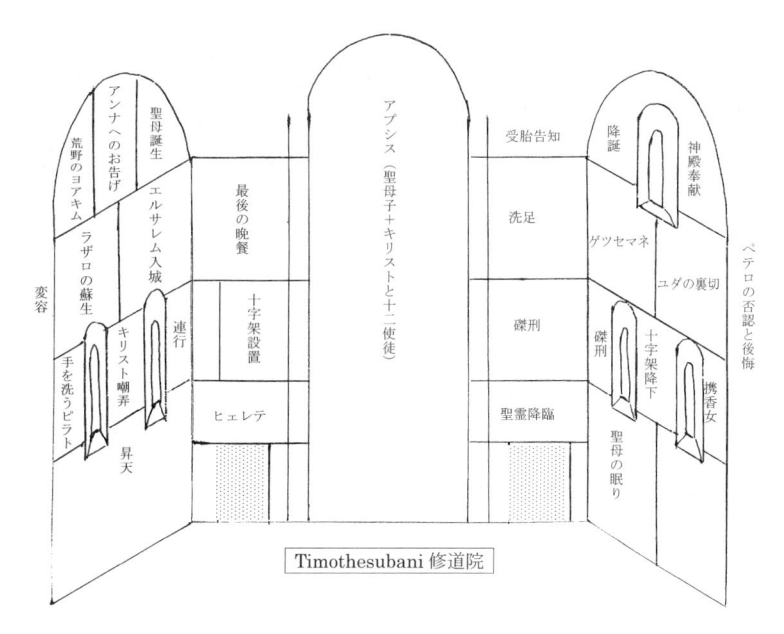

6 ティモテスバニ修道院と聖堂装飾における復古の問題　　361

図7　ティモテスバニ修道院説話図像配置

　壁北側は，「最後の晩餐」である。聖域に近い位置に「最後の晩餐」を描いて，聖餐の教義を説明するのは，多くのビザンティン聖堂で採用されるプログラムである[14]。東壁南側は「洗足」，ここに続く南壁第2段には「ゲツセマネの祈り」，「ユダの裏切」が並び，外側の「ペテロの否認と後悔」に連続する。北壁第3段には「手を洗うピラト」，「キリスト嘲弄」，「十字架への連行」が配される。東壁北側は「十字架設置」で，東壁南側が「磔刑」となる。南壁第3段に一部が連続する大構図である。南壁第3段中央は「十字架降下」，西側には「キリストの墓を訪れる聖女たち（携香女(ミロフォロス)）」を描く。
　これに続くのは北壁第4段，最下段で，「昇天」が配される。ベーマ天井に描かれるのが通常の「昇天」が，床に近い区画に描かれたのは，主題の意味と建築空間を適合させるよりも，物語の時間的流れを尊重する欲求が大きかったゆえであろう。東壁北側，プロテシスへの扉口上部

　14）　オフリドのパナギア・ペリブレプトス聖堂（1294／95年）やテサロニキの聖ニコラオス・オルファノス聖堂（14世紀初頭）等。

には「ヒェレテ Chairete（復活したキリストに出会う女弟子）」（マタ28：8
－10），同南側，ディアコニコンへの扉口上部には「聖霊降臨」がある。
南壁第4段には，左に「聖母の眠り」を描き，右区画は不明である。南
北の天井ヴォールトに図像があったか否かはわからないが，同様に南北
腕の西壁に描かれていた図像も議論できる状態ではない。「ペテロの否
認と後悔」と「手を洗うピラト」をつなぐべき図像としては，「大祭司
（カイアファ，アンナス）の前のキリスト」等の候補が考えられる。「墓
を訪れる聖女たち」と「昇天」をつなぐべきは，無論「冥府降下」である。これがなかったとは考え難いので，やはり腕部西壁にも全体に亙ってキリスト伝が描かれていたと想定することができるだろう。

　説話場面の配置に関しては，一貫して物語の時間的順序に従っているのだから，とり立てて問題とする点はない，と思われるかも知れない。しかし12-14世紀のビザンティン聖堂装飾の原則に照らすと，以下の諸点が通常のプログラムから逸脱していると判断すべきである。列挙する。

・聖テモテの修道院では，聖母マリア伝とキリスト伝が，線的につながって語られるが，ビザンティン聖堂では両サイクルは位階的に語られる。キリスト伝が壁面上方に描かれ，聖母伝はその下部に配される（オフリドのパナギア・ペリブレプトス聖堂）か，聖母伝が特定の副次的空間に収められる（マケドニアのスタロ・ナゴリチャネ聖堂：聖具室(ディアコニコン)に聖母伝）のが原則である。グルジアでも，アテネ・シオニは聖母伝を一定の空間内にまとめて，キリスト伝と連続して語ることをしないので，必ずしもグルジア的特徴とは言えない。

・ビザンティンでは通常十二大祭(ドデカオルトン)の場面が天井ヴォールトやリュネットといった高い場所に配され，それ以外の情景はその下部にまとめられる。つまり物語の時間的秩序よりも，典礼の秩序が優先される。しかしティモテスバニではすべての物語が，生起した時間の中で語られ，典礼上の重要性は顧慮されない。

・その結果，特定の場所に描かれるべき図像が，その場を得ない。「受胎告知」はアプシスの左右に分割して配され，「昇天」はベーマの天井にあるべきだが，いずれもそうならず，物語の流れの中に謂わば埋もれてしまった。ただ一点，「最後の晩餐」のみ聖域の祭壇近くに配されて

いる。これは聖餐の教義を強調するビザンティンのやり方と同じだが，物語の順に従って偶々この位置に来ただけであるように思える。聖餐の教義を強調しようとしたとは考えにくい。

・物語を時間的に並べる場合，ビザンティンでは南壁東端から始めて時計回りに進む場合が多いが，ティモテスバニでは北壁西端から開始している[15]。

・キリスト伝サイクルの配分について，中期ビザンティンでは幼児伝・公生涯と受難伝の割合がそれほど隔たらないが，後期ビザンティンになると幼児伝・公生涯が著しく減少し，代わって受難伝が詳細に語られる。その点は本修道院でも同様で，手本となったビザンティン系の図像サイクルが同時代のものであったことを想像させる。

グルジアの画家はなぜこうした説話配置を採用したのだろう。ビザンティン的な装飾プログラムを捨てても，彼がやりたかったことは，以下の4点に集約できる。1）アプシス・コンク下部における「キリストと十二使徒」，2）ドームにおけるデイシス，3）ドームの十字架，4）西壁の「最後の審判」である。この4点が検討課題となるが，その前に類似のプログラムを有するアルメニアの修道院に言及しなければならない。

2　アフタラ修道院の装飾

隣国のアルメニア教会はカルケドン公会議決定を認めない独自の立場をとり，とりわけ8世紀以降は政治的判断もあって聖堂に壁画を描くことをほとんどしなかった。しかしアルメニア北部，グルジア国境にほど近いアフタラ Akhtala/ Axtala の修道院には，カルケドン派の信徒によって，ティモテスバニとよく似たプログラムを有する壁画が制作された。A・リドフの要を得たモノグラフによって，近年ようやく全貌が明らか

15）　グルジアの聖堂における説話の配列については，以下参照。高晟埈「ダヴィト・ガレジ（グルジア），ベルトゥバニ修道院主聖堂の壁画についての覚書」『ルクス・アルティウム──越宏一先生退任記念論文集』中央公論美術出版，2010 年，pp.92-102.

になったものである[16]。リドフによればフレスコ制作は1205-1216年で，まさにティモテスバニ修道院と同時期と考えられる。明らかに複数の画家が参加しているが，ギリシア語銘をもつ部分は書体も端正で，ビザンティンの画家の手になるものであろう[17]。アプシスは巨大な聖母子で，その下部に「使徒の聖体拝領」を置く。グルジアのような「キリストと十二使徒」という非説話的・イコン的表現は採らない。つまりアプシスに関する限り，アフタラはよりビザンティン的で，コンク下に「キリストと十二使徒」を配するティモテスバニの特異性が浮かび上がることになる。

　壁面各所に穿たれた上部がアーチ形になった窓は，外壁を小さく切り，内壁を大きく切ることによって，断面を斜めにして，そこをフレスコで埋める。この技法はティモテスバニと共通する。ギリシアよりも陽光乏しいグルジアの聖堂は，この窓のせいでいっそう暗くなる。西壁全面に「最後の審判」を描き，北から南壁には聖母伝とキリスト伝を連続して配する点も，アフタラ，ティモテスバニ両者等しい。アフタラのドームは崩落しているので，十字架が描かれていたかどうか不明である。

　北・南壁の説話配置を見てみよう。北壁上部に聖母伝を配し，南壁上部のキリスト幼児伝に接続するのは，ティモテスバニと等しい。ただしアフタラでは北壁最上部の半円形区画に「聖母誕生」を置き，南壁同区画の「キリスト降誕」と対を形成する，という工夫をしている。北壁第2段目には「十二部族の書を読むヨアキム」（ヤコブ原福音書1：3，珍しい主題である），「ヨアキムとアンナの献げ物の拒否」，「祭司によるマリアの祝福」の3主題を並べる。北腕ヴォールト東側には「聖母神殿奉献」の痕跡が看てとれる（西側は不明）。南壁に移って，最上段は面積を広くとり，右三分の二に「キリスト降誕」，左三分の一に「マギの礼拝」を置く。この2主題は，時間的には左右が逆であるべきであろう。北

---

16) A. Lidov, *The Wall Paintings of Akhtala Monastery. History, Iconography, Masters*, Moscow 2014 (露／英併記).

17) リドフによればアプシス等を描いた第一のマスターが，ビザンティン帝国から招かれたアルメニア系カルケドン派，ギリシア語銘を使う第二のマスターはビザンティン出身のギリシア系もしくはアルメニア系だと言う。Lidov, pp.442ff..

壁が二段描くところを，南壁は一段として面積を十分にとっている。

　南腕ヴォールトの東側が「キリスト神殿奉献」，西側が「洗礼」となる。北南腕ヴォールト東側で「聖母神殿奉献」と「キリスト神殿奉献」が対をなすことになり，このプログラムは後期ビザンティンの聖堂では頻繁に見出される。しかもこの部分は聖域に近く，「神殿(ナオス)」という両主題の場に相応しい[18]。北壁3段目と南壁2段目，窓のある部分には聖人が描かれ，説話主題は置かれない。窓の断面にも聖人像が描かれる。ティモテスバニでは窓の断面も説話主題の一部として利用された。

　北壁4段目から受難伝が始まる。「アンナスとカイアファの前のキリスト」，「ピラトの前のキリスト」，「ゴルゴタへの連行」と続く。「エルサレム入城」や「最後の晩餐」が欠けているが，剥落して主題の読みとれない東壁の北側に描かれていたものかも知れない。東壁南側には縦方向に，「磔刑」，「十字架降下」，「聖母の嘆き」が描かれ，南壁3段目につながる。

　南壁3段目には「墓を訪れる聖女たち（携香女）」，「キリスト冥府降下（アナスタシス）」，「トマスの不信」という復活の3主題が並ぶ。さらに南の壁は西に向けて，洗礼者ヨハネ伝を描くことになるが，本稿の文脈には関わらない。

　聖母伝とキリスト伝の間に位階的な差を設けず，連続して語る。「受胎告知」，「昇天」，「聖母の眠り」といった，ビザンティン聖堂において定まった場を有する図像も，時間的な流れの中に配される[19]。これが両聖堂に共通する説話配置の「原則」であろう。ただし両者は，片方が他方のモデルであったほどには似ておらず，共通の手本を想定する必要も

18）　たとえばクレタ島レティムノ県アマリ郡ヴァシアコ村聖ゲオルギオス聖堂では，聖域内の南北壁に「聖母神殿奉献」と「キリスト神殿奉献」を向い合せに配する（K. Gallas, K. Wessel, M. Borboudakis, *Byzantinisches Kreta*, München 1983, pp.311-13; M.Bissinger, *Kreta. Byzantinische Wandmalerei*, München 1995, cat.no. 36; I. Spatharakis, T. van Essenberg, *Byzantine Wall Paintings of Crete, vol.3, Amari Province*, Leiden 2012, pp.221-30）。両主題は日本語でも英語でも「神殿奉献 Presentation to the Temple」という表現が共通するが，ギリシア語ではEisodia tes Theotokou（聖母の入堂）/ Hagia ton hagion（[エルサレム神殿の]至聖所）に対してHypapante（出会い）と，まったく異なっている。つまり両主題の対照は，主題名によるのではなく，ユダヤ神殿での出来事，幼児の神への奉献という意味上の共通性に拠っている。

19）　アフタラに「受胎告知」と「昇天」は現存しない。「聖母の眠り」は南西壁に描かれている。

第Ⅲ部　美術における復興

図8　アフタラ修道院西壁「最後の審判」（A. Lidov, *The Wall Paintings of Akhtala Monastery. History, Iconography, Masters*, Moscow 2014）

ない。プリワロワもリドフも，こうしたプログラムを「グルジア的」と呼ぶ。このプログラムがグルジア（圏）にしか残っていないのだから，無理もないことではあるが，ではなぜグルジアにこのようなプログラムが成立したのか，説明することはできない。であれば，ここでは今ひとつの論理上の可能性を残しておきたい。この説話配置も祖形は帝都コンスタンティノポリスにあり，それは西壁の「最後の審判」と一体であった，と考えるものである。主として典礼の要請に基づき，聖母伝，キリスト伝説話を位階的に並べるプログラムは，西壁に「聖母の眠り」を前提して完結する。西壁に「最後の審判」を選択することによって，堂内

には終末論的な傾向が強まり，その文脈の中では説話は時間の順に配列されるのが好ましかったものかも知れない。このプログラムの起源がコンスタンティノポリスであったのか，グルジアなのか。解答が与えられ得ない問題である。

　西壁の「最後の審判」（図8）[20]については，壁の面積や形状を考慮に入れなければならず，単純にモティーフの比較をすることには意味がないが，救われた者たちを引き連れて天国に向かう聖ペテロが，向かって右方からケルビムの守る扉に近づく点が，アフタラの特徴であろう。ティモテスバニをはじめとして，このモティーフは向かって左側に置かれるべきものだろう。選民はキリストの右にいるべきだからである。西壁の窓がアフタラでは二つ，ティモテスバニでは一つという差のせいでもあるが，ティモテスバニは中軸に十字架のメダイヨンを並べることに固執する。扉口上リュネットのアーチ・ソフィット，窓の断面中央，西腕ヴォールトの中央，と三つの十字架メダイヨンを並べるが，アフタラにはそうした傾向はないようだ。中軸上に十字架を配するのは，ティモテスバニの特色としていいだろう。

　ティモテスバニのプログラム上の特徴を先に，1）アプシス・コンク下部における「キリストと十二使徒」，2）ドームにおけるデイシス，3）ドームの十字架，4）西壁の「最後の審判」，とまとめたが，2）3）はアフタラでは不明，4）は共通，1）はティモテスバニのみ，ということになる。これを踏まえて，再び聖テモテの修道院に戻ることにしよう。

3　キリストと十二使徒

　アプシスのコンク下部に十二使徒を配するのは，イタリアのビザンティン系聖堂に見られるプログラムである。ヴェネツィアのトルチェッロ島大聖堂では，コンクの聖母子立像の下部に十二使徒が並ぶ。ただし

---

20) N. Thierry, "Le jugement dernier d'Axtala. Rapport preliminaire," *Bedi Kartlisa. Revue de Kartvelologie* 40 (1982), pp.147-68.

聖母子よりも十二使徒のフリーズが古いので，当初のプログラムは不明である。トリエステのサン・ジュスト大聖堂北副祭室（当初は独立した聖堂であった。12世紀）では，コンクに二大天使を伴う聖母子坐像を描き，その下部に十二使徒を配する。

　コンテクストが異なるのは，シチリア島の作例であろう[21]。チェファルー大聖堂では，コンクにパントクラトールのキリスト胸像を置く。これはノルマン王国の定型と呼んでよく，パレルモのカッペッラ・パラティーナやモンレアーレ大聖堂においても同図像が用いられるものである。チェファルーのアプシスは高さがあるので，コンク下部を3段に区切り，上段にオランスの聖母を中心として四大天使を配す。中下段は中央に窓が穿たれ，左右に各3人，計12人の使徒が並べられる。ボルソークは，キリスト，オランスの聖母，十二使徒という組合わせに「昇天」の暗示を読む[22]が，歴史的な「昇天」よりも，普遍的な「再臨」もしくは「顕現(テオファニア)」を見るべきだろう。

　基本的に12世紀ノルマン王国下のシチリアでは，本来ドームを占めるパントクラトールがアプシス・コンクに下り，コンクにあるべき聖母（子）像が下部フリーズに押し出される現象が見られる。カッペッラ・パラティーナでは下部に聖母坐像があるが，これは近代の修復で，当初幼子が抱かれていたかどうか不明である。左右に十二使徒を並べるスペースはない。モンレアーレは，下部に聖母子坐像を置き，左右を二大天使と十二使徒が囲む。いずれの作例でも，十二使徒はヒエラルキーの中で聖母（子）とキリストに結びつけられており，グルジアのように聖母子のコンク下に「キリストと十二使徒」を置くものではない。

　アプシス周辺に「キリストと十二使徒」を置くのは，石棺等に多くこの図像の手本を有する西方ゆえなのであろう[23]。ミラノのサン・ロレンツォ聖堂サンタクィリーノ礼拝堂，ローマのドミティッラ・カタコンベ，ローマのサンタ・プデンツィアーナ聖堂，ローマのサンタガタ・デ

---

21) O.Demus, *The Mosaics of Norman Sicily,* New York 1988 (London 1949).

22) E. Borsook, *Message in Mosaic. The Royal Programmes of Norman Sicily 1130-1187*, Woodbridge, Suffolk 1990, pp.9, 11.

23) 以下に挙げる聖堂アプシスに関しては，Ch. Ihm, *Die Programme der christlichen Apsismalerei vom vierten Jahrhundert bis zur Mitte des achten Jahrhunderts*, Wiesbaden 1992 (1960) を参照。

6 ティモテスバニ修道院と聖堂装飾における復古の問題　　369

図9　ツァレンヅィハ聖堂アプシス

イ・ゴティ聖堂等,初期の聖堂アプシス・コンクに「キリストと十二使徒」を置く作例が少なくない。アプシス上部の勝利門壁面も含めれば,ラヴェンナのサン・ミケーレ・イン・アフリチスコ聖堂（現ベルリン美術館）,ポレチ（クロアチア）のバシリカ・エウフラシアーナ,ローマのサン・ロレンツォ・フオリ・レ・ムーラ聖堂旧アプシスも,リストに加えることができる。

　グルジアでは,ゲラティ Gelati 修道院聖ゲオルギオス礼拝堂（14世紀）のアプシスに,立像の聖母子をペテロとパウロが囲む図像が見出される。ツァレンヅィハ Tsalenjikha/ Calendžikha（図9）[24]聖堂（14世紀末）のアプシスも,オランスの聖母をペテロ,パウロ,二大天使が囲んでいる[25]。キリストとペテロ・パウロであれば,ローマをはじめ作例は枚挙

---

24) ツァレンヅィハの例に典型的に見るように,グルジア語固有名詞のラテン・アルファベット表記は,伝統的なスラヴ諸語のトランスクリプション方式と,英語風の間で揺れている。両者の折衷的なやり方も見受けられる。パソコンによるデータ検索には不便なことである。

25) T. Velmans, "Le décor du sanctuaire de l'église de Calendžikha. Quelques schemas rares: la Vierge entre Pierre et Paul, la Procession des anges et le Christ de pitié," rep. in: *L'art medieval de l'Orient chrétien. Recueil d'études*, Sofia 2002², pp.223-40（初出 1988 年）; H. Belting, "Le

に暇がないが，聖母（子）とペテロ・パウロはそれほど多くない。ローマのサン・ジョヴァンニ・イン・ラテラノ聖堂附属サン・ヴェナンツィオ礼拝堂（7世紀）は，オランスの聖母の左右をペテロ・パウロらがとり囲むが，上方の雲間にキリスト胸像が顕現するテオファニアになっている。

　グルジアでは聖堂アプシス周辺に十二使徒もしくはペテロ・パウロを描く作例が複数あり，「グルジア的現象」と呼んでいいだろう。西欧初期聖堂の影響であるように見えるが，その理由や経路は定かでない。しかし私たちのティモテスバニに限っては，理由を説明できる。「キリストと十二使徒」フリーズの下段に，「最初に叙任された七輔祭」とテモテを描くのである。つまり修道院の献堂聖者テモテを「キリスト─十二使徒─七輔祭」に次ぐ位置に置く試みと解することができる。

　ティモテスバニのこの図像を，グルジア的文脈から別様に解釈することも可能である。次項で述べるように，グルジア聖堂のアプシスには「デイシス」が圧倒的に多い。その中で，たとえばMatskhvarishi/Machvariši（1140年頃）はアプシス・コンクの「デイシス」下部フリーズに十二使徒を配している[26]。ティモテスバニの「キリストと十二使徒」は，キリストの下半身が窓で切れており，本来の配置ではなかったことが想像できる。マツフヴァリシのようなグルジア的アプシス・プログラムに，聖母子アプシスというビザンティン・プログラムを導入したために，キリストが下部フリーズに下りて，このような図像になったのかも知れない。

---

peintre Manuel Eugenikos de Constantinople, en Géorgie," *CahArch* 28 (1979), pp. 103-14.

　26) T. Velmans, "Deux missions du CNRS en Géorgie : décoration originale des absides médiévales," *Comptes rendus des séances de l'Académie des Inscriptions et Belles-Lettres*, 123-3 (1979), pp. 515-37, fig.9.http://www.persee.fr/web/revues/home/prescript/article/crai_0065-0536_1979_num_123_3_13640 (2015.5.25 閲覧). Tbeti や Pavnisi においても，コンクのキリスト像（荘厳のキリストもしくはデイシス）の下部に，十二使徒を配する。Ead., "La koine grecque et les régions périphériques orientales du monde byzantine," rep. in: *L'art medieval*, pp.1-32, figs.14, 20.

4　ドームにおけるデイシス

　ビザンティン聖堂のアプシスは聖母（子）であるのが原則であるが，グルジアとカッパドキアでは，過半が「デイシス」である。この理由は不明であり，また両地に影響関係があったのかどうかもわからない[27]。クレタ島も「デイシス」のアプシスを多数有するが，多数が14-15世紀の作例である。ともあれ，私たちに与えられた現実として，グルジアのアプシスの多くに「デイシス」が描かれる。

　キリストを中央モティーフにもつ「デイシス」は，聖堂中軸上を，壁面の形状によって東西に自在に移動する。その結果，図像のコンテクストが変化し，当該聖堂特有のプログラムを形成する。これが私の考える聖堂装飾プログラムの骨子である。グルジアの作例はヴェルマンスに譲って，それ以外の地を概観しよう。グルジア，カッパドキアを除けば，アプシスに「デイシス」を選ぶ中期の作例は多くない。バチュコヴォ修道院（ブルガリア）クリュプタ（1100年頃），セルヴィア（北ギリシア）のバシリカ（1200年頃），プリズレン（コソヴォ）近郊ペタル・コリシュキ聖堂（11／12世紀），クレタ島レティムノ地区聖エウティキオス聖堂（11／12世紀）等[28]。13世紀に入ると，ナクソス島プロトトロニ聖堂，ペチ総主教座（コソヴォ）聖使徒聖堂などを数えることができる。

　27）　グルジアとカッパドキアの装飾プログラムがしばしば類似する現象を，ヴェルマンスは「共通ギリシア語（彙）コイネーと東方周辺地域」という概念で説明する（"La koine grecque et les régions périphériques orientales du monde byzantine,"; ead., "Byzantium and the Eastern Periphery of the Byzantine World," in: *Byzantine Hours: Byzantium. An oecumenical empire*, Athens 2002, pp. 211-18参照）。「デイシス」図像に関しては，拙著『プログラム論』第7章参照。グルジアのアプシスにおける「デイシス」の問題については，以下の論考が詳しい。T. Velmans, "L'image de la Déisis dans les églises de Géorgie et dans celles d'autre region du monde byzantine, Première Partie: La Déisis dans l'abside," rep. in: *L'art medieval,* pp.33-78; "Deuxième Partie: La Déisis dans la coupole, sur la façade et dans les images du Jugement dernier," *Ibid.*, pp.79-114（初出それぞれ1981年，1983年）。以下にもヴェルマンスによる，デイシスや十字架の問題に関する簡潔な議論。T. Velmans, A. Arpago Novello, *Miroir de l'invisible. Peintures murales et architecture de la Géorgie*, Paris 1996, pp.31-55.

　28）　T. Malmquist, *Byzantine 12th Century Frescoes in Kastoria. Agioi Anargyroi and Agios Nikolaos tou Kasnitzi*, Uppsala 1979 のリスト参照。

帝都コンスタンティノポリスでも，ストゥディオス修道院アプシスが「デイシス」であったことが，エクフラシスから明らかになった[29]。献堂聖者の洗礼者ヨハネがモティーフにあるところから，納得できる選択ではある。

　アプシス・コンクの上部に配されるのはオフリドの聖ソフィア聖堂（11世紀），カストリアの聖アナルギリ聖堂（12世紀），同じく聖ニコラオス・トゥ・カスニヅィ聖堂（12世紀，ナルテクス東壁頂部にも「日の老いたる者のデイシス」）等の諸例，シナイ山聖エカテリニ修道院（6世紀）は，中央モティーフが小羊の「デイシス」である。コンク下部に置かれるのはフォキスのオシオス・ルカス修道院（11世紀），ナクソス島パナギア・ドロシアニ聖堂（7世紀，「祭司キリストのデイシス」），ノヴゴロドの聖救世主聖堂（12世紀末，「祭司キリストのデイシス」）等。上掲諸例はアプシスのコンク，コンク上部，コンク下部，と東壁面に配されるもので，これが西方向に移動すると，ドームにおける「デイシス」となる。

　ビザンティン聖堂ドームの定型図像は，中期以降「パントクラトールのキリスト」である[30]。「パントクラトール」も，聖堂中軸上を東西に移動する図像で，ドーム，アプシス，東壁頂部等を場とする。同じく移動するイメージ[31]である「空の御座（エティマシア）」が「パントクラトール」とドームにおいて邂逅したのが，たとえばキプロス島ラグデラのパナギア・トゥ・アラコス聖堂である[32]。恒常的に天に存在する神の表象である「パントクラトール」が「空の御座」と結合すると，終末論的含意が強調される。神はまだ「座」に就いていないが，両者が近接していることが示されるからである。キプロスでは，ドームにおける「パントクラトール」と「空の御座」の結合が，しばしば「デイシス」に拡張される。トリコモのパナギア聖堂（12世紀），ストロヴォロスのクリセレウサ聖堂（13

---

29) W.T. Woodfin, "A Majestas Domini in Middle-Byzantine Constantinople," *CahArch* 51 (2003-04), pp.45-53.

30) 前掲拙著『プログラム論』第8章参照。

31) 祭壇裏側（ネレヅィの聖パンテレイモン），アプシス・コンク（グルジアのウビシ修道院），ベーマ天井（パレルモのカッペッラ・パラティーナ：フォキスのオシオス・ルカス修道院），西壁（アチ Achi/ Ači（グルジア）の聖ゲオルギオス修道院 [D.G. Iosebidze, *Rospis' Achi: Pamiatnik gruzinskoj monumental'noj zhivopisi kontsa XIII veka*, Tbilisi 1990]）等を移動。しばしば「聖霊降臨」と組合わされる。

32) 拙著『ビザンティンの聖堂美術』中央公論新社，2011年参照。

世紀）では，ドーム中央に「パントクラトール」が君臨し，東側の「空の御座」を聖母と洗礼者が礼拝することによって，三図像が複合してドームを飾ることになる。ヴェリュサ（マケドニア）のエレウサ修道院（12 世紀半ば）[33] 主ドームは，「パントクラトール」であるが，鼓胴部にオランスの聖母と洗礼者が立つ。聖母のオランスの挙措は，「昇天」の名残である。この系譜に属するものとして，プスコフ（ロシア）のミロジュ修道院（12 世紀）[34] を挙げることができるだろう。ドーム図像は「昇天」であるが，東に聖母を配するのみならず，西側に洗礼者を置いて「デイシス」を示唆する。

　こうした文脈で考えるなら，ティモテスバニのドーム東側における「デイシス」は，ビザンティン聖堂装飾の中に位置づけることができよう。ドームを占めるのが十字架なので，「デイシス」の中央モティーフを「空の御座」にする必要もなく，通常のキリストで事足りる。ただし西壁「最後の審判」にも「デイシス」を描くのであるから，図像を反復することによって強調する意図は認められよう。「デイシス」の中央モティーフは，キリストを表象すれば可換であることも確認しておきたい。「インマヌエル」（カストリアの聖アナルギリ聖堂プロテシス），「日の老いたる者」（カストリアの聖ニコラオス・トゥ・カスニヅィ），「祭司」（ネレディツァの聖救世主），「小羊」（シナイ山聖エカテリニ修道院），「十字架」（ソハグ（エジプト）の白修道院）等の「デイシス」が描かれる。それぞれが独自の意味をもって使い分けられていたとは考え難い。だからソハグの例は，「デイシス」においてキリストと十字架が等価であることを示す。すなわちドームの十字架は，神の顕現（テオファニア）の表象である。

　グルジアにおけるもっとも近い作例は，マングリシ Manglisi の聖堂（13 世紀）であろう。径の大きな重厚なドームには，十字架のメダイヨンを抱えた 4 天使が飛翔する。窓の間に「デイシス」の 3 人物を配するため，軸がアプシスからずれてしまうが，十字架と「デイシス」の結合によってドームを飾るものである（図 10）。ゲラティ修道院主聖堂ナルテクスの浅いドーム（12 世紀）も，中央に小さな十字架のメダイヨンを置き，東側に大きく「デイシス」を配している（図 11）。

33）P. Miljković-Pepek, *Veljusa*, Skopje 1981.
34）V. Sarabianov, *Transfiguration Cathedral of the Mirozh Monastery*, Moscow 2002.

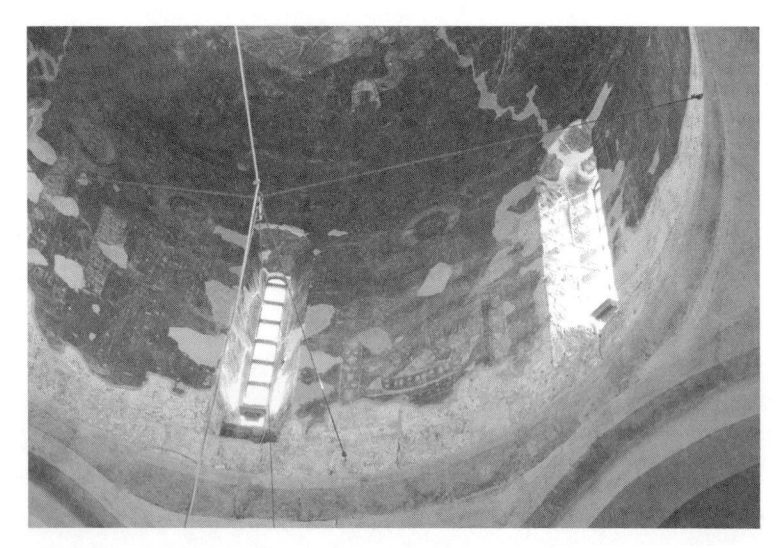

図10　マングリシ大聖堂ドーム

図11　ゲラティ修道院ナルテクス・ドーム

5　ドームの十字架

　グルジアの聖堂のドームないし天井は，しばしば十字架で装飾される。一般にビザンティンの聖堂アプシスとドームは，聖母子――パントクラトールによって飾られるが，グルジアではデイシス――十字架が標準であると言ってよい。アプシスにすでにキリストがいるので，ドームにおける重複を避けたのだろうか。しかし同じくドーム／天井に十字架を多く描くカッパドキアでは，円柱聖堂群[35]に見られるようにアプシスにデイシス，ドームにパントクラトール，とキリストの反復を躊躇わない場合も少なくない。いずれにせよ，グルジアとカッパドキアには類似のプログラムが見られるのだが，それが影響関係に基づくものか，ビザンティン帝国の地方的現象なのか，私たちに判断のすべはないのである。

　グルジアの聖堂ドーム／天井に十字架が配されるのは，十字架信仰が盛んであったからである，と説明される[36]。コンスタンティヌス大帝の同時代人，イベリアもしくはカルトリ Kartli（東グルジア）の王ミリアン Mirian 3 世は，十字架の幻影を見てキリスト教に改宗した。それを記念してムツヘタ Mzkheta/ Mcheta に十字架のモニュメントを建てた。無論この説話は，本家コンスタンティヌスに倣ったものである。王は主教をローマに派遣し，コンスタンティヌスの手から真の十字架断片と釘を与えられた。主教ヨアンニは前述マングリシに聖堂を建立し，十字架断片を安置したと言う。このマングリシをはじめとして，いくつかの初期聖堂が十字架に献堂された[37]。

　チチナゼに従って，グルジア聖堂でドームに十字架装飾を有する作

　35）　菅原裕文・益田朋幸「カッパドキア円柱式聖堂群の装飾プログラムと制作順」『美術史研究』50 (2012), pp.45-79.
　36）　N. Chichinadze, "The True Cross Reliquaries of Medieval Georgia," *Studies in Iconography* 20 (1999), pp.27-49.
　37）　Manglisi (4/ 5 C); Ujarma (4/ 5 C); Djvari/ Džvari (586-605); Samtzevrisi (6/ 7 C); Edzani (6 C); Telovani (8 C).

例を列挙しよう[38]。まずは浮彫で十字架を象り，彩色した作例（彩色は今日残らない）[39]：Ateni（7世紀）；Samtzevrisi/ Samcevrisi（7世紀）；Kanchaeti/ Kančaveti（8世紀）；Telovani（8世紀）；Tbeti（10世紀）。続いてフレスコで十字架を描く作例：Ishkhani/ Išhani（1032以前）；Manglisi（1010年代）；旧 Shuamta/ Dzveli Šuamta（11世紀）；Kanchaeti（11/ 12世紀）；Ikorta（12世紀末）；Timotesubani（13世紀）；Quintsvisi（13世紀初）。12世紀以降の作例では，IC XC NIKA との銘に加え，十字架の周囲に星が散りばめられ，メダイヨンを天使が抱えて飛翔するモティーフが採用され，「十字架の顕現」との性格が強くなる。十字架はドームをもたない聖堂の天井にも採用された：Udabno 主聖堂（12世紀）；Motzameta（12世紀）；Bertubani（13世紀）（以上3聖堂はダヴィド・ガレジャの岩窟聖堂）；Gelati のナルテクス（12世紀）；Vardzia（12世紀末）。

　確かにグルジア聖堂のドーム／天井装飾として，十字架は顕著であり，十字架信仰が盛んだったとの説明も説得的ではある。しかし大帝のお膝元，本家本元のコンスタンティノポリスでは，十字架信仰が盛んではなかったのだろうか。無論否である。同じく十字架信仰を有しながら，ドーム図像に差が生じたのはなぜだろうか。歴史現象を説明する際の，いつもながらの歯がゆさがここにもある。事象が生成するダイナミズムを再現することはかなわないのである。ともあれ，私たちの眼前には，多くの十字架装飾をもつグルジアの聖堂群がある。真の十字架断片をもたらした説話が，コンスタンティヌスの十字架伝説を踏まえているなら，聖堂における十字架装飾も，西欧の初期聖堂，例えばラヴェンナのガッラ・プラチーディア廟やカサラネッロ，ナポリ大聖堂附属洗礼堂等々に倣ったのだろうか。これもまた現存作例の分析からは，解決できない問題である。西欧では初期キリスト教時代のみに用いられた図像

---

38)　グルジアの中世聖堂とその壁画に関しては，以下の2著が網羅的に論じている。A. Alpago Novello, J. Jafontaine- Dosogne, V. Beridze, et al., *Art and Architecture in Medieval Georgia*, Louvain-la-Neuve 1980; T. Velmans, A. Arpago Novello, *Miroir de l'invisible* (n.27).

39)　以下チチナゼが挙げる聖堂は，現在のグルジア共和国内に残るものである。トルコ共和国東部にも初期グルジア建築が多く残り，そこにもドームに十字架浮彫が施される。W. Djobadze, *Early Medieval Georgian Monasteries in Historic Tao, Klarjet'i, and Šavšet'i*, Stuttgart 1992 に多くの作例所載。

図12 ヴァルヅィア修道院聖堂南通路「最後の審判」

が，遠いグルジアで生き残った可能性を，ここでは指摘しておく。

　十字架という単純な記号が，聖堂装飾のプログラムの中でどのように機能したのか。それは個々の聖堂に即して考えなければならない。まず，西欧初期聖堂のみならず，初期ビザンティンの壁画にも，しばしば十字架の背景に星が散りばめられる。辻成史氏は，トルコ南西部，カラジャエレン Karacaören 島墳墓のフレスコ[40]から始めて，再臨における星空のイメージを論じる[41]。グルジアの例を見るなら，ヴァルヅィアの修道院岩窟聖堂[42]は，崖の形状のために本来はナルテクスに描くはずの「最後の審判」を，聖堂南外の通路天井に描いている（図12）。そこでは空を巻きとる天使の隣に，十字架のメダイヨンを掲げて飛翔する天使を配する。聖堂ドームにおいては必ずしもコンテクストが明瞭でな

---

40) K. Asano, "Fresco Painting," Chap.12 in: K. Asano (ed.), *The Island of St. Nicholas. Excavation and Survey of the Gemiler Island Area, Lycia, Turkey*, Osaka 2010.

41) Sh. Tsuji, "The Starry Night: an essay on the art before the age of icon," in: *Many Romes. Studies in Honor of Hans Belting*, eds. by I. Foletti and H.L. Kessler (*Convivium* II/1, 2005, *Seminarium Kondakovianum* Series Nova), pp.148-65.

42) Gh. Gaprindashvili, *Vardzia, History, Architecture, Wall Painting, Applied Arts, Ancient Monuments of Georgia*, Leningrad 1975.

い図像であるが,「最後の審判」に組込まれることによって,終末論的顕現(テオファニア)の含意が明白である。

結　論

　以上,比較作例とともにティモテスバニ修道院壁画の図像を検討した。改めて全体のプログラムを概観しよう。グルジアでは,ビザンティン本土とは異なる聖堂装飾の枠組みが採用されることが多い。アプシスには聖母(子)に代えて「デイシス」,ドームには「パントクラトール」や「昇天」でなく十字架である。ヴェルマンスらの議論も,もっぱらこの点に集中している。しかしそれ以外の部分では,ビザンティンとグルジアの間に明確な差が見られるのか,体系的に論じられてはこなかった。

　ティモテスバニは,直前に成立したトレビゾンド帝国からの影響であろうか,ビザンティン最新の装飾プログラムを採用したと思われる。西壁全面に「最後の審判」を描くのである。この時点で,ビザンティン帝国は滅亡したと考えられていた。首都コンスタンティノポリス起源のプログラムを採用するのは,失われた帝国に対する郷愁のゆえであろう。さらにそれが終末を描いている点が興味深い。帝国滅亡が終末と重ね合わされただろうか。

　西壁の「最後の審判」図像は,対面するアプシスの「デイシス」とは相性がよくない。「最後の審判」の中央モティーフも「デイシス」で,同一モティーフが聖堂東西の壁面で向かい合うことになるからである。そこで聖テモテの修道院は,アプシスにビザンティン風の聖母子を採用し,「デイシス」をドーム東側にずらした。これによって,ドームの十字架の終末論的な含意が強調される。ドーム東の「デイシス」は,マングリシやゲラティのナルテクスにも見受けられるので,ビザンティンのプログラムをグルジアに折衷する型と言えるかも知れない。ドームの「デイシス」はキプロスにも見出されるが,キプロスのドームは「パントクラトール」,グルジアは十字架,という差がある。

　ナオスの聖母伝・キリスト伝の配列に関しては,壁面の位置や形状,

図像の位階性を考慮した典礼的なレイアウトを採ることなく，物語を単純に時系列に従って並べる。この配置はグルジア的だと言われるが，ビザンティンでも西壁に「最後の審判」を描く場合にはこの方式が採用されていた可能性を考えたい。「審判」を描くことによって，「聖母の眠り」を西壁に置けなくなり，聖堂全体の典礼的プログラムは実現し得なくなるのである。ただしビザンティン側にこうした現存作例はないので，証明はかなわない。

アプシスのコンク下部に「キリストと十二使徒」を置く理由は，数通りの説明が可能であった。ことティモテスバニに限っては，キリスト─十二使徒─七輔祭という位階に次ぐ位置に使徒テモテを置こうとした意図が認められる。

ドームの十字架は，アプシスの「デイシス」と同様，グルジアの地方的現象であり，理由は不明ながらカッパドキアと共通する。十字架に関しては，初期キリスト教時代に集中的に見られた，終末論的顕現の象徴的表現のサヴァイヴァルでもある。初期の図像が，グルジアやカッパドキアという「辺境」に生き残ったとも考えられる[43]。ティモテスバニの画家は，ドームに「パントクラトール」を描けば，首都の流行をそのまま当地に再現することができたが，伝統的な十字架を選んだ。

このように，ティモテスバニは，首都伝来の新しい傾向と，土地の伝統を組合わせて，聖堂全体の装飾を行なった。各部の図像は，グルジアやカッパドキア，キプロス等に類例を見出すことができるが，それらをこのように組合わせた聖堂は，ティモテスバニ以外にない。さらに画家の創意は，細部にも及ぶ。聖堂東西軸上に，十字架のメダイヨンを反復するのである。ベーマ・ヴォールトは剝落しているが，ここにも十字架が配されていただろう。ドームを支える東西のアーチにそれぞれ一つ，西側に至っては，西腕ヴォールト，西壁窓アーチのソフィト，扉口アーチのソフィトにメダイヨンがある。「審判」図中の「空の御座」にも巨大な十字架が配されているから，聖堂西側を見る信徒の眼には，同時に四つの十字架が，中軸上に並んで見えたはずである。

ドームの十字架というグルジア的プログラムを，ビザンティンの「最

---

43) ただしアプシスの「デイシス」は，初期プログラムのサヴァイヴァルではない。

後の審判」と組合わせることによって，新たな終末論的顕現のイメージを構築することが，ティモテスバニの課題だったのであろう。ドームを頂点としつつ，中軸上に十字架のメダイヨンを反復する。「審判」の「デイシス」はドーム東に繰返され，また「審判」の「デイシス」周囲にいる十二使徒は，アプシス下部に登場する。アフタラ修道院の崩落したドーム図像が十字架で，その東側に「デイシス」が描かれていたとしても，アプシス下部に「キリストと十二使徒」は描かれておらず，中軸上の十字架の反復もない。ティモテスバニは，「再臨の場としての聖堂」の新たなイメージを創り上げることに成功した，と言うべきだろう。それはラテン帝国によるコンスタンティノポリス占拠と，それに伴うトレビゾンド帝国建国というアクチュアルな情況に相応しい創意であった。

（後記）本研究はJSPS科研費26284025の助成を受けたものです。図版は図8を除いてすべて筆者撮影・作成。

あとがき

　本書は，早稲田大学総合研究機構のプロジェクト研究所「ヨーロッパ中世・ルネサンス研究所」(Institute for European Medieval and Renaissance Studies) による論文集であるが，2012 年 5 月に刊行された『ヨーロッパ中世の時間意識』に引き続き，本研究所の企画が書籍化されるのはこれで二度目となる。

　詳細は前著「あとがき」をご覧いただきたいが，「ヨーロッパ中世・ルネサンス研究所」は，ヨーロッパ文明の根源にある中世やルネサンスの文化を多角的に研究・考察することを目的として 2009 年 10 月に発足した。近年，グローバル化，ネットワーク化に伴って急速に変化しつつある知的環境と人文学のパラダイムは，研究のあり方を大きく変容させ，もはや従来の専門研究に偏った手法では対応できないという危機感が関係者の間で広く共有された結果，欧米圏の学際的な共同研究をめざす研究所をモデルとしながらも，日本，あるいはアジアの研究者が独自の地域的な視点に立ってヨーロッパ世界を理解していこうとする趣旨にもとづいて設立されたのが当研究所である。

　発足から現在に至るまで 6 年以上が経過したが，本研究所設立の趣旨は着実に具体化，現実化されつつあるといえるだろう。特定の分野に特化した集まりとは異なり，本研究所の研究会・シンポジウムは歴史学，美術史，哲学，文学，宗教学など様々な分野から，老若を問わず多様な研究者が一堂に集まり，活発な討議を行うことで，ともすれば固定観念にとらわれがちな専門研究に新風を吹きこむ役割を果たしていると，編者もまた僭越ながら自負している。とはいえ，非常に多岐にわたり，表面的には共通項が見られないような数々の報告も，参加者が深層において問題意識を共有していたからこそ有意義な議論につながったといえる。設立当初の 2009 年から 2011 年までの共通テーマは「時間意識」だったが，この共同研究がひとまず成果を上げたのちに，我々が選択

した共通テーマは「リヴァイヴァル」だった。

　ここでなぜ「リヴァイヴァル」をテーマとして選んだのか説明しておくことは，本論文集の趣旨を理解していただく上でも無駄なことではないだろう。リヴァイヴァル＝再生という言葉は，「ヨーロッパ中世の時間意識」という前回のテーマに比べれば，幾分曖昧な印象を与えるものと思われる。あるいは19世紀における建築様式上の「リヴァイヴァル」や宗教的な「リヴァイヴァリズム」を連想された方もおられるかもしれない。実は本書に収録された論文のうちいくつかは，そのような問題と重なる視点から書かれている。近代ヨーロッパにおける中世やルネサンス，あるいはキリスト教のリヴァイヴァルという現象を理解することも，本テーマを選択する上で重要な課題であった。

　しかしながら，そもそも本研究所がその名を冠している「ルネサンス」という用語自体が，リヴァイヴァル＝再生の概念と深く結びついていることは言を待たない。古代への憧憬とローマ再生への意志を考慮せずにイタリア・ルネサンスについて語ることは不可能である。本書第Ⅲ部「美術における復興」には，特にこの点に関係する論文が多く収録されている。

　また，さらに視野を広げれば，繰り返し克服への試みがなされてきたとはいえ，今なお人々の間に根強く残存している「進歩的」ルネサンス観と「停滞的」中世観を超える，より大きなヨーロッパ像もまた，リヴァイヴァルという観点から語ることができるだろう。「カロリング・ルネサンス」，「12世紀ルネサンス」に代表される中世ルネサンス論は今や，単に「暗黒の中世」というステレオタイプに対して中世文化の豊饒さを指摘するという目的以上に，ギリシア世界を含めて，古代的な伝統が繰り返しヨーロッパで再生し，その中から革新的な要素も常に生み出されてきたという，新しい見通しへと拡大しつつある。本書第Ⅰ部「文化における復興」をお読みになられた読者は，この新しい傾向を感じ取っていただけたかと思う。

　最後に，文化・美術上のリヴァイヴァルとは一見程遠く見える中世，近世の宗教現象もまた，再生・革新というキーワードから再考したとき，そこにはやはり他の分野と共通する流れを発見することができる。中世末期の神秘主義や修道制，宗教改革，あるいは正教圏の神学は今

あとがき

や，停滞・保守と刷新・革新という二元論的な対比によってではなく，伝統の再起，過去の選択的な利用，反復と復興といったダイナミックなイメージのもとで捉えなおされねばならない。本書第Ⅱ部「宗教における復興」には，特にこのような問題意識を共有する論文が集められた。

このようにヨーロッパ文化の基層をなしているともいうべき，「再生と革新」についての総合的問題意識にもとづいて計画されたのが本論文集である。本研究所では，研究会やシンポジウムを定期的に開催し，紀要『エクフラシス――ヨーロッパ文化研究』を刊行しているが，「リヴァイヴァル」をめぐる論文集の刊行を計画してから，2年間を準備期間にあてた。この間，研究会とシンポジウムはこのテーマを集中的に取り扱ってきたが，その概要は，以下のとおりである。

第2回シンポジウム　2011年9月24日
伊藤亜紀「日常の美――「新版」アラビア医学書『タクイヌム・サニターティス』」
根占献一「ローマ再生とエジディオ・ダ・ヴィテルボ」
佐藤真一「「近代歴史学の父」ランケと中世研究」
第8回研究会　2011年11月5日
清水憲男「ルネサンス――揺さぶりをかけるスペイン」
喜多崎親「中世とルネサンスのあわい――規範としてのフラ・アンジェリコ」
第9回研究会　2012年4月21日
唐沢 晃一「「ローマ人の皇帝」と「セルビア人の王国」――辺境からみた二つのローマ」
長沢 朝代「シバの女王の図像的系譜　――アレッツォ《聖十字架伝》への手がかりとして」
第10回研究会　2012年6月30日
益田朋幸「聖母マリアの予型――ビザンティン美術におけるリヴァイヴァルとサヴァイヴァル」
瀬戸直彦「中世における二つのトポス――『雅歌』と『秘中の秘』」
第3回シンポジウム　2012年9月29日
大月康弘「中世キリスト教世界におけるローマ理念の再生――9～

10世紀の国際関係から」
児嶋由枝「イタリア中世後期美術における神聖ローマ皇帝図像――
　　　フィデンツァとバルレッタの例」
加藤守通「レオナルド・ブルーニによるキケロの再発見」
第11回研究会　2012年11月3日
伊藤怜「11・12世紀ラツィオ美術における「再生」」
藤井明彦「ドイツ初期印刷本の世界――メディア史・言語史・芸術
　　　史の接点を探る」
第12回研究会　2013年4月20日
菅原裕文「後期ビザンティン聖堂（13～15C）におけるプラティ
　　　テラ型聖母子像」
西間木真「写本学（codicologie）とリヴァイヴァル」
第13回研究会　2013年6月29日
坂田奈々絵「12世紀のサンドニ修道院における擬ディオニシオス
　　　文書の伝統」
久米順子「キリスト教美術とイスラーム美術が交差するところ――
　　　中世スペインの場合」
第4回シンポジウム　2013年9月21日
高橋英海「ギリシア語からシリア語，アラビア語への翻訳――誰が
　　　何をなぜ翻訳したのか」
岩波敦子「地中海からピレネーを越えて――中世ヨーロッパの自然
　　　科学　知の受容と伝播」
山本芳久「トマス・アクィナス『対異教徒大全』の意図と構造」
第14回研究会　2013年11月2日
久木田直江「The Booke of Ghostly Grace――ハッケボーンのメヒ
　　　ティルドの霊性と中世医学」
高津秀之「「宗教改革百周年」の挿絵入りビラ――「図像から読み
　　　取る歴史から「図像がつむぐ歴史」へ」

　研究会やシンポジウムでは，会発足時には想像しなかったほど多方面
からの参加者に恵まれ，活発な質疑応答が繰り返された（各回の報告要
旨は研究所のウェブサイト http://www.waseda.jp/prj-iemrs/ にアップロードさ

あとがき

れているので，興味を持たれた方はご一読をお勧めしたい）。ただし，本論文集の構成が，前著『ヨーロッパ中世の時間意識』と同様，単に研究会報告の再録ではないことは改めてお断りしておきたい。報告者や参加者，また新たに執筆を依頼した方々も含めて，本研究会やシンポジウムが一種の「ブレイン・ストーミング」として機能し，多くの人々の出会いと討議の中で新たな問題意識が生まれ，また，個々の研究が磨かれていったことは編者にとって大きな喜びであった。

本書のタイトルでもあるが，学術研究は「再生と革新」を繰り返しながら絶えず新たな問いと答えを提示し続けてこそ，硬直やマンネリ化のような陥穽を乗り越えて，真に創造的な知的営為であり続けることができると編者は確信している。本書もまた，刊行の段階で完成し，終わってしまう性質のものではなく，読者となってくださった方々のご批判，ご叱正をいただくことで，さらなる研究の進展を促すべく投じられる一石である。その意味で，研究会・シンポジウム，紀要，論文集の刊行が互いに関連しつつも独立して進展していくことは，開かれた研究という新しい時代のスタイルを現在進行形で切り拓いていくことでもあると言えるだろう。

最後に，本書の編集作業を手伝っていただいた鈴木喜晴氏にこの場を借りてお礼申しあげる。また依然として出版をめぐる環境が厳しいなか，本書の刊行をお引き受けいただいた知泉書館の小山光夫氏にも心より感謝とお礼を申し上げたい。なお本書の刊行には，早稲田大学総合研究機構の出版補助を得た。

2016 年 1 月

甚野　尚志
益田　朋幸

執筆者紹介

多田　哲（ただ・さとし）
1967年生。東京都立大学大学院人文科学研究科博士課程単位取得退学。博士（史学・首都大学東京）。中京大学国際教養学部教授。
〔業績〕『ヨーロッパ中世の民衆教化と聖人崇敬——カロリング時代のオルレアンとリエージュ』創文社，「キリスト教化と西欧世界の形成」（堀越宏一・甚野尚志編著『15のテーマで学ぶ中世ヨーロッパ史』ミネルヴァ書房），『文献解説　ヨーロッパの成立と発展』（共同執筆）南窓社，など。

西間木真（にしまぎ・しん）
1966年生。パリ高等研究院，歴史・文献学セクション（旧第4セクション）École Pratique des Hautes Études, Section des sciences historiques et philologiques (IVe) 博士課程修了。
〔業績〕「アレッツォのグイド『アンティフォナリウム序文』訳」『早稲田大学地中海研究所紀要』，第4号，2006年，131-137頁（ウェブ版：早稲田大学リポジトリ DSpace：http://www.waseda.jp/prj-med_inst/bulletin/bull04/04_12nis.pdf）。

甚野尚志（じんの・たかし）
1958年生。東京大学大学院人文科学研究科修士課程修了。博士（文学，早稲田大学）。早稲田大学文学学術院教授。
〔業績〕『中世の異端者たち』山川出版社，『中世ヨーロッパの社会観』講談社学術文庫，『十二世紀ルネサンスの精神——ソールズベリのジョンの思想構造』知泉書館，『中世ヨーロッパを生きる』（編著）東京大学出版会，など。

根占献一（ねじめ・けんいち）
1949年生。早稲田大学大学院文学研究科博士課程単位取得満期退学。博士（文学，早稲田大学）。学習院女子大学国際文化交流学部教授。
〔業績〕『ロレンツォ・デ・メディチ——ルネサンス期フィレンツェ社会における個人の形成』南窓社，『東西ルネサンスの邂逅——南蛮と禰寝氏の歴史的世界を求めて』東信堂，『フィレンツェ共和国のヒューマニスト——イタリア・ルネサンス研究（正）』，『共和国のプラトン的世界——イタリア・ルネサンス研究（続）』，『ルネサンス精神への旅——ジョアッキーノ・ダ・フィオーレからカッシーラーまで』以上すべて創文社。

藤井明彦（ふじい・あきひこ）
1951年生。早稲田大学大学院修了。Dr. phil.（アウクスブルク大学）。早稲田大学文学学術院教授。
〔業績〕Günther Zainers drucksprachliche Leistung. Untersuchungen zur Augsburger Druckersprache im 15. Jahrhundert, Niemeyer (Tübingen). „Zur Methode der Exzerption älterer Drucke. Ein Beitrag zum Problem des Setzerwechsels in Frühdrucken" in, Zeitschrift für deutsche Philologie, Bd. 115. 「初期印刷工房のドイツ語 (15世紀)——手書き写本から活版印刷本へ」，『講座ドイツ言語学』第2巻，ひつじ書房，など。

佐藤真一（さとう・しんいち）
1948年生。早稲田大学大学院文学研究科博士課程単位取得満期退学。博士（文学，早稲田大学）。国立音楽大学名誉教授。
〔業績〕『トレルチとその時代』創文社，Die historischen Perspektiven von Ernst Troeltsch, Waltrop，『ヨーロッパ史学史』知泉書館。

村上　寛（むらかみ・ひろし）
1981年生。早稲田大学大学院文学研究科博士課程修了。博士（文学，早稲田大学）。早稲田大学非常勤講師。

〔業績〕「マルグリット・ポレートに対する異端審問における異端理由とその解釈」『宗教研究』370号（2011年），「マルグリット・ポレートと修道院神学――意志概念を手がかりとして」『中世思想研究』54号（2012年），「「女性神秘家」における理性と経験」『フィロソフィア』100号（2013年）。

鈴木喜晴（すずき・よしはる）
1973年生。早稲田大学大学院文学研究科博士課程単位取得満期退学。早稲田大学本庄高等学院非常勤講師。
〔業績〕「ジョン・ベーコンソープのカルメル会史擁護――修道会の「正統性」と「継承」理念」『史観』第160冊（2009年），「アヴィニョン教皇期における「教権派」の教会理論――「政治化」する学識者たち」森原隆編『ヨーロッパ・エリート支配と政治文化』成文堂（2010年），「14世紀修道会史叙述における「隠修」の問題――カルメル会とアウグスティヌス隠修士会を中心に」『エクフラシス――ヨーロッパ文化史研究』第1号（2011年）。

久木田直江（くきた・なおえ）
1957年生。エクセター大学Ph.D.（英文学）。静岡大学人文社会科学部教授。
〔業績〕Naoë Kukita Yoshikawa, Margery Kempe's Meditations: The Context of Medieval Devotional Literature, Liturgy and Iconography (Cardiff: University of Wales Press, 2007),『医療と身体の図像学――宗教とジェンダーで読み解く西洋中世医学の文化史』（知泉書館，2014年），Medicine, Religion and Gender in Medieval Culture (Cambridge: D. S. Brewer, 2015)（編著）など。

高津秀之（たかつ・ひでゆき）
1974年生。早稲田大学大学院文学研究科単位取得満期退学。博士（文学，早稲田大学）。東京経済大学経済学部専任講師。
〔業績〕Die Neuorganisation des Militärwesens in der Stadt Köln 1583: Überlegungen zum Einfluss auf das politische Verhältnis zwischen Rat und Gemeinde, in: Jahrbuch des Kölnischen Geschichtsvereins 76 (2005),「手術台の上のルターと宗教改革者たち――ヨハネス・ナースの対抗宗教改革プロパガンダ」『エクフラシス　ヨーロッパ文化研究』第3号（2013年3月），「カトリックを棄てた大司教――ゲプハルト・トルフゼスの改宗とケルン戦争」甚野尚志・踊共二編『中近世ヨーロッパの宗教と政治：キリスト教世界の統一性と多元性』ミネルヴァ書房など。

三浦清美（みうら・きよはる）
1965年生。東京大学大学院博士課程（ロシア文学専攻）単位取得満期退学。博士（文学）。電気通信大学情報理工学部教授。
〔業績〕『ロシアの源流』講談社選書メチエ，ヤーニン『白樺の手紙を送りました』（訳）山川出版社，ストヤノフ『ヨーロッパ異端の源流』（訳）平凡社。

伊藤亜紀（いとう・あき）
1967年生。1999年お茶の水女子大学大学院人間文化研究科博士課程修了。博士（人文科学）。国際基督教大学教養学部教授。
〔業績〕『色彩の回廊――ルネサンス文芸における服飾表象について』ありな書房，2002年，ドレッタ・ダヴァンツォ＝ポーリ監修『糸の箱舟ヨーロッパの刺繍とレースの動物紋』（監訳）悠書館，2012年，マリア・ジュゼッピーナ・ムッツァレッリ『イタリア・モード小史』（共訳）知泉書館，2014年。

児嶋由枝（こじま・よしえ）
早稲田大学大学院博士後期課程退学。Ph.D（イタリア，ピサ高等研究院）。上智大学文学部准教授
〔業績〕Storia di una cattedrale. Il Duomo di San Donnino a Fidenza, Edizioni della Normale, Pisa, 2006,「中世神聖ローマ皇帝フェデリコ二世の"鷹狩の書"」『歴史家の窓辺』上智大学出版，2013年, "Reproduction of the Image of Madonna Salus Populi Romani in Japan", Between East and West: Reproductions in Art, Cracow 2014,「日本二十六聖人記念館の《雪のサンタ・マリア》とシチリアの聖母像：キリシタン美術とトレント公会議後のイタリアにおける聖像崇敬」『イタリア学会誌』65号，2015年。

高橋朋子（たかはし・ともこ）
1952年生。早稲田大学大学院博士後期課程退学。学習院大学，学習院女子大学講師。
〔業績〕「現に生きる女を描くということ」『美學』1998年（193号），「《テンペスタ》の主題解釈セッティス意向を中心に」『日伊文化研究』2000年（38号）「ヴァザーリとジョルジョーネのマニエラ・

モデルナ」『地中海学研究』2008 年（31 号），(訳書) ピーター・ハンフリー　『ルネサンス・ヴェネツィア絵画』白水社　2010 年

塚本　博（つかもと・ひろし）
1950 年生。早稲田大学大学院博士後期課程満期退学。明治学院大学講師，横浜市立大学講師。
〔業績〕『イタリア・ルネサンス美術の水脈』三元社，1994 年，『西洋古代美術とギリシア神話』DTP 出版，2004 年，『イタリア・ルネサンスの扉を開く』角川書店，2005 年，『すぐわかる作家別ルネサンスの美術』東京美術，2006 年。

辻絵理子（つじ・えりこ）
早稲田大学大学院文学研究科博士後期課程満期退学。博士（文学，早稲田大学）。早稲田大学・聖心女子大学・共立女子大学非常勤講師。
〔業績〕「神の足が立つところ──傑刑図像に描かれた礼拝者たちとその時間構造」『ヨーロッパ中世の時間意識』甚野尚志・益田朋幸編，知泉書館，2012 年，"Peter's Repentance in the Theodore Psalter," *Patrimonium* 6 (2013)，「陽の昇るところから沈むところまで──ビザンティン余白詩篇第 49（50）篇の重層的構造」『パトリスティカ』第 18 号（2015）等。

益田朋幸（ますだ・ともゆき）
1960 年生。早稲田大学大学院博士後期課程退学。Ph.D（ギリシア，テサロニキ大学）。早稲田大学文学学術院教授。
〔業績〕『岩波　西洋美術用語辞典』（共編著）岩波書店，2005 年，『ビザンティンの聖堂美術』中央公論新社，2011 年，『ビザンティン聖堂装飾プログラム論』中央公論美術出版，2014 年，『聖堂の小宇宙』（ヨーロッパ中世美術論集 4）（編著）竹林舎，2016 年近刊。

	〔ヨーロッパ文化の再生と革新〕	ISBN978-4-86285-229-8

2016年3月25日　第1刷印刷
2016年3月30日　第1刷発行

編　者	甚　野　尚　志
	益　田　朋　幸
発行者	小　山　光　夫
製　版	ジ　ャ　ッ　ト

発行所　〒113-0033 東京都文京区本郷1-13-2　株式会社 知泉書館
　　　　電話03(3814)6161 振替00120-6-117170
　　　　http://www.chisen.co.jp

Printed in Japan　　　　印刷・製本／藤原印刷